司法学与司法改革研究丛书
崔永东 · 总主编

司法学研究 2021

SIFAXUE YANJIU 2021

崔永东／主编

法律出版社 | LAW PRESS
—— 北京 ——

图书在版编目(CIP)数据

司法学研究. 2021 / 崔永东主编. -- 北京 : 法律出版社, 2022
(司法学与司法改革研究丛书)
ISBN 978-7-5197-7220-8

Ⅰ. ①司… Ⅱ. ①崔… Ⅲ. ①司法制度-研究-中国 Ⅳ. ①D926

中国版本图书馆 CIP 数据核字(2022)第 197812 号

司法学与司法改革研究丛书 | 司法学研究 2021 SIFAXUE YANJIU 2021 | 崔永东 主编 | 策划编辑 张 珺 责任编辑 张 珺 装帧设计 汪奇峰

出版发行 法律出版社
编辑统筹 法商出版分社
责任校对 王晓萍
责任印制 胡晓雅
经　　销 新华书店
开本 710 毫米×1000 毫米 1/16
印张 21 **字数** 304 千
版本 2022 年 11 月第 1 版
印次 2022 年 11 月第 1 次印刷
印刷 北京建宏印刷有限公司

地址:北京市丰台区莲花池西里 7 号(100073)
网址:www.lawpress.com.cn
投稿邮箱:info@lawpress.com.cn
举报盗版邮箱:jbwq@lawpress.com.cn
销售电话:010-83938349
客服电话:010-83938350
咨询电话:010-63939796

书号:ISBN 978-7-5197-7220-8
定价:85.00 元

序

司法学是一门研究司法现象的学科，举凡司法理念、司法制度、司法实践、司法规律、司法战略、司法管理、司法审判、司法执行等，尽在司法学研究范围之内。司法学又是一门新兴学科，目前学术界对其所做的研究还不够系统、全面和深入，还需要进一步深化、细化相关研究。司法学研究不仅有重大的理论意义，而且还有重大的现实意义，因为司法是“法治中国”由顶层设计走向具体实践的关键环节。

司法学对当前与今后的司法改革具有引领和支撑意义。理论是实践的先导，缺乏理论引领的实践活动是盲目的，也很难达到预期目的。司法学对司法改革具有理论引领作用，司法学对司法改革战略和司法规律等的研究，将对司法改革的顶层设计和前进方向发挥指引作用，使改革之轮沿着正确的轨道前行，并臻于理想之境。本丛书正是基于此意而设立的，希望通过学术界与出版界的联合努力，最终达到“以司法学助推和引领司法改革”的目的。

正如拙著《司法学论纲》指出的，司法学是我国法学界的一门新兴学科，具有广阔的发展前景。司法学本应与立法学、执法学(行政法学)三足鼎立，共同作为国家法治大厦和法学大厦的三根支柱。但长期以来法学界过多地关注立法学与执法学(行政法学)，而对司法学几乎不加关注，以致该学科理论体系尚不成熟，还处在草创阶段，未形成一个完整的学科体系。司法学在研究方法上强调古今结合、中西结合、制度与思想结合、理论与实践结合，司法学不仅具有独立存在的价值和地位，如其下属“子学科”——司法程序学、司法制度学、司法理念学、司法审判学、司法方法学、司法传统学、民间司法学、国际司法学等，而且还具有交叉学科的属性，如其下属“子学科”有司法哲学、司法史学、司法伦理学、司法社会学、司法行政学、司法行为学、司法管理学、司法文化学等。

“作为一个对人类司法现象进行全方位观察和研究的新兴学科，司法学对人类司法文明的进步有着不可替代的作用。无论是在学科建设、理论研究方面，还是在指导实践、服务社会方面，司法学都有着独特的优势、独到的价值，这与其‘顶天立地’（立足现实又超越现实）的学术风格及司法在法治建设中的关键作用有关。司法学是研究司法理念、司法制度与司法实践的学科，也是研究司法传统和司法现实的学科。从学科性质上看，司法学既有交叉性的特点，也有独立性的品格。”〔1〕

司法学不仅研究“国家司法”问题，还研究“社会司法”问题。前者是指国家司法机关适用国家制定法所进行的解决案件纠纷的活动，后者特指社会组织根据社会规则来化解纠纷的活动。长期以来，法学界基于一种“法律浪漫主义”的想法，片面地认为法治即国法之治，有意无意地排斥“活法”之治，而司法学则坚持一种现实主义的态度，提倡国法与活法兼容并重。其实，作为社会规则的活法在调整社会秩序方面发挥作用尤著，而社会司法正是根据活法所进行的一种旨在化解纠纷的“准司法”活动。此种活动不仅上承源远流长的中国传统法律文化，而且也适应了当今追求“多元解纷”的国际潮流，其结晶在当代中国可以用“枫桥经验”来代表，在西方法治发达国家可用“多元化纠纷解决机制”来代表。可以说，社会司法不仅是国家司法的有力支撑和辅助，还大大节约了国家司法资源、降低了国家司法成本，更是在社会治理方面发挥了不可替代的重要作用，从而有助于社会治理体系和治理能力的现代化。

2014 年，我国首家专门研究司法学的实体科研机构——司法学研究院在华东政法大学设立。该院成立 5 年多来，其专职、兼职研究人员勠力同心、艰苦奋斗，产出了一系列司法学成果，如由人民出版社出版的《司法学研究》（集刊）5 种、“司法学研究丛书”6 种，同时发表论文多篇。另外，该院先后主办了 5 次大型论坛——“全国司法学论坛”，其社会影响力不断提升，品牌效应日渐凸显，还承担了上海市教委重点支持的创新计划项目——《司法学基础理论研究与学科体系构建》（是上海市 2018 年唯一入选该计划的法学项目）。目前，全

〔1〕 崔永东：《司法学论纲》，人民出版社 2014 年版，第 20 页。

院研究人员正在联合攻关,砥砺前行,争取向学术界和司法实务界奉献一部全面系统、深入精致的司法学巨制,并产出一系列相关论著。

是为序。

崔永东

2021 年 11 月 18 日　于上海松江望山楼

前言　司法学体系论

司法学体系是由范畴体系、理论体系和学科体系构成的。范畴体系是理论体系的核心,理论体系是学科体系的核心。因此,范畴体系的成熟决定了理论体系的成熟,理论体系的成熟决定了学科体系的成熟。范畴体系就好比是一座“大厦”,由“基础”、“支柱”和“砖瓦”等构成。范畴是一种更为抽象的概念,范畴体系是系列化的概念。司法学的基础范畴主要是“人道司法”和“二元司法”,核心范畴是司法学的“支柱”,主要是司法价值、司法目的、司法本体、司法规律等。除此之外的基本范畴则属于司法学“大厦”的“砖瓦”,主要包括三部分:一是司法理论类范畴;二是司法制度类范畴;三是司法实践类范畴。

理论体系是系列化的理论形态。司法学理论体系由基础性理论、支柱性理论和辅助性理论构成。基础性理论主要包括二元司法论、人道司法论;支柱性理论主要包括司法准立法的理论、行政司法的理论、环境司法的理论、司法程序的理论、司法管理的理论、司法监督的理论等;辅助性理论主要包括司法行政的理论、司法伦理的理论、司法传统的理论、国际司法的理论等。

学科体系是系列化的学科(司法学的下属子学科),包括基础学科、支柱学科和普通学科三个系列。基础学科主要包括司法哲学、司法社会学、司法制度学等;支柱学科主要包括司法程序学、司法传统学、司法理念学、司法管理学等;普通学科主要包括司法行政学、司法伦理学、司法行为学、司法监督学、国际司法学、比较司法学、环境司法学等。

司法学既是一门研究司法现象的学科,或者说是一门研究司法理念、司法制度和司法实践的学科,同时也是一门研究司法传统与司法现实、民间司法与国际司法的学科。司法学既有交叉学科的特点,如司法与哲学交叉形成司法哲学,与史学交叉形成司法史学,与伦理学交叉形成司法伦理学,与管理学交叉形成司法管理学，与行政学交叉形成司法行政学等；又有独立的学科属性，这主要体现在下列子学科上，如司法程序学、司法制度学、司法传统学、民间司法学、国际司法学、司法理念学、环境司法学等。

一门学科的成熟与否取决于其体系化构建的程度，如果司法学的范畴体系不成熟，则其理论体系也不会成熟，而理论体系不成熟，则学科体系必然也不会成熟。司法学范畴体系的完善是司法学理论体系、学科体系成熟的标志。体系化的司法学意味着司法学的成熟化，成熟化的司法学当然会对司法实践产生更加深入、全面和持久的影响。打个比方说，体系化的学科就是学科领域的“正规军”，而未能体系化的学科只能是学科领域的“游击队”。在战略决战的意义上，前者是决定胜负的关键。

目　　录

司法二元论

崔永东*

司法的“二元性”，是指司法包括国家司法与社会司法两个方面。前者指国家司法机关适用国家制定法解决纠纷的活动，后者指社会组织根据社会规则化解纠纷的活动。前者体现的是国家意志和国家权力，后者体现的是社会意志和社会权力。司法二元论是司法学的重要支撑性理论之一。

一、国家司法与社会司法

大家对国家司法耳熟能详，对社会司法或许陌生。社会司法这一概念源于西方法社会学流派，其代表人物埃利希所著的《法律社会学基本原理》一书阐释了这一概念及其内涵，并提出了著名的“活法论”——活法是支配社会生活本身的法律，活法在调整社会秩序方面发挥的作用超过国法（国家制定法）。活法即社会规则，社会司法就是根据活法所进行的化解纠纷的活动。根据该派观点，活法和社会司法在调整、维护社会秩序方面发挥的作用远远超过了国法和国家司法。

该派理论引入国内后，立刻引来大批拥趸，宣传者有之，评论者有之，研究者有之，实践者有之。总之，社会司法理论日益受到学术界和实务界的关注。社会司法理论还引起了学术界对社会权力与国家权力之关系的思考。随着社会主义市场经济体

* 华东政法大学司法学研究院院长、教授、博士生导师。

制在我国的发展,各类社会主体逐渐拥有了较多的社会资源,社会影响力也日趋显著。多种所有制经济的并存和发展,改变了过去公有制经济一统天下的局面。形形色色的社会组织的建立并逐渐相对独立地行使其社会权力,开始打破了所谓国家与社会一体化的局面,形成了国家与社会相对分离、二元并立的格局,国家正逐步"还权"于社会,国家权力中的一部分正在逐步走向社会化,而社会司法权也正是在此背景下引起人们关注的。

二、社会司法理论兴起的社会背景

社会司法理论与中国的崛起和社会主义市场经济背景下社会组织的兴起是分不开的,兴起的社会组织当然需要享有和行使社会权力,国家应当克制自己的权力欲望,适度分权于社会组织。其实,与其用所谓的"分权"一词,还不如用"还权"一词更为适当,因为这种权力本来就是归社会组织拥有,后来却被国家逐步"蚕食"。国家为了长治久安,凝聚社会共识,降低治理成本,需要容忍社会组织及社会权力的存在,并与社会组织及社会权力和平共处、共同发展,后者亦可为前者提供有力支撑。源于社会权力的社会司法权,在调整基层社会秩序方面发挥着不可估量的作用,这在我国的"枫桥经验"、西方的多元化纠纷解决机制等解纷模式中得到了充分证明。

在现代中国,出现了国家与社会逐步"分权"的趋势,权力的社会化倾向逐步明显。而且,从国家整体治理架构看,法治国家是需要法治社会来支撑的。社会权力源于社会自治,社会自治需要社会规则;而民间纠纷则可以靠社会规则如乡规民约、社团章程等来处理。笔者认为,如果将治理战略区分为国家治理战略与社会治理战略两个方面,那么国家治理战略的核心在于国家制定法和国家司法,社会治理战略的核心在于社会规则与社会司法。国家治理需要社会治理来辅助,法治国家需要法治社会来支撑,国家司法需要社会司法来支持。这样的治理模式才是较为完善的治理模式。

权力的多元化、社会化是政治民主化的必然要求。我国数十年的改革开放,特别是社会主义市场经济的突飞猛进,使社会组织和社会权力逐步崛起。在此背景下,过去那种国家权力垄断一切、无所不在的局面被冲破,国家权力正在逐步向社会权力让出"地盘",如实行政企分开,将一些由政府包办的社会事务还归社会组织等。

权力社会化的实质在于增强权力的人民性,其途径在于还权于社会组织。权力社会化的主要意义在于,将原来集中于国家的权力,部分地还归于社会组织和人民,使社会组织和普通民众拥有更多自主和自治的权力。社会组织的权力是市民社会自治、自卫的权力,社会权力在促进国家向社会分权、监督和制衡国家权力方面能发挥重要作用。总而言之,社会权力不仅弥补和辅助了国家权力,还监督和制约了国家权力。从整体的治理格局看,两者缺一不可,相辅相成。不过,过去那种偏重国家权力的做法是有问题的,今天应当采取纠偏措施了。

在目前构建法治社会的大背景下,对法治社会与社会自治的关系有必要重新认识:第一,法治社会意味着社会生活的民主化、法治化;第二,法治社会意味着社会组织在法治框架下的自主、自卫和自治;第三,人们从完全依赖国家变为逐渐依赖社会进行保护;第四,从依靠国家权力的相互制约到以社会权力制衡国家权力;第五,从国家与社会的一体化到双元相辅而行;第六,从国家立法到“社会立法”(乡规民约、社团章程等)的二元并行,从国家执法到“社会执法”(社会组织执行其本身制定的规则——社会规则)的二元并行,从国家司法到“社会司法”的二元并行。

从学理上看,国家司法与社会司法二元并行的解纷模式,其理论基础在于“国家法”与“民间法”的二元并行。综合国内外学界的有关理论,有几点需要注意:一是任何社会都存在法律多元现象,所谓法律多元,是指两种或两种以上的法律类型;二是从大体上看,任何社会都存在国家法与民间法两种类型的法律,民间法只能算作“类法律”;三是民间法的一些做法也会影响国家制定法的结构形式和运作方式。这说明,国家法与民间法之间是一种互相渗透的关系,并不是泾渭分明的,存在一定的边界模糊性。

三、社会司法的历史意蕴和现代传承

治理模式与规则体系的二元并行与互相渗透,在我国有着更为久远的历史。国家法与民间法二元并存的格局一直是我国古代法的重要特色,也是我国古代治理模式的重要特点。具体地说,在上层社会,主要靠国家法来整合秩序;

在基层社会,主要靠民间法来整合秩序。换言之,除非重大刑事案件,国家体制性力量包括国家司法力量一般不会介入基层社会治理,基层社会的普通民商事案件、轻微的刑事案件等基本上都是靠民间法来规制,此即所谓“皇权不下县”之义。由此带来的一个结果是:不管上层社会如何变动(如政权更迭等),基层社会基本都风平浪静,不受什么影响。这是中国封建社会基层秩序出现相对“恒态稳定”的重要原因。规则体系上国家法与民间法的“双元并行”必然导致司法领域国家司法与社会司法的“双元并行”,如果我们将司法理解为化解纠纷的活动,或者将司法进行广义的理解,那么社会组织甚至个人所进行的化解纠纷的活动自然亦可纳入司法的范畴之中。社会司法无疑对基层社会治理发挥着国家司法不可替代的作用,而这种作用又是对国家司法的一个重要支撑。它们共同构成了司法体系的“双维”和治理体系的“双壁”,二者相辅相成、不可或缺。

实际上,在现代中国,已经出现了国家治理与社会治理二元并重的趋向,不仅出现了国家权力与社会权力二元并重的趋势,还出现了国家立法与“社会立法”、国家执法与“社会执法”、国家司法与“社会司法”二元并重的趋向,这正是社会力量崛起,且与国家力量并行的标志,同时也是我国古代国家法与民间法并存并行传统的复兴。从国家与社会的一体化(建国初期至“文革”)到二元并行(改革开放以来),演绎了国家与社会在力量对比上的双重变奏,它体现了我国乃至人类社会治理模式在整体上展示出的民主化、多元化、文明化和人道化趋势。

我国当代改革开放的过程就是一个国家逐步还权于社会的过程,社会在“失权”状态下是不能产生活力的,社会组织的权力缺位也不可能使其发挥有效作用。因此,要“开放搞活”就需要培养市场活力、激发社会活力,因此也需要培育大批的社会组织,使其在促进与维护市场经济秩序、提升社会活力和维护社会秩序方面发挥积极作用。要做到这一切,就需要国家与社会的“分权”,即把属于国家掌控的部分权力交还于社会组织——从权力演进的历史进程看,先有社会权力,后有国家权力。今后的趋势是国家权力逐步还归于社会。甚至可以说,在将来的共产主义社会里,已经没有了国家,因此也就没有了国家权力,只有社会权力存在。

研究党的十一届三中全会以来我国社会变迁史的学者不难发现,农村的政社分开,城市的政企分开,以及劳动力的自由流动,有限的结社自由,市民自治和社会自主、社会权力对国家权力的制衡等,这一过程就是国家逐步对社会"分权"的过程。此种情况表明,国家在一定程度上还权于社会,预示着社会逐渐与国家相对"分流",呈现相辅相成的二元并存趋势。国家与社会成为整体治理架构中的双重主体,既相互支撑又相互制约的局面已经初步形成。可以说,当今中国治理模式的整体发展趋势是国家与社会由一体化到双元相辅而行。而这也可以视为我国当代司法二元主义模式的理论基础。

四、作为一种弹性概念的"司法"

司法二元主义意味着"司法"是一个弹性概念,或者说,应当从广义上对其加以理解。狭义的司法只是指国家司法,不包括社会司法。而广义的司法则是包括国家司法与社会司法在内,这颠覆了传统的司法认知。对司法二元性进行阐释,国内外学术界早有先行者。最早的阐释者是西方的法律社会学派,埃利希在《法律社会学基本原理》一书中,不仅对国家司法进行了论述,还提出了"社会司法"的概念并加以阐释。当代中国学者受此影响,也对司法的二元性加以探索和论证,提出了一些富有启发性的见解。如杨一平在《司法正义论》一书中也提出了如下观点:一是传统认知只是强调了司法的国家专有性,而忽视了其社会渊源;二是仅仅从静态的角度来解释司法,并不足以概括司法的全部现实,而且会使司法理论陷入闭塞性危机;三是从动态的角度理解司法可能更接近司法的真实;四是司法作为一个开放性体系,它以审判为核心,但又是一个不断发展的概念。

司法既是一个弹性概念,也是一个开放性的概念,它理应容纳作为国家权力的司法和作为社会权力的司法。笔者认为,还可以从大司法、小司法这样的角度来理解司法:小司法是狭义司法,即指国家司法机关的审判活动,在我国还包括检察机关的活动;大司法是以小司法为核心又向外呈放射状的具有复合性、开放性的体系,包括调解、仲裁、行政裁判等准司法活动,又包括所有的涉讼性活动。这样对司法加以理解是比较完整的。

其实,在国家的司法权中也存在一定的社会性。司法权实际上是社会自卫的武器,审判机关介于国家与社会、政府与公民之间,在定分止争领域,它是中立者和公正的裁判者。司法权这一国家权力中实际上蕴含着社会性因素。另外,司法审判过程中的社会参与也在一定程度上体现了司法权的社会性,如诉讼当事人所享有的控告权、申辩权、上诉权和质证权等诉讼权利,就体现了社会对国家司法权力的制约,而人民陪审员制度和律师制度更是一种以社会权力制衡国家司法权力的社会机制。公民和社会组织参与司法活动,也可以说是将国家司法权部分地交给社会主体(包括社会组织和个人)行使的一种形式。

另外,社会司法作为一种准司法行为,它体现的也是一种社会权力和社会意志,包括调解、仲裁等。苏联的“道德法庭”是一种社会司法,西方的多元化纠纷解决机制也是一种社会司法。我国当代的“枫桥经验”以及人民调解制度也属于“社会司法”。此类解纷模式可以减轻司法机关的负担,节约司法资源,而且因其植根于深厚的民族传统文化土壤之中为广大民众所喜闻乐见。实际上,社会司法模式的有效运行,体现了国家权力逐步“让渡”于社会的发展趋势。站在历史发展规律的高度来看,国家权力的完全社会化,包括国家司法的完全社会化,这将是人类历史发展的正常结局,是符合马克思主义关于国家最终走向消亡的唯物史观的。

从我国传统法律文化来看,所谓“宗族司法”“行会司法”“村落司法”“宗教司法”等都属于社会化的准司法,或谓社会司法,在维系基层社会秩序方面发挥了重要作用,同时也节约了国家司法资源、降低了国家司法成本,从而对国家司法起到了有力的支撑作用。国家司法与社会司法并重,一直是我国古代社会历代统治者推崇的治国之道。这就是我国传统的司法二元主义模式。

五、社会司法有助于推进社会治理

司法二元主义理论强调国法与活法并行、国家司法与社会司法并重,它不仅具有深厚的文化基础,而且顺应了法律多元主义、司法多元主义的世界潮流。在我国社会主义市场经济条件下,这一理论的流行反映了在社会力量崛起、社会组织勃兴之后,社会权力对国家权力的制衡,至少体现了一种制衡的诉求和愿望。司法二元主义理论首先需要我们从广义、动态的角度来理解“司法”,即司法并非仅仅是一种单纯的国家司法权的运行过程,同时还是一种社会司法权的运行过程。前者为国家司法,后者为社会司法;前者代表国家权力,后者代表社会权力;前者属于国家治理的核心,后者属于社会治理的核心。当代中国基层社会治理中的“枫桥经验”就属于社会司法,在注重自治、调解和坚持群众路线方面,两者是相通的。因此,社会司法是基层社会治理的重中之重,可以说是维系基层社会秩序之根本,发挥着“本固则邦宁”的作用,并对国家司法起着不可或缺的支撑作用。总之,国家司法与社会司法并重的模式,是衡量国家治理体系和治理能力、社会治理体系和治理能力现代化的重要标尺。

司法解释论

江　晨*

司法解释在我国的制度语境下经常与司法过程中的解释、自由裁量等概念混用,造成了概念的模糊和功能的混淆。司法过程的性质使其不可避免地需要创制裁判规则,以达“统一法律适用”的司法目标。但司法解释应当保持例外性、附属性和谦抑性,以免造成法理失当、僭越立法,进而破坏法治的基本逻辑。在此逻辑下,本文讨论的重点在于司法解释应当遵循的形式理性,使其不至于因频发性和隐蔽性而破坏法治。美国自然法学家富勒提出的程序自然法虽然是对立法者的要求,但由于我国司法解释作为具有普遍适用性的抽象规则,在司法过程中一定程度上发挥了“准法律”的功能,借鉴立法的形式理性(道德伦理)作为出发点和逻辑框架进行分析具有合理性。不过,由于司法解释有自身特殊的权力属性、制定主体、运作规律,因而需要分析在司法解释的场景下,程序自然法的八项原则如何准用,以确保司法解释的道德和理性。

一、概念辨析

首先,关于司法解释中的“司法”,应将其作为制定司法解释的主体来把握,即司法机关对具体适用法律进行的解释;还是将其作为制定司法解释的过程来把握,即该规则是在司法活动

* 上海政法学院法律学院讲师,法学博士。

过程中所创制的。在我国的制度环境和学术语境下,其一,司法活动不仅仅指法官裁判案件的活动,还包括检察机关的审查起诉、法律监督等活动;其二,司法者并不是指任何从事审判、法律监督等工作的法官、检察官个人,而是指人民法院和人民检察院整体;其三,司法工作不仅包含审判案件等裁判性质的工作,还包括其他一些非裁判性的、司法行政性质的工作。就从审判等裁判性"司法"活动中产生一个具有普遍适用性的规则而言,我国并没有这样的传统和制度。因而,对司法解释中如何把握"司法"的问题,应当从解释的主体——司法机关的角度来把握更加合理,即司法解释是指我国司法机关针对司法过程中如何具体运用法律问题开展的规范性解释活动。

其次,对于司法解释的活动性质,即"解释"这一活动过程的理解。关于这一点,国内学术界和实务界有不同的观点。一种观点认为"解释"即"立法",司法解释的创制过程、普遍适用性等现状都表明了司法解释是一种典型的立法活动。持该观点的学者以目前我国司法解释的创造性等来论证其本质上为司法立法,[1]这其实是用现状解释本质,正是因为目前司法解释存在一定程度超越"形式理性"的现状,才要梳理出理性的标准进行约束,以利于司法解释的健康发展。另一种观点认为司法解释本质上属于司法权运作的范畴,不应僭越立法权的范畴。[2] 此观点从最高立法机关的态度中亦可窥一斑,《立法法》在附则第104条规定:"最高人民法院、最高人民检察院作出的属于审判、检察工作中具体应用法律的解释,应当主要针对具体的法律条文,并符合立法的目的、原则和原意。……"本条虽仅在附则中出现,即非授权立法条款,但仍然微妙地认可了最高人民法院、最高人民检察院进行司法解释的合法性。同时,该法否定了地方各级人民法院和检察院司法解释的权力,这从另一个角度确认了其根本属性仍在于司法权的运用,因为否定地方性司法解释,符合司法权的中央事权属性,符合司法权和立法权在地方化问题上有根本区别的基本理论要义。

最后,对于司法解释产生的规范文本理解。其一,司法解释规范是确定的,因此,法官在一审案件中,为了个案的裁判而对法律空白、疏漏等创立规则的行为,不能称为"司法解释",因为上诉审法院常常对原审判决进行重审,改变或

---

〔1〕 聂友伦:《论司法解释的立法性质》,载《华东政法大学学报》2020年第3期。
〔2〕 刘风景:《司法解释权限的界定与行使》,载《中国法学》2016年第3期。

者撤销原审结果,致使其并不能形成确定性的适用规则。其二,通过立法产生的法律在社会中通常有两层规范作用,一层作为生活规范对公民日常行为提出具有约束力的规范要求,另一层作为裁判规范为司法者裁判案件提供适用法律的依据。司法解释是对司法过程中,如何具体适用法律、进行司法裁判作出的解释,换言之,如果不是司法过程的需要,司法机关也就没有对法律进行解释的必要,司法之所以创立这样的规则,直接目的是促进司法裁判的顺利进行,而非为公民提供生活行为准则。而作为生活规范层面的规则,则是立法机关进行法律解释的权限。立法解释和司法解释是两个截然不同的范畴,前者属于立法范畴,后者属于司法范畴。当然,因司法过程需要而被解释了的法律,可能会指引公民的日常生活,因而也具有了"生活规范"层面的效果,这是司法的最终救济性决定的,是司法解释的"副作用",并非主要"疗效"。其三,司法解释在司法活动中具有普遍适用性。因而,终审法院的判决、指导性案例等,由于得不到后案的普遍和强制性遵循,不能纳入司法解释的范畴。

综上所述,在我国,司法解释是有着特定含义和内容的制度,是最高人民法院、最高人民检察院根据法律的授权,对如何具体运用法律问题作出的具有普遍司法效力的规范性解释。[1] 司法解释的形式分为"解释""规定""规则""批复""决定"五种。[2] 其中,"规则"是 2021 年新被最高人民法院纳入司法解释的形式中的:对规范人民法院审判执行活动等方面的司法解释,可以采用"规则"的形式。[3] 可见,司法解释的事项范围呈现扩大的趋势。事实上,这些司法解释无论是作为生活规范还是裁判规范,其重要性丝毫不亚于法律、行政法规等国家法律渊源,是所有司法机关在司法活动中必须遵循的规则。不仅如此,还有未被纳入司法解释范畴的最高司法机关的司法文件,例如《关于完善人民法院专业法官会议工作机制的指导意见》,虽不属于上述司法解释的五种形式,但对各级法院而言是有着约束性效力的,对司法活动也有重要意义。为了避免概念、语义和范畴的混淆,有必要厘清与司法解释近似及容易混淆的几组概念。

---

〔1〕 刘风景:《司法解释权限的界定与行使》,载《中国法学》2016 年第 3 期。
〔2〕 最高人民法院《关于修改〈最高人民法院关于司法解释工作的规定〉的决定》(2021 年 6 月 9 日)。
〔3〕 最高人民法院《关于修改〈最高人民法院关于司法解释工作的规定〉的决定》(2021 年 6 月 9 日)。

(一)司法解释与法官造法

法官造法源于普通法系的判例法传统,近代以来也为大陆法系借鉴与运用。美国实证分析法学派代表人物卡多佐认为,法官突破既有判例,就类似事实作出新的"合目的性、合正义性"的裁判,即为法官造法,谓"法律的成长"。德国法理学家魏德士指出,"法官法"所代表的是"最高法院或终审法院的裁决中所适用的、在成文法或习惯法的法律秩序中不存在的法律规则"。[1] 我国的司法解释与西方的法官造法并没有进行等义互换的制度环境和实质属性。首先,我国没有普通法系的判例法传统,司法过程中对具体案件进行的解释并不具有抽象规则的普遍约束力,立法权专由国家权力机关行使。其次,普通法系中,司法专指法官裁判案件,而我国司法并不能和法官裁判案件画等号。再次,我国司法解释的解释主体被严格限制在最高司法机关,对启动原因、解释对象、解释标准和事后监督都进行了限制,和法官在个案中根据自己的知识和经验较为自由地创造规则有本质不同。最后,法官造法中,所造之法是不存在的法律、法律原则甚至基本法理,是"从无到有",而司法解释中,解释的是已经立法程序颁布的法律,包括其法理规则和原则,是"从有到精"。

(二)司法解释与自由裁量(司法中的解释)

自由裁量是指司法者针对个案具体情况如何适用法律,运用自己的知识、常识、经验等进行的裁量解释。机械的法条主义已随着对司法过程性质的不断探索而被时代抛弃,正如马克思所指出:"法官有义务在把法律运用于个别事件时,根据他在认真考察后的理解来解释法律。"[2] 自由裁量是司法过程中不可避免要使用的方法和工具。需要注意的一个问题是,自由裁量和司法能动之间并非正相关或者种属概念的关系,与司法能动相对应的是司法克制,在司法能动理念下,司法者需要自由裁量;在司法克制理念下,司法者同样需要自由裁量。质言之,自由裁量是司法活动的必然要求和重要方法,无论采取的是能动的还是克制的司法理念。

司法自由裁量存在于司法的全过程,司法审判包括发现和认定事实、适用

---

〔1〕[美]E. 博登海默:《法理学:法律哲学与法律方法》,邓正来译,中国政法大学出版社 2017 年版,第 104 页。

〔2〕《马克思恩格斯全集》(第 1 卷),人民出版社 1995 年版,第 181 页。

法律、作出裁判三个环节，每一个环节里司法者都不可避免地行使着自由裁量权；而司法解释仅在适用法律环节中存在，认定事实和作出裁判往往并不涉及司法解释问题。此外，司法解释本质上是一般性规则，针对的并非具体案件的个案裁判；而司法自由裁量是指个案裁判过程中，对事实认定、法律适用的判断和选择，是产生具体个案裁判结果的行为。因此，作为裁判方法领域的自由裁量和作为提供法律适用规则的司法解释，是完全不同领域的命题，甚至没有空间和时间上的交集。

（三）司法解释与指导性案例

我国指导性案例制度自2010年11月开始实施，备受理论界和实务界的关注，其制度目的主要是"统一法律适用标准，维护司法公正"，在制度动因和目的上，与司法解释具有一致性，两者的差异主要体现在约束性后果上。我国的指导性案例制度不同于普通法系判例法。判例法中，判例是法的正式渊源，对后案法官裁判是约束性的，法官推翻原有判例，创制新的判例属于"造法"。而我国指导性案例不是法的渊源，首先，在法律效果上，最高人民法院仅强调"应当参照"，而未对"不参照"规定任何惩罚后果，并不具备法所应该具有强制性普遍适用的要素。其次，指导性案例在被其发布之后的案件参照时，仅能作为裁判理由而非裁判依据，并不能作为司法"三段论"的大前提——适用的法律——而存在。最高人民法院认为，基于我国《宪法》规定的考虑，将先前的判决作为有实际拘束力的法律规范来对待，缺乏立法基础，也无相应诉讼制度支撑，因此，指导性案例应不具有正式的法律效力，不属于正式的法律渊源，不能被裁判文书直接援引。[1] 最高人民检察院《关于案例指导工作的规定》中亦指出："各级人民检察院应当参照指导性案例办理类似案件，可以引述相关指导性案例进行释法说理，但不得替代法律或者司法解释作为案件处理决定的直接依据。"[2]而司法解释在法律适用上是具有约束力的，最高人民法院《关于司法解释工作的规定》第27条第1款规定："司法解释施行后，人民法院作为裁判依据的，应当在司法文书中援引。"

指导性案例制度实际上是将司法者自由裁量的空间予以压缩，从而较大程

〔1〕 胡云腾等：《〈关于案例指导工作的规定〉的理解与适用》，载《人民司法·应用》2011年第3期。

〔2〕 最高人民检察院《关于案例指导工作的规定》（2019年4月4日）第15条第1款。

度统一法律适用,一方面强化对法律条款中蕴含的法理、逻辑、目的理解的准确性,另一方面避免个体司法者裁量空间过大导致的肆意。因此,指导性案例本质上是自由裁量(司法中的解释)而非司法解释范畴的制度,目的在于约束法官自由裁量权,避免因法官个体对法的理解和适用的差异造成同案不同判、类案不类判现象,影响裁判的社会效果、对裁判稳定性的预期及司法公信力。

二、司法解释的基本属性

(一)必然性

司法权运行的过程中必然要创立裁判规则,这是由成文法形式逻辑的局限性和成文法相对于社会发展的滞后性决定的。对大陆法系成文法国家而言,法律条款中语言的精确曾是至高无上的"法宝"。有个经常被引用的罗马法上的例子:某人到法院起诉,声称有人剪了他的葡萄树,请求该人赔偿,但法官驳回了他的诉,理由是,根据《十二铜表法》,未经他人许可砍伐他人的一棵树,应当支付赔偿金,但是没有对葡萄树被剪的情形规定特别的诉,因为没有这种诉,法官就不能裁判。从现代观点上看,这简直是不可思议的,但是在当时的法条主义下,却是理所当然的。如今,法律已经走过了形式主义的初级阶段。[1] 19世纪末,概念主义法学的再次失败表明,再完善的法律体系,也存在法律漏洞,法治建设不会因为法典化而一劳永逸。[2] 正如卡尔·拉伦茨指出:"这个途径非常危险,因为一个只依据形式逻辑的标准所构成的体系,其将切断规范背后的评价关联,因此也必然会错失法秩序固有的意义脉络,因后者具有目的性,而非形式逻辑所能涵括。"[3]

我们相信,立法机关在立法时,是以人类思维能力、对社会理解和预判的极致来制定法律的,但往往一夜之间,新问题又堆积如山。人类社会生活中多重维度和发展性需求决定了立法不可能也不应该事无巨细,立法的繁冗会抑制民众生活和市民社会的有效运转及内在活力,带来的是机械刻板的生活、抑制社会经济的发展。德国学者考夫曼指出,制定法的不完备性,并不是一种缺陷,而

[1] [美]本杰明·N.卡多佐:《司法过程的性质》,苏力译,商务印书馆1998年版,第61页。
[2] 闫小旺:《德国联邦最高法院"法官造法"研究》,中国人民公安大学2020年博士学位论文,第21页。
[3] [德]卡尔·拉伦茨:《法学方法论》,陈爱娥译,商务印书馆2003年版,第49页。

是一种先验且必然的结果……自身封闭、完备、无漏洞、明确的制定法将使法律的发展陷入停滞状态。[1] 因此,我们总是面临这个巨大的悖论:"法律必须稳定,却不能静止不变。"随之而来的问题是,如果要填补完善法律的缺憾,谁来承担法律发展和续造的功能?国家必须将该权力交给特定的主体,而政制的习惯已经将其放在司法者的手中。法律在社会中一方面是作为行为规范而存在,另一方面是作为裁判规范而存在。作为行为规范时,依靠个体的守法而完成法之规范指引功能;作为裁判规范时,依靠国家司法机关的审判等活动完成法之裁判依据功能。前者的形式是松散的,缺乏解释、发展法律的有效主体。而后者的运用主体是司法机关,由于现代国家禁止进行私力救济,司法者面临纠纷时不得因缺乏明确、详细的法律规定而拒绝裁判,当直面无法可依或者机械适用法律将明显导致偏离法之目的和社会效果的情形,对裁判依据的迫切需要决定了司法者最有机会、动力和能力去完成通过解释法律以创立裁判规则的使命。诚然,我们无法假设或保证每个司法者都会比其他人对所处时代的规则、道德、习俗的解释更为明智和更为真实,但是,从总体而言,司法者的知识背景、职业伦理、司法过程的性质决定了其是解释法律的适格主体。

(二)例外性

无论是成文法还是判例法传统的国家,立法机关颁布的法律都具有适用上的优先性。司法机关应捍卫法律的价值,尊重法律、尊重立法对于司法者来说是天职。"当立法者已宣告某一社会利益优先于另一社会利益时,法官个人或主观的价值评判必须服从这一宣告。他不能因为确信成文法的条款表现了一种错误的价值论,而推翻它或宣布其无效。"[2]这是因为,一方面,反映人民意志的法律一经法典化,谁也没有权利去破坏它;另一方面,一个具有可预测性的法院及其活动,比一个完全不具有可预测性的法院及其活动,更符合法治的要求。[3] 如果在昨天的一个案件中,某人作为被告,法院作出了不利于他的判决,那么在今天同样情形的案件中,该人作为原告,当然会期待法院作出和昨天

〔1〕 [德]阿图尔·考夫曼:《法律哲学》(第2版),刘幸义等译,法律出版社2011年版,第263页。

〔2〕 [美]本杰明·N.卡多佐:《法律的成长·法律科学的悖论》,董炯、彭冰译,中国法制出版社2002年版,第53页。

〔3〕 张骐:《论裁判规则的规范性》,载《比较法研究》2020年第4期。

一样的判决。如果想要人们确信司法活动是公平的,那么坚持法律或先例必须是一个原则,而司法创制规则只能作为例外而存在。

随着立法的日益完善,即使司法有时会面临一些法律适用上的矛盾和问题,但就总体而言,这些矛盾和问题并不是司法中的常态,需要司法以例外的逻辑和方式处理的仍然是少数现象。[1] 只有在法律过于笼统、原则化,或者法律适用将带来不可避免的不正义时,才具有司法解释的空间。例如,德国颇具特色的偏离判例报告制度中,《德国法院组织法》规定,如果州高等法院想要偏离联邦最高法院的判例,则必须将案件的法律问题交给联邦最高法院。同时,联邦最高法院内部审判庭想要偏离其他审判庭的判例,也有此等报告义务。此处的"偏离"主要针对法律问题而不涉及事实问题,提起的程序是州总检察长递交给联邦总检察长,再转给联邦最高法院。[2] 这就使后者在法律的选择和适用上处于终局裁决的地位,其发布的一些关键性判例也形成了一般性的法律规则。可见,在德国,遵循判例是义务,而偏离只能作为例外看待。[3] 在法官更加能动积极的普通法系中,法官造法也只能作为遵循成文法和先例的例外。美国最高法院大法官卡多佐认为,即使在普通法系,司法过程也拒绝为比较狭隘、比较小的善而牺牲更大、更具包容性的善。[4] 一定不能为了个别而牺牲,一定不能为在个别案件中实现正义而完全不顾前后一致和齐一性的长处。[5] 例如,双方签订了一个契约,但这个契约履行起来很麻烦,其中一方履行义务确实非常困难,如果仅仅打算考察个别情况,也许会很容易就放松对这一方履行义务的要求。但是,如果超越了个别案件特殊而看到了普遍,就应当服从"契约是当事人之间的法律,应当履行"这个根本利益来作出裁判。与来自各方的限制法官的规则的数量和压力相比,任何法官创新的权力都无足轻重。[6] 司法解释只能作为法治的例外,因为其稍有不慎就会成为破坏法治的力量。[7]

---

〔1〕 顾培东:《能动司法若干问题研究》,载《中国法学》2010 年第 4 期。

〔2〕 闫小旺:《德国联邦最高法院"法官造法"研究》,中国人民公安大学 2020 年博士学位论文,第 7 页。

〔3〕 [德]罗伯特·阿列克西、拉尔夫·德莱尔:《德国法中的判例》,高尚译,载《中国应用法学》2018 年第 2 期。

〔4〕 [美]本杰明·N. 卡多佐:《司法过程的性质》,苏力译,商务印书馆 1998 年版,第 87 页。

〔5〕 [美]本杰明·N. 卡多佐:《司法过程的性质》,苏力译,商务印书馆 1998 年版,第 63 页。

〔6〕 [美]本杰明·N. 卡多佐:《司法过程的性质》,苏力译,商务印书馆 1998 年版,第 68 页。

〔7〕 陈金钊:《"能动司法"及法治论者的焦虑》,载《清华法学》2011 年第 3 期。

(三)附属性

司法所创立的规则,应当以已有法律为前提和基础,在适用时处于从属于法律的效力层次,此即司法解释的附属性。司法者需要始终追问,假如立法者知道司法过程中目前遇到的情况,他会制定什么样的规则。司法对法律进行解释所产生的规则与原法律条文的内容不应相互脱节,更不应出现司法解释本身就是一个全新的法律条文。例如,尚未纳入法律调整范畴的事项,不能由司法创制规则作为裁判依据。值得注意的是,立法相关资料不应构成司法解释的依据,因为这些资料并不具有法律的性质,甚至是不公开的。司法解释仅是对真正作为法律渊源的、已颁布的法律文本如何在司法活动中具体运用进行解释,深深地依附于已有法律,其根本理念是保护公民对法律规则的信赖。我国《立法法》第104条规定:最高人民法院、最高人民检察院作出的属于审判、检察工作中具体应用法律的解释,应当主要针对具体的法律条文,并符合立法的目的、原则和原意。而对于法律的规定需要进一步明确具体含义的,以及法律制定后出现新的情况,需要明确适用法律依据的,则应当由全国人民代表大会常务委员会解释。从《立法法》的表达来看,赋予司法解释的空间是十分有限的,并附有明确的解释方法和标准。最高人民法院《关于司法解释工作的规定》对于最典型的司法解释的对象范围,也界定在对已有法律的"续造"上:对在审判工作中如何具体应用某一法律或者对某一类案件、某一类问题如何应用法律制定的司法解释,采用"解释"的形式。而在司法工作中"具体应用法律"的问题则包括:对法律规定不够具体明确而使理解和执行有困难的问题进行解释;由于情况的变化,对某类案件的处理依据因有不同理解而需作出解释;为统一审理案件的标准而就某一类具体案件说明应如何理解和执行某些法律规定;对各司法机关之间应如何依据法律规定的精神相互配合审理案件进行解释。

另外,司法解释产生的规范在适用时效力层次也处于从属于法律的地位,例如,最高人民法院《关于司法解释工作的规定》第27条规定:司法解释施行后,人民法院作为裁判依据的,应当在司法文书中援引;人民法院同时引用法律和司法解释作为裁判依据的,应当先援引法律,后援引司法解释。这一规定是符合思维逻辑和法的效力位阶的。

对已经制定、颁布并实施的法律进行研究和发展是司法解释无可替代的基本前提,已有法律是前人智慧的结晶,是司法创造的原始材料。没有这些原始材料,任何司法解释都毫无意义,即使在主权国家的法律之外还存在自然法、习惯法等,可能更为高级,无论政治家和法律家对此多么感兴趣,但是对于司法解释而言,这些都不能成为解释对象的法律。法律是国家及其权力的产物,只要它作为法庭存在,就必须服从国家的法律。[1] 就像没有建筑材料,仅靠审美是无法建造出真正的房屋的。如果司法抛弃国家法律,而纯粹以自然法或者习惯法为基础创制裁判依据,则是僭越了法治,对法治所造成的危害都是无法估量的。例如,某项行为尚未被国家法律纳入调整范畴,但是根据习惯或习俗应当受到惩罚,那么这项行为并不能成为司法解释的对象,甚至在个案中也不能以习俗为依据作出惩罚性裁判。

三、司法解释的形式理性:程序自然法

在研究西方国家法官造法经验时,我们不应只看到判例法中法官较大的权力,而忽视已经潜移默化到法官职业精神中的法律续造应遵循的原则。在依法治国理念下,司法的作用得到了高度关注与推崇,但我们要谨防"司法中心主义"遮蔽了对其局限性的认识,尤其是,如何避免和消除在我国社会条件下的司法解释可能面临的特殊困难。例如,追求司法解释回应社会效果需求而忽视正当程序,所产生的合法性偏差将使法律调整社会秩序、进行社会治理的作用又一次出现危机。[2] 又如,如何避免和消除"两高"出台的大量司法解释挤占具体司法者面对丰富多样个案时的"司法中的解释"空间,导致基层司法者的懈怠和个案效果不理想。客观地揭示司法解释在我国现实条件下可能会面临的障碍和困难,丝毫不意味着对司法解释意义的否定。现实世界的问题从来不是"非此即彼",在矛盾中寻求立场和道路,是法治发展的常态。

1981 年以来,最高人民法院根据审判工作中具体应用法律的需要,制定了大量的司法解释,为正确理解和准确适用法律提供了依据,但也存在诸多问题。有的司法解释已经超越了对属于审判工作中具体应用法律进行解释的范围,对

---

〔1〕 [美]本杰明·N. 卡多佐:《法律的成长·法律科学的悖论》,董炯、彭冰译,中国法制出版社 2002 年版,第 29 页。

〔2〕 陈金钊:《"能动司法"及法治论者的焦虑》,载《清华法学》2011 年第 3 期。

本应由立法机关制定法律或者作出法律解释的事项进行了解释,有的司法解释对个案认定本属自由裁量的内容进行"批复"等,诸如此类的问题困扰着司法解释制度的发展。因此,更值得分析的是那些用来决定如何开展司法解释的原则和方法。一是司法者在司法活动过程中创立的司法裁判规则、适用法律的依据,司法之所以创立这样的规则,直接目的是促进司法裁判的顺利进行,而非为公民提供生活行为准则。但是,这类规则产生的是司法上的强制效力,虽然它们不直接规范生活行为,但法律作为生活规范的普遍约束力最终也是体现在司法的强制力上,所以,不能因为司法解释产生的是裁判规则,外观上看仅通行于司法内部,就忽视了对它们形式理性和实质理性的要求。二是司法解释应当是通过一定的程序和标准进行的,司法者亦需遵守程序伦理守则。

法国"马格劳德现象"为人们所知晓的实验,是在 1889 年至 1904 年,沙托 - 蒂埃里的一审法院,在其院长马格劳德的领导下,发起的对现存法律秩序的造反。该法院的成员以好法官,即令人满意的法官而为人们所知晓。他们看起来是在每个案件中都自我发问:一个善良之人在这些法官所面临的情况下会希望怎样做,并据此提交他们的判决,而这一做法有时在外观上就与制定法不一致。但是这一运动已经穷途末路。[1] 20 世纪中叶,富勒在与哈特围绕"法律与道德关系"开展的论战中,提出了程序自然法的概念。富勒通过一个造法失败的寓言,分析提出了法律的八项程序性标准,分别是:规则的一般性、公开性、明确性、连续性、非溯及既往性、非矛盾性、不应要求为不可能之事以及官方行动与公布的规则之间的一致性。[2] 富勒的八项原则是产生规范的必要不充分条件,必要条件是指这八项程序标准是规范的内在道德(相对于实体目标具有中立性),也是对法律的程序合法性的最低限度,如果不符合这八项程序标准,则不能称之为法律,即不具有富勒所称的"道德性";不充分条件是指仅仅符合这八项伦理守则创制的规范,只是符合了立法的形式理性,并不必然符合实体自然法、实质理性的要求。至于实质理性,则需放在具体的时代和社会中判断,这个命题不在本文讨论之内。这八项原则中,一般性、公开性、连续性、非溯及既往性是法律规范有效的前提,这在现代法治中早已达成共识,在权力机关立

---

〔1〕 [美]本杰明·N. 卡多佐:《司法过程的性质》,苏力译,商务印书馆 1998 年版,第 87 页。

〔2〕 [美]富勒:《法律的道德性》,郑戈译,商务印书馆 2005 年版,第 13 - 28 页。

法语境下讨论这四个要素已经几乎没有任何价值了,[1]然而,在司法解释的语境下,这八项原则均具有讨论的重要意义。本文将逐一分析这八项立法的伦理守则在司法解释中的运用和价值。

(一)规则的一般性

法治是规则之治,一套使人类行为服从于规则之治的系统,首先必须要有规则。富勒描述的造法失败的寓言中,第一项失败就是国王因为欠缺概括能力放弃了起草法典的计划,不过,他宣布他将亲自裁判所有纠纷。国王认为在具体案件裁决的不断累积下,可以提炼出一套规则体系,最终整合为一部法典。但是,这项冒险以失败告终,虽然作出上百项裁决,但无论是他自己还是他的臣民都无法在这些裁决中辨别出任何规则范式,只是加重了混淆。[2] 英美法系为了防止判例法的琐碎导致人们看不见隐藏其间的普遍因素,开展了对法律(概括性法律原则及对其的引申、阐述)的科学重述的工作。[3] 英国成立"法律委员会",其任务就是将审查后的法律编纂成法典。对于司法解释而言,一些仅对本案当事人具有约束力的孤立判决,显然不具备"法律的一般性"品格。法律制定的过程中有时是较为粗放地规定了内容,有时是在立法当时无法考虑社会后来发展出的现象,有时是刻意留出空白,让社会生活和司法裁判有一定的灵活空间,司法此时的角色担当就是要遵循法律的原意和目的,有选择地进行解释,从而令司法过程"有法可依"。此时的规则应当是抽象概括出的可反复适用的内容,例如,刑事诉讼中何为"数额较大",民事诉讼中何为"人数众多",在法律中仅做笼统表述,在司法实践中通过司法创立的规则,予以统一确定。对这类标准,如果选择留给"司法中的解释"进行裁量,容易导致同案不同判等影响司法威信的后果。

(二)司法创立的规则应当公开

法律作为一种行为规范和裁判规范,若不为人们知晓,则近乎无效。公开颁布方可称之为法律,已经是现代社会一个公认的法律生效的要件。在权力机

---

〔1〕 刘艳红:《程序自然法作为规则自洽的必要条件——〈监察法〉留置权运作的法治化路径》,载《华东政法大学学报》2018 年第 3 期。

〔2〕 [美]富勒:《法律的道德性》,郑戈译,商务印书馆 2005 年版,第 17 页。

〔3〕 1923 年 2 月成立的美国法学会在一些经过特别挑选的领域对法律进行科学而精确的重述。

关立法的领域或许如此，不过，对于司法解释，对其公开性的要求似乎较少受到关注和要求。有人认为司法解释非常庞杂，普通公民并不会去研读这些规则，没有必要公开，公开了也没有用。这其实是犯了“倒果为因”的逻辑错误。首先，只要有一个公民需要去了解某项裁判规则，那么全部的规则就必须公之于众，因为这个公民有权利去了解他需要的裁判规则，而我们却无法事先将他辨认出来而定向发布。其次，少数人对某个裁判规则的了解和掌握会间接地影响多数人的行为，司法的最终救济性决定了司法所依据的规则将会反过来作用于人们的社会生活。最后，裁判规则只有公开，人们才能监督负责适用和执行这些规则的人是否违反了规则。司法解释自然也必须向社会公开公布，人们必须事先知道规则，以便按照这些规则来调整自己的行为，例如，最高人民法院《关于适用〈中华人民共和国刑事诉讼法〉的解释》、最高人民法院《关于新民间借贷司法解释适用范围问题的批复》等，它们对于社会生活的规范作用一点不亚于立法机关制定的法律。

司法解释的结果予以公开，发展到现阶段似乎并没有太大问题，不过司法解释过程的公开性还和立法机关的立法要求有着不小的距离。权力机关立法程序包括提案、审议、通过、公布四项，立法程序的公开性要求具体立法活动，包括提案、质询、讨论、审议和表决等应当让公众知晓。在《民法典》编撰的过程中，各编草案的数次审议稿均面向社会公开征询意见，对未来可能颁行的规则，公民已有一段时间的预期。反观，司法解释中，司法解释制定和颁布程序是最为严格的，不仅仅是对最终规则以最高人民法院公告形式公开发布，强调应当在《最高人民法院公报》和《人民法院报》刊登。其程序要求典型体现在需要经最高人民法院审判委员会审议通过，其仍然是内部程序，不具有公开性。从司法解释制定和颁布的各阶段来看，首先，最高人民法院对司法解释决定立项后并无公开要求；其次，起草和报送阶段仅规定“涉及人民群众切身利益或者重大疑难问题的司法解释，经分管院领导审批后报常务副院长或者院长决定，可以向社会公开征求意见”，向社会公开征求意见并非必经程序；最后，讨论阶段则完全为法院内部程序。

（三）原则上不溯及既往

法不应当溯及既往也是一个看似已达成共识、已经得到贯彻的原则，因为其中蕴含的道理十分清晰：人们以之前的法律作为行为规范作出了某种行为，而对这种行为法律后果的回溯性改变可能会使当事人的愿望落空或者给他们增添无法预料的负担，即法不能今天命令一个人昨天做某事。但是在司法解释领域，这仍然是一个需要辨析的问题。如果法律规范比较笼统简单，或者适用该法律将导致明显的不正义，那么司法者能做的就是在个案中进行解释，在事件发生后、进入司法程序后，形成适用本案的权威性规则。如果当事人事先知道这个规则，行为会不会不同呢？因此，在绝大多数需要创立规则的司法个案裁判中，可以了解到法官运用的规则具有溯及既往的效力。因此，法官为了个案裁判所形成的一个判断规则，对本案来说，必然产生了溯及既往的效力，这个规则由于仅仅用于此案中，可以将其理解为因法官不得拒绝裁判，进而进行自由裁量的范畴。

这样一个新的裁判规则能否成为司法解释，具有普遍适用性，就是另一个问题了。司法解释的动因限于“审判工作中具体应用法律”，如果上述个案中出现的具体应用法律的需求，成为各地司法者的普遍需求，产生了“需求的集合”，它才能够成为启动最高司法机关进行解释的理由。当这个解释满足了程序合法性后，在其之后发生的案件中，具有了作为裁判规范的约束力，此时则不违背“法不溯及既往”原则。

（四）清晰性

清晰性要求法律规则能够给公众以清晰的规范指引，使其能够有效区分合法行为与违法行为。司法解释的直接目的是为司法裁判提供规则依据，虽然司法者是懂法之人，但司法创立的规则也应当给司法者清晰的规范判断，使其能够准确适用，这种责任在司法解释的实践中是否得到了足够的重视是值得商榷的。

立法中越来越多地采用具体行为后果规范和一般性条款相结合方式，如《民法典》的绿色原则、《民事诉讼法》中的诚实信用原则，就是一般性的原则条款。司法过程中对具体条款和一般条款的适用方式是：优先适用具体条款，在没有具体条款予以规范时，根据一般条款的原则进行裁判、解释和说理。立法机关固然可以放心地将这些原则条款的适用任务交给司法机关，然而，在司法解释中，司法机关已经没有可以委托的执行者了，因此当司法机关在适用法律的过程中对法律的空白、抽象条款、矛盾、模糊予以明确时,应当以最大的清晰程度予以规范,否则便会陷入"对原则进行原则性解释"的恶性循环之中。司法解释层面如果继续保持立法的这种"具体+原则"的立法技术,会导致司法裁判的随意性和不确定性增强,而司法者可以自由裁量权为理由规避责任,最终的后果只能是由被"偶然性规则"而非"确定性规则"裁判的当事人承担,由此导致人们对法律和司法的不信任、不尊重。

(五)避免矛盾

在一个完善的法律制度中,法律确定性的价值毋庸赘言,规则之间不应该出现矛盾让人们无所适从。避免矛盾既包括同一个规则内部的表达不能自相矛盾,还包括将某一个规则置于整个规则体系中,也不会产生不同规则之间适用上的冲突。这个标准也论证了前文所述的作为个案裁判依据的法官裁量解释不具有规则的性质。而最高司法机关对于大量类案裁判梳理后抽象概括的规则,可以成为一般性规则。我国司法机关既包括人民法院也包括人民检察院,两个最高司法机关均进行着制定司法解释的工作,所以避免司法创立规则之间的矛盾,在我国还有这一特殊矛盾。目前解决这一矛盾的做法是,当审判解释和检察解释有原则性分歧时,报请全国人民代表大会常务委员会解释或决定。不过,如果我们去反思这种矛盾是如何产生的,会发现与司法解释产生过程中的封闭性不无关联,最高司法机关各自通过本系统的内部程序产生规则,自然会因司法职能不同、立场不同、缺乏社会参与而产生矛盾规则,而这种矛盾是可以通过程序理性予以避免的。

(六)不应当要求不可能的事情

在生活中,要求不可能之事可能是出于善意,如老师对学生提出他们不可能达到的要求,其实是想最大限度发挥学生的潜力,如古语云"取其上者、得乎其中,取其中者、得乎其下"。某种程度上,司法通过判决承担着引导社会良好治理秩序的政治责任,但在进行司法解释时,它的角色就不能再像一个"园丁"了。因为即使学生没有达到期待的要求,老师照样可以表扬他们实际做到的事情,并不自相矛盾,也不会损害任何秩序。而如果司法解释要求司法者为不可能的事,一旦出现了没达到这样要求的事件,司法机关(国家)应令他们承担相应法律后果,这样的规则是不合乎道德的。令人行不可能之事者不是在立法,而是在毁法,因为无法遵循的命令唯有导致困惑、恐惧和混乱。[1] 例如,现代侵权法中普遍设置侵权责任的归责以“过错责任”为原则、“严格责任”为例外,这是因为要求行为人对其毫无过错而产生的损害承担法律责任就是要求不可能的事情。同样的,司法解释也应当保持在司法者适法的能力范围之内。

(七)连续性

法律应当保持连续性、稳定性,这一标准在司法解释中显得尤为重要,这是因为权力机关立法所产生的规则,由于立法程序的烦琐,立法范畴的广泛,确实不太频繁变动,这也是法律滞后性的原因之一。而司法机关因为裁判案件需求的倒逼效果,不断产生新的规则。从我国目前的状况看,“两高”出台司法解释的速度和频率远远高于权力机关的立法。例如,最高人民法院《关于审理民间借贷案件适用法律若干问题的规定》于 2015 年 9 月 1 日起施行,仅在 2020 年,该司法解释就经历了两次修正,一次是 2020 年 8 月 18 日,一次是 2020 年 12 月 23 日。可见,规则的连续性在司法解释领域仍是需要重视的问题。

规则频繁变动所造成的损害和溯及既往型立法造成的损害之间存在紧密的相似性,因为它们都导致人们对自己行为将产生的法律后果无法进行预测和判断。之所以要避免这种情形,是因为规则突然的变化会成为社会中勤勉行事、但不可能始终关注司法机关最新动态的广大百姓的“陷阱”。“一部天天更改的法律比无法状态还要糟糕。”[2] 即使司法解释的变动是因为司法者希望从对法律适用的解释中创造社会福利,但确定性与秩序本身就是社会福利的一部分。

(八)司法者行动与规则之间的一致性

由于司法解释的重要作用之一是作为司法过程中的裁判依据,所以司法者的司法活动与公布规则之间的一致性不仅要求规则本身设置的妥当性(尤其是符合上述正当程序),还要求司法者严格遵守规则的内容。从心理学上讲,法律是一门有关预期的科学,它主要与我们的未来利益相关,人们研究案例不是为

[1] [美]富勒:《法律的道德性》,郑戈译,商务印书馆 2005 年版,第 44 页。
[2] [美]富勒:《法律的道德性》,郑戈译,商务印书馆 2005 年版,第 45 页。

了愉悦，而是为了预期将来诉讼发生时，法院将做什么，[1]包括司法者必须对适用的法律进行解释时，将会遵循的基本原则和方法，这些也构成预期的一部分。它要求司法者在适用规则时去理解这个规则创制之前的法律是什么，这个法律的目的和价值是救济什么样的损害，这种救济的内在原理是什么，那些必须根据这个规则来安排自己行为的人们是如何合乎理性地理解其含义的。

四、结语

司法的本职是通过适用法律以制裁违法行为，解决法律纠纷。而司法过程的性质决定了在出现"无法可依""过于笼统"等情形时仍然要作出裁判，通过对法律进行解释为司法过程提供裁判规则是司法解释的直接动力和不可回避的选择。然而，如同成文法始终存在的局限性和滞后性一样，司法解释同样无法解决其提供的裁判规则同样存在的局限性和滞后性问题，这是规则自身的"宿命"。因而，司法解释不应该也无法替代司法中的解释，司法者适用法律过程中对法律的阐释、说理、自由裁量是司法永恒的命题，我们应当理性地看待司法解释的作用，合理界定其在国家法治进程中的地位，使司法解释在法治化的轨道上良性运行。

在司法解释的过程中，司法者不是随意漫游、追逐他自己美善理想的"游侠"，他应当受到原则和方法的约束，应当遵循程序自然法的基本逻辑、运用类推及哲学的方法进行。其实，即便给出了上述八项创制法律的伦理守则，也无法认为已经完全清楚了司法解释的尺度和标准，因为在这些有关道德的科学中，并不存在任何完全取代主观理性的方法和程序，司法过程中仍然留下了相当宽阔的创制规则的空间。诚然，富勒的八项原则仅从程序自然法的角度提出了法律应该具有的形式理性和内在道德，如文中所述，八项原则是司法解释的必要但不充分条件，它相对于实体目标和实质理性具有中立性，意图实现的是司法解释的形式理性，构成了附着于司法职务之上的一种特殊角色道德。[2]与政治或其他社会活动一样，司法始终承载着推动社会进步、实现社会主流价

〔1〕［美］本杰明·N.卡多佐：《法律的成长·法律科学的悖论》，董炯、彭冰译，中国法制出版社2002年版，第121页。

〔2〕［美］富勒：《法律的道德性》，郑戈译，商务印书馆2005年版，第239页。

值的重要使命。[1] 在法治建设的背景下,司法解释获得普遍尊重和认可的最可靠方法,是司法解释本身符合形式理性、具有程序合法性,并以其积极且稳定的实践成效向社会作出广泛的证明。

〔1〕[美]米尔伊安·R.达玛什卡:《司法和国家权力的多种面孔》,郑戈译,中国政法大学出版社2004年版,第130页。

民主司法论

卢上需* 李耀杰**

2020年11月，党中央首次提出并系统阐述习近平法治思想，强调坚持党对全面依法治国的领导，坚持以人民为中心，坚持中国特色社会主义法治道路，这为人民法院刑事司法工作指明了发展方向，提供了根本遵循，具有重要指导意义。习近平总书记在中央全面依法治国工作会议上提出，要“系统研究谋划和解决法治领域人民群众反映强烈的突出问题”[1]，也对人民法院解决当前存在的“舆论审判”问题提出了迫切要求。我国实行民主司法，要求司法审判必须充分体现人民意志，反映人民愿望。一直以来，个别刑事案件引发了社会广泛关注，甚至被舆论质疑和批判。这本质上反映了舆论尚未找到被刑事司法有效吸收的合适通道，司法裁判与社会公众未能有效达成公正性共识，迫切需要在理论和制度上寻求新的思路和解决办法。本文以习近平法治思想为指导，探索民主司法审判制度的创新，为解决这一难题做一有益探索。

一、听取广大人民意见是民主司法的内在要求

我国是人民民主专政的社会主义国家。习近平总书记指出：“要把体现人民利益、反映人民愿望、维护人民权益、增进人

* 广西壮族自治区高级人民法院副院长、一级高级法官。

** 广西壮族自治区高级人民法院四级高级法官助理。

〔1〕 习近平：《坚定不移走中国特色社会主义法治道路 为全面建设社会主义现代化国家提供有力法治保障》，载《求是》2021年第5期。

民福祉落实到全面依法治国各领域全过程。"[1]可见,刑事审判必须贯彻民主司法的要求,反映和体现广大人民群众的共同意愿。所谓民主司法,即司法过程中人民群众有序参与司法、监督司法。司法的根本目标在于满足人民利益、反映人民愿望、维护人民权益、增进人民福祉,人民群众有序参与司法、监督司法,不仅可以遏制"蔑视民众"的反民主倾向,还可以消除司法中的反人民、反科学、反人性等因素,[2]促使司法人员理解人民的"感觉",实现司法审判政治效果、法律效果和社会效果的统一。

在司法审判中体现人民意志是民主司法的重要内涵,习近平总书记强调,"使法律及其实施充分体现人民意志"[3]。人民意志即民意,代表了大多数人的意志和愿望,其通过法律形式表现出来、固定下来,具有法定性、普遍性和理想性。作为法律实施的重要方式,司法审判应充分体现民意。习近平总书记指出,"宪法反映了我国各族人民的共同意志和根本利益"[4],同样,法律也是人民意志的反映,是最直接体现民意的载体,遵循法律进行审判是体现民意的内在要求。

公众舆论是与民意有密切关系的概念。公众舆论是社会公众对某个事件的普遍看法,其可能代表了人民的意志即民意,也可能被误导而代表不了民意。对于司法审判中是否有必要参考吸收公众舆论,学术界有正反两种观点。持正面观点的学者认为,司法审判有必要吸收公众判意,作为处置个案的重要参考,这是司法公开化和民主化的有益实践。[5] 持反面观点的学者认为,法官判断应当独立进行,以事实为依据、以法律为准绳,不应受制于媒体和被扭曲的民意。[6] 有学者认为,民主标志的舆论只以法律的形式表现出来,公众舆论并不是民意,不应作为司法的考量因素,公众舆论具有不确定性、不一致性,因地方

[1] 习近平:《坚定不移走中国特色社会主义法治道路 为全面建设社会主义现代化国家提供有力法治保障》,载《求是》2021 年第 5 期。

[2] 参见陈忠林:《司法民主是司法公正的根本保证》,载《法学杂志》2010 年第 5 期。

[3] 习近平:《坚定不移走中国特色社会主义法治道路 为全面建设社会主义现代化国家提供有力法治保障》,载《求是》2021 年第 5 期。

[4] 习近平:《在首都各界纪念现行宪法公布施行 30 周年大会上的讲话》,载中华人民共和国中央人民政府网,http://www.gov.cn/ldhd/2012-12/04/content_2282522.htm。

[5] 参见顾培东:《公众判意的法理解析——对许霆案的延伸思考》,载《中国法学》2008 年第 4 期。

[6] 参见张泗汉:《司法改革重在审判独立》,载《中国改革》2010 年第 5 期。

和人群的不同而不同,将其作为司法审判考量因素将破坏法律的统一性、稳定性和连续性。[1] 还有观点认为,刑事司法敢于与公众舆论对抗是最可贵的品质,刑事司法具有不可妥协性和专业性,刑罚权不应让渡于公众舆论,如果向公众舆论妥协,将牺牲法律的正义、尊严和权威,将导致法律可以被任意解释。[2]

笔者认为,贯彻民主司法的审判,有必要吸收公众舆论,实现刑事司法与公众舆论的良性互动。第一,吸收公众舆论不违反人民法院依法独立行使审判权的要求。司法为民是中国共产党的初心使命对人民法院工作的根本要求,司法必须依法服务作为统治阶级的人民,服务代表人民的政党,保护人民的整体利益。公众舆论一定程度上反映了人民的呼声和期望,吸收公众舆论反映和体现了司法的人民性,也适应政治经济社会发展的需要。第二,吸收公众舆论符合全面依法治国的要求。习近平总书记强调,"推进全面依法治国,根本目的是依法保障人民权益"[3]。随着时代的发展,司法并不是少数人理解和掌握的专有领域。随着我国社会的发展,公民受教育水平和法治意识都将普遍提高,全体人民都是参与司法的主体。人民在社会生活中有哪些权益保障的期待,大都在公众舆论中反映出来,司法审判不应当充耳不闻。第三,吸收公众舆论可以帮助法院更准确地理解民意。在我国政治制度下,宪法法律是民意的集中体现,正确实施法律便是准确反映民意。但在具体个案中,法律具有滞后性,需要结合社会的发展理解;法律具有普遍性,需要结合个案准确理解,找准司法公正的平衡点;法律具有概括性,需要在实践中具体化,恰当地应用在具体案件中,并为具体的社会行为确立明确的法律规范。公众舆论不等同于民意,但却是探寻民意的最好素材,人民法院可以从个案的舆论中贴近人民,倾听人民的呼声,以发展的眼光更准确地理解民意。习近平总书记指出,"只要我们深深扎根人民、紧紧依靠人民,就可以获得无穷的力量"[4]。只有以开放的态度吸收公众舆

---

〔1〕 参见张泗汉:《司法改革重在审判独立》,载《中国改革》2010 年第 5 期。

〔2〕 参见孙万怀:《论民意在刑事司法中的解构》,载《中外法学》2011 年第 1 期。

〔3〕 习近平:《坚定不移走中国特色社会主义法治道路　为全面建设社会主义现代化国家提供有力法治保障》,载《求是》2021 年第 5 期。

〔4〕 习近平:《坚定不移走中国特色社会主义法治道路　为全面建设社会主义现代化国家提供有力法治保障》,载《求是》2021 年第 5 期。

论,扩大人民的参与,激发人民的力量,才能从社会生活实践中探寻人民的期待,了解人民的诉求,获得人民对公正司法的支持和信赖。

当然,刑事司法吸收公众舆论,并不等同于要以公众舆论为审判依据,也不意味着审判应当被公众舆论所左右。单纯根据公众舆论办案,不严格依照法律,是对依法治国的根本否定。刑事司法吸收公众舆论,充分听取人民群众的意见,重点是给法院更多的参考样本,在个案中更准确地理解法律和民意,让人民群众在司法裁判中感受到公平正义。

二、刑事司法与公众舆论良性互动呼吁司法审判制度的创新

随着社会主义法治不断进步,司法公信力逐年提高,刑事司法得到公众越来越多的认可。但在个别案件中,刑事司法与公众舆论仍然存在互动难题:公众希望更多地参与司法,但其容易受到舆论误导从而得出非理性结论,审判机关必须依法公正裁判,发挥法治引领作用,但也不能忽视公众的诉求。实现公众舆论与刑事司法的良性互动,有必要探索司法审判制度的创新,明确吸收公众舆论的合理方式和程序规则,建立甄别、采信、反馈公众舆论制度。

(一)刑事司法与公众舆论互动机制不够完善的表现

刑事司法具有明显的社会公平正义引导性,常常引发社会普遍关注,在信息化时代尤其明显。社会公众看待刑事司法代入感较强:假如自己是受害人,会考虑这一惩罚是否足够威慑犯罪分子,能否给自己带来安全感;假如自己是被追诉人,会考虑这项定罪量刑是否恰当。如“昆山反杀案”,防卫者在迫不得已时夺刀反击,导致侵害人死亡。社会公众看待这个案件时,会设想假如自己被人用刀砍杀,夺刀反击致人死亡,如果要受到刑事处罚,将把自己逼到要么受伤要么犯罪的两难境地,会带来极大的不安全感。

在传统刑事司法过程中,社会公众在宣判后广泛讨论,会出现一些可能影响司法公正的负面舆论。一方面,有的当事人或诉讼参与人有意通过负面舆论,引导公众形成倾向性意见,以营造对己方有利的公众舆情。另一方面,相对而言,负面舆论具有相对更强的传播力。与公众舆论期待结果一致的刑事裁判,能够符合人民群众的预期,传播力相对较弱;相反,若裁判结果与公众舆论期待不一致,公众表达意见的动力更强,与裁判结果冲突越大的公众舆论将获

得越高的传播力。

在司法负面舆论的环境中,社会公众与法院分别扮演不同的角色。社会公众希望具体的司法裁判能够维护其利益,反映其诉求。法院则力求实现司法公正,并努力让人民群众感受到公平正义。而一些舆论在真相不明的情况下提出倾向性结论,容易引发社会广泛关注,导致法院面临两难的局面:如果不接受舆论的倾向性结论,可能影响司法公信力;如果迁就舆论观点,可能影响司法公正。

(二)刑事司法与公众舆论互动的现有举措

刑事司法与公众舆论的互动难题已长期受到司法机关关注,实践中也做了积极探索,采取了一定措施加以解决。

第一,限制审前报道。有观点提出,媒体报道只能在裁判作出之后进行,以缓解公众舆论对刑事司法裁判公正性的影响。[1] 限制审前报道在一定程度上避免了非理性舆论对司法裁判的干扰,但其在自媒体时代执行起来较为困难,存在限制公民知情权和监督权之虞。即便做到了限制审前报道,刑事司法与公众舆论的互动难题仍然存在,等到裁判作出之后,不符合公众普遍预期的裁判结果同样将引发负面舆论。

第二,庭审直播。近年来,各级法院加大了庭审公开的力度,采取了直播庭审的方式,有效地促进了司法公正,对一些社会关注度极高的案件起到了显著效果。如"于欢案"中,一审判决后媒体夸张报道并炒作,引发了负面舆情,二审庭审时采取向社会直播的方式,让庭审变成了法治课,成功地化解了负面舆情。[2] 虽然直播庭审对缓解刑事司法与公众舆论紧张关系具有显著的效果,但其毕竟并不是针对缓解紧张关系而创建的制度。同时,由于庭审是专业的诉讼活动,时间长,专业门槛较高,普通公众较难通过庭审直播准确把握事实真相和法律精神。

第三,积极落实陪审员制度。陪审员制度在一定程度上体现了公众对司法裁判的感受和意见,但在具体案件裁判中,由于受个人知识结构、社会经验等各

---

〔1〕 参见孙锐:《司法裁判考量社会舆论的正当性》,载《国家检察官学院学报》2012 年第 2 期。

〔2〕 参见胡云腾:《从规范法治到案例法治——论法治建设的路径选择》,载《法治现代化研究》2020 年第 5 期。

种因素的影响,陪审员对案件的具体意见与公众不完全一致,有关裁判结果未必会得到公众的普遍认同。

第四,积极开展判后答疑。判后答疑是加强司法裁判与公众舆论互动的有效措施,消除了一些认识上的偏差。但判后答疑毕竟是事后行为,是在公众对裁判产生疑问的情况下开展的,存在一定的滞后性,不利于公众对裁判的认可。如果在判后答疑中法院与社会公众发生明显分歧,可能需要通过二审、再审促进与公众的互动,而这在一定程度上削弱了裁判的稳定性和公正性。

(三)刑事司法与公众舆论互动难题的破局

社会公众和司法机关追求司法公正的目标是一致的。之所以在个别案件中出现刑事司法与公众舆论互动难题,其根源在于社会公众与审判机关判断的事实依据不尽一致。社会公众掌握的事实较为碎片化,更多的是基于朴素正义观对案件作出评判,体系性思考不足,难免挂一漏万。而审判机关是在全面掌握案件事实、法律的基础上,结合专业经验作出判断。由于两者判断的依据不同,其判断结果存在差异也在情理之中。破局刑事司法与公众舆论的互动难题,需要建立一种机制,促进社会公众与审判机关在事实判断和法律适用基本取得一致认识的情况下,达成司法公正的共识,消除质疑的基础。

事实上,当社会公众与人民法院判断的依据相同时,公众舆论将对刑事司法产生正面效应。“许霆案”事实较为简单,因 ATM 机故障超额提款,是否能认定盗窃金融机构,社会公众判断所依据的事实与人民法院一致,公众将自己代入案情,认为该案的主观恶性较小,其基于朴素法观念作出的评价对刑事司法裁判起到了正向的作用,推动刑事裁判减轻处罚,作出了更符合人民群众期望的裁判。“昆山反杀案”中,事发视频在网络公开发布,公众得以掌握全面的案件事实,基于朴素的法观念,假定自己在被持刀砍击时也会进行防卫,推动该案认定为正当防卫,防卫人不必承担刑事责任,该案公众舆论的参与不仅推动了刑事司法正当防卫的认定,也弘扬了见义勇为的社会主义核心价值观。可见,统一社会公众和审判机关判断的事实依据,是破局刑事司法与公众舆论紧张关系的关键,基于此构建判前征询制度就具有积极的意义。

本书研究的判前征询制度,旨在解决社会公众判断事实与庭审事实的一致性问题,着重在庭审结束后、裁判作出之前,将经庭审确认的案件事实依法向社会公布,征求社会公众的看法。其对刑事司法与公众舆论互动难题的破局主要体现在两个方面:一方面,向社会公众公布法院作出裁判依据的主要事实,统一法院与公众的判断基础,公众据此作出的判断具有参考价值。另一方面,听取公众对案件的意见后,审判机关可以在自由裁量权的幅度之内,依法作出最大限度体现人民群众期待的刑事裁判,并维护刑事司法的权威性及公信力。对于不适宜吸收进入裁判的意见,也可以在判后有针对性地作出解答和回应。

三、判前征询制度体现了我国刑事司法理念的历史逻辑

党的十八大以来,我国的刑事司法理念取得了新的发展,习近平法治思想将人民群众对司法公正的感受要求提升到一个新境界。判前征询制度符合我国刑事司法理念的发展逻辑,也是顺应我国刑事司法理论创新的现实要求。

(一)我国刑事司法理念的集体主义导向

刑事司法理念,是指司法活动追求的内心理想和实践目标。我国刑事司法理念具有以下特点:(1)时代性。刑事司法理念应体现时代要求,不同时代要求不同的刑事司法。(2)政治性。刑事司法理念应体现统治阶级的政治理想。(3)社会性。刑事司法理念应体现社会普遍的正义观,否则,将成为无源之水、无本之木。(4)实践性。刑事司法理念贯穿整个刑事司法全过程,在司法实践中发挥普遍指导作用。

中国共产党领导下的刑事司法理念是随着革命建设不同时期发展变化的。新民主主义革命时期施行的是革命性刑事司法理念,以严厉镇压反革命、反动地主富农的破坏为主要任务。[1] 中华人民共和国成立后至1979年之前施行的是震慑性刑事司法理念,以巩固人民民主专政为主要任务。1979年至1996年之前施行的是运动性刑事司法理念,以从重从快打击严重破坏经济和社会秩序的违法犯罪行为原则。1996年至2012年突出人权保障刑事司法理念,加强对被追诉人的司法人权保障。进入新时代后,党中央提出"努力让人民群众在每一个司法案件中感受到公平正义""统筹法律效果、政治效果和社会效果""坚决防范冤假错案",并提出政法机关在新时代的四大职责任务,为新时代刑

[1] 参见马锡五:《新民主主义革命阶段中陕甘宁边区的人民司法工作》,载《法学研究》1955年第1期。

事司法理念的发展完善指明了方向。

刑事司法理念存在集体主义导向和个体主义导向的两种理论选择。集体主义导向,即坚持维护国家利益和社会利益为重,同时维护社会中的共同体利益和个体权益;个体主义导向,即坚持个人权利至上,忽视社会共同体利益要求。我国刑事司法理念应采取集体主义导向还是个体主义导向,是刑事司法理念新发展需要首先解决的问题。

西方法治思想认为政府具有天然的"恶",应对政府防备和制约,并依此确立刑事司法个体主义导向,但随着时代的不断发展,以个体主义为导向的刑事司法理念在实践中难以有效发挥作用,遇到的"瓶颈"越来越明显,也不符合我国的国情。对我国刑事司法理念而言,集体主义导向是我国历史上延续下来的文化基因,代表刑事司法未来的发展方向,体现了以人民为中心的理念,是当前国情下的必然选择。〔1〕 第一,集体主义导向是我国历史的文化基因。自秦始皇统一六国以来,我国就一直是中央集权国家,延续着大一统的集体主义观念,在法律统一适用过程中,达成了优先保护国家整体利益的共识,决定了中华法系一直坚持刑事司法集体主义理念,并对共同体利益优先保护。第二,集体主义导向有效凝聚中国人民的伟大力量。近代以来的历史证明,在中国共产党领导下,中国人民焕发了无穷的集体力量,赢得了抗日战争、解放战争、抗美援朝的伟大胜利,并在社会主义建设、改革开放和抗洪救灾、抗击疫情等自然灾害斗争中,展现了全体人民团结一心的伟大力量,开创了我国历史性跨越发展的新篇章。这一以中华民族伟大复兴为核心的集体主义导向,在新时代更加需要坚持和发展。第三,集体主义导向是司法制度的重要特征。习近平总书记指出,保证宪法法律实施就是保证党和人民共同意志的实现。〔2〕 司法机关应坚定贯彻司法的人民性,严格执行国家宪法和法律,维护人民整体利益、维护社会公共利益,促进社会平稳有序健康发展。司法机关通过充分保护社会共同体利益,实现对公民、法人和非法人组织合法权益的有效保护,以促进社会的全面发展、进步,这是我国集体主义导向刑事司法理念与西方个体主义导向刑事司法理念

〔1〕 参见马锡五:《新民主主义革命阶段中陕甘宁边区的人民司法工作》,载《法学研究》1955 年第 1 期。

〔2〕 《习近平谈治国理政》(第二卷),外文出版社 2017 年版,第 116 页。

的“分水岭”。2004 年我国《宪法》规定“国家尊重和保障人权”，是以人民为中心的人权理念在宪法中的生动诠释，其保障首要目标是人民的生存权和发展权，不仅包括社会共同体利益不受侵犯，也包括无罪的被追诉人不受法律追究。我国人民民主专政的国体决定，国家机关的根本宗旨是为人民服务，是保护人民的根本利益，不存在与人民利益对抗的前提。司法机关具有的政治属性和人民属性，决定了司法活动必然坚持集体主义导向的司法理念，并且在依法履职过程中主动接受包括人民代表大会在内的各方面监督，这就是集体主义导向在实践中的生动体现。

（二）新时代刑事司法理念的新发展

新时代刑事司法理念必然坚持以人民为中心的发展思想，以维护人民合法利益为根本目标，评价标准是让人民群众在每一个司法案件中感受到公平正义。这一理念的新发展主要表现在以下方面：

第一，人民利益至上。刑事司法最主要的目的是维护人民合法利益，通过依法制裁违法犯罪行为维护国家安全、人民安全和社会安全，通过防范冤假错案确保无罪的人不受刑事追究，实现社会公平正义。

第二，严格司法。包括两个层面：从维护社会共同体利益角度，司法机关要严格依法履行职责，有案必立，有罪必究，严格执行法定程序，依法定罪量刑；从维护个体权益角度，司法机关要依法充分保障被告人诉讼权利，坚持证据裁判原则，坚决杜绝冤假错案，将每一个刑事案件办成“铁案”。

第三，感受性公正。刑事司法是社会治理最严厉的手段，受社会广泛关注，最能体现人们普遍的公平正义价值观念。因此，刑事司法必须具有公平正义的感受性，实践中必须综合体现国法、天理、人情的核心要求，体现社会主义核心价值观，以人民群众感受得到的方式实现司法裁判的公平正义。

（三）判前征询制度符合我国刑事司法理念的新要求

设立判前征询制度，是推进法治社会建设的重要一环，符合新时代刑事司法理念的新要求。

第一，判前征询制度符合司法人民性的要求。一方面，刑事司法必须体现为了人民、依靠人民、保护人民的根本属性。在裁判作出前征询人民群众的意见，有助于全面直接了解人民群众对刑事司法的期待，充分吸收人民群众的智慧。另一方面,判前征询制度符合人民民主的宪法精神。判前征询制度将社会公众的广泛诉求具体化、凝练化,审判机关可以通过这项制度更真切地获知社会公众的民主诉求,保护社会共同体中潜在的受害者不受非法侵害,保护潜在的被告人不受不公正待遇,增进社会和谐稳定。

第二,判前征询制度体现了民主集中制的诉讼原则。法院公布庭审认定的事实,向社会充分征求意见,社会公众广泛参与并发表意见,实现了集中指导下的民主;在全面掌握社会公众意见和诉求的基础上,由法院依法独立行使裁判权力,作出裁判,体现了民主基础上的集中。

第三,判前征询制度有助于严格司法。由于法官职业的封闭性和专业性,不一定能准确感受社会公众的意志和要求,[1]作出的裁判可能偏离社会共同的认知。而理性的公众舆论可以体现民众的德治智慧,克服机械化思维的法律中心主义。判前征询制度为理性公众舆论提供了一把“钥匙”。法院公布庭审认定的事实,可以作为统一公众判断所依据的事实,在同样的事实基础上,公众的意见可以帮助审判机关克服机械办案,作出更加公正的裁判。与公众意见的有序互动,还能提升司法人员的能力和素质,帮助其在更广的视野上,更大的知识结构范围中理解案情、体会法律精神,在更高层次上实现裁判的公正性。

第四,判前征询制度有助于实现感受性公正。审判机关可在裁判前真实感受社会公众对天理、国法和人情的意见和期许,从中提炼法治智慧、天理人情的核心因素,据此依法权衡定罪量刑的宽严幅度,实现国法与天理、人情的高度融合统一。

四、判前征询实现刑事司法与公众舆论有效互动的制度价值

判前征询制度是践行习近平法治思想,顺应信息化时代要求,回应社会大众呼声的迫切需要。其不仅可以避免公众舆论对司法裁判的不利影响,缓解刑事司法和公众舆论之间的互动难题,还可以有效发挥公众舆论的正向作用,帮助审判机关以人民看得见、感受得到的方式正确实施法律,以更有效的司法公

---

〔1〕 有学者进一步指出,法官的职业化可能导致法官与日常生活经验脱节,产生冷漠感和麻痹感。参见吴啟铮:《网络时代的舆论与司法——以哈贝马斯的公共领域理论为视角》,载《环球法律评论》2011 年第 2 期。

开促进公正司法,不断提升司法公信力。判前征询的制度价值主要包括:

(一)深化司法公开

刑事司法不是隐匿在阁楼中少数精英掌握的权力,应由全社会参与,在阳光下运行。司法公开是落实宪法法律原则、保障人民群众参与司法的重大举措,制度目的在于防止权力任性和司法腐败,消除人民群众对司法的误解,从而保障人民群众对司法的知情权、参与权、表达权和监督权。

人民群众对司法的参与权和表达权,不限于裁判作出之后,也包括判前的参与和表达。当前,人民法院在判前保障人民群众参与权和表达权,主要采取实地听取意见的方式,有的实地走访听取当地群众意见,也有的召开座谈会听取人大代表、政协委员、社会各界代表和当地群众意见,这种方式虽能保障部分群众参与权和表达权,但也存在群众参与面不广、代表性不足、成本较高等问题,不便持续推广。

设立判前征询制度有利于社会公众主动关注司法案件,了解案情、参与案件讨论;有助于审判机关了解社会公众不同的意见,做到兼听则明;在互联网时代还可以大大降低人力、时间成本,培养公众主动参与社会治理及司法工作的主动性和自觉性。

(二)有效制约监督司法权力

在中央全面依法治国工作会议上,习近平总书记深刻指出:“加强司法制约监督,健全社会公平正义法治保障制度。”[1]判前征询制度是加强司法权力制约和监督的有效举措。

判前征询将人民群众对司法权力的监督前移,将判后监督与判前监督相结合。相对于判后监督,判前监督成本更低、效果更好,更容易在社会上达成司法共识,减少对司法公信力的不良影响。建立判前征询制度,可以和判中监督、判后监督相互协调配合,内部监督和外部监督相衔接,形成完整的司法权力监督制约机制,实现监督制约全覆盖。

(三)有力提升司法公信力

司法公信力的基础在于司法裁判得到人民群众的支持和认可,让人民群众

---

〔1〕 习近平:《坚定不移走中国特色社会主义法治道路 为全面建设社会主义现代化国家提供有力法治保障》,载《求是》2021 年第 5 期。

广泛参与到司法裁判工作中,有利于打破“塔西佗陷阱”,[1]有利于法院把握舆情防控的主动权,使法院改变被动应付司法负面舆情的局面,克服判后答疑的短板。

判前征询制度可以将负面舆论转为正面舆论,促进司法公信力提升。一方面,设立判前征询制度,预先听取社会公众的意见,能契合群众期望,凝聚社会共识,从而提升司法权威和公信力。另一方面,判前征询前提下,若裁判没有采纳社会公众的评价,也可较大程度避免减损司法公信力,更好实现司法裁判对社会价值观的引领。案件主要事实和相关法律向社会公布后,审判机关可以预先掌握社会公众关注的焦点和分歧,在裁判中作出理性合法的判断,并有针对性地解读裁判理由,提升判后答疑的有效性。当法院在裁判之前征询公众意见,让公众感觉到其表达的意见得到法院的倾听和充分考虑,受到了尊重,其将对法院的裁判持更加包容的态度。且审判机关可以在裁判理由和判后释法中对公众关注的焦点进行回应,有针对性地提升社会公众对裁判的接受度。

可见,建立判前征询制度,可以促进公众舆论和司法裁判的沟通交融,实现良性互动。在征询公众意见后,人民群众将会更加尊重和理解司法裁判。公众舆论对刑事案件的关注度越高,司法公信力也就越强,公众基于对司法的信任,将在更大程度上信赖司法裁判结果,从而推动形成更加广泛、理性的公众舆论,更进一步强化司法公信力。

(四)提升司法的普法效果

习近平总书记指出:“法治的根基在人民。要加大全民普法工作力度,弘扬社会主义法治精神,增强全民法治观念。”[2]司法案例搭起了生活和法律之间的桥梁,在增强全社会法治观念方面扮演了重要的角色。判前征询制度将社会公众融入合乎法治案例的生成过程,将一个个社会关注案例转化为生动的法治公开课。一方面,判前征询制度可提升人民群众参与司法的广度和深度,激发公众参与案件讨论的兴趣。人民群众可以了解庭审认定的事实及法律规定,参

---

〔1〕“塔西佗陷阱”,即当执政者的公信力受到严重损害时,其说真话、做好事也很难为人们所相信,很难取得应有的效果。参见严文斌主编:《百年大变局》,红旗出版社2019年版,第202页。

〔2〕习近平:《推进全面依法治国,发挥法治在国家治理体系和治理能力现代化中的积极作用》,载《求是》2020年第22期。

与法律适用的讨论。在这个过程中,审判机关可以进行积极引导,把公众关注的焦点统一到案件事实和法律规定上来,有力促进公众法律意识的增强,促进法治社会建设健康发展。另一方面,判前征询制度可提升全民参与法治社会建设的效果。在裁判前征询公众的意见,可以帮助审判机关全面了解公众的主流思想,了解公众在判断该案件中遇到的困惑或者误区,从而在裁判作出后,有针对性地为公众答疑解惑,增强社会公众法治意识。

(五)营造清朗理性的司法舆论环境

刑事司法过程中,社会对热点案件的讨论容易引发一些不理性的言论,甚至可能给司法公信力造成负面影响。判前征询制度加强了司法机关和社会公众的信息交流和观点碰撞,使法院的裁判意见建立在扎实的事实基础和准确的法律适用上,从源头上消除了恶意炒作的条件。

更重要的是,在判前征询制度下形成的司法舆论中,法院不再是单独面临舆论冲击的一方,而是成为凝聚社会共识的主导者,在司法裁判中更容易得到人民群众的拥护和支持,为奠定人民法院司法公信力打下了坚实基础。

也许有人会担心,判前征询制度的适用,可能会引发更多的负面司法舆论。笔者认为这种担心是多余的。一方面,对于别有用心的舆论发起者而言,希望借助负面司法舆论形成有利于己方的社会共识,其发起负面舆论并不会因为判前征询而增多,反而会因为判前征询而减少。启动判前征询程序,意味着法院在裁判前公布庭审认定的事实,可以提前澄清误导社会公众的虚假事实或片面事实,消除恶意炒作的负面影响。在判前征询制度的引导下,舆论发起者发起负面舆论将面临更多顾虑,其发布未经庭审认定的案外事实,可能会在判前征询阶段受到法院澄清,从而招致公众的批评。可见判前征询制度不但不会引起逆向鼓励恶意炒作案件,反而能对此形成震慑。再者,对于利用发布信息扰乱社会秩序、攻击社会制度的违法犯罪行为,可以依法追究法律责任,为社会舆论场立规筑网,用法治规范社会舆论行为。另一方面,判前征询制度也有助于规范媒体报道及评论。法院可以发布庭审认定的事实,对于违规利用案件发布虚假信息、误导公众舆论的,依法依规予以处理。

五、判前征询制度的现实可行性

判前征询制度是社会主义新时代发展的产物,符合时代的要求。互联网刚刚兴起的21世纪初，互联网管理机制还不够健全，贸然推行判前征询制度可能会对司法公信力造成不利影响，甚至扩大西方司法独立观念的市场，影响政治安全。然而，在新时代下，判前征询制度的构建恰逢其时，符合时代发展的大趋势。

第一，坚持建设中国特色社会主义法治体系为判前征询提供了制度保障。判前征询制度是民主司法的制度安排，也是人民群众有序参与国家治理、参与司法审判的制度创新，需要依靠完备的法治体系给予保障。当前，中国特色社会主义法律体系已经形成，预计到2025年，中国特色社会主义法治体系将初步形成，即形成完备的法律规范体系、高效的法治实施体系、严密的法治监督体系、有力的法治保障体系、完善的党内法规体系。在中国特色社会主义法治体系的框架下构建判前征询制度，可以保证这项制度不会走偏，既能充分保障人民的宪法权利，又能保障人民有序依法参与国家管理和司法活动。

第二，司法能力的整体提高为判前征询制度提供了思想定力。传统刑事司法过程中，回避、弱化公众舆论在一定程度上是由于司法能力不强、司法自信不足，担心人民群众对司法的过多批评。近年来，人民法院全面深化司法责任制和司法体制综合配套改革，大力推进阳光司法，落实员额制改革，加强审判团队建设，司法质量、效率和公信力显著提升。2020年全国法院受理案件数已突破3000万件，其中刑事案件111万件，按照审判监督程序再审改判刑事案件1818件，仅占全部刑事案件的0.16%。随着人民法院司法能力水平的不断提升，人民群众对司法的信任进一步增强，人民法院也更有自信接受社会的讨论和批评。

第三，媒体自律的强化为判前征询制度提供了网络舆论基础。随着网络治理的不断完善，网络上煽动性、虚假性言论得到有效遏制，网络暴力得到有效治理，判前征询制度在良好的网络舆论环境下可以实现更理想的制度效果。

第四，网民素质的提升为判前征询制度提供了一定的群众基础。随着网络的发展和教育的普及，网民的素质和法治意识逐渐增强，网民独立思考和独立判断的能力更强，能对案件裁判提供更有价值的评论意见。

第五，判前征询制度并不会导致司法权威减损。我国司法的权威源于人民的拥护，源于法律尊严权威。司法裁判之所以有权威，在于司法裁判符合人民的期望和宪法和法律的精神。判前征询制度帮助审判机关在司法裁判中充分吸收人民群众意见,让司法裁判更符合人民的期望,更准确地体现人民群众的诉求,故其不仅不影响司法权威,反而能进一步强化司法权威。另外,判前征询的群众意见只是作为裁判参考,真正作出裁判仍然要严格依法办案,故该制度也不会影响法院依法独立行使职权。

可见,随着新时代的发展,以人民为中心,努力让人民群众在每一个司法案件中感受到公平正义,已经成为全社会的共识。在这样的时代环境下,推动人民群众的公众舆论和刑事司法良性互动成为时代发展的必然,而判前征询制度则是刑事司法吸纳民意的最好契合点。

六、判前征询的制度构想

判前征询制度,是指人民法院在庭审结束后、裁判宣告前,依照法律规定公布刑事案件主要事实和法律适用条文,公开听取社会公众意见的诉讼制度。判前征询是践行习近平法治思想,落实刑事司法融合国法、天理、人情的重要制度载体,体现了司法制度的人民性、专业性和程序性要求,对维护社会共同体利益和个体权益,促进司法公正及公信力提升具有重要作用。

(一)制度目的

判前征询制度的设立目的,是落实司法为了人民、依靠人民、保护人民根本属性的需要;是扩大司法民主的需要,让更多人民群众参与到司法工作中,增强更多的司法获得感,增强人民群众对司法工作的满意度;是进一步落实司法公开,消除司法神秘主义的需要,让司法公开更好地成为司法公正的制度保证。

(二)制度原则

在坚持党的绝对领导,维护国家政治安全、社会大局稳定,确保法律效果的前提下,适用判前征询制度应当坚持以下原则:

一是主动适用原则。由人民法院主动适用,根据法律规定及案件的具体情况判断是否启动判前征询制度,以什么方式启动判前征询程序。

二是依法公开原则。判前征询需依法公开庭审认定的主要事实、法律依据。判前征询不得违反《刑事诉讼法》等相关规定发布涉及国家秘密、个人隐私的信息,也不宜公开与定罪量刑无关的事实。

三是客观真实原则。判前征询公开的事实,必须是经庭审查明的事实。没有经过庭审查明的案件事实,不得公开。

四是理性表达原则。社会公众应将判断的基础限于法院公布的庭审事实,警惕案外事实的干扰,理性发表自己的观点。允许当事人及律师发表有利于己方的评论。但不得抨击、污名化他人,以减损他人名誉的手段寻求有利于己方的社会共识,更不得发布煽动性、误导性、仇恨性的案外事实和言论,防止对司法公正产生负面影响。

五是依法裁判原则。审判机关应当在事实清楚、证据确实充分的基础上正确适用法律,在国家法律允许的自由裁量权范围内,充分分析研究社会公众对案件的不同意见,依法作出裁判,实现法律效果、政治效果和社会效果的有机统一。

(三)适用的条件

判前征询制度适用的主体是人民法院,主要适用于一审案件,特别情况下也可在二审、再审案件中适用。

判前征询的适用分两种情形:一种是按照法律规定应公开征询公众意见的,人民法院应当依法适用。如涉及群体利益、公共利益、人民群众广泛关注、有较大社会影响、环境保护、食品药品安全等重大影响的刑事案件,应当适用判前征询制度。另一种是人民法院依职权启动判前征询程序。对于在审判实践中法院认为有必要、有利于达成社会共识的案件,也可以主动依职权公开征询。如人民法院在审理案件中,发现案件受到社会关注,社会意见分歧明显,包括有关诉讼参与人意见分歧较大的,可以依职权决定是否公开征询意见。有关检察机关、被告人、律师根据法律的规定也有权向法院提出公开征询的意见,是否公开征询由法院依法决定。

有必要指出,适用判前征询制度时,不可公开被告人和有关诉讼参与人的姓名和个人信息,以保护其人格权和名誉权。

(四)征询的程序

判前征询是裁判公开前的最后一道程序,应在庭审结束、庭审事实确认后启动,这样有利于向社会公布权威的案件事实。

判前征询的方式宜尽量集中,保持统一的宣传口径,降低社会关注成本。

可以省为单位,在各省(直辖市、自治区)高级人民法院指定的互联网平台上统一发布本省的判前征询信息,由裁判的法院申请,经高级人民法院审查后发布。承办法院负责意见收集、分析和研判,形成社会公众意见分析报告。

(五)有关立法建议

判前征询制度在《刑事诉讼法》中还没有体现,但可以作为司法公开原则的一项制度加以规定。在试点成熟的基础上,可在《刑事诉讼法》中增设关于判前征询制度的条文,作为第 11 条第 2 款,条文具体内容为:“人民法院在审理重大案件时,可以依法实行判前征询,听取社会各界意见。”

最高人民法院可以在不断总结审判实践经验的基础上,适时发布关于适用判前征询制度的指导意见,促进该制度不断发展完善。

信用司法论

崔永东*

信用司法是一种“取信于民”的司法,取信于民意味着司法能够输出正义的产品并得到公众的认同和信赖。信用司法是司法公信力和司法权威性的基础,目前信用司法建设的关键在于制度建设,如实行“失信黑名单”制度、虚假诉讼惩戒制度、司法责任制度、监督制度、司法公开制度等,上述制度对推进信用司法建设将发挥重要作用。信用司法建设是社会信用体系构建的基础性工程,也是“信用中国”建设的重要组成部分,它不仅会助推中国司法文明的进步,还会为促进中国道德文明提供有力的司法保障。

一、信用司法是司法权威性的基础

信用司法是社会信用体系的最后一道防线,是“信用中国”建设中的重要环节。信用司法的实质在于“取信于民”,在于司法输出产品的正义性得到了人民群众的认同,司法的权威性得到了人民群众的信赖。因此,司法的公信力得以产生。从此意义上讲,信用司法即司法公信。拙著指出:“司法公信力是指司法赢得社会认同、公众信任的能力,这种能力取决于司法强制力、司法判断力、司法自控力和司法拒斥力方面是否能够经得起社会公众的认同和信赖。司法公信力是司法权威的根基,一个

* 华东政法大学司法学研究院院长、教授、博士生导师。

缺乏社会认同和公众信任的司法体系,是没有任何权威性可言的。……司法公信力是由司法强制力、司法判断力、司法自控力和司法拒斥力'整合'形成的一种国家公权力量,是上述四种力量的'合力',并靠这种合力输出正义的产品,公平而有效地解决纠纷并得到社会的认同和大众的信赖。"〔1〕

司法强制力是指司法的终局裁决具有不以案件当事人和相关人员的意志为转移的国家强制力;司法判断力要求司法人员在案件的事实认定和法律适用上作出准确而公正的判断;司法自控力是指司法人员有良好的自控能力,能够控制好自己的情绪和欲望;司法拒斥力是指司法人员排除外部不当干预司法的能力。建立在司法判断力、司法自控力和司法拒斥力基础之上的司法强制力才是"正当"的,才能产生真正的权威性和公信力。

信用司法是司法权威性的基础,也是司法权威性的保障。王利明教授指出:"司法权威又称司法尊严,是指司法机关应当享有的威信和公信力。威是指尊严,使人敬畏;信是指民众的信赖和认同。"〔2〕实际上,司法的公正和效率是司法信用性的表现,民众信赖司法是司法公信力产生的前提,而司法公信力是司法权威性的基础——有公信力的司法才有尊严,才令人敬畏。

从此意义上来说,优良的司法才是有公信力和权威性的司法,在此前提下的司法权才是真正意义上的司法权。澳大利亚的马丁法官曾说过一段意味深长的话:"在一个秩序良好的社会中,司法部门应得到人民的信任和支持,从这个意义出发,公信力的丧失就意味着司法权的丧失。"〔3〕"公信力的丧失就意味着司法权的丧失"一语多么耐人寻味!这里的"司法权"应该是一种良性司法权,这样的司法权才有公信力,而专横、邪恶的司法权并非真正的司法权,因其失去了司法权的本义。

司法权威与法律权威又有着密切关系。有学者指出:"权威需要对法律的重视。权威是被信仰、被认可、被服从的,而这种力量的本源来自于权力本身的权威性,而权力的权威性需要法律来体现和保障。立法机关制定法律是立法权威性的表现,而司法机关的司法运行活动是司法权威性的体现。司法权的运行

---

〔1〕 崔永东:《司法与社会之关系研究》,人民出版社 2020 年版,第 121－122 页。

〔2〕 王利明:《司法改革研究》,法律出版社 2000 年版,第 132 页。

〔3〕 王利明:《司法改革研究》,法律出版社 2000 年版,第 4 页。

以法律的存在为前提。司法权的至高无上,是因为法律的至高无上。"[1]

在此意义上,司法权威可以说是法律权威的体现和延伸:"法律被信仰、被遵守、被服从的权威性来源于法律将大多数人认可的社会价值观法定化、制度化,保护和实现了大多数人权利。在法治社会中,尤其强调司法权严格遵守法律并体现社会的价值观,对于非法律的价值观司法权没有义务服从,反而需要与之进行制衡,只有这样司法才具备其权威性。"[2]这段话给我们的启示是,立法应当是良法,良法契合于大多数人的社会价值观并保护其权利,依据良法而运行并体现公正和效率的司法权才会具有权威性和公信力。

陈光中先生认为,司法公信力植根于司法公正,司法公信力既取决于实体公正,即要有公正的处理结果,保证无罪的人不受刑事追究;还取决于程序公正,如避免不依法独立审判、刑讯逼供。[3] 正如上文所言,司法公信力是四种力量的合力,司法输出正义的产品,才会受到公众的认可和信任。

毋庸讳言,一段时期以来,我国司法正面临着一场信任危机,个别案件司法"失信于民"正成为一个不争的事实。鉴于此,中央决策者在策划司法改革的过程中,都旗帜鲜明地将提高司法公信力作为根本的价值目标。为了实现该目标,各地在司法改革中也都采取了一些行之有效的措施和方法。学术界在此方面也多有探讨。拙著指出:"要化解中国司法的信任危机,首先,要通过去行政化等改革举措构建一种符合司法规律的体制机制;其次,要着力破解执行难和惩治虚假诉讼,以推进司法诚信;再次,通过推进司法公开、强化监督、健全司法责任制等手段来助推司法公信。相信通过此类'组合拳'会逐步缓解中国司法的信任危机,并进而提升司法公信力,同时还会助推中国社会诚信体系的建设,因为司法公信力是社会诚信的基础,司法公信力建设是社会诚信体系建设的'底层建筑',打好基础就能筑牢社会诚信体系的大厦。因此,全面提高司法公信力,不仅是当前我国司法改革的基本目标,同时也有助于中国道德文明的建设,并极大地推动中国司法文明乃至于整个法治文明的进步。"[4]

---

[1] 董疆:《司法权威:认同与制度建构》,厦门大学出版社 2015 年版,第 5 页。
[2] 董疆:《司法权威:认同与制度建构》,厦门大学出版社 2015 年版,第 5 页。
[3] 陈光中:《略谈司法公信力问题》,载《法制与社会发展》2015 年第 5 期。
[4] 崔永东:《司法与社会之关系研究》,人民出版社 2020 年版,第 138 页。

一篇题为《关于司法信用的随想》的文章指出："司法信用，是对司法的道德评价，它和司法公正这一法律价值目标密不可分。司法信用是司法权威的基石，讲信用的司法才是有权威的司法。"[1]那么，如何提升司法信用？笔者认为这取决于两点：一是司法产品的质量要好；二是司法产品的整体性要好。并强调，司法要赢得民众的信任，司法人员就必须自己高度诚信，司法能够打造的品牌只有一种——无可挑剔的公正裁判。上述观点值得思考。

二、实行"失信黑名单"制度有助于推进信用司法建设

法律的生命力在于执行，但因"执行难"导致的层出不穷的"法律白条"现象已经重创了司法公信力。对于如何破解"执行难"问题，专家学者纷纷建言献策。如有的学者指出："由于缺乏全国统一的执行机构和执行网络，分散在各级法院的执行部门无法形成强大的执行合力，导致'执行难'现象层出不穷；执行过程中执行权和裁判权的集中，导致执行中违法行为和司法腐败现象的蔓延。只有进行执行体制改革，将执行职能从法院中分离出来，建立全国统一的执行机构，从保护债权人权益以及维护社会主义市场经济基本交易秩序的实际需要出发，建立起适合中国国情的执行体制，才可以改变中国目前的'执行难'和'执行乱'的现象，使执行中的司法腐败现象失去赖以生存的温床。"[2]应该说，上述主张如果能够实行，将有效缓解"执行难"问题，进而提高司法的权威性和公信力。

另外应当强调的一点是，如果能将破解"执行难"与社会诚信制度建设结合起来，也会有效缓解"执行难"。国务院《关于建立完善守信联合激励和失信联合惩戒制度 加快推进社会诚信建设的指导意见》，旨在建立对失信行为的联合惩戒机制，让那些失信的"老赖"们进入"黑名单"，使其一处失信，处处受限，寸步难行。这对抑制"执行难"、培育诚实守信的社会风气无疑会发挥重要作用。

2016年，中共中央办公厅与国务院办公厅联合发布了《关于加快推进失信被执行人信用监督、警示和惩戒机制建设的意见》，这在我国信用制度建设的历

---

〔1〕 张吉：《关于司法信用的随想》，载《人民法院报》2004年1月18日。

〔2〕 肖金泉、黄启力：《中国司法体制改革备要》，中国人民公安大学出版社2009年版，第86－87页。

史上是一个“里程碑”式的重大事件,无论是对化解司法系统的“执行难”问题,还是对诚信社会的建设都具有重大的促进作用。笔者曾在一篇发表于《光明日报》的文章中指出:“目前,我国社会正处在转型时期,由于诚信制度不健全、公民诚信意识培育不足,另外由于缺乏对失信行为的联防联控和联合惩戒机制,导致社会失信现象较为严重,特别是在司法领域,因为被执行人的失信行为而导致的执行难问题日益突出,给司法公信力乃至社会信用秩序带来严重的不良影响。广大民众热切期盼党和政府采取有力措施,切实解决社会诚信问题,建设诚信社会,构建诚信制度体系,根除执行难所存在的社会土壤。”[1]

诚信是社会主义市场经济的道德基础,也是中华民族的传统美德。2014年,国务院印发了《社会信用体系建设规划纲要(2014—2020年)》,把诚信社会的系统化建设提上了议程。同年,党的十八届四中全会文件《关于全面推进依法治国若干重大问题的决定》指出:“加强社会诚信建设,健全公民和组织守法信用记录,完善守法诚信褒奖机制和违法失信行为惩戒机制,使尊法守法成为全体人民共同追求和自觉行动。”以此为契机,“褒扬诚信,惩戒失信”成了我国诚信社会建设的指针。

从国外的情况来看,在法治发达国家,信用制度较为完善。例如,美国有《公平信用报告法》《平等信用机会法》等多种保障社会信用的法律。美国还专门建立了信用局,这是评估个人信用的专门机构,为个人信用信息的使用者提供服务。在德国,建立了全民信用数据库,为每一个德国公民建立了个人信用信息档案,个人一旦失信就会受到惩戒。举例言之,假如一个人乘公共交通工具逃票,那么他在应聘工作时便会因失信而被拒绝录用。

《德国民法典》还出现了“信用评价”和“信用上的权利”之类的概念,“信用上的权利”与英美法中的“信用权”相类似。在近年来,西方学界对信用权的重视已经上升到新的高度,甚至提出了“信用权可以作为一项基本人权”的说法。而在我国学界,对信用权的研究还处于初步阶段,但在实践领域,信用权却与现代市场经济紧密相连,它作为一种重要的民事权利,在经济社会发展中有着不可忽视的作用,树立信用权意识对当下的社会信用体系建设具有积极的

---

[1] 崔永东:《构建诚信社会的重大举措》,载《光明日报》2016年9月29日。

意义。

在法院执行方面，如法国规定法官可以采取判令支付迟延履行金等惩罚性赔偿方式来处罚当事人不履行法院判决的行为，这被称为强制履行惩罚措施。在美国有惩罚性赔偿制度，也是为规制逃避法院判决义务的行为而设。英国法则称其为示范性赔偿，甚至以“藐视法庭罪”来对待失信被执行人，更加突出了对失信行为的震慑作用。在我国，由于相关制度不健全，“执行难”已经成为“老大难”，当事人敢于藐视法庭，拒不服从法庭判决所确定的义务，成为名副其实的“老赖”，严重削弱了司法权威和司法公信力。因此，必须采取有力措施纠正“执行难”问题。

笔者又指出，从“两办”发布的意见来看，解决“执行难”的关键在于落实跨部门协同监管与联合惩戒机制，其旨在构建“一处失信，处处受限”的信用监督、警示和惩戒工作体制机制，以褒扬诚信、惩戒失信，推进社会信用体系建设，营造诚实守信的社会信用环境。通过协同监管、联防联控、联合惩戒机制的构建与运行，在不太久远的将来，人民法院的执行能力将会显著增强，失信被执行人名单制度将会更加科学、完善，失信被执行人的界定与信息的管理、推送、公开、屏蔽、撤销等将会更加高效、准确和及时，失信被执行人信息与各类信用信息将会进一步互联共享，从而有效促进被执行人自觉履行生效裁判确定的义务，“执行难”问题有望基本解决，司法公信力将大幅提升，诚实守信将成为全社会共同的价值追求和行为准则。这应当是可以期待的事情。[1]

司法系统建立“失信黑名单”制度对维护信用司法将发挥重要作用。最高人民法院出台的《关于公布失信被执行人名单信息的若干规定》，要求将以下六类失信被执行人纳入“失信被执行人名单”（“失信黑名单”）之中进行信用惩戒：一是有履行能力而拒不履行生效法律文书确定义务的；二是以伪造证据、暴力、威胁等方法妨碍、抗拒执行的；三是以虚假诉讼、虚假仲裁或者以隐匿、转移财产等方法规避执行的；四是违反财产报告制度的；五是违反限制消费令的；六是无正当理由拒不履行执行和解协议的。对于以上六种人，禁止其乘坐飞机、软卧列车等高消费行为；限制其在金融机构贷款或办理信用卡；不得担任企业

---

〔1〕 参见崔永东：《构建诚信社会的重大举措》，载《光明日报》2016年9月29日。

的法定代表人、董事、监事、高级管理人员;等等。应该说,上述制度安排是社会信用体系建设在司法领域的一次有效尝试,对失信行为起到了一定的遏制作用。

2017年,上海市委办公厅、上海市人民政府办公厅联合发布了《关于本市加快推进失信被执行人信用监督、警示和惩戒机制建设的实施意见》。随后,上海市高级人民法院与其他多家政府部门又联合出台了《关于加快推进本市失信被执行人信用监督、警示和惩戒机制建设的合作备忘录》,旨在“推进失信被执行人跨部门协同监管和联合惩戒机制建设,构建起对失信被执行人一处失信、处处受限的联合信用监督、警示和惩戒工作体制机制,营造向上向善、诚信互助的社会风尚,促进被执行人自觉履行生效法律文书确定的义务,维护司法权威和提高司法公信力,将上海打造成执行环境最好、执行效率最高的地区之一,推进‘诚信上海’建设”〔1〕。建立失信被执行人名单制度,不仅有助于诚信司法建设,也有助于“诚信上海”乃至于“诚信中国”建设,对提高全民的诚信意识、营造诚信为本的道德风尚都会起到非常重要的助推作用。

三、打击虚假诉讼有助于推进信用司法建设

所谓虚假诉讼,是指恶意串通、虚构法律关系、捏造事实、伪造证据,通过诉讼、仲裁、调解等方式侵害国家、社会和他人利益或逃避法律文书确定的义务的行为。虚假诉讼也是司法失信的重灾区,故必须予以严惩。时任最高人民法院副院长江必新对虚假民事诉讼进行了界定:“当事人为获取非法利益或规避法定义务,与他人相互串通,采取伪造证据、捏造案件事实、虚构民事法律关系等方式提起民事诉讼,或利用恶意仲裁裁决、虚假调解文书、虚假公证文书申请执行,误导人民法院作出错误裁判或执行。”〔2〕

长沙市中级人民法院《关于防范和治理虚假民事诉讼行为的若干意见》第2条即对虚假民事诉讼的类型进行了概括:(1)民间借贷案件;(2)以设立建筑施工项目部的建筑施工企业为被告的借贷、买卖、租赁等财产纠纷案件;(3)涉及认定、处理夫妻共同债务的离婚、财产纠纷案件;(4)存在法律或政策限制的

〔1〕 本书编写组编:《上海司法体制综合配套改革制度汇编》,上海人民出版社2019年版,第105页。
〔2〕 马贤兴主编:《虚假诉讼防治的理论与实践》,人民法院出版社2015年版,第2页。

房地产权属纠纷案件;(5)以资不抵债的企业或者其他组织为被告的劳务、财产纠纷案件;(6)以改制中的国有企业、集体企业为被告的财产纠纷案件;(7)以涉及拆迁安置补偿的自然人作为诉讼主体的分家析产、继承、房屋买卖合同的案件;(8)涉及驰名商标司法认定的案件;(9)保险合同纠纷案件;(10)存在执行异议的执行案件;(11)其他存在异常现象的案件。该意见第3条又规定,具有下列情形之一的,可能属于虚假民事诉讼案件:(1)原告起诉所依据的事实与理由不合常理,证据的真实性难以确认;(2)当事人之间为亲属、朋友、关联单位或上下级关系,在诉讼中不存在实质性的对立;(3)原、被告配合默契,一方对另一方诉请的事实与理由不合常理的自认,双方之间不存在实质性的诉辩对抗;(4)据以进行诉讼的民事法律关系不完全真实,存在虚构部分事实;(5)当事人从不到庭参加诉讼,委托代理人的委托代理手续存在伪造可能;(6)当事人无正当理由拒不到庭参加诉讼,委托代理人对案件事实陈述不清;(7)调解协议的达成、案件的执行异常容易;(8)人民法院不确认双方达成的和解协议原告即表示撤诉;(9)诉讼中有其他异常现象。该意见第15条第1款对虚假诉讼行为的处罚进行了规定,对参与制造虚假民事诉讼案件的诉讼参与人及案外人,应当依照《民事诉讼法》第114条、第118条的规定,根据情节轻重,依法予以训诫、罚款或拘留。构成犯罪的,应当根据其行为性质并按照以下规定,及时将犯罪线索移送公安机关、检察机关依法追究刑事责任。

应该说,上述意见是国内司法机关专门针对治理虚假诉讼问题而出台的最早的规范性文件,对打击虚假诉讼、树立司法诚信具有重要意义,值得在全国推广。国家立法机关亦可适时出台相关法律,对虚假诉讼问题进行全局性、根本性治理,从而推动司法公信力的提升。

在治理虚假诉讼方面颇有建树的时任长沙市天心区人民法院院长马贤兴在书中分析了虚假诉讼的危害:“(1)严重损害了他人合法权益。虚假诉讼当事人通过虚假诉讼转移、稀释自有或共有财产,或者侵夺他人财产时,严重损害了他人合法权益。(2)严重损害司法权威和司法公信。虚假诉讼挑衅司法权威,裁判结果得不到普遍尊重,严重损害司法公信力。(3)助推社会失信和道德滑坡。不诚信者获益,守法者受损的虚假诉讼无法彰显社会公平正义,严重损害社会诚信与道德根基，酿成无序、失范的社会生态。”[1]

诚如其言，虚假诉讼不仅严重损害他人合法权益，而且严重损害司法权威和司法公信力，更是助推社会失信和道德失范，故当严加惩治。马贤兴指出："法治体系、法治化的核心需要良善之法，需以诚实信用原则为指引，要能够弘扬社会诚信。虚假诉讼作为这些原则要求的反例，对其进行治理显得尤为重要。"[2]对虚假诉讼的治理就是对社会诚信的弘扬，也是对司法诚信的维护。

2018 年，最高人民法院和最高人民检察院联合发布《关于办理虚假诉讼刑事案件适用法律若干问题的解释》，就虚假诉讼行为的界定、定罪量刑的标准等问题加以规定。对无中生有，采取伪造证据、虚假陈述等手段捏造民事法律关系、虚构民事纠纷等虚假诉讼行为进行严惩，并形成民事、刑事制裁手段的层次递进关系。

最高人民法院、最高人民检察院、公安部、司法部联合印发并于 2021 年 3 月 10 日起施行的《关于进一步加强虚假诉讼犯罪惩治工作的意见》提出，要"加大对虚假诉讼、恶意诉讼、无理缠诉行为的惩治力度"。该意见第 2 条规定："本意见所称虚假诉讼犯罪，是指行为人单独或者与他人恶意串通，采取伪造证据、虚假陈述等手段，捏造民事案件基本事实，虚构民事纠纷，向人民法院提起民事诉讼，妨害司法秩序或者严重侵害他人合法权益，依照法律应当受刑罚处罚的行为。"

该意见要求，人民法院、人民检察院、公安机关、司法行政机关应当按照法定职责分工负责、配合协作，加强沟通协调，在履行职责过程中发现可能存在虚假诉讼犯罪的，应当及时通报相关情况，共同预防和惩治虚假诉讼犯罪；探索建立民事裁判文书信息共享机制和信息互通数据平台，综合运用信息化手段发掘虚假诉讼违法犯罪线索，逐步实现虚假诉讼违法犯罪案件信息、数据共享；落实"谁执法，谁普法"的普法责任制要求，增强全社会对虚假诉讼违法犯罪行为的防范意识，震慑虚假诉讼违法犯罪。该意见强调，对于司法工作人员利用职权参与虚假诉讼的，必须坚持刀刃向内，依照法律规定从严处理，构成犯罪的，依法从严追究刑事责任；律师、基层法律服务工作者、司法鉴定人、公证员、仲裁员

---

〔1〕 马贤兴主编：《虚假诉讼防治的理论与实践》，人民法院出版社 2015 年版，第 4 页。
〔2〕 马贤兴主编：《虚假诉讼防治的理论与实践》，人民法院出版社 2015 年版，第 13 页。

利用职务之便参与虚假诉讼的,依照有关规定从严追究法律责任。

四、司法公开有助于推进信用司法建设

西方法谚所谓"正义不仅要实现,而且要以人们看得见的方式实现",是指以"看得见的方式"实现正义,这在今日就意味着要实行司法公开。西方国家的司法公开是指审判公开,因其司法机关即法院,检察机关一般属于行政机关。审判公开在西方有着悠久的传统,当今西方各国均将审判公开作为一个重要的司法原则。[1]

司法公开是指司法活动的全过程能够为社会公众所知悉。现代中国司法改革背景下的司法公开特指通过信息化手段打造司法公开的平台,如审判流程公开平台、裁判文书公开平台和执行信息公开平台等。

司法公开又称司法透明。对司法透明,有的学者有如下解释:"司法透明意味着让特定的人或者不特定的人了解司法活动的某些内容和过程,了解司法活动中的诉讼文书、证据材料,从而使司法活动在不同程度上为这些特定或者不特定的人所了解。……司法活动实行透明原则,涉及两个问题,一是知情权;二是监督权。就特定的人来说,知情是进行诉讼准备,维护本方的实体权利和诉讼权利的基础。就不特定的人来说,知情是了解司法活动,并在此基础上形成舆论压力,进而达到对司法活动进行监督之目的的前提。"[2]

司法公开对促进司法公正、抑制司法腐败具有重要作用。拙著曾指出:"首先,司法公开使司法权的运行透明化了,因而更易被监督制约,权力寻租的腐败行为自然会受到抑制——此即'阳光司法'倒逼司法廉洁和司法公正。其次,司法公开有利于提升办案质量和效率,办案质量不高、效率低下的办案人员暴露在众目睽睽之下,无地自容,自然会'倒逼'其提高能力和素质,力争把案子办好。最后,司法公开也有助于提高法官责任感,有助于提高权责统一的意识,法官、检察官要为自己行权负责,权大责任也大,违法行权必会被追责。此即'倒逼'其依法行权。"[3]

---

〔1〕 参见崔永东:《司法改革与司法公正》,上海人民出版社 2016 年版,第 77 页。

〔2〕 樊崇义主编:《诉讼原理》(第 2 版),法律出版社 2009 年版,第 462 页。

〔3〕 崔永东:《司法改革与司法公正》,上海人民出版社 2016 年版,第 71 页。

司法公开的落实有助于推进信用司法，有助于提高司法公信力。当然，提高司法公信力光靠司法公开是远远不够的。正如学者所说："司法公开是司法公信力的基础，但司法公开并不自动实现公众对司法活动过程和结果的信任与认同。司法公信力还与司法工作作风、司法过程、司法结果等方面密切关联。"[1]

学者指出："司法公开包括推进审判公开、检务公开、警务公开、狱务公开，要求依法及时公开执法司法依据、程序、流程、结果和生效法律文书，杜绝暗箱操作，加强法律文书释法说理，建立生效法律文书统一上网和公开查询制度等。"[2]

司法公开还可以助推司法人员职业能力和素养的提升，可以增强其职业责任感和司法良知，并提高其理性自律能力，"在诉讼活动中全面表现自己的能力，以公正的裁判保证司法的公信力和权威性"[3]。司法公开机制可以保障公民的参与权，"促进民众参与司法过程，亲历法治实践，从而理解司法、认同法律、信仰法律。……有利于加强对司法行为的监督，堵塞各种徇私枉法和司法腐败的渠道，也可以从程序和实体上减少权力、人情等法外因素对法官的影响，为法官依法公正裁判提供有利的外部环境"[4]。"司法公开或透明度增强具有两个功能：一是可使司法权力在阳光下运行，有效地防止司法腐败；二是可使司法机关更好地接受公众监督，有效地消除公众对司法的质疑，最终赢得公众对司法的信任和认同。"[5]这就将司法公开与信用司法结合起来了，因为司法公开不仅能抑制司法腐败，还能赢得公众对司法的信任和认同，这是司法公信力的前提。

近些年来，最高人民法院先后出台了一系列文件。2018 年 3 月，出台了《关于人民法院通过互联网公开审判流程信息的规定》，要求审判流程公开应当依法、规范、及时和便民，并要求全国的审判流程信息应当统一在中国审判流

[1] 郑飞：《论提升司法公信力的路径——源自实证调研和数据挖掘的启示》，载《证据科学》2015 年第 1 期。

[2] 陈甦、田禾主编：《中国司法制度发展报告（2019）》，社会科学文献出版社 2020 年版，第 19 页。

[3] 章晨编著：《中国司法制度》，中国民主法制出版社 2017 年版，第 74 页。

[4] 章晨编著：《中国司法制度》，中国民主法制出版社 2017 年版，第 75 页。

[5] 张保生等：《中国司法文明指数报告（2015）》，中国政法大学出版社 2016 年版，第 13 页。

程信息公开网发布。同年 11 月,又发布了《关于进一步深化司法公开的意见》,就进一步深化司法公开的内容和范围、完善和规范司法公开程序、加强司法公开平台载体建设管理、强化组织保障等问题进行了部署。该意见还强调,司法公开有助于加强对司法权的制约,有助于保障人民群众的知情权、参与权、表达权和监督权,有助于增强全民的法治意识。

根据中国社会科学院法学所编印的"法治蓝皮书"《中国司法制度发展报告(2019)》,最高人民法院的司法公开工作已经取得了重大进展:"截至目前,最高人民法院已建成中国裁判文书网、中国审判流程信息公开网、中国庭审公开网、中国执行信息公开网等公开平台,定期发布《最高人民法院公报》《最高人民法院工作报告》《人民法院工作年度报告》,发布各类审判白皮书、改革白皮书等,大力建设政务网站、政务微信微博等,推动司法公开水平进一步提高。"[1]

从中国目前有关司法公开的种种举措来看,主要是审判流程公开、庭审活动公开、裁判文书公开、执行信息公开,并倡导"公开为原则,不公开为例外"的原则。有学者指出:"审判公开原则,就是法院开庭审判时允许诉讼参与人以外的人在场旁听。这一原则是对秘密审判的改革,是司法民主的体现。审判公开,使在场观众亲自了解审判过程,便于发现明显的执法不公,甚至违法现象。这是公众对审判的一种监督形式。现代东西方各国均以审判公开作为一条重要的诉讼原则。除对青少年犯罪、涉及隐私的案件秘密审理外,审判都是公开的。"[2]这段话揭示审判公开是公众监督审判的一种形式,其目的在于监督司法不公,促成司法公正。

还有学者指出:"没有公开就没有正义,公开是正义的灵魂。司法公开作为解决我国当前司法难题的重要手段,事关民众知情权、表达权、监督权之实现,亦关涉司法公正、司法效率、司法公信等价值目标之达成。"[3]这段话言简意赅地说明了司法公开与司法正义(公正)之间的关系,并且将其与司法公信、司法

---

〔1〕 陈甦、田禾主编:《中国司法制度发展报告(2019)》,社会科学文献出版社 2020 年版,第 19 - 20 页。

〔2〕 王以真主编:《外国刑事诉讼法学》,北京大学出版社 1994 年版,第 29 页。

〔3〕 梁平:《司法公开问题重拾》,载《"依法治国与司法公开"研讨会论文集》(2014 年)。

效率等联系起来,颇有见地。该学者还指出:“阳光是最好的防腐剂,公开是最佳的消毒液。通过司法公开,可以让当事人和社会公众看到、听到、感受到司法的过程和结果,使公正得到公众认可;可以倒逼法官提升司法能力、规范司法行为、优化司法作风。”[1]

上海市高级人民法院在2015年制定的《关于推进阳光司法、透明法院建设的意见》指出:“推进阳光司法、透明法院建设是实现司法公正、促进司法民主、提升司法公信力的重要保障。”在推进司法改革试点工作中,上海市高级人民法院着力打造司法公开平台,在审判流程公开、庭审和听证公开、裁判文书公开、执行公开等方面采取了多项举措,受到了公众的好评。另外,上海市高级人民法院还就司法公开问题专门制定了系列制度,如《上海法院着力推进司法公开的实施意见》《上海法院关于在互联网公布裁判文书的实施细则》《上海法院司法公开评估指数设定办法》等。

《上海法院司法体制改革的探索与实践》一书称上海市法院系统“以‘阳光司法、透明法院’为载体,完善开放、动态、透明、便民的阳光司法机制,构建完善全方位、多层次、互动式的司法公开体系,实现执法办案全程公开、全程留痕、全程可视、全程监督,努力让正义以看得见的方式得以实现,有效保障人民群众的知情权、参与权、表达权和监督权,提升司法公信力”[2]。这就将司法公开与提升司法公信力结合起来了。

笔者认为,司法公开确有抑制司法腐败的作用,因为阳光是最好的防腐剂,那些见不得人的勾当,那些背后的利益输送等,都属于“见光死”。总之,通过实行司法公开,产生一种“倒逼机制”,即倒逼司法公正、倒逼办案质量和效率、倒逼权责统一、倒逼改进司法作风和提升司法公信——这些正是司法改革所追求的基本目标。[3]

正如专家所指出的:“人民法院坚持以公开为常态、以不公开为例外,全方位地向当事人和社会公众公开了相应的司法信息,拉近了和人民群众的距离,受到社会各界的高度认可。这些措施也有效地提升了司法权威,提升了法院的

〔1〕 梁平:《司法公开问题重拾》,载《“依法治国与司法公开”研讨会论文集》(2014年)。

〔2〕 崔亚东主编:《上海法院司法体制改革的探索与实践》,人民法院出版社2018年版,第196页。

〔3〕 参见崔永东:《司法改革与司法公正》,上海人民出版社2016年版,第71页。

司法公信力。"[1]

五、全面落实司法责任制有助于推进信用司法建设

有权力就应当有责任，权责统一才能优化权力的运行，才能防止行权者的越轨。对掌握司法权力的人来说也是如此，只有恪守职责，正确行权，确保司法公正，才不会被追责。在此前提下，司法人员输出的司法产品才具有正义性，这样的司法活动才具有信用性或公信力。

最高人民法院发布的《人民法院第四个五年改革纲要(2014—2018)》提出，要"健全完善权责明晰、权责统一、监督有序、配套齐全的审判权力运行机制"，其中"权责统一"是近期司法改革亟须落实的基本目标之一。近期司法改革正从"还权"(放权)与"归责"两大方向上发力，前者指将办案决定权归还于一线办案人员(主审法官或独任法官)，后者指拥有办案决定权的法官必须承担相应的责任，从而实现"权责统一"。这就涉及司法责任制的落实问题，司法责任制是司法改革的关键或谓"牛鼻子"，而落实司法责任制需要"还权"，即改变过去那种审者不判、判者不审和集体负责、集体免责的权力与责任相分离的审判模式，让权力与责任融为一体，以确保司法公正。

相关研究报告指出："落实司法责任制是本轮司法体制改革的牛鼻子，也是深化司法体制综合配套改革的重点和难点。最高人民法院 2018 年 12 月印发的《关于进一步全面落实司法责任制的实施意见》成为落实司法责任制改革最新、最详细的一份指导性文件。该意见围绕'让审理者裁判，由裁判者负责'，要求加强基层人民法院审判团队建设，落实院长、庭长审判监督管理权责清单；统筹推进法官员额合理配置，针对审判绩效不达标、辞职、辞退、被开除、违纪违法等不同情形来规范员额退出程序。"[2]

《上海法院司法体制改革的探索与实践》一书认为，司法责任制主要包括以下四个方面的内容：(1)司法责任制以严格的审判责任制为核心；(2)司法责任制以科学的审判权力运行机制为前提；(3)司法责任制以明确的审判组织权限和审判人员职责为基础；(4)司法责任制以有效的审判管理和监督制度为保

[1] 田禾、吕艳滨：《司法公开：由朦胧到透明的中国法院》，中国社会科学出版社 2017 年版，第 3 页。

[2] 陈甦、田禾主编：《中国司法制度发展报告(2019)》，社会科学文献出版社 2020 年版，第 9 页。

障。该书还指出:“司法责任制改革是促进严格公正司法、提升司法公信力的迫切需要……直接关系法官能否独立行使审判权;审判管理权、监督权行使是否合理规范;差错案件责任追究能否到位等,对实现公正司法,提升审判质量、审判效率、司法公信力,让人民群众在每一个司法案件中感受到公平正义,具有重要保障作用。”[1]这里指明了落实司法责任制对司法公信力建设的助推作用。

上海市高级人民法院出台的《关于完善司法责任制的实施意见》第1条指出:“全面落实司法责任制,要以科学的审判权力运行机制为前提,规范独任法官、合议庭、审判委员会等裁判组织的运行机制,体现审判权的独立性、中立性、亲历性、程序性、终局性特征,落实‘让审理者裁判’;要以明晰的审判组织权限和审判人员职责为基础,理顺各审判组织之间权责关系,健全完善审判人员权力清单制度,切实做到法定职责必须为,法无授权不可为;要以严格的审判责任制为核心,坚持主观过错与客观行为相结合原则,完善违法审判责任追究制度,健全完善符合司法规律的案件质量评价机制,落实‘由裁判者负责’;要以有效的审判管理和监督制度为保障,按照监督有序、制约有效、失职有责的原则,完善审判权监督制约机制,确保司法公正高效权威。”

完善并落实错案责任追究制度有助于提升司法公信力。由于错误裁判效应远大于正确裁判效应,其负面影响直接导致法院乃至整个司法机关公信力的下降。因而,目前司法改革的一个重要方向就是着力建立如何减少错误裁判即错案发生的制度与机制。通过对这种司法终端错案的有效控制,促进法院乃至整个司法机关工作作风、工作方式的转变,以审判公正主导和保证司法公正。建立减少错案发生的制度和机制,应当用权力制约权力,用外部力量监督权力,一方面保证用权者正当行使权力,另一方面当权力发生变异时能及时得到有效控制,并使错误用权者得到恰如其分的处理。

2017年,中央全面深化改革领导小组审议通过《关于上海市开展司法体制综合配套改革试点的框架意见》,要求“建立健全以错案评鉴为核心的司法责任认定和追究机制,进一步厘清司法责任与工作责任,明确侦查人员、法官检察官的责任界定,将严肃追责与完善司法人员依法履职保障结合起来。完善法官

---

〔1〕 崔亚东主编:《上海法院司法体制改革的探索与实践》,人民法院出版社2018年版,第103页。

检察官奖惩制度,明确奖惩事由、奖惩方式,奖惩结果与业绩考核、等级晋升挂钩。建立健全以考察司法绩效为主的司法公信力第三方评估机制”[1]。

之后,上海市高级人民法院发布了《关于贯彻落实〈关于上海市开展司法体制综合配套改革试点的框架意见〉的实施方案》,提出上海市法院系统要“全面落实司法责任制”,要完善法官奖惩制度:“明确法官奖惩事由、奖惩方式,奖惩结果与业绩考核、等级晋升挂钩。在组建审判组织时,探索法官与审判辅助人员双向选择,并探索实行法官与审判辅助人员联动考核机制,赋予法官对审判辅助人员的奖惩建议权。……健全监察与法官惩戒的衔接机制,既确保把违法审判责任的追究落到实处,又充分保障法官的陈述、举证和辩解等权利。”[2]与此同时,上海市人民检察院也出台了《上海市检察机关落实司法体制综合配套改革试点任务的实施方案》,提出“司法责任进一步压实,检察官办案实现‘充分行权、权责明晰’”[3]的要求。

六、完善监督制约机制,推进和保障信用司法建设

从 2017 年开始的新一轮司法改革——司法体制综合配套改革,仍然是以全面落实司法责任制为核心的。要落实司法责任制,就要加强监督,有效防止司法权的越轨。为此,《关于上海市开展司法体制综合配套改革试点的框架意见》要求“依托现代信息技术,建立健全法官检察官行使办案权与法院检察院部门及院领导行使办案管理权、监督权的全程留痕、相互监督、相互制约机制。……完善司法廉政监督机制,加强和改进司法巡查、审务检务督查、廉政监督员、人民监督员工作”[4]。《关于贯彻落实〈关于上海市开展司法体制综合配套改革试点的框架意见〉的实施方案》则要求“进一步完善司法廉洁监督平台建设,充分运用岗位风险模型研究成果,以监察与司改同行、监督与管理并举、问题发现与处置同步的总体思路,研发集监督、预警分析为一体的‘上海法院审判执行监督、预警分析系统’,充分发挥大数据和人工智能的手段,将审判执行

[1] 本书编写组编:《上海司法体制综合配套改革制度汇编》,上海人民出版社 2019 年版,第 5 页。
[2] 本书编写组编:《上海司法体制综合配套改革制度汇编》,上海人民出版社 2019 年版,第 43 页。
[3] 本书编写组编:《上海司法体制综合配套改革制度汇编》,上海人民出版社 2019 年版,第 132 页。
[4] 本书编写组编:《上海司法体制综合配套改革制度汇编》,上海人民出版社 2019 年版,第 6 页。

风险防控、审务督查、廉政回访和对执法执勤车辆的监督管理作为重点，将发现和分析功能做大做强。同时，坚持总体设计、分步推进，加快对各审判执行业务条线的廉政风险监控机制建设，从而真正形成纪检监察、审判执行管理协同配合的监管合力，有效提升司法公信力”[1]。《上海市检察机关落实司法体制综合配套改革试点任务的实施方案》也要求“完善司法廉政监督机制，加强和改进司法巡查、审务检务督查、廉政监督员、人民监督员工作”[2]。可见，落实司法责任制与加强监督有着密不可分的联系，司法责任制和监督制度实际上是“一体两面”，共同为提升司法公信力提供有力保障。

有的专家指出：“对司法活动进行监督的核心，就是规范和约束司法权的行使，以确保其依法正确运行。要完善检察机关行使监督权的法律制度，进一步完善监督的范围、方式及保障措施，加强对刑事诉讼、民事诉讼、行政诉讼的法律监督。要完善人民监督员制度，改革选任和管理方式，拓展监督案件范围，重点监督检察机关查办职务犯罪的立案、羁押、扣押冻结财物、起诉等环节的执法活动。重视和规范舆论监督，司法机关应该及时回应社会关切，规范媒体对案件的报道，避免炒作渲染，防止舆论影响司法公正。”[3]一切有权力的人都容易滥用权力，掌握司法权力者也不例外，因此必须通过有效手段将权力关进“制度的笼子”里，制度的刚性约束才是最有力量的。

法院系统的专家指出：“人民法院依法独立行使审判权与自觉接受监督是缺一不可、相辅相成的。人民法院依法独立行使审判权，不是想怎么行使就怎么行使，而是要在依法接受监督的情况下独立行使。”[4]该专家还论述了司法监督的重要意义：一是对司法权监督是保障司法权正确行使的客观要求；二是对司法权监督是推进司法民主、提高司法公信、树立司法权威、保证司法廉洁的必然要求；三是对司法权监督是对司法工作的有力支持和对司法工作人员的真心爱护。

历史和现实的经验教训表明，加强对权力的监督，坏人也难以为恶；弱化对

---

[1] 本书编写组编：《上海司法体制综合配套改革制度汇编》，上海人民出版社2019年版，第43页。
[2] 本书编写组编：《上海司法体制综合配套改革制度汇编》，上海人民出版社2019年版，第141页。
[3] 中共中央宣传部理论局：《法治热点面对面》，学习出版社、人民出版社2015年版，第101页。
[4] 最高人民法院编写组：《人民法院审判理念读本》，人民法院出版社2011年版，第187页。

权力的监督,甚至对权力不加监督,则好人也会变坏。如果不注意构建对司法权的监督制约机制,司法权也会被滥用,并会严重损害司法的公信力和权威性。“司法监督与司法民主、司法公信、司法权威及司法廉洁之间的联系非常紧密。”〔1〕

在我国目前的政治架构下,对司法权的监督存在多种形式:一是党对司法工作的监督;二是各级人民代表大会的监督;三是检察机关的法律监督;四是人民法院监察部门的内部监督;五是人民政协的民主监督;六是新闻媒体的舆论监督;七是案件当事人、诉讼代理人、辩护人及其他诉讼参与人的监督;八是人民群众的监督;等等。

拙著《司法改革与司法公正》曾对司法机关的内部监督问题有所探讨,认为建立完善的法官监督体制是司法体制改革的重要环节,是防止司法腐败的必要保障措施。在司法体制改革后,法官独立审判的权力大大增强,若无法官监督制度配套保障,则无法规范法官的审判行为。建立严格的法官行为规范,制定法官家庭财产、收入及收受的礼品进行申报的制度,可以抑制法官腐败。建立专门的法官惩戒机构,完善法官惩戒程序,不仅可以有效监督法官行为,还可以保证法官依法独立行使审判权。

该书还对完善中国司法机关内部监督制度提出如下建议:(1)在法院、检察院成立司法人员惩戒机构,通过建立严格的法官、检察官行为准则和规范的法官、检察官惩戒程序来完善中国司法机关的内部监督制度。(2)在法院系统进一步完善院庭长、上级法院、审判委员会、纪检监察部门以及主审法官会议、专业法官会议等监督主体的监督工作,在检察院系统进一步完善上级检察机关、检察委员会、检务督察委员会、纪检监察部门等监督主体的监督工作,加强其对司法权运行的监督。(3)通过决策公开的形式加强司法机关内部的民主监督、群众监督。(4)完善内部监督制度,制定严密的、可操作性强的监督程序,使监督有法可依、有规可循,使监督规范化、常态化、程序化。(5)通过绩效考核、案件质量评查、流程监控等司法管理手段加强司法机关的内部监督。(6)制定完善的司法人员个人和家庭财产的申报制度。(7)可考虑在中央一级

〔1〕 最高人民法院编写组:《人民法院审判理念读本》,人民法院出版社 2011 年版,第 189 页。

设立专门的司法委员会或法官惩戒委员会,负责处理最高人民法院和部分高级人民法院法官(院长、副院长等)的惩戒工作;在各省设立专门的法官惩戒委员会,负责本省高级人民法院法官和初审法院法官的惩戒工作。法官惩戒委员会有权向最高人民法院或高级人民法院提出惩戒建议,而后者行使裁决权。另外,在检察院系统也可以仿照法院系统设立类似的组织。(8)建立司法机关内部人员过问案件的记录制度和责任追究制度,依法规范司法人员与当事人、律师、特殊关系人、中介组织的接触、交往行为。(9)完善再审制度,加强上级法院对下级法院的审判监督。[1]

在西方国家,司法机关内部的监督主要包括审判监督、院庭长监督及司法官行为调查委员会或司法官惩戒委员会对司法官行为的监督等。目前,在我国推进司法改革的背景下,中央决策部门和中央司法机关都非常关注司法机关的内部监督问题,因为内部监督的好坏直接关系司法权运行机制改革的成败,并影响司法公正能否实现及司法公信力能否提升这样的大问题。我国要建立司法官监督制度既要借鉴国外先进经验,也要结合我国司法实际。构建我国司法官监督制度应当以司法官惩戒制度为主,通过建立严格的司法官行为准则和规范的司法官惩戒程序来完善中国的司法官监督制度。内部监督和外部监督共同发力,才能形成全方位的司法权监督和约束机制,才能提高司法人员的司法自控力和拒斥力,才能有效地推进信用司法建设,提高司法公信力。

陪审制度是一种吸收普通民众参与司法审判的诉讼制度,其核心价值在于司法民主和司法监督,其目标指向是司法公正。也可以说,陪审制度是一种让法庭引入社会力量进行监督的制度安排。

有专家指出:“司法监督的过程,就是社会各界特别是人民群众了解司法的过程、参与司法的过程和评判司法的过程,就是司法权力在阳光下运行的过程,就是司法不断透明公开的过程。司法不公和司法腐败,往往都发生在司法监督缺位、司法监督流于形式或者司法监督不敢作为的地方。因此,只要把审判活动置于合法有效的监督之下,让社会适时了解司法权的行使情况和运行结果,司法就能得到社会的理解、支持和认同,司法活动就能以公民看得见的形式运

---

〔1〕 崔永东:《司法改革与司法公正》,上海人民出版社2016年版,第57－58页。

行,就能实践司法民主、彰显司法公正、确保司法廉洁、提升司法公信、增强司法权威。"[1]陪审制度就是这样一种让社会各界特别是人民群众了解司法、参与司法和评判司法的制度,是一种有效监督司法权运行、增强司法公信力的制度。

在西方,英国的丹宁勋爵曾称陪审制是"自由的明灯,宪法的车轮"。该制度旨在分割法官的权力,防止法官滥用审判权。它起源甚早,古希腊时期的雅典就已经出现了公民陪审法庭。不过一般认为,现代陪审制度源于英国,但发展最好的是美国,美国绝大多数刑事、民事案件都采取陪审方式。大陆法系国家则采用参审制(陪审制的一种变异形式)。不过需要指出,英文中的"Jury",我国将其译为陪审团并不准确,正确的翻译应该是"临时裁判委员会"。在英国,重要的刑事案件都要由小陪审团来审理,小陪审团一般由 12 人组成。

英美法系国家与大陆法系国家在陪审制度上有所不同,这种不同主要表现在:一是参加陪审的形式不同。英美法系国家由一定数量的陪审员组成陪审团,并以陪审团整体的形式参加诉讼活动;大陆法系国家则采取参审员与法官共同组成合议庭形式参加诉讼活动。二是陪审员的作用和地位不同。与英美法系国家当事人主义诉讼模式相适应,陪审团在庭审中起消极作用,其主要任务是旁听控辩双方的辩论,直至裁决前;在大陆法系国家,参审员有权与法官共同主持审判活动、认定案件事实及适用法律,并享有与法官平等的最终裁决权。三是陪审员参加诉讼活动的身份不同。英美法系国家的陪审员是以陪审团这一集体的身份参加诉讼活动的;大陆法系国家的参审员则是以个人的名义参与案件的审理和裁决。

陪审制度的设计旨在司法公正和司法公信。公正价值是司法活动的永恒追求。司法公正的构成要素是:(1)司法程序的公开性;(2)裁判人员的中立性和独立性;(3)当事人地位的平等性;(4)司法过程的参与性;(5)司法活动的合法性;(6)案件处理的正确性。[2] "从法理上说,公正可以分为实体公正和程序公正。实体公正是指裁判结果公平、正义而令人信服,程序公正是指司法权的全部运行过程要坚持正当程序。人民陪审员制度对司法公正的实现有着积极

---

〔1〕 最高人民法院编写组:《人民法院审判理念读本》,人民法院出版社 2011 年版,第 189 页。

〔2〕 谭世贵主编:《中国司法原理》,高等教育出版社 2004 年版,第 6 - 12 页。

的意义。"[1]

我国人民陪审员制度的突出特点之一就是将法官的职业化与人民陪审员的非职业化相结合,以实现两者之间的"优势互补"。通过这种互补,将民情民意融入法官的技术化司法程序中,使法院的裁判更加合乎情理法理,因而也就更有益于司法公正。

正如学者所说:"实行陪审可分割法官权力以防止权力滥用,并且以陪审员的普通人社会经验与道德良知,不仅缩短法庭与社会的距离,更弥补职业法官的社会经验不足,进而促进审判公正。"[2]另外,司法公正除了实体公正外还包括程序公正,而衡量程序公正的标准是:(1)程序是否民主;(2)裁判是否中立;(3)诉讼参与人的合法权利是否得到充分保护。上述标准正是陪审制度所追求的。人民陪审员参与审判实质上是督促法官按照程序公正的原则进行审判,从而令整个审判程序符合独立、中立、公开、民主等要求。

中共中央《关于全面推进依法治国若干重大问题的决定》指出:"坚持人民司法为人民,依靠人民推进公正司法,通过公正司法维护人民权益。……完善人民陪审员制度,保障公民陪审权利,扩大参审范围,完善随机抽选方式,提高人民陪审制度公信度。逐步实行人民陪审员不再审理法律适用问题,只参与审理事实认定问题。"很明显,这是将司法公正、司法民主与完善人民陪审员制度结合起来,试图将人民陪审员制度作为促成司法公正的一个重要手段。这一认识是高瞻远瞩的。

2004年,全国人民代表大会常务委员会通过了《关于完善人民陪审员制度的决定》,但实施的效果并不理想。问题主要是:(1)人民陪审员数量太少,合议庭或由2名法官和1名人民陪审员组成,或由1名法官与2名人民陪审员组成;(2)人民陪审员存在"陪而不审"或"只审不判"的现象。另有学者认为,人民陪审员的选任机制不健全,人民陪审员的陪审大多流于形式,人民陪审员选任不规范,甚至导致出现了所谓的"陪审专业户"。

对此,学术界有人主张,今后有必要对人民陪审员制度进行完善:(1)增加

---

[1] 李建波主编:《司法和谐与社会主义司法制度革新》,中国民主法制出版社2008年版,第149页。

[2] 田平安、陈飚:《人民陪审制度论》,载公丕祥主编:《法制现代化研究》,南京师范大学出版社2009年版,第17页。

人民陪审员的数量。如中级人民法院在审理重大复杂的一审案件时可由 1 名法官和 6 名人民陪审员或 2 名法官和 5 名人民陪审员组成“7 人制”合议庭。(2)人民陪审员要当庭随机挑选。(3)人民陪审员参与审判的规则。人民陪审员参加审判可以向被告人、被害人、证人提问,也可以就相关问题要求公诉人、辩护人进行说明;人民陪审员在庭审后可以查阅案卷材料,也可以审查各种形式的证据。(4)合议庭评议的规则。人民陪审员在合议庭评议期间有权充分发表自己的意见,合议庭在充分评议的基础上就裁判意见加以表决,5 人以上的多数合议庭成员同意才可判定被告人有罪。合议庭表决后,裁判即生效,无须报请审判委员会批准。

学术界对陪审制度的改革提出了一些建议,主要围绕明确选任条件、规范选任程序;界定参审范围、完善参审方式;调整人民陪审员参审职能;确立人民陪审员解任规则;健全保障措施、建立处罚规则;等等。关于陪审员参与案件审理的范围,国外许多国家的基本判断标准和发展趋势是:其一,普通民众能够对案件事实进行识别并加以正确裁判的案件往往适用陪审制审理,若案件涉及复杂的专业问题,普通人很难认识和判断案件事实,一般不实行国民参审;其二,若案件审理程序过于复杂,给陪审员带来过度的负担,或者适用陪审制度明显不利于作出公正裁判的,法官可决定不适用陪审制度;其三,只有重大的刑事案件才适用陪审制度,犯罪情节显著轻微或者案件事实比较清楚的刑事案件,通常不采用陪审方式审理;其四,行政案件基本上不实行陪审制度;其五,民事案件实行陪审制度的国家呈现减少的趋势。

我国可借鉴上述国际经验,合理界定人民陪审员参与审理案件的范围:一是规定只有重大的刑事案件才实行陪审制度,被告人认罪认罚或者犯罪情节轻微、犯罪事实清楚的刑事案件,不实行陪审制度;二是行政案件不实行陪审制度;三是民事案件减少实行陪审制度。

党的十八届四中全会的决定对人民陪审员的审判职权进行了重新调整,明确提出今后人民陪审员不再审理法律适用问题,只参与审理事实认定问题。这一改革举措符合司法规律。人民陪审员来自民间,具有丰富的社会阅历,了解社情民意和风俗习惯,由其认定案件事实,能够将普通民众的朴素观念带入案件审理中,使案件裁判更能符合普通民众的日常情感。但与法官相比,他们不具有法律知识方面的优势,故其只负责事实审(事实认定)不负责法律审(法律适用),更符合人民陪审员的实际情况和审判规律,也有助于提高司法公信力。

在我国进行司法改革的大背景下,人民陪审员制度有着更加远大的前景。这从最高人民法院"四五改革纲要"中得到了印证。纲要明确提出"推动人民陪审员制度改革",指出:"落实人民陪审员'倍增计划',拓宽人民陪审员选任渠道和范围,保障人民群众参与司法,确保基层群众所占比例不低于新增人民陪审员三分之二。进一步规范人民陪审员的选任条件,改革选任方式,完善退出机制。明确人民陪审员参审案件职权,完善随机抽取机制。改革陪审方式,逐步实行人民陪审员不再审理法律适用问题,只参与审理事实认定问题。加强人民陪审员依法履职的经费保障。建立人民陪审员动态管理机制。"

中国社会科学院的"法治蓝皮书"指出:"人民陪审员是社会主义民主政治在司法领域的具体体现,是中国特色社会主义司法制度的重要内容,在推进司法民主、促进司法公正、提高司法公信力等方面具有重要作用。"[1]

陪审制度本质上是一种引入社会力量监督司法权并有助于提高司法公信力的制度。第十三届全国人民代表大会常务委员会第二次会议通过的《人民陪审员法》对人民陪审员选任、事实审和法律审的区分、参审范围、退出和惩戒机制、履职保障等作出了规定,明确了人民陪审员与法官享有同等权利。2018年,最高人民法院与司法部、公安部联合印发《人民陪审员选任办法》,在选任程序等方面加以规定。最高人民法院还出台了《关于适用〈中华人民共和国人民陪审员法〉若干问题的解释》以及《人民陪审员培训、考核、奖惩工作办法》。相信随着该制度的逐步完善,必将为促进我国司法公正、提升司法公信力发挥重要的作用。

七、结语

司法公信力是指司法权凭借自身的信用而获得公众信任的程度,它是一种具有信用与信任双重维度,既能够引起普遍服从,又能够引起普遍尊重的公共性力量。[2] 这就是说,所谓司法公信,既是一种信用司法,也是一种信任司法。

---

〔1〕 陈甦、田禾主编:《中国司法制度发展报告(2019)》,社会科学文献出版社2020年版,第12页。
〔2〕 最高人民法院编写组:《人民法院审判理念读本》,人民法院出版社2011年版,第122页。

前者是后者的前提，因为司法讲信用，公众才会信任司法，司法公信力便由此而生。

信用司法源于个案公正，普遍的信用司法必然会导致公众对司法的信任，并由此产生司法公信力和司法权威性。因此，从本质上看，信用司法、信任司法、司法公信和司法权威是相通的，如果没有信用司法，就失去了司法的价值和意义，真正的司法权、司法权威和司法公信也会不复存在。此时所谓司法，徒有虚名而已，只剩下专横和暴力，没有任何理性和“温度”可言。

对于如何树立司法公信、维护司法权威，建议如下：一是加强司法能力建设，切实维护公平正义；二是加强司法作风建设，强化司法为民宗旨；三是加强反腐倡廉建设，确保法官队伍清正廉洁；四是严格公正司法，确保案件得到公正处理；五是坚持司法公开，增加司法透明度；六是化解执行难，保障胜诉当事人权利的实现；七是妥善处理涉诉信访问题，依法保障当事人的合法诉求；八是深化司法体制改革，加强司法保障的落实；九是改革司法宣传工作，形成良好舆论环境。[1]

应该说，以上九条都是提升司法公信力的重要途径，但就目前来说，重中之重的是制度建设，如司法责任制度、监督制度、司法公开制度、“失信黑名单”制度、虚假诉讼惩戒制度建设等。实践经验表明，制度的功效是显著的，刚性约束的力量是巨大的，而且，通过制度的进路，可以“倒逼”司法人员养成司法拒斥力、司法自控力和优良的司法判断力，“倒逼”司法人员输出正义的产品以及司法的信用性，并由此结合司法强制力形成司法公信力和司法权威性——法文明因此得以进步。

---

〔1〕 最高人民法院编写组：《人民法院审判理念读本》，人民法院出版社 2011 年版，第 122 页。

伦理司法论

宋宝永*

提及伦理司法，人们往往误以为这是历史的遗留产物，与体现文明进步的现代司法有着本质区别甚至格格不入，认为这是人类司法制度发展过程中两个相互区别的不同阶段，甚至有人狭隘地将之作为落后的代名词有意加以抵制。但是，透视我国的司法实践，从形式上看法官审理案件依据的是事实与法律，然而法律背后的伦理道德观念却无时无刻不在影响着法官自由裁量权的行使，他们以中立的立场在判决书中有时对违反伦理道德的行为公开谴责，有时不加评论直接在法律的框架内进行褒善惩恶以传递公平正义的精神，这些都深刻说明了伦理道德对司法的影响。因此，我们必须深刻认识和正确审视伦理道德观念对司法的影响，唯有如此，我们才能树立正确的司法伦理和司法领域的核心价值观，积极引导伦理道德观念对法官进行积极影响，并辅之以制度使其加以固定，施之以制裁使其得以恪守，加之以科学的赋能使其得以升华。也唯有如此，才能在司法领域真正实现依法治国与依德治国相结合、相统一、相协调。诚然，从道德入律到清末修宪，从春秋决狱到罪刑法定，“有形”的伦理司法确实在我国司法领域已大致成为“过去式”，但是伦理司法的精神却以“无形”的方式无时无刻不在影响着我国当今的司法裁判，以下几则案例则很好地说明了这一点。

* 华东政法大学刑事法学院博士生。

一、伦理司法:几则案例引发的思考

(一)马某宽案——对伦理道德的深度违反

2020年11月2日,马某宽活埋生母一案在陕西省靖边县人民法院一审宣判,法院以马某宽故意杀人罪判处有期徒刑12年。[1] 法院之所以支持了公诉机关10年至12年量刑建议的最高幅度刑,是因为道德无疑对本案产生了重要影响。确切地说,是伦理道德对法官的量刑产生了重要影响。这一推论不是有感而发,而是笔者选取了另外两起案件理性地与之比较而得出的结论。笔者选取的这两起案件不论是犯罪的罪名、犯罪的性质,还是犯罪的形态,甚至是其他具体情节与马某宽活埋生母一案均具有高度的相似性。比如,三起案件均是被告人故意杀人未遂,被告人均如实供述自己罪行甚至取得了被害人谅解,除此之外,马某宽还有认罪认罚从宽情节。三起案件均由同一公诉机关陕西省靖边县人民检察院指控,由同一审判机关陕西省靖边县人民法院同一审判长作出判决,甚至刑罚作出的法律依据也基本相同,所不同的是三起案件被告人违反伦理道德的程度由轻到重,由此,我们可以清晰地看出道德对法院定罪量刑产生何种程度的影响。

笔者在中国裁判文书网上选取了(2019)陕0824刑初87号判决书,主要案情是被告人高某富因为个人感情纠纷故意杀害韩某某,被以故意杀人罪判处有期徒刑4年。而在另一起案件中,被告人乔某强却因杀妻被判处有期徒刑6年,判决书"本院认为"部分是这样论述的,"被告人乔某强在婚姻存续期间与他人有不正当两性关系,加之其妻子即本案被害人患有精神疾病,为消除妻子对其与他人不正当交往甚至结婚的妨碍,被告人乔某强便产生了谋害妻子的想法"。[2] 这一阐述虽是法院对案件事实的认定,但却从字里行间流露出对乔某强杀妻的犯罪行为和卑劣的犯罪动机在道德上的否定,从中也可以清晰地看出,道德影响到了本案法官的价值判断。从而,被告人乔某强的犯罪行为不仅受到了法律的评判,其犯罪事实也受到了道德的评判,无形之中影响法官较前一起案件对乔某强加重了2年的刑罚。尽管三起案件在量刑上均给予减轻处

---

[1] (2020)陕0824刑初244号判决书。

[2] (2020)陕0824刑初80号判决书。

罚,在法律依据上也均为《刑法》第 23 条、第 45 条、第 64 条、第 232 条,但与乔某强案相比,马某宽活埋生母一案对道德的违背程度明显更强,最后的刑罚也随之加重了一倍,即加重到了 12 年。尽管一审法院根据《刑法》第 67 条第 3 款和《刑事诉讼法》第 15 条规定进行了从轻甚至减轻量刑,但最后还是在检察院的量刑幅度内支持了最高刑罚。从这三起案件中不难看出,被告人违反道德的程度越重,对司法的影响就越大,最后被判处的刑罚就越重。

马某宽的犯罪行为不论基于何种理由,活埋生母在任何一个时空下都有违道德并备受谴责,判决书中对动机之卑劣,手段之残忍,社会影响之恶劣的评判,相信反映的不仅是每一位审判人员的心底共识,还有对天理人伦的捍卫与回应。马母已 79 岁高龄,患有白内障,瘫痪在床,大小便失禁。然而生我养我者父母,父母难之所在,亦即子女孝之所在,是中华民族几千年来的儒家伦理传统。被告人马某宽却反其道而行之,欲颠覆、毁坏这种传统美德。虽然马母在临终前对其子的大逆之举表示谅解,但马某宽严重违反道德的犯罪行为如不被法律严惩,受到伤害的可能就远不止马母一人了。行文到此,不难看出:法院的司法判决不仅仅是对犯罪行为的惩处,从某种意义上讲,也是对违反道德行为的一种惩戒,更是对社会主义核心价值观的一次重塑。也许每一次判决只有体现出司法对道德的坚守和维护,才能“让人民群众在每一起案件中感受到公平与正义”,而公平正义,正是道德所应有的内涵之一。因此,道德影响着司法,司法守护着道德,二者相依而存,离开了道德,司法呈现的将是一副冰冷的面孔,没有任何生命力。现实中,割裂二者关系的判决也不是不存在,司法人员片面地以法论事,结果引起社会舆论哗然和声讨的案例早已有之。

(二)于欢案——伦理道德观念介入司法的两次考量

2016 年,辱母杀人案就是其中典型一例,面对 11 名催债人长达一个多小时的羞辱之后,于欢刺死了辱母者杜某并刺伤了另外三名催债人,一审判处于欢无期徒刑,剥夺政治权利终身。这一判决作出后,作出该判决的某市中级人民法院立刻成了舆论的众矢之的。《人民日报》专门发表评论员文章[1],发出了“当一个人或其近亲正在遭受难以忍受的凌辱时,奋起反抗造成一定后果,司法

[1] 《人民日报评“辱母杀人案”:法律如何回应伦理困局》,载人民网,http://opinion.people.com.cn/n1/2017/0326/c1003-29169272.html。

应该如何认定这一行为”的道德拷问。而侠客岛微博〔1〕中重提了安提戈捏的那句“法律之内，应有天理人情在”。当地法院对于欢辱母杀人案作出的一审判决之所以产生如此负面的社会效果，根本原因是司法人员割裂了道德与法律的关系，将道德排除在司法之外，仅以孤立的立场去审视法律，完全忽视甚至完全不顾道德情境在本案的重要分量和对本案产生的深远影响，机械地拿法律条文照本宣科认定了如下事实：“虽然人身自由受到限制，并遭到对方辱骂、侮辱，但对方均未使用工具，在派出所已出警的情况下，于欢与其母亲的生命健康权利被侵犯的现实危险性较小，故不存在防卫紧迫性……”〔2〕试想，当自己母亲遭受侮辱，在警察现场处警不力的情况下，法官一旦剔除了道德上的考量，自然就得出了防卫不具有紧迫性的结论。殊不知在中国传统文化中，人格受辱所带来的“防卫紧迫性”并不逊于对生命健康权的侵害。而更让人持有异议的论述还在后面“本院认为”部分中，其将后续事件的发生仅归咎被告人于欢“不能正确处理冲突”所致，就属于典型的置本案中的道德情理于不顾甚至有反道德之嫌，直接导致判决的羁重和社会舆论的不可控也就不难理解了。

二审判决书则与此截然不同，在“三、关于刑罚裁量”部分，采用了情理法兼顾的方式通过大段文字对相同的情节进行了充分的说理论证，认为被害人杜某侮辱于欢母亲的行为，“虽然距于欢实施防卫行为已间隔约二十分钟，但于欢捅刺杜某等人时难免带有报复杜某辱母的情绪，在刑罚裁量上应当作为对于欢有利的情节重点予以考虑。杜某的辱母行为严重违法、亵渎人伦，应当受到惩罚与谴责，但于欢在实施防卫行为时……防卫明显过当。于欢及其母亲的人身自由、人格尊严应当受到法律保护……认定于欢行为属于防卫过当，构成故意伤害罪，既是严格司法的要求，也符合人民群众的公平正义观念”〔3〕。相信如此定性能让每个人在心理上都能接受并产生认同感与信服感，尤其是对被害人亵渎人伦的行为在判决书中公开认为“应予惩罚与谴责”，道德对司法的影响之深可见一斑。除此之外，在二审判决书最后的“本院认为”部分中，审判人员

〔1〕《辱母杀人案：对司法失去信任才是最可怕的》，载新浪微博 2017 年 3 月 26 日，https://weibo.com/ttarticle/p/show?id=2309404089534550828523。

〔2〕(2016)鲁 15 刑初 33 号判决书。

〔3〕(2017)鲁刑终 151 号判决书。

将被害方采取恶劣手段侮辱于欢之母的行为认定为严重过错，以作为对于欢"依法应当减轻处罚"的重要理由。在此影响下，最后于欢被得以改判有期徒刑5年，从而使本案的处理成功实现了法理与情理的有机统一。天理、人情等伦理道德因素的充分考量，使本案取得了追求公平正义的良好社会效果和法律效果。

还需要说明的是，在本案二审期间，鉴于道德激起的社会强烈反响，最高人民检察院专门派员介入本案，对事实和证据进行了全面审查，并听取了山东省检察院的汇报，对是否构成防卫过当依法进行了审查认定。当地纪检部门对不能稳控现场局势的警察及分管领导进行了严肃处理。这一切与其说是对公平正义的追求，不如说是道德对司法产生的影响所致。在案件事实部分警察虽非主角，但却对案件事实的走向产生了决定性作用。从很大程度上讲，正是现场出警人员道德上的冷漠直刺于欢内心才导致了命案的发生，正是审判法官道德上的冷漠才造成了一审的不公。由此，也足以反映出道德对司法的影响之巨、之深和之远，也在此影响之下，本案入选2017年度影响中国法治进程的十大案件之一。

（三）对伦理道德观念影响司法的思考

于欢虽于2020年11月18日减刑出狱，但人们对本案中伦理道德的反思却远未终止。其实对于本案而言，事实认定与法律适用方面都不是问题，但是除了此两者之外，还有本案发生时对当事人面临的伦理情境司法必须加以考量，而不能仅局限于用法律去对事实作出孤立的判断，这由此让我们想到了法律的功能。法律的社会功能不仅关乎规则本身，还关乎其背后的道德诉求和对人心所向的回应，也关乎伦理人情的塑造与对规则合理与否的检视。否则，司法永远无法回应伦理带来的困境与挑战，也无法得到人们的信任、信服与信赖。于欢案是这样，马某宽案亦是这样。如果忽视伦理道德对法律的影响，反映出的将是法律思维的僵化，折射出的将是司法对社会效果的忽视，折损的将是司法的权威与人们对法律的信仰。无论是成文的道德，还是不成文的法律，只有无一不交融在法院的每一份判决书中，才能共同维护社会的和谐。

从上述几起案件及其社会公众对案件判处结果的反应不难看出，五千多年的伦理纲常实际上早已渗透到了每一位中国人的血液中，这是中国的现实国情,与其口头上否认道德对司法的影响,不如坦然直面这两者之间的良性互动,这实质上既是对中国传统文化的一种尊重,也是对中国现实的一种尊重。“情法允当”“酌情用法”,注意寻求“情理”与法律之间的平衡是中国古代法官判案的重要依据。所谓情,指的是道德情感;所谓理,指的是道德原则。[1] 因此,中国要推进现代化的治理水平和治理体系,当然离不开情理与法律相平衡的司法。

道德对司法产生影响不是一个偶然的个案现象,也并非我国所独有,这是由法律的道德性决定的。“对法律的道德性之要求的遵循可以服务于更为广泛的人生目标。这一要点来自法律的内在道德中所蕴含的对于人的理解。”[2]所以,如果司法过程中刻意回避或排除道德的影响,只会换来对司法规律的公然违反。司法者要使自己最后作出的判决具有道德性,就“必须用衡平的方法去解决现实中所遇到的疑难问题,以内心的道德观念审视和思考法律问题,因而不少道德观念从外部注入法律,甚至成为比法律更为权威的东西。因此法律必须与道德相吻合”[3]。于欢案一审判决所引起的社会抵触情绪之所以如此强烈,就是因为司法者没有以道德观念充分审视催债者对于欢及其母亲的侮辱行为是一种什么性质的法律行为,也没有深入思考法律的内在道德性对人的充分理解,其作出的判决也就更谈不上与道德相吻合了,公平正义的司法目标也就自然无法实现。相反,马某宽案件被媒体报道后,网民大都对其埋母行为进行口诛笔伐,但鲜有人对司法判决提出负面评价,根本的原因就是在于司法过程中司法人员做到了道德与法律的吻合,其判决结果自然也就得到了公众的认可。

由上述案例和富勒关于法律具有道德性的观点使我们不难进而推导出司法具有道德性,伦理司法的精神仍然以无形的方式贯穿于司法的结论。只有认识到这一点并加以坚持,我们才能在司法过程中主动将案件事实不断加以道德的视角去观察去审视去判断,才能够不断有效回应在法治领域人民群众反映强烈的突出问题,让他们真正感受到司法公正,也才能够筑法治之基,行法治之

---

〔1〕 崔永东:《司法学论纲》,人民出版社 2014 年版,第 31 页。

〔2〕 [美]富勒:《法律的道德性》,郑戈译,商务印书馆 2005 年版,第 188 页。

〔3〕 [美]罗斯科·庞德:《法律与道德》,陈林林译,中国政法大学出版社 2003 年版,第 23 页。

力，打造出德才兼备的高素质法治工作队伍，将习近平法治思想贯彻落实到每一个具体案件中去，不断在法治的轨道上推进我国治理体系和治理能力的现代化。

二、伦理司法的传统和现实

伦理司法是以主流伦理观念为指导和主宰的国家司法制度和司法活动。有的学者考察了我国的司法传统，认为古代中国的司法属于“伦理司法”：“中国古代社会的司法、审判的观念和制度以儒家伦理思想为基础，全面、直接地受到儒家思想的指导，中国古代社会的司法、审判实为‘伦理司法’。”[1]

确实，自汉代以来，儒家思想成为我国主流意识形态，儒家伦理思想对我国历代立法、司法都有深刻的影响，故称中国封建社会的法律为“伦理法”。那么，依据这种伦理法而进行的司法活动，自然亦可称为“伦理司法”。

有学者分析道：“中国古代社会是以儒家思想为正统思想的，自汉武帝‘罢黜百家、独尊儒术’以来，儒家思想一直占据主流地位，其影响遍及社会生活的各个方面，司法、审判的观念和制度也概莫能外。汉代的董仲舒首开《春秋》决狱的先例，援引儒家重要经典《春秋》书中的微言大义，以‘原心论罪’（根据犯罪动机的善恶判断罪行轻重）为分析罪行、裁量刑罚的原则，从而发展为经义决狱的司法、审判传统，儒家思想成为司法官吏定罪量刑的根据之一。”[2]

这里所提到的“儒家思想”就是儒家的伦理思想，其主要内容为儒家的基本伦理原则“三纲五常”之类。后来到了唐朝，我国传统法制达到了一个高峰，作为这一高峰的标志就是《唐律》。《唐律》作为一部封建盛世的法典，其主要成就在于“一准乎礼”，即完全符合儒家的伦理道德，或者说是以儒家伦理思想和道德观念为主导。

在《伦理司法：中国古代司法的观念与制度》一书的“总序”中也说道：“严格执法、经义决狱、屈法伸情等中国古代审判观念明显受到中国社会固有伦理观念的影响；中国古代的国家审判制度的审判机构、审判官吏、审判管辖、证据制度、普通审判程序、复审与死刑复核制度、判决的执行等也以伦理思想为指导

---

〔1〕 罗昶：《伦理司法：中国古代司法的观念与制度》，法律出版社 2009 年版，第 12 页。

〔2〕 罗昶：《伦理司法：中国古代司法的观念与制度》，法律出版社 2009 年版，第 12 页。

而形成和发展。"[1]应该说,儒家的伦理思想在汉代以后,逐渐渗透到历代司法的方方面面,司法制度和司法活动都体现了明显的儒家伦理精神。

还有学者认为,我国古代社会,伦理主义渗透至司法诉讼。"封建法律一准乎礼,儒家思想被推崇为正统法律思想,并从法律适用意义上改变法律的面貌。礼的许多内容直接上升为法律规范,直接以礼教原则处理的案件也屡见不鲜。"[2]还认为,我国古代的司法除依据法典外,还将经义、天理、人情等作为"裁判准据",并将天理、人情与国法的一体化作为封建司法的基本特征:"两宋时期天理、国法、人情一体化的理念,是汉唐以来儒法合流与宋代理学相结合的产物。清末修律大臣沈家本曾言,不论旧学、新学,都'不能舍情理而别为法也'。两宋司法审判中综合运用情理法,使情理成为判断是非曲直的价值标准。"[3]中国自汉代以降,儒家思想成为官学,其伦理观念遂成为立法和司法的主导,故形成天理、人情与国法的一体化,伦理观念、伦理原则和伦理规范成为司法审判的依据,使司法制度和司法实践均体现了典型的"伦理化"色彩。

另有学者认为,我国传统司法的重要特点之一是"衡平司法":"中国传统司法中的'衡平',是指司法官在天理、国法、人情以及社会风习等的支配和综合作用下,对案件作出合于现实理性需要的适当性处理,是司法官在以儒家伦理为主流的多元思想、意识指导下,受到诉讼特定语境和技术制约之下,对于裁判方案的合情合理、合法性反复权衡与最终确定的选择过程。"[4]可见,所谓衡平司法的实质在于以儒家伦理思想为主导,去寻求情理与法律之间的平衡。正如该学者另外所说:"对衡平司法的追求,使得道德与法律愈加融合在一起。"[5]

儒家的中庸之道在司法领域产生了深刻影响,这种影响的表现之一就是在审判依据上寻求法律与情理之间的平衡。儒家学者及儒家型法官认为只有坚

---

[1] 罗昶:《伦理司法:中国古代司法的观念与制度》,法律出版社 2009 年版,第 4 页。

[2] 陈晓枫、柳正权:《中国法制史》,武汉大学出版社 2012 年版,第 744 页。

[3] 陈晓枫、柳正权:《中国法制史》,武汉大学出版社 2012 年版,第 811 页。

[4] 顾元:《衡平司法与中国传统法律秩序——兼与英国衡平法相比较》,中国政法大学出版社 2006 年版,第 13 页。

[5] 顾元:《衡平司法与中国传统法律秩序——兼与英国衡平法相比较》,中国政法大学出版社 2006 年版,第 60 页。

持情理法兼顾的审判原则才能有利于司法公正与社会和谐。那么,什么是“情理”呢?日本学者滋贺秀三说:“所谓‘情理’,简单来说就是‘常识性的正义衡平感觉’。”〔1〕另有学者指出:“‘情’与‘理’没有根本性质上的差异,在古汉语中是可以互训的。它们之间的区别毋宁说是哲学层面上的:理更注重原理和原则,比‘人之常情’更抽象。”〔2〕还有学者对待“情理”如此定义:“‘情理’是指中国古代社会在长期共同生活中所形成的关于人自身的特性、感情交往、道德原则、行为规范、社会客观情况和是非标准的智识总和。这些智识产生于中国传统社会,影响着人们生活方式、社会秩序,并制约着人们的行为。其中,道德原则、道德规范,因其对人们生活方式、社会秩序和人们行为的直接和恒久影响,成为‘情理’的核心内容,也成为中国传统文化的重要内容。”〔3〕简言之,情理是包括道德情感、道德原则和道德规范在内的伦理道德体系。这一道德体系为儒家所倡导,属于我国封建社会的主流意识形态,也是当时立法、司法和执法的指导思想。

在情理与法律之间寻求平衡已成为中国古代的一种司法原则和审判艺术,它是中庸之道影响当时司法领域的一种表现。有学者评说:“依情而判固然可以纠现行法律条文之偏,但其作用的发挥却是以司法官具有较高的道德和智识素质为前提的。情具有较强的主观色彩,它依附于人这个主体而存在,司法审判主体对情的认识将直接影响到司法审判的结果。不仅如此,传统诉讼中的‘情判’还对司法官的道德水准提出了极高的要求。依情而判使司法官在司法审判中拥有极大的自由裁量权,假若司法官的道德素质不高的话,则极易产生主观擅断,并有可能导致贪赃枉法,以致故意出入人罪,但无论如何,情判乃是奠基于中国传统法律文化而出现的一种特殊制度,它体现了诉讼的重要功能之一即:化解矛盾、消弭纷争。”〔4〕上述评判是值得肯定的。总之,情理法兼顾的

---

〔1〕［日］滋贺秀三等:《明清时期的民事审判与民间契约》,王亚新等译,法律出版社1998年版,第13页。

〔2〕邓勇:《论中国古代法律生活中的“情理场”——从〈名公书判清明集〉出发》,载《法制与社会发展》2004年第5期。

〔3〕董长春:《中国传统司法中“情理”的概念分析》,载陈金全、汪世荣主编:《中国传统司法与司法传统》,陕西师范大学出版社2009年版,第97页。

〔4〕李交发、刘军平:《中国传统之诉讼之“情判”试探》,载陈金全、汪世荣主编:《中国传统司法与司法传统》,陕西师范大学出版社2009年版,第81-82页。

思想体现了一种“平衡”的智慧，其价值取向是“公正”与“和谐”，这是蕴含于儒家司法思想中的深层价值观。

“情理”代表的不仅是一种道德原则和道德规范体系，同时还是一种“仁道”价值观，这一价值观在司法领域的表现即“仁道”司法观。在我国的司法传统中，强调用体现“仁道”和“中道”精神的司法制度来促成一种稳定和谐的秩序。所谓“仁道”，即仁爱之道，它表现了对他人的关爱以及对他人生命价值的尊重，在此点上与今日的人道主义有相通之处。儒家的仁道司法观对抑制封建司法的残酷性起了相当的作用，其影响所及，还使封建社会时期产生了一些符合仁道原则的刑事司法制度，例如：(1)录囚制度，该制度是指皇帝和高官审录在押囚犯，发现冤假错案便及时予以平反纠正，故其“仁道”精神不言自明。(2)直诉制度，允许人们越级申诉，可从基层一直申诉到中央甚至是皇帝那里，这是一种权利救济制度；又如，会审制度，由中央多个部门会同审理重大疑难案件，体现了对嫌犯生命价值的尊重。(3)大赦制度，历代王朝多有大赦之举，其结果是死刑适用率大大降低，这等于在一定的时间段、一定的范围内废除了死刑。(4)死刑奏报制度(唐代有三覆奏、五覆奏之制)、死刑监候制度(死缓)也都反映了对死刑的慎重态度，因而也体现了一定的仁道精神。(5)存留养亲制度、秋冬行刑制度、《春秋》决狱制度等也都无不体现一定的仁道精神。

我国的伦理司法有着悠久的传统，它以伦理化的中华法系为依据，深深扎根于中华伦理文化的沃土之中。即使在今天，伦理道德对司法的影响仍然相当显著。正如论者所说：“借助于法官个人的因素，道德同样会影响案件的审理。”[1]“自然，案件的审理也不可能避开各种社会因素的影响。因此，不难看出，司法过程中法律与道德的结合，是不可避免的。”[2]但是，今日已经不存在传统意义上的“伦理司法”，因为今日的司法不再以伦理观念为主导，但是这并不意味着否定伦理道德观念、伦理道德原则对司法活动和司法制度的深刻影响。这也可以理解为一种新型的“伦理司法”——不以伦理道德为主宰，但办案活动又时时受其影响。

有学者考察了我国现代司法，发现道德的影响无处不在。他写道：“在司法

〔1〕 怀效锋主编：《德治与法治研究》，中国政法大学出版社2008年版，第245页。

〔2〕 怀效锋主编：《德治与法治研究》，中国政法大学出版社2008年版，第247页。

过程中,道德总是通过种种途径影响法律规则而试图影响法官的司法裁决。这些因素包括法律渊源、案件的性质和类别、法官个人因素等形式因素,以及法律适用、实质性法律推理、法律事实认定和法官自由裁量等实质因素。”[1]应该说,这符合我国现代司法的实际。

三、域外视野中的伦理司法

国外虽然并无“伦理司法”的说法,但很多法学家和思想家却很关注伦理思想、伦理原则对司法的影响。美国联邦法院大法官卡多佐说道:“不断坚持说道德和正义不是法律,这趋于使人们滋生对法律的不信任和蔑视,把法律视为一种不仅与道德和正义相异而且是敌对的东西。”[2]又说:“承认法官有权力和义务按照习惯性道德来影响法律,这远不是要毁灭所有的规则,并在每个个案中以个人的正义感、以善良人的评断来作为替代。”[3]这就承认了伦理道德对美国司法的影响。

美国法理学家博登海默在《法理学:法律哲学与法律方法》一书中说:“那些被视为是社会交往的基本而必要的道德正当原则,在所有的社会中都被赋予了具有强大力量的强制性质。这些道德原则的约束力的增强,当然是通过将它们转化为法律原则而实现的。”[4]上述言论实际上是对法律的道德基础进行了肯定。对任何一个社会来说,维持其秩序的基本道德原则往往被立法者赋予法律强制力,这样的基本道德原则就变成了法律原则。这在民法典、刑法典等法典中都是常见的现象。他又就道德观念对司法活动的影响进行了探讨,他认为,那种坚持在司法中把法律与道德区分开来的要求是难以实现的。博登海默认为,道德观念对司法实践的影响,使法官的道德信念往往对其处理具体案件起着决定作用。法律不可能是包容无遗的,也不可能是绝对清晰的,因而,法官的固有道德观念也就难免影响到他的审判实践。正如弗兰克福特法官所说,法官的道德信念使“法院成为一种正义的工具”。可以说,法官的“自由裁量”行

〔1〕 怀效锋主编:《德治与法治研究》,中国政法大学出版社2008年版,第264页。

〔2〕 [美]本杰明·N.卡多佐:《司法过程的性质》,苏力译,商务印书馆1998年版,第83页。

〔3〕 [美]本杰明·N.卡多佐:《司法过程的性质》,苏力译,商务印书馆1998年版,第85页。

〔4〕 [美]E.博登海默:《法理学:法律哲学与法律方法》,邓正来译,中国政法大学出版社1999年版,第374页。

为背后,是受一定道德观念支配的。在判例法系国家,“法官造法”是被允许的,故某一法官依道德观念所作的判决又有可能成为以后法院遵循的“先例”,这也就意味着道德的法律化。

美国法学家庞德认为,在法律解释方面,法官为了寻求一个“令人满意的”解决方案,就必须仔细探究各种相关解释中的“内在价值”。“在实践中,‘令人满意的’往往意指在道德上是令人满意的,而‘内在价值’往往意指内在的伦理价值。”[1]在庞德看来,司法权运用过程中的法律解释现象,其中蕴含深刻的道德因素。而在法律适用与法官的自由裁量中,道德因素更是无孔不入。他指出:“法律与道德发生联系的另一个场合,是法律适用。分析法学家们往往认为,法律规范的适用是一个纯粹的机械过程。”[2]他们试图将法院变成司法场所的“自动售货机”,并反感衡平法救济中的自由裁量空间以及衡平法格言对伦理道德的引用,庞德认为对司法权机械化运用的尝试是徒劳无功的。事实上,在实际的司法过程中,法律适用中的伦理因素从来都未曾被排除出去过。在其看来:(1)法律适用过程中体现了明显的道德因素。(2)法律标准本身容纳了大量的道德因素。(3)法律标准的德性因素是公正审判赖以存在的根基。这样,法律适用的过程经过法官之手变成了一个释放德性诉求的过程,司法在一定程度上变成了德性司法。

庞德还强调,在法官个人自由裁量的领域内,也是法律与道德发生联系的场合。“在许多情形中,司法行为的方向完全取决于法官个人的正确感和公正感。”[3]说得更直白些,此处的所谓“正确感”和“公正感”也就是法官的道德感,这种道德感在法官的自由裁量中发挥着至关重要的作用。庞德认为,那种否定法官自由裁量权的做法是徒劳的。“虽然上个世纪,我们费尽心机地想使司法自由裁量无立锥之地,但事实业已证明,规则和机械适用在某些场合仍然是无能为力的。当今的趋势,是扩大自由裁量的范围,而不是去限制它。使自由裁量变得可以容忍的正确方法,或许就是承认此时我们已进入了伦理学领

---

[1] [美]罗斯科·庞德:《法律与道德》,陈林林译,中国政法大学出版社 2003 年版,第 74 页。
[2] [美]罗斯科·庞德:《法律与道德》,陈林林译,中国政法大学出版社 2003 年版,第 79 页。
[3] [美]罗斯科·庞德:《法律与道德》,陈林林译,中国政法大学出版社 2003 年版,第 85 页。

域,而伦理学同样是一门科学,并且也包含了一些原则。"[1]作为对机械适用法律情形的一种反动,自由裁量的扩张使司法进入了伦理学的疆界,"司法的伦理化"或者"伦理司法"至此得以一展风采。

从司法制度和司法实践的角度,英国的"衡平司法"就是一种伦理司法。所谓"衡平法",就是"公平正义"的法。权威的法制史辞书指出:"'衡平'之意为'公正'、'正义'。衡平法指英国中世纪以来,由大法官法院(衡平法院)为弥补普通法的不足而适用和发展起来的系统的法律原则和程序的体系。在英国,衡平法一词也指区别于普通法刚性与严格性的自然正义和理性准则的合理适用。衡平法解决普通法所解决不了或不能公正解决的问题,是英国法的重要法律渊源之一。"[2]这里的衡平法院,又称"大法官法院"。这是"英国在 13 世纪起形成发展起来的,适用衡平法及衡平法原则受理普通法院所无法救济的各种民事案件的法院。与衡平法的形成与发展有着必然与直接的关系"[3]。基于上述可知,衡平司法是根据公平正义之类的伦理原则或道德观念来进行裁判,故可称其为"伦理司法"。

四、伦理道德观念对刑事司法的影响

关于伦理道德在刑事司法领域以及伦理道德对法官的影响,也是学术界长期以来一直探讨的问题。许多学者认为,无论是大陆法系还是普通法系,无论是中国还是外国,无论是古代还是现代,伦理道德对法官和司法的影响都是不可避免的。正如学者所言:"由于法官是人们理解法律的重要媒介,特别在司法过程中,法官甚至是司法程序的主宰,因此,法官个人因素,特别是其道德因素理所当然就受到人们的重视,这也是加强法官职业道德建设的原因。"[4]即使在国外的大陆法系国家,"案件的审理也不可能避开各种社会因素的影响。因此,不难看出,司法过程中法律与道德的结合,是不可避免的"[5]。而英美法系

[1] [美]罗斯科·庞德:《法律与道德》,陈林林译,中国政法大学出版社 2003 年版,第 86 页。
[2] 北京大学法学百科全书编委会:《北京大学法学百科全书》,北京大学出版社 2000 年版,第 331 页。
[3] 北京大学法学百科全书编委会:《北京大学法学百科全书》,北京大学出版社 2000 年版,第 331 - 332 页。
[4] 怀效锋主编:《德治与法治研究》,中国政法大学出版社 2008 年版,第 247 页。
[5] 怀效锋主编:《德治与法治研究》,中国政法大学出版社 2008 年版,第 247 页。

国家的法官则认为,“法官不局限于权威的形式理由,而是在法律适用时,实体性地诉诸道德、经济、政治和其他社会考虑;法官扮演某种创造性角色,因时制宜地作出评估性思考”[1]。

不仅如此,一些学者的观点认为,在司法中当道德价值与法律价值发生冲突时,法官应当考虑道德价值的优先性。“对于裁判事实认定过程中存在的法律价值冲突问题,道德较法律在逻辑上应更具有优先性,‘没有法律可以有道德,但没有道德就不会有法律’。因此,‘如果道德与合法性有矛盾,合法的法律必须让路’。这是关于裁判事实认定过程中的形式主义与实质正义问题,涉及诉讼程序的功能和价值目标等理论问题,也涉及证据和程序规则方面的一些复杂的司法技术问题,还与司法程序中的制度伦理有关。”[2]

其实,法官的自由裁量权为法官根据道德良知进行裁判提供了制度空间,正如美国联邦法院大法官卡多佐所谓“法官有权力和义务按照习惯性道德来影响法律”[3]。有学者说:“在司法过程中,道德总是通过种种途径影响法律规则而试图影响法官的司法裁决。这些因素包括法律渊源、案件的性质和类别、法官个人因素等形式因素,以及法律适用、实质性法律推理、法律事实认定和法官自由裁量等实质因素。法律和道德之间如此复杂的关系,最终体现在司法过程的主要担当者、司法权的实际享有者——法官身上。……法官应当根据其职权,尽其所能调和法律与道德的冲突,根据瞬息万变的社会需要,作出符合法律规定和法律原则的司法裁决。”[4]

即使在注重“惩罚”的刑事司法领域,伦理道德的渗透也如影随形。有学者指出:“矫正正义是司法的道德基础,而司法的目的则是恢复已经被创伤的道德。矫正正义是在司法过程中实现的,而司法的基础也就在于将被破坏的正义予以恢复。刑法的适用过程,也不外乎是以司法的形式惩罚犯罪,恢复被损害的社会秩序,安慰和补偿受害者的利益损失。”[5]

卡多佐曾列举了一个著名的美国案例来说明道德原则对刑事司法实践的

---

〔1〕 怀效锋主编:《德治与法治研究》,中国政法大学出版社 2008 年版,第 248 页。
〔2〕 怀效锋主编:《德治与法治研究》,中国政法大学出版社 2008 年版,第 253 页。
〔3〕 [美]本杰明·N.卡多佐:《司法过程的性质》,苏力译,商务印书馆 1998 年版,第 85 页。
〔4〕 怀效锋主编:《德治与法治研究》,中国政法大学出版社 2008 年版,第 264 页。
〔5〕 包涵:《论刑法中的道德判断》,中国人民公安大学出版社 2015 年版,第 196 页。

影响,这一案例就是著名的里格斯诉帕尔默案件。该案其中的一方作为遗嘱遗产继承人杀害了被继承人,衡平法院决定不允许一个谋杀者享有遗嘱收益。卡多佐认为,衡平法院的这种判决是基于一个根本的原则,“它深深扎根于普遍的正义情感中,这就是,无人应当从他自己的不公中获利或从他自己的错误中占便宜”。[1] “衡平”的意思是公平,衡平法院追求的基本价值就是公正,而公正是植根于人的内在情感之中的。上述判决说明,道德原则确实影响着法官的司法实践行为。因此可以说,一种优良的司法就是一种合乎正义的道德价值的司法。

从我国现代刑事司法看,“民愤”作为一种道德观念对司法的影响是显著的,所谓“不杀不足以平民愤”等说法就是例证。有学者指出:“民愤代表着社会公众以公序良俗为依据、以善恶评价为中心的一种道德判断,它彰显一种大众情绪,一种‘民意’或曰‘情理’。一般来说,就刑事领域而言,民愤大者,社会危害性必然大,而社会危害性大,一般在刑事立法上就已经作了否定的谴责和评价。……在法律规则的范围内、在法律术语的承载下,斟酌涉及情感的问题,将民愤作为一种酌定情节,兼顾了法和情的关系,既遵循法理又体谅民意,这才实在是无可指责。”[2]

“民愤”作为一种道德义愤,对其应当辩证分析,司法裁判既不能不顾“民愤”,也不能唯其马首是瞻。一个高水平的法官要善于运用情理法理,谨慎地考量各种社会因素,在法律与道德(情理)之间寻求一种平衡,即所谓“情理法兼顾”。“民愤”,顾名思义是行为人的犯罪行为因为严重违反了道德伦理,侵害了刑法保护的法益,伤害了公众的伦理情感,从而激起了人们所不能容忍的愤怒。纵观我国《刑法》的400多项罪名,从《刑法》分则第一章的危害国家安全罪到最后一章的军人违反职责罪,细数每一项罪名,都不同程度地体现着刑法的道德性,有的甚至纯粹是对违反道德行为的惩罚与禁止,例如没有被害人的聚众淫乱罪;又如对恶意的主观故意与过失行为的明确区分,都体现了这一点。由此可见,刑法不仅仅是对法益的保护,而且更是对道德的捍卫。因为人除了具有自然属性的一面,而且还有其社会属性的一面,这就使人产生了各种需要,

---

〔1〕 [美]本杰明·N.卡多佐:《司法过程的性质》,苏力译,商务印书馆2002年版,第23页。

〔2〕 怀效锋主编:《德治与法治研究》,中国政法大学出版社2008年版,第297-298页。

需要、满足需要并非刑法所必须禁止的对象，只有当满足需要的实现方式严重违反伦理规律，侵害了刑法所要保护的法益时，才进入刑法所禁止的范围。因此，刑法及其每一项罪名背后都有着深刻的道德意蕴。

然而近代以来，在刑法领域“去伦理化”的观点一度流行于西方，至今在法学界有着广泛的影响，尤其随着现代分析法学的兴起，以哈特为代表的法学家认为法律与道德是两种截然不同的事物，法律是法律，道德是道德，无必然联系，从而开始了与持有相反观点的富勒展开了长达数年的论战。我们也承认，无论是历史社会，还是现代社会，不乏完全脱离道德而存在的刑法。但经细观之不难发现，这样的刑法一般都是“暴政”“苛政”的代名词，这种脱离了道德约束的刑法，立刻成了反道德的工具，其目的主要是对个人私利的极端维护和对反对者的无情打压，因为完全背离了道德属性而使刑法失去了正当性，所以直接导致的结果是司法不公、人民反抗。因此，从古代的炮烙之刑到明德慎罚、德主刑辅，从近现代的罪刑法定、罪行平衡到疑罪从无、禁止刑讯逼供，从当今的“少杀慎杀”到认罪认罚从宽制度，中国几千年的法律史无不表明，刑事法学理论的每一次进步无不是以体现人道主义为前提的，很难想象缺失了道德性的刑法还能体现出刑事政策的人文关怀。所以，从刑法的正当性看我国的每一次立法与司法，都无不是充满了对伦理道德的考量。无论是刑事的立法者，还是刑事的司法者，都深明一个道理，只有刑罚的刚性而没有道德的柔性，则易断、易折、易废，只有一阴一阳刚柔相济方谓道也。于是，如何实现二者之间的平衡，无疑考验着立法者和司法者的智慧。

五、伦理司法与司法伦理的区别

伦理司法是指伦理对司法的主导性影响，或者说是依据伦理原则进行司法裁判活动，使司法带有鲜明的“伦理性”。司法伦理是指司法道德，特别是指司法职业道德。

所谓“司法伦理”，《中国司法学》一书指出：“所谓的司法伦理是在特定的历史和社会条件下，与司法职业活动相结合并在活动过程中发展的，道德性的处理各种关系的行为原则及其具体规范。”虽然司法伦理与司法职业道德也有一定的区别，但从约定俗成的意义上看，两者可以通用。司法伦理具有道德性、司法性、规范性和强制性四个特点。司法伦理与司法道德也是两个近似的概念,事实上学界一般也是将两者混同使用的。

关于司法道德的内容,《司法学原理》一书曾指出:"所谓司法道德,是指法官、检察官、警官等司法人员在司法实践中必须遵守的道德规范的总称。司法道德是'法律运行大厦'的重要支柱,司法人员的职业道德素养直接关系到法律实施、司法公正及法治国家的建立这样的大问题。因此,对司法道德进行研究具有重要的现实意义。其实,司法道德并不是一种纯粹的道德规范,而是一种带有相当强制性的'准法律',它介于法律与道德之间,体现了'软性约束'与'刚性约束'相结合的特点。"〔1〕

在此需要对相关概念辨析一下,以免引起歧义。首先,伦理司法不同于司法伦理,其差异性已如上述。其次,伦理司法不同于"社会司法",社会司法是社会组织根据社会规则所进行的化解纠纷的活动,属于"准司法",是与"国家司法"(国家司法机关依据国家制定法进行的化解纠纷的活动)相对的概念。而伦理司法属于国家司法,是指主流伦理道德观念和原则对司法活动的主导。在中国,汉代至清代的司法可称为伦理司法。最后,社会司法与"民间司法"也有区别,社会司法除了包括民间司法外,还包括"行政司法"——行政机关的准司法活动,但"民间司法"不能包括行政司法。简言之,凡是国家司法之外的所有解决纠纷的活动都是"准司法",也属于社会司法。

综上所述,伦理司法是以主流伦理观念为指导和主宰的国家司法制度和司法活动。自汉代以来,儒家思想成为我国主流意识形态,儒家伦理思想对我国历代立法、司法都有深刻的影响,故称中国封建社会的法律为"伦理法"。那么,依据这种伦理法而进行的司法活动,自然亦可称为"伦理司法"。根据本文的界定,伦理司法属于国家司法,不属于社会司法,它是指主流伦理道德观念和原则对司法活动的主导。我国的伦理司法有着悠久的传统,它以伦理化的中华法系为依据,深深扎根于中华伦理文化的沃土之中。即使在今天,伦理道德对司法的影响仍然相当显著。但是,今日已经不存在传统意义上的"伦理司法",因为今日的司法不再以伦理观念为主导,但是这并不意味着否定伦理观念、伦

〔1〕 崔永东:《司法学原理》,人民出版社2011年版,第131页。

理原则对司法活动和司法制度的深刻影响。

应该说,伦理道德对司法领域之影响最著者莫过于司法道德体系的形成。如前所述,司法道德并不是一种纯粹的道德规范,而是一种带有相当强制性的"准法律",它介于法律与道德之间,体现了"软性约束"与"刚性约束"相结合的特点。"准法律"往往表现为行业纪律或部门规章等,似乎其作用比不上法律那么"显眼",但它确实是现代法治大厦的重要支柱。

在西方思想史上,存在关于司法道德的许多论述,这些论述特别强调公平正义问题。早在古希腊罗马时期,许多思想家就已经将"持平"(公平)当成了对法官进行道德评价的标准。亚里士多德曾说:"裁判官者,则公平人之化身耳。裁判官即在持平。"[1]而近代英国法学家霍布斯指出,一个好的法官应当具备的条件是:"第一,须对自然律之公道原则有正确之了解,此不在乎多读律书,而在乎头脑清醒,深思明辨。第二,须有富贵不能移之精神。第三,须能超然于一切爱恶惧感情之影响。第四,听诉须有耐心,有注意力,有良好之记忆,且能分析处理其所闻焉。"[2]这里面有两条是对法官的道德要求,第一条要求法官有公道的精神,第三条是要求法官必须秉公办事,不要受私情私欲的影响。

从西方近代以来的立法实践看,他们都很重视对法官、检察官及警察等"法律人"的法律约束,这种法律约束实际上是把司法道德法律化了。如 1793 年《法国宪法》第 3 条规定:"自由就是属于个人行为不侵害他人权利的行为的权利,它以自然为原则,以公正为准则,以法律为保障。其道德上的限制表现于下列格言:己所不欲,勿施于人。"这也是对司法官员的道德要求。1810 年《法国刑法典》第 177 条规定:"凡行政官吏、司法官吏、行政机关之代理人员或其他工作人员,因从事其职务应为但不许收受报酬之行为,收受贿赂、约许或馈赠者,处枷项之刑;并科处二倍于所收贿赂或约许价值之罚金,但此等罚金数额无论如何不得低于二百法郎。"这是对司法人员收受贿赂行为的法律禁止。1871 年《德国刑法典》第 332 条规定:"官吏因为违背其职务或义务之行为,而收受赠物其他之利益,与为要求或使为约诺者,依贿赂罪,处五年以下之惩役。"

---

〔1〕 法学教材编辑部《西方法律思想史编写组》编:《西方法律思想史资料选编》,北京大学出版社 1983 年版,第 32 页。

〔2〕 沈忠俊等编著:《司法道德新论》,法律出版社 1999 年版,第 40 页。

另外,国际社会还注重通过"准立法"(职业纪律或行为守则)的方式对司法官员提出道德要求。1979 年第 34 届联合国大会通过的《执法人员行为守则》第 1 条规定:"执法人员无论何时均应执行法律赋予他们的任务,本着其专业所要求的高度责任感,为社会全体服务,保护人人皆知不受非法行为的侵害。"第 2 条规定:"执法人员在执行任务时,应尊重并保护人的尊严,并且维护每个人的人权。"第 5 条规定:"执法人员不得施加、唆使或容许任何酷刑行为或其他残忍、不人道有辱人格的待遇或处罚,也不得以上级命令或特殊情况,例如战争状态、战争威胁、国家安全的威胁、国内政局不稳定或任何其他公共紧急情况,作为施行酷刑或其他残忍、不人道或有辱人格的待遇或处罚的理由。"第 7 条规定:"执法人员不得有贪污行为,并应极力抗拒和反对一切贪污行为。"上述规定反映了对执法人员贪污及不人道行为的法律阻却,从另一面看也表达了对善良与公正的司法品德的要求。

1975 年第 5 届联合国预防犯罪和罪犯待遇大会通过的《警察及其他执法机构正在兴起的作用,特别提及变化中的期望与履行职责的最低标准》第 197 条规定:"警察根据法治原则行事,同时又各自对法律负责。这就要求每位警官做到完全正直与公正。"第 198 条规定:"如果该行业的高级官员要做到彼此以诚相见,那么他们本人就应该诚实。"第 205 条规定:"改进控制犯罪工作需要有灵活而敏感的警察机构,它需要最正直的、客观的、熟悉社会的人以及有正确判断力的人。"第 259 条规定:"正直是警察及其执法官必须具备的第一品质。警察的训练应包括道德、人权和社会科学等科目。"可见,正直、公正、诚实等优秀品质成了警察的职业道德,而这种职业道德是保证警察公正执法的前提。特别值得一提的是,该标准还提出了"应制定国际警察道德法典"的呼吁,反映了其欲把警察职业道德法律化的努力。

在我国历史上,历代统治者和思想家对从事司法活动的官员都提出了一些道德要求。例如,早在西周时期,统治者就对司法官员提示了"明德慎罚"的要求,"明德"是指司法官员必须具备高尚的道德,如仁慈、宽厚、中正、不贪等;"慎罚"是指谨慎判处刑罚。对一个法官来说,只有具备了高尚的道德,才会谨慎而公正地从事司法审判活动。《尚书·吕刑》还要求法官应当做到"哀敬折狱"(以怜悯谨慎的心情从事审判)、"咸庶中正"(审判公正)、"有德惟刑"(以高尚的品德来指导审判)等,否则将受到法律追究。

从《唐律·断狱律》来看,唐代统治者也将他们认可的司法道德如廉洁、公正、仁厚等刑法化了。如该律第 472 条规定:"诸主守受囚财物,导令翻异及与通传言语,有所增减者,以枉法论,十五匹加役流,三十匹绞。"意思是说凡主管狱政的官员接受囚犯的财物,引导翻供,或者传递审判官员与证人的话,从而导致罪名与刑罚有所增减的,以受财枉法罪论处,赃值十五匹的处加役流,赃值三十匹的处绞刑。看来,司法官员违反廉洁道德,收受贿赂,将按受财枉法罪论处。该律第 483 条规定:"诸监临之官因公事,自以杖捶人致死及恐迫人致死者,各从过失杀人法;若以大杖及手足殴击,折伤以上,减斗杀伤罪二等。"司法官员因公事亲自用棍棒打死人或胁迫致人死亡,则按过失杀人罪处罚;如果用棍棒或手脚殴打犯人使其受伤,则按斗杀伤罪减二等处罚。司法官员打伤或打死犯人,有违仁厚之德,理应受到刑事制裁。该律第 487 条规定:"诸官司入人罪者,若入全罪,以全罪论;从轻入重,以所剩论……其出罪者各如之。"凡审判官从事审判而入人之罪,如果入人全罪,则按所入全罪的刑罚判处审判官;如果是将轻罪重判,则按所加重的刑罚幅度论处。属于出人罪的,也按上述办法处置。这就是著名的"出入人罪"问题,所谓"入人罪"是将无罪的人判为有罪或将罪轻的人判为罪重;所谓"出人罪"是将有罪的人判为无罪,或将罪重的人判为罪轻。即使用今天的标准来看,出入人罪也是严重违反司法道德的行为,它带来的后果是司法不公与司法冤滥,因此对其施加严厉的刑事惩罚是必要的。

应该指出,我国司法传统中重视司法道德的思想与制度为我国当代的司法道德建设提供了一种文化背景,也提供了一种精神资源与制度资源。改革开放以来,伴随中国法治现代化的进程,我们先后制定了关于司法人员(警察也属于广义的司法人员)职业道德的规范性文件,并且公开出台了《法官法》《检察官法》《人民警察法》等,使司法道德逐步被法律化了。如《人民警察法》第 20 条规定:"人民警察必须做到:(一)秉公执法,办事公道;(二)模范遵守社会公德;(三)礼貌待人,文明执勤;(四)尊重人民群众的风俗习惯。"第 21 条规定:"人民警察遇到公民人身、财产安全受到侵犯或者处于其他危难情形,应当立即救助;对公民提出解决纠纷的要求,应当给予帮助;对公民的报警案件,应当及时查处。人民警察应当积极参加抢险救灾和社会公益工作。"《检察官法》第 3 条规定："检察官必须忠实执行宪法和法律，维护社会公平正义，全心全意为人民服务。"《法官法》第3条规定："法官必须忠实执行宪法和法律，维护社会公平正义，全心全意为人民服务。"上述条文都是将司法道德法律化的例证。

需要指出的是，在现代中国的法治实践中，除了有国家权力机关制定的法律以外，还有大量的"准法律"。何谓"准法律"，有学者指出："这是一种道德规范在法制生活中转化而成的更具有规范性、明确性与可操作性的行为规则，是介于法律规范与道德规范之间的一种行为规范，是类似于法律又区别于法律的东西，就是我们经常说的'墙上的法律'，具体表现为我们日常生活中的行为规范，比如，小学生行为规范、公务员行为准则、律师职业道德与职业纪律、法官工作守则和公民道德实施纲要等。这些都是道德规范在法制社会中具体行业、领域的具体化，笔者认为，准法律是法律能够运行的'软件设施'，离开了准法律的支持与维护，法律运行的质量将大打折扣。"[1]按照上述标准看，我们在"法律人"职业道德（或称司法道德）建设中，也有一定数量的"准法律"，如《律师职业道德和执业纪律规范》《人民法院审判人员违法审判责任追究办法（试行）》《人民检察院"检务十公开"》《公安人员八大纪律十项注意》等。

司法道德建设是摆在我们面前的一个紧迫任务，司法道德不仅是法官道德，也包括警察道德、检察官道德等。除了建构一个系统而周密的司法道德体系外，一些学者提出的要建立法官道德考评和惩戒组织或"司法风纪委员会"或"纪律法庭"等也是值得我们关注的。司法道德属于"准法律"，但准法律也不是没有一定的强制力，不过这种强制力不是源于国家，而是来源于单位或行业，这就决定了其强制力远远低于法律。另外，准法律在规则的严谨性与严肃性方面与法律不同，在结构上具有一定的弹性和松散性，而且在实际处理上具有更大的弹性，如往往根据当事人的态度作出不同的处理，从而导致此案与彼案的处理结果存在很大的差距。可以说，没有这些准法律支撑，法治几乎等于一句空话。因为法治有赖于准法律作为一个个的细胞组成而存在，有赖于公民普遍成为守法者而存在，而守法的前提是守德——这就意味着要对每一个自然人都进行道德塑造。道德规范不可能自动完成对人的塑造，而是需要借助于带

---

[1] 石文龙：《21世纪中国法制变革论纲》，机械工业出版社2005年版，第80页。

有一定刚性的准法律来完成。准法律的作用植根于法律与道德的融合机制和互动效应,从而提高其运行的质量和实效。

因此,在法治建设的新时代,只有加强司法道德体系建设,才能对伦理司法进行继承、发展与弘扬。就这一角度而言,司法道德体系是伦理司法在当今司法领域继续发挥作用的桥梁和纽带。换言之,如果忽视司法道德体系建设,我们就人为地割裂了古今司法的文化传承,使现代司法无法立足于我国传统的司法文化基础之上。也由此可见,失去了伦理司法提供力量之源的现代司法,将会引发更多的于欢案,使情理法出现断裂,进而使司法判决不断面临舆情危机和公众质疑,使司法公信力的建设也从而会变得举步维艰,这不但不会促进司法的进步,反而会阻滞司法的健康发展。然而,司法道德体系的建设非一日之功,也非简单地制定一个制度了事,它不但要为司法人员提供物质保障,还要为司法人员的日常工作、生活提供行为边界;既要看得见摸得着具有可操作性,也不能强人所难,从而得到司法人员的认可、信服与遵从;既要有科学性、先进性的一面,又要有务实性的要求。唯有如此,司法的现代化才有望建成,因为这不仅是公平正义实现的必由之路,也是司法现代化的必由之路。

司法传统论

赵京朝*

一、传统与司法传统

从词义来看,传统指的是自古至今被传承或延续的东西,人类所成就的精神范型、技术惯例、物质制品以及已形成的社会关系都可称为传统[1]。传统通常是代表一个民族通过历史传承予以具象化的知识、经验和事例,“是连接一个民族、连接一个国家过去、现在与未来的纽带”[2],通常被人类以赞赏或肯定的评价予以继受,既代表一个国家、地区或民族的群体对自身历史智慧的赞美,同时也代表该群体对以其历史智慧对现今乃至未来行为进行有效指导的希望。传统的价值便存在于此。

司法传统是特定社会在实施法律过程中传承和延续的关于司法理念、司法制度、司法逻辑以及司法文化的历史范型和惯例。中国古代延续数千年,历史上形成的中国司法理念、司法制度、司法文化、司法方法被继承下来,甚至已内化为中华民族所特有的司法精神的一部分。当前,中西方在司法制度方面的巨大差异,其根源就在中西方不同历史条件和社会背景下,所产生

---

* 山东政法学院讲师,法学博士。

〔1〕 参见[美]爱德华·希尔斯:《论传统》,傅铿、吕乐译,上海人民出版社 2014 年版,第 17 页。

〔2〕 马小红:《礼与法:法的历史连接》,北京大学出版社 2004 年版,第 53 页。

和延续的“本质上不可分割连在一起的民族的诸种力量和活动”[1]，即被传承的不同民族的司法传统。

如要讨论司法传统，需先明确“司法”的范围，并厘清“中国古代司法制度”与“中国古代司法传统”之间的关系。中国古代司法制度与中国古代司法传统是两个紧密相连但又存在相应区别的关联概念。两者均是对司法历史形态的研究和考察，但中国古代司法制度主要是偏重对官方视野——官僚司法体制进行的全面且细致的研究，而中国古代司法传统则是在继受与传承的前提下对中国古代司法制度的诠释。在中国古代“司法”也是一个广义的概念，不仅仅包括以历朝官方为背景的国家司法行为，同时还包括分散于社会以“宗族裁决”或“民间调解”等形式出现的“社会司法”或“准司法”[2]。因此，对中国司法传统的探讨亦不局限于对官僚司法体制的研究，还应包括以实施礼教、乡约、族规、经验、习惯等形式所影响产生的“社会司法”实践。从这个角度来看，中国古代司法传统的研究视域应大于中国古代司法制度。

在中国历史上经过长期实践形成的司法传统，拥有极为丰富的内涵，其至少包括以人判为核心的司法模式传统、以秩序为核心的司法理念传统、以法典化为核心的司法制度传统以及以辩证为核心的司法方法传统。对中国古代司法传统的阐释和借鉴，对现代中国司法实践而言仍具有相当的价值，对中国古代司法传统的微观考察，既可以为司法实践寻找与我国国情相适应的历史借鉴，也可以为总结和发现司法规律、指引当代司法体制改革和完善积累历史素材。同时，司法传统与法律传统具有来源上的同构性，“它产生于中国的文化土壤，是中华民族的智慧与创造力的体现”[3]，对中国古代司法传统的宏观考察更具有价值层面的意义，中国古代司法传统中的民族法律哲学原理以及精神，是凸显当代中国社会特性和文化特质的民族精髓之一，也是论述中国特色社会主义法治道路自信的历史依据之一。

---

〔1〕［德］弗里德里希·卡尔·冯·萨维尼：《历史法学派的基本思想（1814—1840年）》，郑永流译，法律出版社2009年版，第17页。

〔2〕参见崔永东：《司法学论纲》，人民出版社2014年版，第2页。

〔3〕张晋藩：《中国法律的传统与近代转型》（第3版），法律出版社2009年版，第2页。

二、人判与司法模式传统

司法是源于"法"实施的专门活动。关于任何司法的历史考察,几乎都要追溯"法"的起源,并且自"法"的产生途径中发现其对司法理念、司法功能、司法模式的深远影响。

在人类社会起源和发展的早期,受限于对自然的认识能力,东西方早期文化中普遍存在神灵崇拜的现象,并由此出现了以代行神意产生的"法"的意识。虽然学术界对类似"法是神的产物"这一观点有不同的认识[1],但从考古发现来看,原始社会中的图腾崇拜、原始宗教信仰与世俗权力的形成有着密不可分的关联关系。在古希腊传说中,司法便是世俗的国王接受神意而作出的裁决。我国古代先民也经历了图腾崇拜的历史时期,《左传》中记载:"我高祖少皞挚之立也,凤鸟适至,故纪于鸟,为鸟师而鸟名。凤鸟氏,历正也;玄鸟氏,司分者也;伯赵氏,司至者也;青鸟氏,司启者也;丹鸟氏,司闭者也。"[2]也就是说,东夷族的先民将鸟深化为太阳和祖先的化身,并将之应用于氏族治理活动中,用不同的鸟命名相应的官职,以增加其任职和行使权力的权威性和神秘性。除此之外,还有"大人国以龙为图腾"[3]的传说,还有诸多以虎、熊、鱼、龟、牛、马、羊等为图腾的记载。

与图腾神秘化相伴随的是世俗权力的神秘化,图腾用以团结群体、密切血缘关系、区分族群的功能,逐渐演化出了关于氏族成员社会活动的触摸、捕杀、亵渎、通婚等禁制。有学者据此认为,"观念外化的名目繁多的图腾禁忌,形成了一个囊括原始先民物质生产、社会组织、群体标记、宗教生活、两性通婚等诸多方面的规则体系"[4]。随着这些图腾禁制的实施,一方面通过朴素的宗教信仰引导成员主动遵守氏族社会行为规则,另一方面则通过违反禁制的惩罚,以确保氏族成员遵从或屈从图腾禁制背后的世俗权力。另如《异物志》载有"獬豸"这样的神兽。据史载,"獬豸'一角之羊也,性知有罪。皋陶治狱,其罪疑

---

〔1〕参见马小红:《礼与法:法的历史连接》,北京大学出版社2004年版,第212页。

〔2〕《左传·昭公十七年》。

〔3〕王大钧:《大人国源流考》,载《东岳论丛》1991年第5期。

〔4〕黄源盛:《中国法史导论》,广西师范大学出版社2014年版,第42页。

者,令羊触之,有罪则触,无罪则不触’”[1],即皋陶在遇到不能决断的案件时,则会把“獬豸”请到堂前,并让两造静待于堂下,如果“獬豸”以角触碰,则被触碰的一方便为没理或犯罪的一方。这应是司法的萌芽和起源。

在夏商周三代,仍然认为法律来自神意和上天的恩赐,并借此宣扬世俗王权的合法性和权威性。在当时的世俗统治者看来,其王权的根本是来自神明或上天的恩赐,因此只要虔诚地尊奉上天,必会得到上天的惠顾,这是远古时期典型的不可动摇的宗教信仰。例如,《吕刑》中有载:“其今尔何罚?惟时苗民……上帝不蠲,降咎于苗,苗民无辞于罚,乃绝厥世”,“尔尚敬逆天命,以奉我一人”[2]。《吕刑》以苗民为例,通过昭示上天旨意的形式明确了王权合法性以及王命的规范作用,即违背者则会被予以灭国的惩罚。又如夏启讨伐有扈氏时称:“有扈氏威侮五行,怠弃三正,天用剿绝其命。今予惟恭行天之罚。”[3]商汤讨伐夏桀时也称:“有夏多罪,天命殛之……夏氏有罪,予畏上帝,不敢不正……尔尚辅予一人,致天之罚。”[4]很明显,此时的司法活动都被赋予了“神”或“神圣”的意涵,目的是增加司法行为的合法性和权威性。

上述诸类世俗权力行为明显已具备一定的“司法裁判”色彩,但在这样具有明显图腾崇拜或者原始宗教信仰的时期,我国始终没有形成完全以神秘方式进行裁判的传统。即便如“獬豸”的传说,我们仍可以从传说中得到这样的信息:早在尧舜时期,“司法”的初级形式应已出现,人们遇到难以自己解决的纠纷,会将其交由专门的司法官员来解决。只不过,当司法官员受司法制度和司法技术影响无法决断时,可以“以羊抵之”这样所谓神兽的力量来决断。对此,瞿同祖这样解释:“在我们祖先的意识形态中,根本就没有像希腊人那样认为每一部法律均是神所拟定的观念。同时,我们的法律也不曾依赖巫术宗教的力量来维持。”[5]

为什么我国的司法模式与西方的轨迹不同?可能我们需要从我国司法形态的发展历程来找寻答案。我国上古三皇五帝传说时代具备典型的图腾禁制

---

[1] 《论衡校注》,张宗祥校注、郑绍昌标点,上海古籍出版社 2013 年版,第 34 页。

[2] 《尚书·吕刑》。

[3] 《尚书·甘誓》。

[4] 《尚书·汤誓》。

[5] 瞿同祖:《中国法律与中国社会》,商务印书馆 2010 年版,第 285 页。

色彩的原始司法,以及夏商时期与“天命”有关的赏罚制度,并不能称其为“天罚神判”。在这个时期,或可将“法”的形态称为“图腾法”或“神法”,但“法律”实施的过程与“法律本身”也是相分离的,我们的司法裁判中并未完全出现汉谟拉比法典中“投水”“炙烤”等“神判法”,这意味着我国古代在“司法”产生之初便已具备了典型的人文理性色彩。也就是马小红曾评价的:“中国古人应该庆幸他们对‘神’的明智态度,使他们避免了‘神’的涂炭而享受到‘礼’的温暖。”[1]“礼”便是中国传统人文理性的充分表现形式。

到西周时期,此时的司法模式人文理性色彩更加浓厚。《周礼》中记载:“以五声听狱讼,求民情。一曰辞听;二曰色听;三曰气听;四曰耳听;五曰目听。”[2]五听审判的出现,代表原本遗存的“神明裁判”彻底让步于人的裁判,并开启了我国古代“人判”模式的司法传统特征。虽然“神明裁判”仍未在我国古代司法实践中彻底销声匿迹,但“以梧桐为人,象囚之形,凿地为坎,以卢为椁,卧木囚其中”[3]这样的裁判已成为司法形态中的极少数。我国的“神明裁判”实际逐渐演化成了探求真相的辅助措施或体现“德行”的刑罚原则。

“人判”模式在中国古代集中表现为以官僚为主体的司法主体裁判模式。这一模式可追溯至夏“用命,赏于祖;不用命,僇于社,子则帑僇女”[4],以及商“女不从誓言,予则帑僇女,无有攸赦”[5],这样以王权作为最高司法权力的原始形态。随着政治活动的逐渐频繁,以王权行使主要司法权力已难以满足统治需要,国家职官的设置也逐渐增多,尤其专以行使和实施法律的司法官职也逐渐完备起来。

西周的司法官职实际已经非常完善。我们自《周礼》中即可看到,西周时司法官职主要包括大司寇、小司寇、士师,并且还设置有辅助上述官员的司刑、司刺、司约、司盟、司厉、司圜、掌囚、掌戮、司隶、布宪等司法官职。其中,大司寇负责“掌建邦之三典,以佐王刑邦国,诘四方”,即“刑新国用轻典,刑平国用中典,刑乱国用重典”。“以佐王刑邦国”,则为大司寇通过实施“野刑”“军刑”

---

〔1〕 马小红:《礼与法:法的历史连接》,北京大学出版社 2004 年版,第 212 页。
〔2〕《周礼·秋官·小司寇》。
〔3〕《论衡校注》,张宗祥校注、郑绍昌标点,上海古籍出版社 2013 年版,第 67 页。
〔4〕《史记·夏本纪》。
〔5〕《史记·殷本纪》。

“乡刑”“官刑”“国刑”这五种司法活动来纠察万民、巩固王权统治之意。小司寇、士师等辅助官员，一方面辅助大司寇处理政事，另一方面肩负“掌外朝之政”“掌国之五禁之法以左右刑罚”的司法职能。[1]

从西周开始一直到清末变法修律，以“王权神授”为背书的王的权力部分渐次下移，其中部分司法权力逐渐被知识阶层“士”所分担，形成了长期稳定的与礼法文明相适应的官僚司法模式。自西周至清代，地方司法官员均由地方行政官员兼任，以确保最了解基层情况的行政官员可以最大效率地就地化解矛盾纠纷。中央司法则经历若干发展过程，秦汉时，中央设廷尉，专门负责审理“诏狱”以及各地上交的上诉案件、疑难案件和重大案件的复审。魏晋以后，廷尉又改称大理寺，设卿、少卿、丞各1人为主官，并有正、监、平各1人辅佐，还设有律博士4人，明法掾24人，司直、明法各10人为属官，分掌具体司法审判。[2] 隋唐时，设大理寺为最高司法审判机关，设大理寺卿、少卿、正、丞、主簿、录事、府、史等司法官员285人。又设刑部作为司法行政机关，负责复核大理寺判决的流刑以下的案件以及地方州县审理的流刑以上的案件。明清时，中央司法机关则由刑部、大理寺和都察院组成，司法官员的职责更加细密和完善。

国家司法以“人判”的官僚司法为基本模式，在“社会司法”或“准司法”领域也是如此。西周时就已有社会调处制度的萌芽，《周礼》中记载周代有“调人”一职，其职责是“司万民之难而谐和之”。汉代则通常依靠“啬夫”负责调息诉讼。以后，历代的里长、里正、甲长或保正等基层组织的负责人，都承担调解的职责。[3] 大致上说，调处作为我国古代民间化解社会纠纷的一种社会机制，其运行模式也从来不是随意为之，而是依赖于人文理性的“珍惜原始民主、看重人际温情、强调中庸和睦”的“人判”模式。

我国古代的“人判”司法模式传统的主体是国家任用的官僚，这与帝制政治和法律向天下公开的状态相一致。虽然其与封建制度相伴，具备封建官僚的天然缺陷，但以相对稳定的司法主体开展司法活动，以及与这些司法官职相关的司法审判理念、制度、方式不断完善，仍然为我国社会形成稳定、有序的法律

〔1〕 参见吴春雷：《中国古代法官制度研究》，中国政法大学出版社2018年版，第26-27页。
〔2〕 参见张培田：《法的历程——中国司法审判制度的演进》，人民出版社2007年版，第11页。
〔3〕 参见崔永东：《司法学论纲》，人民出版社2014年版，第46页。

实施样态,维护基本的社会秩序奠定了坚实的基础。

三、秩序与司法理念传统

对“秩序”的追求来自人类生存和发展的本能。中西方社会均对“秩序”有着深刻的认识,诸多西方先哲都曾论述认为,秩序如何长期稳定,是人类社会始终需要面对的一个重要问题。“秩序”并不是要掩盖或者绝对地杜绝矛盾纠纷,而是要通过财产的分配、契约的履行、政府的控制等行为有序预防和化解矛盾。柏拉图认为,“一个国家的法律如果在官吏之上,而这些官吏服从法律,这个国家就会获得诸神的保佑和赐福”[1]。柏拉图认为法律是实现幸福秩序的重要途径。古罗马的西塞罗也有相似的观点,他认为“官吏的职能是治理,并发布正义、有益且符合法律的指令。由法律治理者管理,因此官吏治理着人民”[2]。

司法理念是在长期历史实践中凝结的关于司法价值、司法制度、司法功能、司法规律以及司法现象的形而上的规律性认识,是中国古代司法传统的核心和灵魂。“秩序”则始终是中国古代司法追求的核心价值。不过,我国对“秩序”与法律实施的理解并不与西方完全相同,先贤们对“秩序”的理解来自朴素的“天”与“天命”的观念。

在古代中国,“天”蕴含着两重意义:一是自然法则;二是绝对力量。自然法则和绝对力量共同构成的“遵守”与“保护”的两种形态,为秩序的形成创造了前提条件。道家主张万物由“道”而生,“道”即代表着自然法则;儒家主张“道”或“天”不仅具备自然属性,其自然法则也具有世俗社会的道德、伦理和规范属性。因此,自然法则的规则性要求具有超越世俗社会议定规则的地位和力量。而世俗之人是否能够得到“天”的庇佑,要依赖于世俗之人是否按照“天”的规则行事。例如《召诰》中便称:“相古先民有夏,天迪从子保,面稽天若。今时既坠厥命。今相有殷,天迪格保;面稽天若,今时既坠厥命。”[3]也就是说,统治者既要遵循“天”的规则,遵从自然的秩序,同时又要以自身之德为依归,成

---

〔1〕 [古希腊]柏拉图:《理想国　法律篇》,张智仁、何勤华译,上海人民出版社2001年版,第85页。

〔2〕 [古罗马]西塞罗:《国家篇　法律篇》,沈叔平、苏力译,商务印书馆1999年版,第223页。

〔3〕 《尚书·周书》。

就社会的秩序,方得"天命"。[1]

在"天"与"天命"观念的影响下,我国司法制度和司法官员的职责设定伊始便决定了其应以追求"秩序"为最高原则。我国古代的司法官员们在审理案件时,不仅要依律令审理,而且要依"天理"审理。原因在于,儒家对"天命"进行了改造和扩展,随着儒家思想在政治领域被统治者普遍接受,人们逐渐接受了"天人同道同德""人之形体化天数而成……人之德行,化天理而义"[2]——天人合一的观念。《易传·系辞》记载:"是以(圣人)明于天之道,而察民之故……制而用之谓之法。"[3]由此说法可见,"天人合一"的观念延伸到了立法和司法领域:中国古代法律的制定遵循"天道""天理",法律的实施——司法的过程自然也要追求"天理""天道"。东汉班固便有类似的论证,他认为:"圣人既躬明哲元性,必通天地之心,制礼作教,立法设刑,动缘民情,而则天象地。"[4]礼与法的设定都是围绕着"天道""天命"秩序形成的。

有学者认为,"人类法律的内在使命和基本价值是秩序与正义,传统中国法的讲礼—差序—合理有序,即是对秩序追求的表现"[5]。客观而言,中国古代司法制度的设计与实施,更多的是将人类制定的国家法律附会于天理之下,既需要借助"天"的权威以推行国家法律,又要追求以自然法则为模范的"秩序"目标。在我国古代体现这一传统的司法理念至少包括以下四个要素:

一是无讼。我国古代历来倡导"和为贵""天道和谐",社会秩序的纷乱不利于统治阶级利益的维护,也不利于寡民百姓的日常民生。"讼,争也。""诉,告也。"诉讼即代表对秩序破坏的可能,"理想的社会必定是人民无争的社会;争讼乃是绝对无益之事;政府的职责以及法律的使命不是要协调纷争,而是要彻底地消灭争端"[6]。故孔子说:"听讼,吾犹人也,必也使无讼乎。"[7]"无讼"理念代表儒家对司法活动目标的核心描述。

---

〔1〕 参见徐复观:《中国人性论史·先秦篇》,九州出版社 2013 年版,第 25 页。

〔2〕 (汉)董仲舒:《春秋繁露》,中州古籍出版社 2014 年版,第 131 页。

〔3〕 《易传·系辞》。

〔4〕 《汉书·刑法志》。

〔5〕 张中秋:《原理及其意义:探索中国法律文化之道》,中国政法大学出版社 2015 年版,第 145 页。

〔6〕 梁治平:《寻求自然秩序中的和谐》,中国政法大学出版社 2002 年版,第 229 页。

〔7〕 《论语·颜回》。

在我国历代司法实践中，历代官府均以“无讼”“息讼”为维护礼教、巩固秩序、强化统治的重要措施。一方面，历代均在舆论上大力宣扬诉讼的危害、息讼的必要，历代史书中均有对宣扬教化、和息止讼的良吏的记载。如《后汉书》中便载一例：“熹复举恭直言，待诏公车，拜中牟令。恭专以德化为理，不任刑罚。讼人许伯等争田，累守令不能决，恭为平理曲直，皆退而自责，辍耕相让。”[1]另一方面，历代均在司法制度和司法实践中采取了息讼、止讼的措施。如以“讼端不易轻起”，审慎对待百姓起诉的案件；重调处息讼，在“收告”“准理”“裁断”等阶段都可进行官方或非官方的调解；重判词论理，以德育教化引导百姓借讼思过、自责自罚，并借此教育、告诫其他百姓遵守法令，维护秩序。

二是德礼。“礼”原本源于祭祀，是我国先民社会早期社会规范形态之一。有学者认为，“礼与天地通，是天之经，地之义的社会化、人伦化。礼所具有的别贵贱、序尊卑的功能，也是以天为解释的”[2]。随着法律形式的不断完善，礼中关于社会行为的强制性规范，被逐渐吸纳为国家法律，其中礼中关于强制性规范的理论和解释，转化为礼义并与普世的道德相结合成为影响司法活动的重要原则。对此，孔子的主张最为典型：“道之以政，齐之以刑，民免而无耻；道之以德，齐之以礼，有耻且格。”[3]儒家认为“道政齐刑”只能暂时禁恶，只有“道德齐礼”，才能使百姓了解犯罪的可耻性而自觉不去犯罪，才能最大限度维护社会统治秩序的稳定。

在具体的司法实践中，重“德礼”轻“政刑”的理念也有多方面的呈现。宏观来看，“明德慎罚”的司法原则在西周时被确立，并到汉儒时期被称为“德主刑辅”，成为历朝司法实践中始终坚持的一个重要原则；从微观来看，“同性不婚”“矜老恤幼”“于礼以为出入”“宽仁慎刑”“则天行刑”等理念，均成为司法领域中裁判或执行的重要规则，并被认为是可以与“政刑”搭配，可作为社会矛盾纠纷标本兼治的社会秩序控制手段。

三是公正。中国人自古奉“天”为神明，认为“天道”最尚公平。上天推崇德行，同时天讨有罪，有罪之人终究逃不脱上天的惩罚，而罚当其罪，正是上天

---

〔1〕《后汉书》。

〔2〕张晋藩：《中国法律的传统与近代转型》(第3版)，法律出版社2009年版，第14页。

〔3〕《论语·为政》。

的意志。因此,在我国传统司法实践中,情罪允协的观念非常突出。在先秦时期,诸贤就主张司法裁判要罪刑相当,罚当其罪。孔子主张人与人的交往关系要以“值”为标准。《论语》中有:“或曰:‘以德报怨,何如?’子曰:‘何以报德?以直报怨,以德报德。’”[1]其中,直可用为值,有对等相当的意思。“以直报怨”,即是用与伤害行为相同等的行为施加惩罚。

荀子则比孔子的主张进一步,他认为罪刑要相适应:“凡爵列官职赏刑罚皆报也,以类相从也。一物失称,乱之端也。夫德不称位,能不称官,赏不当功,罚不当罪,不祥莫大焉……刑称罪则治,不称罪则乱。”[2]也就是说,对功与过的奖励或者惩罚,要与功、过本身的事实情况相对应,否则不仅不祥而且还会导致社会的混乱。

荀子还从人性论的角度,对罪刑相当的观点进行了解释。他认为,人性恶、善者伪是统治者可以通过刑罚约束人内心恶性、导人向善的根本原因,也只有如此才符合人民的正义观念,而使祸乱不生。荀子主张罪刑相称,还反映在他反对对无辜者施刑上,荀子反对以族论罪,即“刑当罪则威,不当罪则侮。爵当贤则贵,不当贤则贱。古者刑不过罪,爵不逾德。故杀其父而臣其子,杀其兄而臣其弟。……乱世则不然,刑罚怒罪,爵赏逾德,以族论罪,以世举贤。故一人有罪而三族皆夷,德虽如舜,不免刑均,是以族论罪也。先祖当贤,后子孙必显,行虽如桀纣,列从必尊,此以世举贤也。以族论罪,以世举贤,虽欲无乱,得乎哉”。[3]

儒家的观念对我国古代司法实践的影响是深远的。在我国古代的司法者看来,只有罪刑相当或者情罪允当才最为合理,以族论罪等刑罚对无辜者受刑,定会造成冤滥,会使刑罚不当,导致社会贤才损没。乾隆朝曾有“高宗临御六十年,性矜明察,每阅谳牍,必求其情罪曲当,以万变不齐之情,欲御以万变不齐之例”[4]的记载。因此,我国古代统治者在制定司法制度、实施司法行为时,总是声称其司法制度惩处犯罪和违法行为,乃是代天行罚,是在维护天道,是人间德

[1] 《论语·宪问》。
[2] 《荀子汇校汇注》。
[3] 《荀子汇校汇注》。
[4] 《清史稿·刑法志》。

政，是公正司法的代表，这与社会心理中要求罪刑允协的朴素正义观有着密切的关系。如《礼记·月令》中记载："仲秋之月，乃命有司申严百刑，斩杀必当，毋或枉挠。枉挠不当，反受其殃。"[1]其中"斩杀必当"意指在施加死刑时要确保刑罚适当，确保不冤枉无辜。《汉书·刑法志》也有"圣人因天秩而制五礼，因天讨而作五刑"[2]的记载，体现了统治者代天行罚，其施加的刑罚必须要符合天道公正观念，保证刑罚与犯罪事实相适应的认识。

四是情理。从词义来看，"情理"指的是呵护人情的道理或者有道理的人情。[3] 现代法律史领域的学者们均对我国古代"情"与"法"的关系有着充分的认识。有的学者认为，情理法是我国传统法文化的文化性状，古人对于法律的情理化理解即是对法律精神、法律基础的文化追寻；[4]还有学者认为，情理是古代法律渊源，既包括国家大法、民间习惯、法律观念、道德规范、儒家经义，又包含了外部客观世界存在与发展的内在逻辑，事物发展的道理或规律，与国民性相适应的社会公德、职业道德、家庭美德以及人们的共同生活态度、内心情感、价值追求，还涉及具体案件的案情和法律文书的用词和行文逻辑等。[5] 从上述观点来看，"情理"是我国古代法律乃至司法实践形成的独有的传统的认识，已基本成为学界共识。

在司法实践领域，"情理"的内涵也与在法律中的形态相似——拥有丰富的内涵：

一是将"情理"作为司法裁判的原则和依据。儒家认为，法只有体现了人情，才能体现公正，司法也须顺乎人情、体现人情，官吏审狱时须动之以情，才能助长民风的淳朴，上下才能无欺，社会才能长治久安。如"礼"提倡的"亲亲也，尊尊也，长长也，男女有别"[6]。因此，在审理刑案中，如遇有尊长犯罪，而卑幼隐瞒的，则可按照"父为子隐，子为父隐，直在其中矣"[7]处理。

---

〔1〕《礼记·正义》。

〔2〕（清）李道平：《周易集解纂疏》，潘雨廷点校，中华书局1994年版，第119页。

〔3〕参见张中秋：《原理及其意义：探索中国法律文化之道》，中国政法大学出版社2015年版，第61页。

〔4〕参见霍存福：《中国传统法文化的文化性状与文化追寻——情理法的发生、发展及其命运》，载《法制与社会发展》2001年第3期。

〔5〕参见何勤华：《清代法律渊源考》，载《中国社会科学》2001年第2期。

〔6〕《礼记·大传》。

〔7〕《论语·子路》。

二是将“情理”作为审查判断证据的标准。“情理”在本义上有人在社会行为中的情感、态度以及事物的自然变化和规律等之意，古代法官往往通过“情理”来判断案件事实真相。如北魏时便要求司法官员：“察狱先备五听，尽求情之意，又验诸证信，事多疑似，犹不首实，加以拷掠。”[1]其中“先备五听”即强调察情，而“验诸证信”则表明要依据事理、情理对“证”进行审核验证。

三是将“情理”作为司法威信的重要来源。司法的威信来自司法受众群体的接受和认可。受“教化为本”的观念影响，“服可息讼”几乎是历代判断司法官员工作效能的第一标准。在历代司法判决中，我们经常可以看到法官在裁判论理中将“情理”作为说服和教化百姓的重要工具。此时的“情理”更多表现为普世的道德和论理，是法律和司法裁判合理性、权威性的重要理据。

四、法典与司法制度传统

法律是人类以理性的方式解决纠纷，维护社会秩序的政治方式。司法制度是人们通过被法律规范化了的程序实施法律化解纠纷的制度、程序和规范，是理性之上的理性。司法制度的形态和稳定化程度是人类理性文明的具体呈现。

中华法系在我国古代国情、社会习俗、文化传统、民族心理的基础上，形成了以法典化为主、以判例适用为辅的司法制度模式。[2] 就传统中国而言，司法制度至少已在西周时期就呈现制度化和稳定化的趋势。如《洪范》中有载，“箕子乃言曰：我闻在昔，鲧堙洪水，汩陈其五行。帝乃震怒，不畀洪范九畴，彝伦攸斁。鲧则殛死，禹乃嗣兴，天乃锡禹洪范九畴，彝伦攸叙……八政：一曰食，二曰货，三曰祀，四曰司空，五曰司徒，六曰司寇，七曰宾，八曰师”[3]。从《洪范》记载来看，西周时已经有专门负责司法审理的官员。

《吕刑》对西周的司法制度描述得则更为详细：“王曰：吁！来，有邦有土，告尔祥刑。在今尔安百姓，何择，非人？何敬，非刑？何度，非及？两造具备，师听五辞。五辞简孚，正于五刑。五刑不简，天于五罚；五罚不服，正于五过。五过之疵：惟官，惟反，惟内，惟货，惟来。其罪惟均，其审克之！五刑之疑有赦，五

[1] 《魏书·刑法志》。
[2] 参见张晋藩：《中国法律的传统与近代转型》(第3版)，法律出版社2009年版，第278页。
[3] 《尚书·洪范》。

罚之疑有赦,其审克之! 简孚有众,惟貌有稽。无简不听,具严天威。墨辟疑赦,其罚百锾,阅实其罪。劓辟疑赦,其罪惟倍,阅实其罪。剕辟疑赦,其罚倍差,阅实其罪。宫辟疑赦,其罚六百锾,阅实其罪。大辟疑赦,其罚千锾,阅实其罪。墨罚之属千,劓罚之属千,剕罚之属五百,宫罚之属三百,大辟之罚其属二百。五刑之属三千。上下比罪,无僭乱辞,勿用不行,惟察惟法,其审克之! 上刑适轻,下服;下刑适重,上服。轻重诸罚有权。刑罚世轻世重,惟齐非齐,有伦有要。罚惩非死,人极于病。非佞折狱,惟良折狱,罔非在中。察辞于差,非从惟从。哀敬折狱,明启刑书胥占,咸庶中正。其刑其罚,其审克之。狱成而孚,输而孚。其刑上备,有并两刑。"[1]

从《吕刑》的记载来看,西周时期已至少建立了包括"两造具备"的对抗性审理模式,有"五刑—五罚—五过"轻重相宜的刑罚体系,"疑罪有赦"的疑案审理原则,"上下比罪"的法律推理方法,"咸庶中正""罚当其罪"的司法审判原则等内容。我们由此可以推知,西周时期的司法制度已相对完整,而且亦已具备法典化、规范化、制度化的理性特征。

自西周以后,进入一个相对繁盛的成文法时代,历朝均颁定有成文法典,其中均有关于司法制度的专门规定。如《法经》中的《囚》《捕》《具》三篇,如汉《九章律》和《汉令》、《唐律疏议》和《唐令》、《宋刑统》和《宋令》、《大明律》和《大明令》以及《明会典》、《大清律例》和《大清则例》以及《清会典》等,都有司法制度、诉讼制度、司法原则的具体规定。这些成文化、法典化的司法制度,使我国古代建立了机构完善、职责完备,相对稳定、前后衔接的司法体制。以司法机构和诉讼程序为例,唐朝中央司法机构由御史台、刑部和大理寺分掌,明清则由都察院、刑部和大理寺分掌,职责划分基本相同;唐朝地方由州县两级主要行政官员兼理司法,明清时则以州县行政官员兼理司法为一审,复杂案件、重大刑案则可审转至按察使司,由省级司法官员审理。

在诉讼程序上,自秦汉时起便建立了较为完善的自起诉、庭审、判决、执行、调解等诉讼程序制度。如秦汉有"公室告""非公室告"这样的制度设置,甚至详细规定了诉状的格式性要求,如《封诊式》中就规定:"男子某有鞫,辞曰'士

[1] 《尚书·吕刑》。

五，居某里。'可定名事里。"[1]明确了"师听五辞"的庭审原则，还对家事案件建立"三环"制度，尊长告卑幼不孝等罪三次后方予受理，以引导家事纠纷"调解息争"。[2]唐朝在秦汉的基础上，又进一步完善了"与被鞫人有亲属、仇隙者""听更之"的司法回避制度，"一准乎礼""众证定谳"的司法裁判原则等，还设置了"乡官"以负责调解、公正等事。宋代还有"词诉结决"的时限要求，"当厅诘问供对""揆法之意，合人之情""详审物证"等司法审理机制，还建立了"和对状"申官存案制度，将民间调解纳入国家司法程序中予以承认。明清时更是建立了受理、审转、复核、会审等完整的司法程序机制。

在长期的历史环境中，甚至希腊文明刚刚萌芽时，我国的司法制度已相对完整且已经成文化，其文明性和先进性不言而喻。[3]无疑，这样完整正规的国家司法机构和司法程序的设置，已经形成了司法制度和司法程序传统，为传统中国司法的制度化和文明化提供了体制保障。

五、辩证与司法逻辑传统

司法裁判是人类运用法律对案件事实进行推理的过程。人类的思维过程通常是从具体到抽象、从形象思维到抽象思维的过程。在神明裁判时代，司法裁判的方式是非理性的，往往受之于偶然化的自然因素或者非人力所控制的"神意"或者"天意"。[4]我们相信，以神意的方式裁判案件，其结论也应当是非理性的，往往会给统治秩序、生活秩序带来挑战。因此，神判时代经过以后，中西方的司法活动都选择了以理性的方式对案件进行裁判，对纠纷进行处理。

有学者认为，"这种推理方式并不以发达的逻辑学背景或者完备的法律规范的先行存在为前提条件，而是一种从司法实践中产生，又被运用到司法实践中的实践理性"[5]。卡多佐也曾引述芒罗・史密斯的话说，"在以规则和原则的形式清晰表达社会争议感的努力中，发现法律的专家们所用的方法一直都是

〔1〕 睡虎地秦墓竹简整理小组编：《睡虎地秦墓竹简》，文物出版社 2001 年版，第 148 页。
〔2〕 参见张晋藩：《中国古代民事诉讼制度》，中国法制出版社 2008 年版，第 53 页。
〔3〕 参见本书编委会编：《中国司法文明的历史演进》，法律出版社 2017 年版，第 3 页。
〔4〕 参见张保生：《法律推理的理论与方法》，中国政法大学出版社 2000 年版，第 17 页。
〔5〕 本书编委会编：《中国司法文明的历史演进》，法律出版社 2017 年版，第 4 页。

实验性的"[1]。

我国传统的哲学理念一贯注重法律的"正名"作用，即希望通过思维活动实现对事物及社会现象的正确认知。孔子在与子路对话时便将"正名"与法律实施所产生的社会效果联系在一起。他认为，通过法律引导和树立"名"是社会秩序维系的基础，如果"名"树立、践行不正，则将导致社会个体无法有效地进行语言和行为沟通，而无效的沟通又会影响社会关系的变动和协调，进而使社会规范失效导致刑罚背离其设计的初衷，最终社会成员失去行为准则的指引。因此，我国古代的司法官员们并非完全简单地通过"中国型的正义平衡感"[2]来裁判案件，而是从整体观出发，形成了结合国法、天理、人情的，由经验思维与逻辑推理共同完成的司法逻辑过程。

"辩证"是将认识对象作为一个观察整体，即从其内在的矛盾运动、变化及各个方面相互联系作为一个整体，以便从本质上系统地、完整地认识对象的思维方法。"辩证思维"在中国古代司法传统中的表现主要包括以下三个方面：

一是"天理"、"人情"与"国法"的辩证。在传统中国，基于对自然法则的敬畏和社会秩序维护的需求，早在先秦时期先贤们便开始关注"天理"、"人情"和"国法"之间的关系问题，并形成了三位一体的规范逻辑结构。[3] 这一哲学认知上的规范逻辑并不仅仅存在于中国人的形而上的认识领域，而且存在于司法官员审理案件处理纠纷的司法活动实践中。

"天理"，来自中国人对宇宙自然法则的认知，并将其认识延伸至社会生活与伦理道德领域，是解释法律权威性的基本理据，因此往往司法官员会将"天理"作为裁判的首要依据。"法官在判决中明确地指出其依据乃在法理，较之于仅提到法，其判决更易为当事人接受。"[4]"人情"则是"天理"在社会生活与伦理道德在社会关系中的具体反映，是"国法"应予保护的重要法益。

关于情、理、法在司法思维逻辑的先后顺序，由于我国古代的司法官员的思维逻辑是以法律规范的实施，也就是社会秩序的直接控制为第一原则，因此通

[1] [美]本杰明·N. 卡多佐：《司法过程的性质》，苏力译，商务印书馆2000年版，第10页。

[2] 参见[日]滋贺秀三：《清代诉讼制度中民事法源的概括性考察》，载《东洋史研究》第40卷第1号。

[3] 参见谢晖：《中国古典法律解释的哲学向度》，中国政法大学出版社2005年版，第136页。

[4] [英]马若斐：《南宋时期的司法推理》，载陈煜编译：《传统中国的法律逻辑和司法推理——海外学者中国法论著选译》，中国政法大学出版社2016年版，第77页。

常古代司法官员的裁判第一顺位是“据法裁判”；在缺乏法律依据或依据法律作出的裁判明显不符合“三纲五常”等重大价值时，则应“遵理裁判”；当“据法”或“遵理”裁判在效果上不符合社会伦理要求时，则可“依情”处理。因此，中国古代形成了“国法”“天理”“人情”为先后的司法思维逻辑传统。

二是“援法”与“成例”的辩证。从思维逻辑上，人类对包括纠纷在内的社会现象的认识和处理势必要根据一定的规则作为对照才能完成相应的评价，如罪与非罪、罪重或最轻等。这个标准可以是神意、王的观念、法律或先例中的任何一种，甚至任何几种。不过，偶然性是人类社会神判时代以及司法制度早期的典型特征。受此影响，以神意以及王的观念裁判，一者其依赖偶然性或者对自然现象的神秘化解释的特征，二者依赖于不确定的人的主观意识，两者在本质上都具备非理性色彩，最终难以被“秩序”这一基本统治需求所接受，其必然会被统治者所放弃。

关于“援法”和“成例”的司法思维逻辑，被普遍认为最早出现在“郑人铸刑书”的争论上。在此事件中，人们开始认识到法律的制定和公开的颁布使司法官员的司法裁判被法令所约束，会使司法裁判变得理性起来。而关于“成例”的认知，则是统治者出于对“刑不可知，威不可测”的维护自身统治秩序的灵活性考虑。因此，在法治尚未广泛施行的夏商周时期，遵循“成例”“议事以制”的思维逻辑广泛存在于司法实践之中。然而，最终制定法的公正性和社会秩序的有效控制性，战胜了统治者的短时行为。自秦汉起即开始建立以“援法定罪”为主体的司法思维逻辑，如《商君书》中有“有敢削定法令者，罪死不赦”[1]的记载，汉代有“务使上下守法”的要求，南北朝时有“决狱科罪，皆准律文”的说法，唐朝有“诸断罪皆须具引律令格式正文”的规定，明清时更是提出“断罪引律令”。

但制定法本身又具备滞后性、缺乏灵活性的特点，遵循先例和比照类推的司法思维方法也始终未彻底退出历史舞台，如汉高祖曾下明诏“廷尉不能决，谨具为奏，付所当比律令以闻”[2]，也就是在特定情况下，司法官员需要按照成例类推适用；唐宋时也有类推比附的原则，主要也是指援例断罪；而清朝时则更加

〔1〕《商君书·定分》。
〔2〕《汉书·刑法志》。

规范地创制了比附范例。因此,在我国古代长期的司法实践中,法官被要求严格按照法令规定裁断案件,如裁决不依法往往会被追究司法责任,但当“断罪无正条”或“律令该载不尽事理”时,又需要辩证适用类推和成例裁判案件。这虽有封建统治利益的影响,但仍不失为中国古代司法思维逻辑中具备制度价值和司法文明性的传统之一。

三是“演绎”与“归纳”的辩证。逻辑在人类认识史和社会生活中均发挥着重要作用。我国古代的司法者并没有经过严格的逻辑训练,但并不代表其未按照人类一般的思维逻辑方式,实现法律的推理和事实的判断。我国古代司法官员最常用的推理方式便为“演绎推理”与“归纳推理”。

“演绎推理”是从一种前提中推理出必然结论的推理方法,这种推理方式以“司法三段论”为它的典型形式。从思维逻辑路径上来看,其实现路径来自司法官员“法律规定(大前提)—案件事实(小前提)—判断或裁决(结论)”的认知路径。“演绎推理”广泛存在于我国古代司法实践中,主要表现为司法官员裁判的逻辑性,如古代法官以儒家法律规则为司法审判的逻辑起点,又以“堂讯”或“两者具备”为途径的案件事实为基础,最终得出案件结论,提出判决或调解。

“归纳推理”则是“由特殊事例导出一般原理的推理方法”[1],这种推理方式以司法官员对经验和先例的总结为主要形式。从思维逻辑路径上来看,其实现路径来自司法官员“个例 + 个例 + 个例……判断或裁决(结论)”的认知路径。“归纳推理”在我国古代司法实践中主要呈现在经验性判断上,如古代司法官员会依赖生活经验判断证据的真伪,依据先例评断行为的合法性或者依赖对情感和伦理的认知对案件进行判决等。

“演绎推理”与“归纳推理”往往不应出现在一个思维过程中。但即便在我国古代,司法实践也是极为复杂的。我国古代的法官既要按照“三段论”的思维模式对案件事实进行评断,而或又会因为“案件事实”本身的因素,要以“归纳推理”的方式现行得出结论,以完善“三段论”的小前提。实际上要求我国古代的法官在“援法定罪”过程中,以辩证的方法,将“情理”“经验”“直觉”等因

---

〔1〕 崔清田主编:《今日逻辑科学》,天津教育出版社 1990 年版,第 220 页。

素糅合进司法思维逻辑之内,方能得出为社会所认同的司法判决或结论。

综上所述,我国古代司法实践中所积累和传承的传统内涵丰富,那些打破制度形态桎梏,最终被继承、保留并深植于中华民族法治精髓中的原理、精神、观念及方法,并未因为时空的转换、制度的更替而消失,其具备的抽象性、连续性和超时空的特点,仍值得我们挖掘和借鉴。如前所述,我国历代传承的坚持以"人判"为核心的司法模式传统、以"秩序"为核心的司法理念传统、以法典化的形式规定司法制度传统、以"辩证"为特点的司法逻辑传统,均对加强当前政法队伍建设、弘扬社会主义司法理念、推进司法制度规范化以及提升司法能力和司法水平等重大现实问题,具有现代借鉴意义。

司法文化论

刘家楠*

司法文化是司法的构成要素之一，司法文化理论也是司法学学科体系的重要研究对象和组成部分，本文将围绕司法文化的意涵进行阐述，并进而分析司法文化的特质及其要素。

一、司法文化概述

（一）文化与法律文化

司法文化作为文化及法律文化的下位概念，因之对司法文化的探求应从位于更为上层的两项概念着手。从规范性定义的角度来看，“文化”这一概念的所指相当复杂，或者说学术界尚未达成针对文化的共识性的较为精准的理解。有研究者在撰文中叙及，有关文化之定义远超百余种。[1] 伯克在《什么是文化史》一书中撷取了历史学与社会学学者从各自学科的角度就文化给出的界定。如布克哈特指出，“文化史”乃是模糊之概念，它曾被用来指称“上层”文化，后来则向下延伸，加入了“下层”文化或大众文化，及至当时，文化又加入了纵向延伸之外的横向延展。而人类学角度对“文化”这一词汇的“新用法”，则是侧重关注日常生活，以之泛指人工制造品以及某种实践活动。又如泰勒将之定义为“包括知识、信仰、艺术、道德、法律、风俗以及作为社会成员的人所获得和接受的其他所有能力和习惯的复合整

---

* 济南大学政法学院讲师，法学博士。

〔1〕 周其森：《关于“文化”的定义：桌子是什么？》，载《文化学刊》2017年第8期。

体”。同为人类学家的马林诺夫斯基将文化定义成包含了“继承下来的人工制造物、商品、技术加工、观念、习惯和价值观”。[1] 泰勒的人类学文化定义在后世得到了较为广泛的接受。正是由于文化在定义上的模糊性,文化研究也呈现多学科的研究路径和理论视角交叉的属性。

作为文化横向延展部分的法律文化,由于有着学科或社会存在意义上的限定,其自身有相对聚焦的研究范畴。一般将法律文化界定为“泛指人们对法律和法律现象的看法,法律在社会生活中的地位,法律的内容和形式,解决争端、处理违法犯罪的方式以及人们的法律意识、法律技术的特点,等等”[2]。或是认为法治需要两种文化基础的涵养,而专门性的文化基础就是法律文化,法律文化构成法律现象的精神部分,并认为法律文化是由社会的经济基础和政治结构决定的、在历史进程中累积下来并不断创造的有关法和法律生活特别是权利义务的群体性认知、评价形态和行为模式的汇总。[3] 由以上释义可知,法律文化当具有下述特质:首先,法律文化具有社群或群体属性,是社群成员所共同“持有”的,而非个体化的“私有物”。其次,法律文化是对法律现象的认知、评价。最后,法律文化具有历史性和累积性,一方面,法律文化存在执拗的“低音”这种贯穿历史发展进程的属性,并彰显出明确的地域或民族属性;另一方面,法律文化又非固定不变地存在,而是带有历时发展中的时代性。

但正如论者从知识考古学角度对法律文化之概念进行考掘后所指出的,法律文化这一概念自民国时期受日本学者影响加以移用开始似“先天不足”,并继而掺杂学术争鸣、社会变迁、外来理论传入等诸多因素的影响,使人们所使用的“法律文化”一词呈现话语结构和知识资源上的差异,使法律文化在概念和研究路径上获得的共识性远小于相对照的差异性,甚至一定程度上是研究者的自说自话,导致法律文化始终无法成为有力的分析性概念,只能作为描述性概念存在的困境。[4] 当然,本文就司法文化进行研究,也并非意图提供确切的关

---

〔1〕 参见[英]彼得·伯克:《什么是文化史》,蔡玉辉译,杨豫校,北京大学出版社2009年版,第32-33页。

〔2〕《中国大百科全书》总编辑委员会编:《中国大百科全书·法学》(修订版),中国大百科全书出版社2006年版,第80页。

〔3〕 参见张文显主编:《法理学》(第5版),高等教育出版社2018年版,第402页。

〔4〕 参见尤陈俊:《“法律文化”概念在中国(1930—1985):一个知识考古学分析》,载《江苏社会科学》2020年第3期。

于司法文化的分析性概念，而是力求通过对司法文化不同侧面的描摹，尽量确证其意涵及构成要素。

（二）司法文化释义

对司法文化之含义的探求应先从司法之含义入手。通说认为，司法系国家司法机关依据法定职权和程序，具体应用法律处理案件的专门活动，司法是国家基本职能的组成部分。“近代以来，世界各国通行的司法概念与审判实为同义语，即司法就是审判，相应地，司法权就是审判权，司法机关也就仅指法院。而检察权，则是作为行政权的一部分，检察机关隶属于政府行政系统。”[1]此为狭义的司法概念。我国语境下的司法权并不等同于上述狭义之司法权，而是一种包含了侦查权、检察权、审判权、执行权的广义司法权。又如有学者将司法界定为“与立法和行政相对、通过适用具体法律解决争讼的一种国家专门活动。在此意义上，法院以外的许多其他国家机关也承担一定的司法职能。现代社会，一个国家的司法职能主要是依据宪法和法律由法院来承担，但是，往往因习惯、法律规定或其他因素，部分司法职能也由其他国家机关承担，如检察机关和侦查机关的有关活动都在广义司法意义范围内”[2]。此亦为对司法的广义理解。

崔永东教授在2014年出版的《司法学论纲》一书中对司法之概念采取的也是广义式理解，唯所不同的是，他对司法的界定立基于对司法学学科体系的整全性建构，不单是将司法认定为国家权力的行使，这种典型的裁判意义上的思路，同时注重宏观整合的视野，揭示出超越国家权力，立基于社会属性的司法或司法权。[3] 这种对司法的界定要比广义之界定更“广”，它既包括了国家司法，体现国家意志、国家权力、国家治理能力，也包括社会司法（也称“民间司法”或“准司法”，指依靠社会组织的力量来化解纠纷、达到和谐），体现社会意志、社会权力、社会自治能力。[4] 本文对司法文化的描述即采用此种对司法的界定。

综上所述，司法文化属于对司法现象的认知与评价，这种司法现象又同时包含了国家司法和社会司法两种面向。同时，前述分析大多将文化归为精神性

---

〔1〕 张文显主编：《法理学》（第5版），高等教育出版社2018年版，第250页。

〔2〕 张彩凤主编：《比较司法制度》，中国人民公安大学出版社2007年版，第1页。

〔3〕 参见崔永东：《司法学论纲》，人民出版社2014年版，第3页。

〔4〕 参见崔永东：《司法改革与司法公正》，上海人民出版社2016年版，第7页。

和制度性要素,但亦有撰著认为,法律文化包含的是人类文明中与法有关的物质性要素、精神性要素与制度性要素的总和,一般多会侧重于法律现象中的精神部分。[1] 本文即采用这一"三要素"的认知,同法律文化一致,司法文化也由物质性要素、精神性要素及制度性要素构成。

二、司法文化的特质

本部分对司法文化特质的探讨主要由两方面构成,一是注重司法文化与相关概念的界分,二是注重对司法文化自身之时空属性的研讨。

(一)司法文化与相关概念的界分

1. 司法文化与司法哲学

崔永东教授在《司法学论纲》一书中将司法哲学界定为"从哲学的高度对司法制度和司法实践等司法现象进行的宏观考察与理论升华"[2],并进而指出了司法哲学的研究现状及旨趣。他认为部门法哲学研究近年来获得了一定的关注,但尚缺少以哲学的视角和方法来研究司法问题的"司法哲学"。而随着社会主义法律体系的形成,大家的关注目光一定程度上从立法问题转向司法问题,司法学的研究日益勃兴,作为司法学学科组成部分的司法哲学则亟待确立自己独立的研究范畴和方法。因之,崔永东教授在研究中初步归纳了司法哲学的六项研究旨趣,即作为司法哲学之基础的司法人性论,作为司法哲学之核心的司法价值论,作为司法哲学之方法的司法平衡论和司法能动论,以及作为司法哲学之目标的司法权威论和司法秩序论。[3] 上述六个方面在"论纲"一书中均有着较为详尽的阐述。[4] 可以说,司法哲学的研究范畴与方法得到了较为

---

〔1〕 参见本书编写组:《法理学》,人民出版社、高等教育出版社 2010 年版,第 280 - 281 页。

〔2〕 崔永东:《司法学论纲》,人民出版社 2014 年版,第 22 页。

〔3〕 参见崔永东:《司法学论纲》,人民出版社 2014 年版,第 15、21 - 22 页。

〔4〕 本文在写作过程中,为与司法文化的研究旨趣相区别,参考《司法学论纲》将司法哲学的六种研究面向概述如下:(1)司法平衡既包括利益的平衡,也包括审判依据之间的平衡,司法平衡是通向司法正义的必由之路。(2)司法权威是司法公信力的体现,是实现法律公平正义价值的前提条件。(3)司法人性是通过对人性的考察来剖析人性的预设和现实对司法活动的影响。(4)司法秩序是通过司法手段而维护或达成的稳定和谐的社会秩序。(5)司法的价值主要体现在人道、正义、自由和效益四个方面。(6)司法能动是指司法机构在审理案件的具体过程中,不因循先例和成文法的字面含义进行解释的一种理念及基于此的司法活动。参见崔永东:《司法学论纲》,人民出版社 2014 年版,第 21 - 68 页。

明确的界定,其内部各要素间的逻辑关系亦获初步厘定,司法哲学这一学科的基本框架得以确立。

结合前文所述,将司法文化与司法哲学并列观之,其核心差异是司法文化的研究更为侧重实然方面,关注社群内部关涉司法活动的物质性和精神性要素。但司法哲学却不仅有实然性的关注,如以现实中司法制度和司法实践为出发点,进行哲学思考和理论抽绎,更重要的是对应然方面的关注,如对正义、公正、人道、自由、善等不同价值的哲学研究与思索构成了司法哲学研究中至为关键的部分。换句话说,司法哲学并非亦步亦趋地跟随现实,而是要借着哲学层面的价值阐释与反思为司法实践提供指引或说明。

当然,在关注两者核心差异的同时,也需要看到司法哲学与司法文化相互叠合、关联的部分。如司法权威在事实上要求或体现为社群对司法机关、司法人员(主要体现为法官)、司法制度、司法程序、司法裁判等内容的尊重,有研究者进一步指出,司法权威的要素之一是"司法文化与社会正义价值观之间的文化价值同构性,即形成普遍司法价值认同"[1]。这时就呈现出司法哲学与司法文化相互叠合的样态。对司法权威的认同得以体现为社群内部的流行的司法文化,即社群中均布的个体对权威的认知与理解之叠合构成文化,也就是说,司法权威既有抽象理解的层级性的权威属性,也有精神认知方面的文化属性。总体言之,司法哲学与司法文化存有核心研究旨趣上的差异,但也存在相互交叠的部分,即使位于交叠之处,两者的研究视角也存有相当程度的差异,亦自然不能成为相互吸收的概念。

2. 司法文化与司法思想

司法文化与司法思想之差异主要是"文化"与"思想"的差异。学术界进行思想研究往往并非只是以当下的思想为研究中心,多是肯定思想研究带有的天然历史属性,以思想史的研究进路进行思想之研究。思想的发轫及其演变带有典型的过程性,而非固定时段的片断性,或说对考察思想之连续(包含其间的断裂)的关切远胜对某段切片式描述的关切。司法思想的研究概

---

〔1〕 季金华:《司法权威论》,山东人民出版社2004年版,第4-5页。

莫能外,[1]故于此所涉及的司法思想之语境均包含有历时性研究的含义。

作为国内思想史研究的先进,葛兆光在《中国思想史》一书的导论部分明确言及"思想史"自身与其他学科边际分野模糊的问题,他指出"在西方,晚至1939年,'思想史尚未成为一个普遍的用语,学术界是渐渐地在不知不觉中才采用了这个语词的'",中国学术史中的"思想史"概莫能外,相形之下,哲学史在学术研究中作为更为广泛的研究主题而存在。[2]

葛兆光的著作中进一步指出,"至今,思想史仍是一个难以把握的领域,它的中心虽然清楚,但是叙述的边界却相当模糊,致使它常常面目不清,也无法像邻近学科那样清楚地确立自身的边界……"[3]可以说,该书导论带有综括性和方法论上强烈的自觉性。殊为遗憾的是,他对"思想史"的回答仍没有明确的学科理论架构意义上的结论,更多是诉诸写作实践与思考方法的讨论。即便描摹了思想史的主旨,如"思想史描述的是思想在时间流程中的建构、定性与变异的连续性历史……"[4]但思想史究竟为何仍有晦暗不明之感。

当然,该书之重要"贡献"不在界定"思想史"是什么上,而是拓展了研究者的视域,描摹了"一般知识与思想"这个范畴,即"最普遍的,也能被有一定知识的人所接受、掌握和使用的对于宇宙间现象与事物的解释,这不是天才智慧的萌发,也不是深思熟虑的结果,当然也不是最底层的无知识人的所谓'集体意识',而是一种'日用而不知'的普遍知识和思想,作为一种普遍认可的知识与思想,这些知识与思想通过最基本的教育构成人们的文化底色,它一方面背靠人们不言而喻的终极的依据和假设,建立起一整套有效的理解,另一方面在日常生活中起着解释与操作的作用,作为人们生活的规则和理由"[5]。可以说,葛兆光调整了研究视域,将思想史的研究场域从天然的是为精英人士准备的转移扩大到日常生活中的普通人。

---

[1] 如崔永东教授在较为系统化地论及司法思想的《司法学原理》一书中对司法思想的研究就是历时性进路。具体如第一章"简帛中的司法思想",第八章"比较司法学"中的"中国传统司法思想"和"西方司法思想"等内容。参见崔永东:《司法学原理》,人民出版社2011年版。

[2] 葛兆光:《中国思想史导论:思想史的写法》,复旦大学出版社2004年版,第3–6页。

[3] 葛兆光:《中国思想史导论:思想史的写法》,复旦大学出版社2004年版,第68页。

[4] 葛兆光:《中国思想史导论:思想史的写法》,复旦大学出版社2004年版,第86页。

[5] 葛兆光:《中国思想史导论:思想史的写法》,复旦大学出版社2004年版,第10页。

通过上述分析可知,就共同生活个体构成了社群并进而有意识地形成认知的角度来看,思想与文化具有相似性,无论是集体意识(思想)抑或是精神要素(文化)均属由共同生活之人这一主体形成的意识,从这一层面来看,司法文化与司法思想有着共通的基础性结构。

丸山真男在《关于思想史的思考方法——类型、范围、对象》一文中将思想史分为教义史、观念史和范畴的历史。不过,丸山真男在文中同样未给出思想史的精准定义,并直言对思想史下定义存有很大的难度,进而转向以描述的方式界定思想史研究、写作理应包含的内容,也就是测定思想的意义或价值,由此决定哪些内容可以入围思想史的研究性视界。具体呈现为五个方面:第一,思想的分量,具体指思想对问题解答的透彻性;第二,思想的渗透范围和流通范围;第三,思想的幅度,即思想涉及的具体问题的范围;第四,思想的密度;第五,思想的多产性。[1] 可见,丸山真男在此最为关心的是思想的分量和厚度,这与李泽厚的主张颇为类似,即特别强调理解思想家,不是找寻奇异,而是深入解剖主要代表人物,窥见时代思潮达到的具体深度,将思潮与代表人物结合统一起来论述。[2] 由此,在前述文化与思想所同的基础上,两者的分殊便显露出来,即思想往往是作为个体的突出于其所在之群体的人的意识。于此,当再次考虑葛兆光的论述后,似应作出以下判断:就思想和文化研究的基础来看,两者具有趋同性,但对思想进行研究一方面有着突出的历时性,另一方面相较于文化研究,思想研究在与文化研究类似的对社群中个体意识的均布性观察的基础上,其更为注重思想的分量和厚度,而文化研究则无此项之要求,作为司法视阈下的司法文化与司法思想研究亦复如此。

再者,伯克认为,在相对精确的意义上使用“intellectual history”(思想史)可用以指代“history of ideas”(观念史),而起初观念史特指重要人物观念的历史,后续才扩展成所有人观念的历史。文化史则不仅关心观念,同时也关心形式,如人们吃东西的方式或他们是否有着高度的自控等,这样思想史与文化史

〔1〕 [日]丸山真男:《日本近代思想家福泽谕吉》,区建英译,世界知识出版社1997年版,第184-206页。

〔2〕 参见李泽厚:《中国近代思想史论》,生活·读书·新知三联书店2008年版,第484页。

的区别是很清晰的。[1] 据此种理解，文化史之含义不仅覆盖了用以指称观念史的思想史，包含了思想（意识）的部分，还包括了“物质的”范畴。进而，司法文化在囊括精神意识的同时，也将物质性“成分”纳入其间。质言之，司法文化可以覆盖部分司法思想的内容，但在物质范畴上明显广于司法思想的疆域。

（二）司法文化的时空属性

1. 司法文化的时间属性

社群生活是被置于时间之中的，其也有着历史发展的延续性。作为共同生活之群体的精神性认知，文化也必将呈现时间的属性。受惠于布罗代尔“时段”（长时段、中时段、短时段及其界分）理论，[2] 将文化研究（司法文化）也按时段来进行划分。长时段下的司法文化研究侧重传统司法文化，即某地域共同生活的人长久以来形成的司法文化诸要素的总和。以我国传统司法文化研究为例，其长时段则可上溯至三代时期，中时段的司法文化研究则可上溯至中华人民共和国成立之后，当下司法文化的研究则可上溯至改革开放以来。且于上述三重时段之中，也因时段中不同具体时期的特质进一步呈现该时期内独具的司法文化。

2. 司法文化的空间属性

历史法学派的代表人物萨维尼认为：“在我们首次发现成文史的地方，民法（dasbürgerliche Recht）已具有一种确定的特征，即民族的特点，犹如民族的语言、风俗、典章（Verfassung）。的确，这些现象不是孤立的存在，它们仅仅是一个在本性上不可分割地连在一起的民族的诸种单个力量和活动，且仅仅之于我们的视角，显得具有特别的秉性。把它们连成一个整体的东西，是民族的共同信念，内在必要性的相同感受，这一感受排除了（它们是——译者注）偶然和任意产生的想法。”[3] 历史法学派的核心观点可谓法律是民族精神的体现，如此，地域差异下的民族精神也会有所不同，在不同民族精神引领下社群形成的法律

---

〔1〕［波兰］埃娃·多曼斯卡编：《邂逅：后现代主义之后的历史哲学》，彭刚译，北京大学出版社 2007 年版，第 259－260 页。

〔2〕参见［法］费尔南·布罗代尔：《论历史》，刘北成、周立红译，北京大学出版社 2008 年版，第 27－57 页。

〔3〕［德］弗里德里希·卡尔·冯·萨维尼：《历史法学派的基本思想（1814—1840 年）》，郑永流译，法律出版社 2009 年版，第 5 页。

文化、司法文化也会表现出差异性。因此,研究司法文化要充分考虑地域(民族)差异,同时,并重考察域内域外的司法文化,进而对两者进行比较式研究。

三、司法文化的构成要素

上文探讨了司法文化的构成要素,本部分将对其具体内容进行剖解。并认为司法文化中的物质性要素是指与司法相关的物质设施、技术手段及支持法律运行的各种资源条件;精神性要素是指司法活动背后的指导思想、观念、思维模式及态度习惯、情感等因素;制度性要素是指承载或表达司法内容的规则、规则体系和规则技术等内容。[1] 与此同时,本部分的重心在于以司法文化具体构成要素的理论分析我国司法文化之构成。

(一)物质性要素

本部分拟讨论的司法文化的物质性要素主要涉及与司法活动有关的人与物等方面,这里将人归为物质性要素并非意在取消人的主体性,而仅是以人本身的物质属性来进行分析。就司法活动中的物质性要素言之,首要的便是司法活动展开的场域,无论是国家司法活动,还是社会司法活动,均有其展开的空间。此种具体的活动空间又当然表现为司法机构的办公场所,司法文化研究视阈下的"场所"是多元的研究对象,包括了场所在地理位置上的甄选、建筑形制特点、主要活动空间的布局及其特点(如法院审判庭的具体设置)等。以最高人民法院设立的六个巡回法庭为例,六个巡回法庭的设置充分考虑了地域因素,使原来最高人民法院的集中空域转型为平行的多个空域。[2] 司法文化研究中对上述空域变化的思考由简单的"设立"延伸至对设立背后的地理、经济、行政等多种要素的考量。而且,空域研究并非仅是对当下的考察,同样包含了对历史的考察,如从司法文化史的角度关注传统中国司法(行政)机构的空间位置及其内设布局、装饰等方面。[3]

物质性要素中对人的关注主要以司法活动中的人为中心,既有司法活动的

---

〔1〕 参见本书编写组:《法理学》,人民出版社、高等教育出版社2010年版,第281页。

〔2〕 参见《最高人民法院第二巡回法庭在沈阳揭牌》,载最高人民法院网2015年1月31日,http://www.court.gov.cn/zixun-xiangqing-13204.html。

〔3〕 典型研究如黄晓平:《古代衙门建筑与司法之价值追求——考察中国传统司法的一个特别视角》,载《北方法学》2009年第6期。

"主持者",亦包含司法活动的参与者。当然,在物质要素中仅考虑人的被分配的属性,而将人主体性的精神要素放入精神性要素中加以考量。此种被分配之属性其实就是司法活动中人的配备及参与情况。如自 2014 年 3 月中央部署开展司法体制改革四项试点工作以来,全国各地法院及检察院先后完成了法官、检察官员额制改革及审、检辅助人员改革。司法文化研究除关注人员的具体配置额度,又将附属于人的因素,如籍贯、性别、年龄等纳入研究范畴,探讨综合不同因素与司法活动的交互式影响。同样,对物质性要素中人的关注不局限于当下,也研究传统社会中与司法活动相关的主体的人。[1]

(二)精神性要素

如前揭,司法文化的精神性要素是指司法活动背后的指导思想、观念、思维模式及态度习惯、情感等因素。在本文中,循着对文化的考察将司法文化细化为三个方面的构成要素,相较于物质性和制度性要素,精神性要素往往占有更大的分量。如前所述,文化与思想有相互交叠的成分,其差异体现为物质指向的实践,就司法文化研究而言,差异在于司法文化有着司法思想甚少涉及的物质和制度方面。司法文化的物质和制度方面很大程度上是人为选择和建构的结果,而非天然存在物。从这一角度言之,司法文化中的精神性要素便具备了对物质或制度方面的引领或范导作用。正是精神性要素的特质,对精神性要素的考察需要更加细致入微。在后文的研究中,对司法文化中精神性要素的分析侧重三个方面:第一,司法活动背后的指导思想及观念,[2]尤其侧重对司法自身的认知及其定位;第二,作为法治改革重要组成部分的司法体制改革背后的指导思想及理念;第三,司法活动参与主体的思维模式及态度习惯、情感等因素。对精神性要素的考察仍旧遵循历时性与共时性两种维度,一方面,关注当下司法文化中的精神性内容;另一方面,从历史的角度梳理某种精神性的构成要素的源流,后文中对这两种维度的考察将结合进行。

---

〔1〕 瞿同祖曾在《清代地方政府》一书中对清代地方政府中的人员构成进行过细密的分析,属于典型的制度研究,若在其研究中加入对某类或某一地方政府人员构成及其身份信息、撰著的研究,就构成了具有司法文化研究自觉性的研究类型。瞿同祖:《清代地方政府》(修订译本),晏锋、何鹏、范忠信译,法律出版社 2011 年版。

〔2〕 此处不对思想与观念进行明确界分,某种意义上思想与观念并无不同,但据丸山真男对思想(史)研究的认知及其确立的标准,亦可认为观念或理念是思想的减等。

1. 司法的指导思想

一般而言,一国的司法活动在指导思想上是较为一致且具有连续性的。法理学教科书中一般将司法的指导思想凝结为五项原则,即司法权独立行使原则、司法平等原则、司法责任原则、司法公正原则以及政策指导原则。而以政策为指导,就是要坚持以党的政策为工作导向。〔1〕党的十八届四中全会提出:"司法公正对社会公正具有重要引领作用,司法不公对社会公正具有致命破坏作用。必须完善司法管理体制和司法权力运行机制,规范司法行为,加强对司法活动的监督,努力让人民群众在每一个司法案件中感受到公平正义。"〔2〕并提出了完善确保依法独立公正行使审判权和检察权的制度,优化司法职权配置,推进严格司法,保障人民群众参与司法,加强人权司法保障,加强对司法活动的监督等六个方面,保证公正司法,提高司法公信力。

2. 司法改革的指导思想

被衬托在我国改革开放的整体背景之下,法治改革也占有突出地位。法治改革是一个国家或社会在其社会的本质属性与基本的社会制度结构保持相对稳定,其现行法律制度的基本性质也没有根本性变化的前提下,整体意义上的法律制度在法律的时代精神、法律的运作体制与框架、具体的法律制度等方面的自我创造、自我更新、自我完善和自我发展。〔3〕在我国的司法改革中,党的方针政策是改革进行的重要战略部署和指引。如最高人民法院在《人民法院第四个五年改革纲要(2014—2018)》(以下简称"四五纲要")中强调,全面深化人民法院改革要遵循"坚持党的领导,确保正确政治方向。人民法院深化司法改革,应当始终坚持党的领导,充分发挥党总揽全局、协调各方的领导核心作用,真正实现党的领导、人民当家作主、依法治国的有机统一,确保司法改革始终坚持正确的政治方向"〔4〕。最高人民法院在发布《人民法院第五个五年改革纲要

〔1〕 参见张文显主编:《法理学》(第5版),高等教育出版社2018年版,第252-254页。

〔2〕《中共中央关于全面推进依法治国若干重大问题的决定》,载中共中央纪律检查委员会、中华人民共和国国家监察委员会网,https://www.ccdi.gov.cn/special/18jszqh/yw_sizqh/201410/t20141029_29592_3.html。

〔3〕 张文显主编:《法理学》(第5版),高等教育出版社2018年版,第204-205页。

〔4〕《最高人民法院关于全面深化人民法院改革的意见——人民法院第四个五年改革纲要(2014—2018)》,载北京法院网,http://bjgy.chinacourt.gov.cn/article/detail/2018/04/id/3281188.shtml。

(2019—2023)》(以下简称"五五纲要")时指出,"五五纲要"的特点和亮点之一是"旗帜鲜明讲政治。'五五纲要'将构建人民法院坚持党的领导制度体系放在主要内容第一部分,旗帜鲜明地把党的政治建设摆在首位,确保党的领导和党的建设统领人民法院司法改革全领域、贯穿司法改革全过程,推动实现党的组织覆盖审判执行工作基本单元"[1]。

除整体性的制度设计与思想引领外,司法改革中的具体方面也由相对具体的指导思想加以引领,以下通过司法改革中的审判辅助人员改革来加以阐释。2014年,中央全面深化改革领导小组审议通过了《关于司法体制改革试点若干问题的框架意见》,要求"完善司法人员分类管理"。[2] 同年,最高人民法院为落实党中央的改革部署,颁布了"四五纲要",坚持以法官为中心,以服务审判工作为重心,针对审判辅助人员建立分类科学、结构合理、分工明确、保障有力的人员管理制度,提出应当推进法院人员分类管理制度改革,将法院人员分为法官、审判辅助人员和司法行政人员,实行分类管理。与之配套的,则是拓宽审判辅助人员的来源渠道,建立审判辅助人员的正常增补机制,减少法官事务性工作负担。该改革方案拟消解长久以来法院中存在的审判权与管理权之间的张力,以党的十八届四中全会精神为指导,以落实法治国家建设和审判中心主义为轴心,从审判辅助人员的角度出发,让法院的工作内容回归审判工作,通过分类设定审判辅助人员的选拔、考核和福利机制,保障审判工作的顺利开展。

2017年,党的十九大的召开为改革提供了新的精神指引和理论支持。党的十九大召开以后,相关报道提出,要"紧紧抓住司法正规化、专业化、职业化建设的目标,突出审判中心任务,突出法官主体地位,拆除司法行政化的藩篱。……大力削减法官的行政事务和其他非审判事务,让法官有更多时间和精力投身案件审理中。大力消除法官办案的内外部干预,突出法官的中立性和依法独立性,

---

〔1〕《最高法院发布"五五改革纲要" 确定10个方面65项改革举措》,载全国法院切实解决执行难信息网2019年2月27日,http://jszx.court.gov.cn/main/SupremeCourt/189929.jhtml。

〔2〕《〈关于司法体制改革试点若干问题的框架意见〉出台》,载法制网,http://www.legaldaily.com.cn/zt/content/2014-06/30/content_5639330.htm?node=70568。

打造风清气正的办案环境”[1]。2019年,习近平总书记在中央政法工作会议上强调,“政法系统要在更高起点上,推动改革取得新的突破性进展,加快构建优化协同高效的政法机构职能体系。要优化政法机关职权配置,构建各尽其职、配合有力、制约有效的工作体系。要推进政法机关内设机构改革,优化职能配置、机构设置、人员编制,让运行更加顺畅高效”[2]。同年,最高人民法院为落实党中央的决策部署颁布“五五纲要”,要求全面性、综合性推进党的十八大以来的改革方案和指导意见,主张补短板、强弱项、破难题、谋长远,将改革的进一步落实和整体细化处理作为工作重点,确保各项举措能够形成有效合力,将人员管理制度改革,乃至司法体制改革打造成为系统性的科学工程。上述精神的集中指引,制度性层面体现在2019年4月《法官法》的修订,第67条明确规定了法官助理的职责,即在法官的指导下,协助法官审查案件材料、草拟法律文书等审判辅助事务。

综上所述,司法活动及司法改革之指导思想往往存在制度性转换后加以落实的环节,这为审视指导思想与制度之间的关系提供了重要途径。也说明在司法文化的研究中要特别注意研究思想意识的引领作用,尤其是思想对顶层制度设计和具体制度建构的引领作用。

3. 司法活动中主体的思维模式及态度习惯、情感

应首先加以明确的是,针对某主体或群体的意识及思维研究的方法和策略问题。整体言之,主要存在两类研究方法,一种是个案分析的方式,另一种是综合的统计分析的方式,重点在于,两种研究进路如何协调彼此及如何消解自身可能面临的研究陷阱。就其自身陷阱来说,个案深度描摹的方式需要避免出现“独木成林”的结论偏见,统计分析则需避免在数字中消解到个体的差异性,成为只是意图得出理想修正“数字”的计量主义者。法国学者米歇尔·伏维尔认为“个案研究和计量分析与其说是对立的,还不如说是互补的”。[3] 也就是说,在考量司法活动中主体的思维意识时,所运用的研究方式同时包含了个案解读

[1] 王俊:《以十九大精神引领推进司法改革》,载光明网,https://theory.gmw.cn/2018-01/20/content_27399065.htm。

[2] 《习近平出席中央政法工作会议并发表重要讲话》,载新华网,http://www.xinhuanet.com/politics/leaders/2019-01/16/c_1123999899.htm。

[3] 李宏图选编:《表象的叙述——新社会文化史》,上海三联书店2003年版,第16页。

与统计分析，个案解读可以深度描摹不同案件之间或同一案件的多层次性，而统计分析是以量化形式对整体的状况或趋势加以描述，当然个案现实很可能与量化分析存在抵牾，应当说这是社会生活的复杂性与理论研究模型的有限性决定的。[1] 因此，与其说个案分析与统计研究会相互抵触，莫不如说这本就是正常的世界折射在学术研究上的投影而已。同时，无论个案分析抑或统计分析都是经典的法学研究方法，这与司法文化的研究旨趣是相契合的。

在学术界先进的研究中，得以窥见的往往是以上两种方法的融合运用，或其中一种方法的变体运用，而不仅仅是僵化地运用个案与统计。例如，在法律史研究中，研究者们往往通过解读某种或某类材料，得出相对"宽泛"的结论，此处所谓"宽泛"并非意指漫无边际，而是以诉状、判决、日记乃至话本小说等多种资料分析处于纠纷之中的各方心态，以及解决纠纷者的解纷策略，乃至其学识背景。但此类研究并非局限于就此"罢手"，其无一不希望能以点带面，通过考掘材料，在学科所能达到的客观之真实范围内，说明更广泛意义上的司法活动中的不同角色的思维模式及其情感，不会仅局限于材料范围表层的个体层面的意识。[2] 在法律史研究之外的当下司法研究之中，同样有着不局限于个案的个案进路研究模式。[3] 需加以厘清的是，司法文化研究中的精神性要素研究主题下的个案考察相当不同于法教义学的研究，部门法学中的法教义学研究理路时下颇为勃兴，其要旨是法律制度之内的逻辑性的分析和阐释，与司法文化中侧重主体意识之考察的取向差异颇大。

作为创新性量化工具的"司法文明指数"是综合统计分析研究的范例，其构成较为细密。司法文明指标体系，由 4 个领域、10 个维度（一级指标）、50 个

---

〔1〕 韦伯在谈及学术研究的"理想型"时指出："这种思维图像，将历史性的生活中诸般特定的关系与过程，统合到一个由在思想上建构出来的（gedacht，thought-out）网络（Zusammen-hänge，relations）所构成的没有矛盾的秩序世界中去。就其内容而言，这种建构物本身具有乌托邦的性格，其来源是因为我们在思想上（gedankliche，mentally）夸大了实在世界的某些因素。"[德]马克斯·韦伯：《韦伯作品集Ⅰ学术与政治》，钱永祥、林振贤等译，广西师范大学出版社 2004 年版，第 82 页。

〔2〕 徐忠明的一些研究即具有这种特点。参见其文章：《小事闹大与大事化小：解读一份清代民事调解的法庭记录》，载《法制与社会发展》2004 年第 6 期；《案件的政治学：大司寇薛允升的司法技艺》，载《学术研究》2014 年第 2 期；《关于明清时期司法档案中的虚构与真实——以〈天启崇祯年间潘氏不平鸣稿〉为中心的考察》，载《法学家》2005 年第 5 期。

〔3〕 譬如苏力在《送法下乡》一书中的研究即具有这样的研究特点。苏力：《送法下乡——中国基层司法制度研究》（修订版），北京大学出版社 2011 年版。

命题(二级指标)、97 个问卷题目构成,在 5 套问卷中形成了 190 个变量。司法文化构成 4 个领域的组成部分之一,于司法文化的一级指标项下,又囊括有 6 个二级指标,即公众参与司法的意识及程度;公众诉诸司法的意识及程度;公众接受司法裁判的意识及程度;公众接受现代刑罚理念的意识及程度;公众接受普法教育;媒体对司法的监督与干预。继之,通过 6 个二级指标项下的 9 个问题,最终分析测算,得出司法文化这一面向的指数。[1]

(三)制度性要素

司法文化中的制度性要素主要体现为针对开展司法活动的机构及参与司法活动的主体的相关规则或技术性内容。就关涉司法机构自身的制度性规范来看,主要包括了宪法及相关法的规定。如我国《宪法》第三章第八节中关于人民法院和人民检察院的相关规定(设立及组织性条款),域外如《美国宪法》第 3 条关于法院及司法权的相关规定。又如我国《人民法院组织法》《人民检察院组织法》等支持司法机构运行的相关规范。就关涉司法机构内人员构成的规范来看,主要包括人员构成组织法。如我国《法官法》《检察官法》等关于司法活动主体的制度性规范,以及相应的法官、检察官的遴选任职及惩戒规定。又如关于审判辅助人员和检察辅助人员管理的相关规定。

与此同时,制度性要素仍有两项特征需要关注:其一,制度性要素不仅包括法律、法规等受到立法规则(如《立法法》)限制的规范,也包含有政策或司法机构内制定的相应规范。如就审判辅助人员的管理而言,广州市中级人民法院在《审判辅助人员管理改革方案》中明确将审判辅助人员的"身份"界定为协助法官履行审判职责的工作人员,包括法官助理、书记员、司法警察等。并在该院《法官助理管理办法》中规定法官助理承担 14 项职责,在《书记员管理办法》中规定书记员承担 6 条 17 项职责。[2] 此即为司法机关内部的管理性规定,虽不

---

〔1〕 参见张保生:《司法文明指数是一种法治评估工具》,载《证据科学》2015 年第 1 期。需加以补充说明的是,这里的司法文化所采乃是狭义之概念,其二级指标测算的主要指向是公众的思维模式及态度习惯、情感,这与本文所采的广义司法文化的定义不同,故在本文的讨论中将司法文明指数中的司法文化置于本文所讨论的司法文化的精神要素这部分中。

〔2〕《广州市中级人民法院审判辅助人员管理改革方案》,载广州审判网,http://www.gzcourt.gov.cn/sfgg/ck287/2016/07/13103033905.html。应加以说明的是,有研究者为基层法院人员分类管理提供的制度设计中,就体现有政策性的建议。参见刘婷婷:《基层法院人员分类管理制度再设计》,山东大学 2013 年硕士学位论文。

属于法律、法规,但无疑具有制度之属性,是当然的制度性要素。其二,就司法文化研究的方式和主旨而言,制度性要素现行有效的共时性与其历时性共存,两者一同构成具体研究范畴。因之,上述法律、法规、政策及其他制度性规范的生成、延续、修正等不同阶段的制度性表达既可以独立进行研究,也可以纵向梳理某种制度的来龙去脉,构成该制度的历时性研究。

司法实践论

周寓先*

司法实践论，主要是运用司法学的基本原理、基本方法对司法实践进行分析。传统上对“司法”或“司法权”的理解过于强调了国家对司法或司法权的垄断性，突出了司法的国家强制性与司法权行使中的程序性及国家意志的主宰性，在内涵上略显单一和闭塞，并未穷尽“司法”或“司法权”的应有之义。[1] 传统上对“司法”或“司法权”的理解主要忽略了对“社会司法”的关注。如果仅仅关注司法的强制性和国家意志，事实上，是不能涵盖司法的全部特征的。甚至连实证主义法学家哈特都曾主张法律具有多样性，法律需要承认规则。[2] 美国法社会学家庞德也在其《通过法律的社会控制》一书中指出，“在我们生活的地上世界里，如果法律在今天是社会控制的主要手段，那么它就需要宗教、道德和教育的支持；而如果它不能再得到有组织的宗教和家庭的支持的话，那么它就更加需要这些方面的支持了”[3]。

在关注国家司法的同时，同等关注社会司法，在中国更具有重要的理论和实践意义。习近平总书记就曾提出，要把非诉讼纠纷解决机制挺在前面。他还就坚持和发展“枫桥经验”作出

* 四川省成都高新技术产业开发区人民法院法官。

〔1〕 崔永东：《司法·司法学·司法职权配置》，载《法治研究》2015 年第 3 期。

〔2〕 参见[英]哈特：《法律的概念》，张文显等译，中国大百科全书出版社 1996 年版，第 28 页。

〔3〕 [美]罗斯科·庞德：《通过法律的社会控制》，沈宗灵译，商务印书馆 2010 年版，第 37 页。

过重要指示,各级党委和政府要充分认识“枫桥经验”的重大意义,发扬优良作风,适应时代要求,创新群众工作方法,善于运用法治思维和法治方式解决涉及群众切身利益的矛盾和问题,把“枫桥经验”坚持好、发展好,把党的群众路线坚持好、贯彻好。

在社会转型的今天,矛盾纠纷大量出现,仅靠国家司法根本无法应对纠纷。日本学者田中成明曾经对日本司法提出,“或许应当逐渐对判例的法形成采取更加积极开放的态度。以法院恰当发挥判例的法创造功能为开端,审判外的公私纠纷解决也能以判例为指南公正地进行,进而还可能把进入诉讼的案件控制在适当规模。通过诉讼合乎时宜的判例形成和提示使行为规范和裁决规范之间的反馈机制活性化,是多元纠纷解决体系整体公正顺利运行不可欠缺的前提条件”[1]。换句话说,就是让国家司法和社会司法相互作用。甚至如果单纯用解决纠纷来衡量审判,用裁判的方式解决纠纷(相较于调解、仲裁等其他方式而言)成本是最高的,收益也最低。即使如此,现代社会仍然强调裁判在纠纷解决中的中心地位,因为裁判通过解决具体的纠纷来维护一般规范秩序,并以此促进大量的纠纷得到自发的解决。[2] 换言之,国家司法通过提供一般性的裁判标准,促进社会司法大量化解纠纷。

职是之故,本文的司法实践论,包含国家司法和社会司法两个方面。国家司法主要研究裁判如何运行,以提供促成社会司法解决纠纷;而社会司法主要研究纠纷多元解决,以推动国家司法承载规则的具体实现。如果说国家司法是“定分止争”,那么社会司法则是“定纷止争”。

一、定分止争:国家司法实践论

国家司法权有广义和狭义之分,广义上的司法权包括刑事侦查权、检察权、审判权。狭义上的司法权仅包括审判权,因为社会司法不存在刑事侦查权和检察权,为了实现国家司法和社会司法的对应,我们仅在狭义上使用国家司法权,

---

〔1〕[日]田中成明:《现代社会与审判:民事诉讼的地位和作用》,郝振江译,北京大学出版社2016年版,第124页。

〔2〕[日]田中英夫、竹内昭夫:《私人在法实现中的作用》,李薇译,法律出版社2006年版,第7页;[日]棚濑孝雄:《纠纷的解决与审判制度》,王亚新译,中国政法大学出版社2004年版,第26-27页。

也即只包含审判权。“审判是法院对各种案件进行审理并作出裁判的一种活动。审判权就是法院所特有的对案件进行审理或者裁判的权力。因此,审判一词包括两个方面的内容:一是审理,二是裁判。审理是对案件事实及其相关证据的审核与认定,这是审判活动的重要内容。正是在查清案件事实的基础之上,才能就相关法律争议问题进行裁判。因此,审理与裁判是不可或缺的,两者之间具有密切的关联性。”[1]

在我国,审判权由人民法院统一行使,但是由于审判权要求亲历性,司法改革也将司法责任制确立为改革的“牛鼻子”,在考虑审判权的行使时,具体审判人员的行为也不可或缺。故而,在我国司法实践中,在人民法院的构建和运行模式中必然产生是法官个体本位还是法院整体本位的问题。“我国法院改革在某种程度上呈现对法官个体本位模式的屈从,但宪法制度安排、法院在政治结构中的地位、司法的社会生态、对法官的激励与约束条件以及综合统筹运用审判资源的要求等,都决定了我国法院建构应当坚持法院整体本位。”[2]正是由于人民法院本位的情形下,由法官从事审理和裁判,并贯彻“审理者裁判、裁判者负责”,必然会产生审判权的行使问题、如何对审判权进行管理的问题、如何对审判权进行监督的问题。2015年9月21日,最高人民法院发布《关于完善人民法院司法责任制的若干意见》(法发〔2015〕13号),第1条就指出:“完善人民法院的司法责任制,必须以严格的审判责任制为核心,以科学的审判权力运行机制为前提,以明晰的审判组织权限和审判人员职责为基础,以有效的审判管理和监督制度为保障,让审理者裁判、由裁判者负责,确保人民法院依法独立公正行使审判权”。它就明确提出了人民法院裁判运行就是围绕审判权、审判管理权、审判监督权三种权力进行。如果说审判权是一种法官的自觉行动,审判管理权和审判监督权就是一种“他律”。故而,我们将首先分析审判权运行,再将作为“他律”的审判管理监督权一并分析。

(一)审判权的运行

审判权的运行需要从法院和审判组织两个角度进行考虑。法院角度主要

---

〔1〕 陈兴良:《刑事法治论》(第2版),中国人民大学出版社2017年版,第426页。

〔2〕 顾培东:《法官个体本位抑或法院整体本位——我国法院建构与运行的基本模式选择》,载《法学研究》2019年第1期。

需要考虑不同法院的职能分工和案件关系;审判组织角度则主要需要考虑独任制、合议庭和审判委员会的不同运作。

1. 人民法院及其内设机构、法庭

(1)人民法院

①地方各级人民法院。我国法院分为地方各级人民法院、军事法院等专门人民法院及最高人民法院。地方各级人民法院分为:基层人民法院、中级人民法院、高级人民法院。地方各级人民法院一般而言和行政区划相联系,一般按照县、市、省行政区划设置。县(含县级市)一级设置基层人民法院、(设区)市一级设置中级人民法院、省级设置高级人民法院。基层人民法院名称不专门标注层级,其他层级法院均标注层级。地方各级人民法院管辖的案件由法律及司法解释规定。管辖出现争议时,采用协商、共同上级指定等方式处理。

②军事法院。军事法院以中国人民解放军军事法院为核心构建。中国人民解放军军事法院是中华人民共和国设在中国人民解放军中的最高审判机关。受中华人民共和国中央军事委员会和中央军委政法委员会领导,业务上接受中华人民共和国最高人民法院的监督指导,层级上属于高级人民法院。除中国人民解放军军事法院属于高级人民法院外,还按照各战区及总直属设置了若干中级人民法院,并且在各战区所辖重要城市及直属地区设置了若干基层人民法院。军事法院的管辖范围比较狭窄,而且不涉及行政诉讼,刑事管辖及民事管辖由相应法律及司法解释确定。

③专门人民法院。广义上的专门人民法院包括军事法院,因为军事法院的特殊性,前已论述,此处的专门人民法院不包括军事法院。最新修订的《人民法院组织法》新增第 15 条规定,专门人民法院包括军事法院和海事法院、知识产权法院、金融法院等,并规定专门人民法院的设置、组织、职权和法官任免,由全国人民代表大会常务委员会规定。专门人民法院的设置逐步得到规范。专门人民法院的修改亮点是增加了海事法院、知识产权法院和金融法院的种类。根据 1984 年全国人民代表大会常务委员会《关于在沿海港口城市设立海事法院的决定》和最高人民法院《关于设立海事法院几个问题的决定》等的规定,我国先后在

上海、天津等10个城市设立10个海事法院,逐步建立专门化的海事审判格局。[1] 专门人民法院的设置不乏批评声音,但是以下原则如果得到遵守,专门人民法院不失为促进司法公正的手段:"设置专门法院应当优先考虑必要性、专业性、协同性、案件量、法治化、战略性等因素,就根本上而言,设置专门法院应当重点考虑解决影响司法公正和制约司法能力的深层次体制机制问题,消除一些特殊案件审理中因地方保护和行政干预形成的诉讼'主客场'现象,实现专业性案件集中管辖和专门审理,构建普通案件在行政区划法院(地方法院)审理,特殊案件在跨行政区划法院(专门法院)审理的诉讼格局。"[2] 此外,我国还设有互联网法院,目前设有北京和杭州互联网法院,互联网法院集中管辖一定辖区内特定类型涉互联网第一审案件。互联网法院的案件受理、送达、调解、证据交换、庭前准备、庭审、宣判等诉讼环节一般应当在互联网上完成,以全程在线为其基本原则。专门人民法院的层级有些为基层人民法院,有些为中级人民法院。

④此外,兵团法院也是国家审判机关的重要组成部分,《人民法院组织法》第14条规定:"在新疆生产建设兵团设立的人民法院的组织、案件管辖范围和法官任免,依照全国人民代表大会常务委员会的有关规定。"新疆生产建设兵团人民法院同新疆生产建设兵团相联系,兵团法院系统现设有三级43个人民法院,其中,作为自治区高级人民法院的派出机构兵团分院设在乌鲁木齐市,在全区13个地州市所在地的师设有13个中级人民法院,在农牧团场相对集中的垦区设有29个垦区人民法院和37个人民法庭。兵团分院行使除死刑二审案件之外的高级人民法院的审判执行职能,师中级人民法院行使地州一级中级人民法院的审判执行职能,垦区人民法院行使县级基层人民法院审判执行职能。兵团分院业务上受最高人民法院和自治区高级人民法院的监督指导,同时监督指导所属中级、基层人民法院的审判工作,党政工作接受兵团党委的领导。

⑤另外,在中国司法实践中,还存在各地的开发区人民法院。开发区在法律性质上不同于行政区域。行政区域是综合性的政治、行政功能区,其承担的是常态性的政治统治、行政管理、公共服务等职能;而开发区是专门性的经济、技术功能区,其承载的是阶段性的社会开发职能。较之于前者,后者是非常态

[1] 姜启波、郭峰、袁春湘:《人民法院组织法修改的解读》,载《人民司法·应用》2019年第1期。
[2] 程琥:《论我国专门法院制度的反思与重构》,载《中国应用法学》2019年第3期。

性的,或者说是过渡性的。早有学者从宪法上论证,这种法院设置可能缺少依据。[1] 同时面临三个方面的规范困境:一是设立基础缺失,《人民法院组织法》并未将开发区人民法院作为基层人民法院加以列举;二是设立主体不适格,最高人民法院以及省级、设区的市人民代表大会常务委员会均无权决定设立这一类法院;三是设立标准不明确,官方尚未公开在特定开发区设立人民法院的标准。[2] 不过开发区人民法院在全国各地较大的城市普遍存在,是我国人民法院体系中的一个特色。

⑥最高人民法院。在任何国家的司法体系中,最高法院都处于最为重要的地位,中华人民共和国最高人民法院也不例外。最高人民法院不仅负责案件审理,还要负责死刑复核以及承担司法解释、指导性案例制定等工作。此外,最高人民法院还承担了司法改革工作。值得注意的是,虽然法律并没有规定最高人民法院判决的效力,但是随着裁判文书的公开,法院及当事人自发运用已有裁判结果参照比附待诉、待决案件已经成为解决疑难法律问题的重要指引,已有裁判尤其是最高人民法院裁判一定程度上起到了找法、明法、释法、统法和补法的规范性功能。[3] 最高人民法院的判决往往成为人们研究某一类内容时的重要参考。[4]

(2)人民法院内设机构

《人民法院组织法》第27条规定:"人民法院根据审判工作需要,可以设必要的专业审判庭。法官员额较少的中级人民法院和基层人民法院,可以设综合审判庭或者不设审判庭。人民法院根据审判工作需要,可以设综合业务机构。法官员额较少的中级人民法院和基层人民法院,可以不设综合业务机构。"第28条规定:"人民法院根据工作需要,可以设必要的审判辅助机构和行政管理机构。"人民法院的内设机构一般分为审判业务部门、审判辅助部门和行政管理部门。

---

〔1〕 刘松山:《开发区法院是违宪违法设立的审判机关》,载《法学》2005年第5期。

〔2〕 邹奕:《困境与出路:开发区人民法院设立的合法性检视》,载《四川师范大学学报(社会科学版)》2020年第2期。

〔3〕 参见顾培东:《判例自发性运用现象的生成与效应》,载《法学研究》2018年第2期。

〔4〕 比如,梁艺:《党务信息的认定及其例外公开规则——基于最高人民法院案例的整理》,载《行政法学研究》2021年第3期;王毓莹:《隐名股东的身份认定及其显名路径——基于最高人民法院76份裁判文书的实证分析》,载《国家检察官学院学报》2021年第2期。

①审判业务部门。本轮司法改革的一个重要特征就是精简机构,全国法院都按照司法改革要求进行了机构的精简,按照员额确定机构数,按照机构数合理设定审判业务部门。有些法院设定综合审判庭,机构数允许的情况下一般会设置立案庭、民事审判庭、刑事审判庭、行政审判庭、执行庭(局),中(高)级人民法院一般还会设置审判监督庭、研究室、审判管理办公室等部门。当然,在机构数允许的情况下,各类庭还可能设专业化庭或者一、二庭。内设机构设置的目的是解决组织管理成本问题,实现内部治理优化。审判庭是一种通过增加科层层级,进一步节约监督管理成本,优化法院内部治理的制度。内设机构改革的目的不是逐步消除审判庭这一层级,而是按照法院承担的功能和自身规模更为科学地设置审判庭,并按照对审判科层管理的需要界定审判监督权和审判管理权。[1] 审判业务部门总体上呈现机构数的要求,但是各法院在机构数范围内还是有充分的自由决定权,这些决定都是围绕着如何行使审判权,按照审判案件性质进行的划分,这种划分也不绝对,比如很多基层法院由于行政案件偏少,也会承担部分其他案件的审理工作。

②审判辅助部门。审判辅助部门对应的概念是审判辅助人员。在人民法院中除审判人员以外的协助进行审判工作的书记员、司法技术人员和司法警察等其他工作人员,都是审判辅助人员。这些人员所在的部门就是审判辅助部门。审判辅助部门按照一定事项进行划分。比如,书记员有些集中进行管理,有些则分配至各个审判业务部门;司法技术人员由于基层人民法院机构数限制,一般会被分配至司法行政处或者审管办,中级以上人民法院机构数允许的情况下会设置技术室;司法警察则设置法警队予以管理。

值得注意的是,由于购买社会化服务理念的引进,书记员工作已经部分外包给劳务派遣机构。外包机构主要担任审判庭的记录工作,也办理有关审判的其他事项,包括送达文书、收取证据、整理案卷等。

③行政管理部门。人民法院也存在党务、政务、人事、财务管理问题。人民法院内设政治部管理组织人事;设置机关党委;设置纪检监察部门;设置司法行政处管理钱物;设置综合办公室负责信息收集、公文处理等。

---

〔1〕 参见李杰:《重新理解审判庭——一个组织的视角》,载《法律适用》2019 年第 5 期;肖新征:《审判权厘定后审判业务机构改革的新进路》,载《人民司法·应用》2020 年第 13 期。

(3)法庭

中华人民共和国成立初期,人民法院在创建过程中,为了配合土地改革、"三反"、"五反"等大规模群众运动,避免由于人民法院还不健全以及尚在组建出现积案如山的情况,曾建立了一种过渡性、群众性司法机构——人民法庭。人民法庭及其分庭,直接受县(市)人民政府领导,设置正副审判长,正副审判长和多半数审判员由县(市)人民政府遴选。人民法庭的主要任务是"运用司法程序,惩治恶霸、土匪、特务、反革命分子以及违抗土地改革法令的犯罪,以巩固人民民主专政,顺利地完成土地改革"。由于这一特殊的历史背景,时任中共湖南湘阴县委书记、县武装大队政治委员的华国锋同志,还任湘阴县人民法庭审判长,由其作为审判长判决的文书至今还留存着。[1]

法庭,长期以来特指人民法院的派出法庭。不过党的十八大以来尤其是十八届四中全会确定最高人民法院设立巡回法庭,法庭的内涵就不断丰富。同时各法院还设定了很多专门法庭。

①人民法院派出法庭。《人民法院组织法》第 26 条规定:"基层人民法院根据地区、人口和案件情况,可以设立若干人民法庭。人民法庭是基层人民法院的组成部分。人民法庭的判决和裁定即基层人民法院的判决和裁定。"派出法庭只能由基层人民法院设置。派出法庭在我国司法实践中处于重要地位,一方面为百姓提供诉讼便利,减轻群众讼累;另一方面也是国家将国家意志深入基层的重要抓手。派出法庭"是人民法院审判工作的前沿阵地,担负着大量民事纠纷案件的审理任务,在社会主义法治建设进程中发挥着'神经末梢'的作用"[2]。从目前来看,在倡导诉源治理的背景下,派出法庭的功能和作用应该会进一步被强调。

②最高人民法院巡回法庭。党的十八届四中全会通过的《中共中央关于全面推进依法治国若干重大问题的决定》指出,优化司法职权配置,推动实行审判权和执行权相分离的体制改革试点,最高人民法院设立巡回法庭。目前,最高人民法院经过全国人民代表大会常务委员会决议设立了第一、第二、第三、第四、第五、第六等六个巡回法庭,分别设置于深圳、沈阳、南京、郑州、重庆、西安,

---

〔1〕 来源于湖南省高级人民法院党史学习资料。

〔2〕 徐小飞:《派出法庭的"位"与"为"》,载《人民法院报》2015 年 5 月 17 日,第 2 版。

形成了东南西北中的平衡巡回局面。最高人民法院巡回法庭是最高人民法院的派出机构,在审级上等同于最高人民法院。巡回法庭的判决效力等同于最高人民法院的判决,均为终审判决。因此,在理论界和实务界又被称为"家门口的最高人民法院"。

③专门法庭。一方面它是人民法院的审判业务部门,另一方面其和一般审判业务部门又不一样。比如一般审判业务部门称为民事审判第几庭,并不称为法庭,但是像知识产权法庭、互联网法庭等则称为法庭,这些虽然名为法庭,但本质上还是人民法院的内设机构,不同于派出法庭和巡回法庭。派出法庭和巡回法庭都能在《人民法院组织法》中找到依据,但是这类法庭至少在《人民法院组织法》中并没有规定。随着司法改革的开展,这类法庭如雨后春笋般多起来,比如环境保护法庭、"一带一路"巡回法庭、大熊猫国家公园法庭、金融法庭等。这些法庭有些属于基层人民法院审判机构,有些属于中级人民法院审判机构,甚至最高人民法院也设有"一带一路"国际商事法庭。这些法庭虽然宗旨明确、立足服务大局,但是具体的实效和功能,是否因为设定这些法庭而增加,还尚待观察。

2. 人民法院的审判组织

人民法院的审判组织有独任制、合议庭以及审判委员会三种形式。

(1)独任制

独任制,即由审判员一人对案件进行审理。对于刑事、民事等简单、事实清楚、争议不大的案件和适用简易程序审理的行政案件,都可以适用独任制进行审理。独任制一般适用于基层人民法院的一审程序,这和基层人民法院大量案件属于简易案件的现实是一致的。独任制一般和简易程序相联系。不过,简易程序存在某种泛化倾向,集中体现在:实践中往往除法律、司法解释明确排除适用简易程序的,一般都按简易程序审理,当简易程序审限内不能完成相应审理时,再转化为普通程序。

(2)合议庭

合议庭是人民法院审理案件的基本审判组织,刑事、行政、民事案件审理都适用合议庭。合议庭的成员不是固定不变的,理论上是临时组成的,由院长或者庭长指定审判员一人担任审判长。但是实践中,往往有相对固定的成员,组成较为稳定的审判团队,进行某种类型化案件的审理。依照法律规定院长或庭长参加案件审理时,院长或庭长当然作为审判长。合议庭成员共同审理案件,对案件处理的程序和实体事项实行合议庭评议。如果合议庭成员存在意见分歧,实行少数服从多数原则,同时保留少数意见记录笔录,由全部合议庭成员签名。应当注意,少数服从多数并非决定,承办人与多数意见有冲突时,可以提请审判委员会讨论决定,这点将在下面展开。

合议庭成员除审判长或承办人外,可以由审判员或人民陪审员充当。人民陪审员参与案件审理,是司法民主的重要体现,也可以缓和由于法律思维的僵硬性可能带来的"专业"和社会常识、常理、常情的冲突(从而实现法律与社会情理的兼容)。除了法律和司法解释明确规定的案件外,其他案件都可以由人民陪审员参与评议。人民陪审员参与案件审理和审判员职权相同。当然有部分试点在法律审和事实审分开的逻辑前提中,试图强化人民陪审员的事实审职责并且弱化其法律审职责。但是,真实的法律案件往往难以区分法律审与事实审,这项试点尚未取得较大成功。最高人民法院专门制定了人民陪审制度相关司法解释:"《最高人民法院关于适用〈中华人民共和国人民陪审员法〉若干问题的解释》(以下简称《解释》)以人民陪审员法等法律规定为依据,结合审判实际,对人民陪审员参加审判活动作出具体规定,共十九个条文,主要包括案件参审范围细化、参加庭审活动规则、合议庭评议规则、开庭和评议事实问题清单、参审上限数等方面。《解释》以有序、便利人民陪审员参加审判活动为原则,为人民陪审员参审提供制度和机制上的便利和保障,如规定了告知人民陪审员及所在单位规则,开庭前告知、阅卷制度,开庭和评议事实问题清单制度等。《解释》以充分发挥人民陪审员的实质参审作用,杜绝'陪而不审、审而不议'和'驻庭陪审'为目的,明确了排除适用陪审制的案件范围,规定了个案随机抽取规则,进一步规范了合议庭评议的发言顺序;为了防止将人民陪审员变成'司法民工',还明确规定各级人民法院不得安排人民陪审员从事与履行法定审判职责无关的工作。"[1]

合议庭理论上采用单数人数,没有上限,但是超过3人的合议庭,往往是应

---

[1] 姚宝华、陈龙业、鄂海珊:《〈关于适用《中华人民共和国人民陪审员法》若干问题的解释〉的理解与适用》,载《法律适用》2020年第5期。

对所谓的大案、要案。

(3)审判委员会

审判委员会是极具国情特色的人民法院审判组织。审判委员会的存在，在法学理论界一直广受争议："审委会'讨论案件并决议'的类审判职能因其非亲历性和不可追责性等缺陷而饱受争议并成为历次司法改革的重点攻坚对象。规范分析表明，由于法律设计和司法解释未能一以贯之，该项职能在实践中渐趋泛化和错位。实证研究显示，人员组成的高行政性与讨论议题的重影响性，使得审委会更倾向于保障政治安全和社会稳定；而大量讨论个案，不仅影响其宏观职能的发挥，易成为司法责任的黑洞，而且把控案件质量的实际作用并非如愿。长远看，改革路径在于还权赋能，通过逐步取消审判职权，全面强化指导功能，实现审判权完整回归合议庭和独任庭，重塑审委会作为审判中的咨询者和规则制定中的决策者两大角色。这一变革应在法制框架下分"三步走"平稳实现，再通过修法予以固化并推广。"〔1〕

审判委员会及审判委员会制度，在中国的现实背景下是必须和必要的。审判委员会是中国特有的审判组织形式，是人民法院内部对审判工作实行集体领导的组织形式。各级人民法院设立审判委员会，实行民主集中制。审判委员会是一个集体领导机构，在讨论分歧、决定重大、处理疑难案件，以及总结审判经验和人民法院有关审判工作方面发挥着不可替代的作用。审判委员会委员作为案件审判人员，在讨论案件时，依法实行回避制度，当事人有权申请回避，审判委员会委员应当自行回避。审判委员会不仅审理个案，还总结审判经验、监督审判运行，肩负人民法院审判、审判管理、审判监督三个方面的职能。

审判委员会由审判委员会委员构成，人民法院院长、副院长、审判委员会专职委员当然地被任命为审判委员会委员，经同级人民代表大会常务委员会任命，庭长、副庭长、审判员可以作为审判委员会委员。总体上讲，审判委员会审理的案件一般具有影响重大、"事关人命"、分歧较大等特征，而且审判委员会越来越倾向于解决法律问题，而事实认定责任更多由独任制审判员或合议庭承担。

(二)审判管理监督权的运行

"'让审理者裁判、由裁判者负责'符合司法工作的规律，体现了审判权的

〔1〕 徐向华课题组：《审判委员会制度改革路径实证研究》，载《中国法学》2018年第2期。

特点,体现了法官权责在审判运行中的统一,但并不能因此忽视有效的监督管理对审判执行权行使的促进与保障作用,只有将法官的职业道德建设与监督管理建设结合起来,实现'自律'与'他律'的有机统一,审判权才会在法律和其他规范共同设定的轨道上有序运行,审判质效才能得到有效保障并不断提升。"[1]审判权的运行有其特殊性,人民法院并不是裁判者的个体相加,而是一个有机整体;同时,裁判也并非完全是裁判者自由作出,而是裁判者代表人民法院的履责行为。职是之故,必然存在审判管理和审判监督。

审判管理和审判监督侧重点不同:审判管理侧重结果管理,如审判质效、速率、数量等;审判监督侧重过程管理,如群体性案件的管理、社会高度关注案件的审理等。然而,整体上两者可以一起使用,因此,我们对两者不进行特别划分。

首先需要明确审判管理监督仍然以"审判"为中心。"如何为审判权独立运行松绑,科学配置审判权、管理权与监督权,厘清司法责任与司法能动的关系是本轮司法改革的重点、难点和焦点。审判权独立公正运行既是全面推进法院改革的中心问题,又是法院改革的重点问题;审判权、管理权与监督权的科学配置是难点问题。能否建成审判权独立公正运行的体制机制,不仅需要法院外部司法环境的整体性治理,更需要祛除法院内部管理行政化的痼疾。"[2]

审判管理监督说起来抽象,但是也极为具体。审判管理可以从宏观、中观、微观上三个层面进行分析。从宏观上,一个法院肯定需要把握案件的整体运行情况,如案件数量、办理质量、办理效率、办理效果,这构成案件质量评估。通过案件质量评估,人民法院才能知晓案件整体运行情况,从而为科学决策提供依据。从中观上,最为典型的是同案同判,一个地区的案件处理至少应当实现同案同判,否则有违公平的基本理念。从微观上,则是具体的个案处理是否存在违背社会效果等问题。当然,不同层级的法院的审判管理在宏观、中观、微观上可能存在差异,比如最高人民法院促进案件同案同判就是一个宏观的问题。审判监督包括审限管理、重点案件监督等,甚至横向的专业法官会议在给法官提供智慧参考的同时也形成一种横向监督。以下分几部分内容对审判管理监督

〔1〕 姚建军:《审者裁判与监督管理的逻辑统一》,载《人民法院报》2020年10月27日,第2版。

〔2〕 崔永东、葛天博:《建构"以审判为中心"的审判权运行体制机制》,载《群言》2016年第11期。

权的运行进行一定分析。

1.案件质量评估

案件质量评估是通过对办理案件的数量、质量、效果、效率等多方面的考察,以刻画出一个法院的案件办理情况。对此,一般认为应当包含四个方面的内容。第一,收案数和办结案件数;第二,有多少案件被后面审级(包括上诉及再审)改判或发回重审;第三,当事人是否主动服从判决,放弃上诉或者不申请再审,更不进行信访;第四,办理案件的周期是多长。

在王胜俊担任最高人民法院院长期间,案件质量评估相对得到重视,从法院自身评估来看,年年审判质量都达到了新的高度。"(2010年)全国法院案件质量综合指数再创新高,超八成省区法院案件质量综合指数同比上升","(2011年)全国法院案件质量综合指数继续上升,为88.79,比2010年提高了1.53,反映人民法院案件质量总体良好,审判执行工作成效显著。其中,公正性指数为89.46,同比提高了1.86;效率性指数为87.54,同比提高了0.93","2012年全国法院案件质量综合指数为89.34,同比上升了0.55。自2008年全国法院开展案件质量评估以来,反映案件公正、效率、效果方面的各项指标综合指数逐年稳步提升,2012年达到历史最高值"。[1] 与之对应,全国人民代表大会于次年对法院上一年度工作进行决议,2011年赞成票数为2242、反对票数为475、弃权票数为155;2012年赞成票数为2291、反对票数为438、弃权票数为131;2013年赞成票数为2218、反对票数为605、弃权票数为120。这三年赞成率分别为78.06%、80.10%、75.36%。那么,为什么内部感觉案件质量越来越高,而外部的评价却不升反降呢?全国人民代表大会的决议对人民法院工作的评价最为重要,但也并非全部。问题是那几年,在案件质量越来越高的同时,人民法院的司法公信力也在告急。多个中级、高级人民法院的调研显示:人民法院的司法公信力并未随着案件质效的明显提升而相应提高,相反在某些重要方面还呈下降趋势,整体上司法的权威不如以前,质疑司法的声音充斥着社会舆论,

---

[1] 佟季、黄彩相:《2010年全国法院案件质量评估分析报告》,载《人民司法·应用》2011年第13期;佟季、袁春湘:《全国法院2011年案件质量评估情况报告》,载《人民司法·应用》2012年第11期;严戈、袁春湘:《2012年全国法院案件质量评估分析报告》,载《人民司法·应用》2013年第13期。

不信任司法的情绪在人民群众中滋生蔓延。[1]

2013 年以来,最高人民法院开始反思案件质量评估体系出现的问题,从不断改进评价体系的角度进行完善。案件质量自评估仍然是人民法院审判管理的最为重要的方法和手段。但是,2011—2013 年的经历也给我们一个重要启示:质量评估不能为了评估而评估,而要服务于案件办理,服务于提升人民群众的公平正义获得感。

2. 同案同判

如果类似案情不同处理,将给宣称适用统一法律文本的司法带来无法回避的困扰:既然适用统一法律文本,即相同的大前提,这时作为案情的小前提相同或者相似,假设结果却不相同,将无法被理解和说明。相似案件应当相似处理。[2] "同案同判"为司法的题中之义。遵循在先判例具有多种优点,可以形成理解法律的稳定性、肯定性、效率性以及灵活性,法院判决具有先决效应,[3] 判例理论虽然具有地方性知识背景,指导案例制度却在普遍意义上构建了一种公平理念和运行模式:法官面临以前的法官对相似情况下如何决定当前案件,至少被假定为要遵守哪些先前判决的约束,除非能够展示这两种情形在某些重要方面是不同的,否则不得区别对待。[4] 这一理念、运行模式,可以保证类似案件判决之间的一致性,即使类似案件出现差异判决,也要求对作出不同处理的判决进行合理且必要的说明。

同案同判既可以看成是审判管理的要求,注重实现案件结果的类似处理;也可以看成是审判监督的要求,对于案件审理进行检索,如果类案处理可能存在差异,则要求进行过程监督。司法高层尤其重视同案同判。随着司法改革的推进,"让审理者裁判"带来司法裁判权的分散,加剧了司法决策层对同案异判的担心,甚至将其视为司法改革可能带来的负效能。

---

〔1〕 参见江西省高级人民法院课题组:《人民法院司法公信现状的实证研究》,载《中国法学》2014 年第 2 期;湖北省高级人民法院课题组:《法院司法公信力问题研究》,载《法律适用》2014 年第 12 期。

〔2〕 房文翠:《接近正义寻求和谐:案例指导制度的法哲学之维》,载《法制与社会发展》2007 年第 3 期;张骐:《论类似案件应当类似审判》,载《环球法律评论》2014 年第 3 期。

〔3〕 蒋为廉:《普通法和公平法原则概要——澳大利亚著名判例选注》,中国政法大学出版社 2002 年版,第 21 – 22 页;[美]伯纳姆:《英美法导论》,林利芝译,中国政法大学出版社 2003 年版,第 47 – 49 页。

〔4〕 [美]道格拉斯·沃尔顿:《法律论证与证据》,梁庆寅、熊明辉等译,中国政法大学出版社 2010 年版,第 30 – 34 页。

一方面,最高人民法院建立案例指导制度,为同案同判提供规则供给,而指导性案例则具有法律效力。同时,最高人民法院还不定期发布各类专门性典型案例,甚至最高人民法院允许各高级人民法院发布具有典型意义的案例以促成同案同判,但需要向最高人民法院报备。2010 年《关于案例指导工作的规定》颁行后,2011 年 12 月发布第一批指导性案例,截至 2021 年 6 月,最高人民法院已经发布 27 批次、共计 156 个指导性案例。案例指导制度在实践中逐步被司法解释化。指导性案例的司法解释化主要体现在其生成过程。对于指导性案例的编送,强调裁判要点是在裁判具体案件过程中,通过解释和适用法律,对法律适用规则、裁判方法、司法理念等方面问题作出的创新性判断及其解决方案,是整个指导性案例要点的概要表述,是指导性案例的核心和精华部分。生效判决的裁判理由是指导性案例裁判要点的来源和基础,是联系基本案情和裁判结果的纽带。[1] 抽象化的裁判要点从案例编撰之时就成为核心和统帅,真实、具体的裁判理由服务于抽象问题,抽象问题中具有约束力的部分就是其中的裁判要点。[2] 这种案例指导运行模式由于历史背景和现实环境的内在制约,具有明显的权力特征。[3]

另一方面,还要求在审理案件时注重对已有生效案件的检索,对于可能出现与判决冲突的需要通过一定程序予以制约。最高人民法院内部规定,承办法官在审理案件时,均应依托办案平台、档案系统、中国裁判文书网、法信、智审等,对本院已审结或正在审理的类案和关联案件进行全面检索,制作类案与关联案件检索报告。检索类案与关联案件有困难的,可交由审判管理办公室协同有关审判业务庭室、研究室及信息中心共同研究提出建议。为统一法律适用和裁判尺度,维护最高人民法院的司法公信力,最高人民法院印发《关于建立法律适用分歧解决机制的实施办法》,并于 2019 年 10 月 28 日起正式施行。不少人

---

〔1〕 胡云腾、吴光侠:《〈关于编写报送指导性案例体例的意见〉的理解与适用》,载《人民司法·应用》2012 年第 9 期。

〔2〕 马荣、葛文:《指导性案例裁判要点的类型与运用研究——以〈最高人民法院公报〉案例裁判摘要为原型的借鉴》,载《南京大学学报(哲学·人文科学·社会科学版)》2012 年第 3 期;黄泽敏、张继成:《指导性案例援引方式之规范研究——以将裁判要点作为排他性判决理由为核心》,载《法商研究》2014 年第 4 期。

〔3〕 参见刘树德:《最高人民法院司法规则的供给模式——兼论案例指导制度的完善》,载《清华法学》2015 年第 4 期。

民法院内部也有关于可能出现裁判冲突的处理要求。

3. 专业法官会议

最高人民法院《关于完善人民法院司法责任制的若干意见》就提出:"人民法院可以分别建立由民事、刑事、行政等审判领域法官组成的专业法官会议,为合议庭正确理解和适用法律提供咨询意见。合议庭认为所审理的案件因重大、疑难、复杂而存在法律适用标准不统一的,可以将法律适用问题提交专业法官会议研究讨论。专业法官会议的讨论意见供合议庭复议时参考,采纳与否由合议庭决定,讨论记录应当入卷备查。"专业法官会议不是审判组织,不是合议庭也不是审判委员会,可以算是一个经验团队、智库集体。但是也可以看到其具有的审判监督作用。人民法院内部一般都会规定,哪些案件应当经过专业法官会议讨论,这也就在一定程度上发挥了法官之间横向监督的作用。审判组织(审判委员会除外)如何处理案件,让其他的审判组织知晓或者了解,也就是一种内部处理结果的监督。

审判管理权、审判监督权内容丰富,本文限于篇幅不可能面面俱到,但是通过对案件质量评估、同案同判和专业法官会议的简单介绍,也能看到一个关键,就是审判管理监督权如何与审判权良性运行互动,一方面不越位,另一方面也不缺位。不越位替代审判,尊重审判的亲历性,让审判者裁判;不缺位,确保人民法院独立行使审判权落到实处,避免审判权滥用。也是要实现"恰到其位",核心还是需要尊重司法规律,通过理性对话、规范权力行使,实现审判权、审判管理权、审判监督权同向发力,实现让人民群众在每一个司法案件中感受到公平正义的目标。

二、定分止争:社会司法实践论

社会司法是司法的重要组成部分,它与国家司法一起发挥着调节社会纠纷的作用。长期以来,对"司法"或"司法权"的理解过于强调了国家对司法或司法权的垄断性,突出了司法的国家强制性与司法权行使中的程序性及国家意志的主宰性,在内涵上略显单一和闭塞,因而展示了一种相当的局限性,它并未穷尽"司法"或"司法权"的全部应有之义。因此,全面理解和把握上述两个概念的含义很有必要,这需要拥有一种宏观和开放的视野,即超越国家意志、国家权力之外，具备一种社会视野，体味司法或司法权的社会属性。[1]

如果说国家司法的核心功能是“定分止争”，那么社会司法的核心功能就是“定纷止争”。一直以来，我们将社会司法排除在司法概念之外，很大程度上就在于混淆了国家司法和社会司法的不同核心功能，认为国家司法的核心为“定分止争”。王利明教授就指出：从司法的功能来看，应当也是定“分”止争，而不是定“纷”止争。目前，法院在审判中特别提倡“案结事了”，并将其作为主要工作目标。也就是说，司法的目标就是解决纠纷。此种理解实际上是一个“定纷止争”的概念。司法应是通过“定分止争”，实现公平正义的，这也正是人民法院的职责所在，即其作为审判机构，宪法赋予其重要职能就是依法裁判、公正司法。如果不先进行“定分”而是先进行“止争”，则难以真正达到案结事了的目的。实践中，已经出现了强制一方接受调解结果而导致结案后无休止申诉上访的现象，这也说明只有公正才能“止争”，而公正的重要内容就是要“定分”。故而，司法的最高目标不是“案结事了”，而是公平正义。国家司法指定纠纷解决标准，而社会司法在这些标准指引下，解决具体纠纷。

但是，国家司法和社会司法，“定分止争”和“定纷止争”的作用，也并非不能共同。比如，国家司法本身就是以“定纷止争”为载体来实现“定分止争”；社会司法也可能在“定分止争”中发展出符合法律规定、体现时代要求的规则和标准。只是，两者的侧重点不同。混淆了这点，一方面会混淆国家司法的核心作用，另一方面会否定社会司法的司法性质。

要通过社会司法解决更多纠纷，但是思想上还应该明确，只有国家司法“定分止争”的作用发挥到位，才能促进纠纷化解。社会司法的纠纷多元解决方式引入中国的时间已经较长，但是纠纷并没有被分流，相反，案件越来越多，其道理就在于：国家司法提供的裁判示范是否足以为社会司法解决纠纷提供保障。将民事案件的增长归因于社会经济发展、诉讼便捷化和法治程度加深，事实上并没有看到司法对于抑制纠纷的社会效应。通过个案处理如果能让人们知道对于某类型纠纷，“司法怎么处理”“为什么这样处理”“不主动履行义务将付出更多的代价”，就可以影响纠纷产生和产生纠纷后的诉讼外解决。“以案去案”

---

〔1〕 崔永东：《司法·司法学·司法职权配置》，载《法治研究》2015年第3期。

是中国古老的传统,也是现代民事诉讼对于纠纷解决的中心作用,更是“全民守法”的内在要求。产生正面裁判效应的核心在于避免机械司法,法官要用公众理性、主流价值在个案中解读法律。在国家权力机关的统领下,通过立法和执法解决社会规则的普遍性问题,通过司法解决特殊性问题。当矛盾的普遍性和特殊性达成良好互动时,法律的运行过程就会承载并反作用于公众感情,社会规则会变得更为清晰而有力,并以此实现善治。[1]

社会司法的处理纠纷方式一般包括调解、仲裁等(诉源治理等)。此外,在国家司法内部也有一些非诉处理纠纷方式,比如司法确认、督促程序、担保物权实现特别程序等,但是这些方式国家司法属性更强,故此,我们只讨论社会司法属性更强的几种情形。

(一)调解

广义上的调解范围很广,种类很多。比如按照调解主体划分,就有人民调解、法院调解、律师调解、行业调解、仲裁调解以及行政调解等。很显然,法院调解就并非属于完全意义上的社会司法,而更多具有国家司法特征。当然,法院调解有时通过委托人民组织、行政机关或者行业调解,引入律师调解等,这时虽然经人民法院委托,但仍然属于社会司法范畴。可以说,调解本身并不代表国家司法或者社会司法的区别,而需要看是不是国家司法机关在进行组织、主导。

调解的具体方式是,调解主体作为第三方,在纠纷的当事人之间调停疏导,提出解决建议,帮助交换意见,以实现当事人之间矛盾化解的活动。调解在中国文化中具有重要地位,产生纠纷后,传统文化倾向于当事人之间以“和”为贵,各退一步,解决纠纷,从而不仅解决纠纷,还能恢复由于矛盾而被破坏的社会关系。安徽“六尺巷”等忍让带来和谐的故事更是广为流传。[2] 中国对调解的重视,还与中国人对正义的理解有关。对形式理性化的西方法律真正具有颠覆性的理论不是后现代主义理论而是“实践理论”。对中国来说,由于长期以

---

〔1〕 周寓先:《息讼与兴诉:民事司法的个案效果与社会效应研究》,载李峰主编:《司法智库》2020年第2卷,厦门大学出版社2021年版。

〔2〕 大学士张英的府邸与吴姓相邻。吴姓盖房欲占张家隙地,双方发生纠纷,告到县衙。因两家都是高官望族,县官欲偏袒相府,但又难以定夺,连称凭相爷作主。相府家人遂驰书京都,张英阅罢,立即批诗寄回,诗曰:“千里家书只为墙,让他三尺又何妨。万里长城今犹在,不见当年秦始皇。”家人得诗,旋即折让三尺,吴姓深为感动,也连让出三尺。于是,便形成了一条六尺宽的巷道。

来的“实用道德主义”思维习惯，以及阴阳二元合一的宇宙观，很自然地会要求看到实际的两面性和二元合一性。[1] 中国的正义观并非建构于形式逻辑之上，而是建构于实践逻辑的相互容忍、和谐共生。

调解可以适用的范围是极其广泛的，无论民事、行政、刑事纠纷都可以适用调解。民事纠纷调解是最为主要的，所有的民事纠纷都能进行调解。行政纠纷调解，因为涉及对行政行为的合法性判断，表面上无法对是否合法进行调解，但是对行政纠纷的调解，往往是适用实质性化解行政纠纷的手段，但一定要注意不能以调解替代行政合法性的审查。刑事纠纷同样不排除调解，刑事纠纷涉及国家刑事惩戒权的行使，事关公共利益，对于罪与非罪不能调解。但是刑事纠纷有附带民事诉讼可以调解，是否积极赔偿也可以作为量刑参考，甚至在自诉案件中调解也可以影响刑事案件发展。

调解在中国本身受到的重视程度是较大的，但是调解遇到的问题却不在于调解本身，而在于国家司法。恰恰由于没有明确区分国家司法和社会司法，使国家司法本身承担了很多社会司法应当承担的责任，以致司法不同程度上存在“和稀泥”、是非不明确的问题。这样国家司法就无法为社会司法提供标准，从而导致调解不能发挥其应有作用。近些年，最高人民法院也意识到了这一问题，连续几年最高人民法院工作报告都强调具体案件的社会导向、明确是非功能作用。在“劝诫电梯”“偷采水仙”等案件中，人民法院都强调明确是非。人民法院回归国家司法职能，发挥“定分止争”核心功能作用后，调解的东方经验一定会更加发扬光大，为社会主义法治国家建设提供更多助益。

（二）仲裁

仲裁是一种法律解决纠纷制度，是指由双方当事人协议将争议提交给仲裁机构，由仲裁机构对争议的是非曲直进行评判并作出裁决的一种解决争议的方法。仲裁不同于审判的强制性，而需要双方当事人事先或者事前达成仲裁协议，否则，仲裁机构受理案件就没有法律依据。仲裁制度不同于审判制度的另一个显著特征是缺少审级制度，而实行一裁终局制度。

仲裁可以适用的范围有限，一般仅限于民事纠纷，而且并非所有民事纠纷，

---

〔1〕 黄宗智：《再论调解及中西正义体系融合之路》，载《中外法学》2021年第1期。

都可以纳入仲裁范围。《仲裁法》第 2 条规定:“平等主体的公民、法人和其他组织之间发生的合同纠纷和其他财产权益纠纷,可以仲裁。”这里明确了可仲裁纠纷的两个特征:一是发生纠纷的双方当事人必须是民事主体,包括国内外法人、自然人和其他合法的具有独立主体资格的组织;二是仲裁范围必须是合同纠纷和其他财产权益纠纷。人身人格、婚姻家庭纠纷是不能适用仲裁的。

当事人有仲裁协议或仲裁条款,就有权依照仲裁协议或仲裁条款向约定的仲裁机构申请仲裁。仲裁采用独任仲裁员或者合议仲裁员方式进行审理。而且仲裁协议或者仲裁条款具有独立性,所谓独立性的含义在于:即使当事人之间仲裁协议或者仲裁条款指向的法律关系无效,也不影响仲裁条款或仲裁协议的有效性。仲裁约定虽然可以排除人民法院管辖,但当事人约定了仲裁,并非一定会实施仲裁。因为,如果一方当事人提起诉讼被人民法院受理,另一方也不提出有仲裁条款或仲裁协议并进行答辩,则视为当事人双方接受人民法院管辖,人民法院对案件的审理不视为管辖违法。

仲裁有很强的准国家司法性质,但从根本上它仍然属于社会司法范围。第一,仲裁的开启必须由当事人协商,而且协商必须明确至有具体的仲裁机构;第二,仲裁机构属于社会团队,仲裁庭裁决的权威性源于当事人自愿;第三,仲裁的终局效力,是通过特别法即仲裁法予以明确,从而区分为国家诉讼程序。

仲裁与国家司法之间的关系,更多地呈现一种单向监督关系。仲裁裁决可以作为执行依据申请人民法院强制执行。但是当事人如果对仲裁不服,仍然可以申请仲裁机构所在地中级人民法院撤销仲裁裁决或者要求执行机构不予执行仲裁裁决。理论上,是否撤销仲裁或者不予执行仲裁裁决,人民法院只有权进行有限形式和程序审查。但是实践中有些争议较大的纠纷,少数时候,人民法院也会以撤销或者不予执行仲裁裁决并不会实质影响当事人的权利义务为由,超越形式审查,不予执行或撤销仲裁裁决,使当事人之间的纠纷只能再次通过诉讼解决。约束国家司法对于仲裁的干预,仍然是一个重要课题,可能的方向是细化形式审查的标准和具体事由,同时明确仲裁显著不当的标准。国家司法必须恰当监督仲裁,才能形成两者良性互动,否则,仲裁制度就不能起到很好的作用。

(三)公证债权文书

如果说仲裁制度是当事人约定发生纠纷后,一方当事人可以提请仲裁机构裁决纠纷。那么,公证债权文书制度,就是在纠纷产生前通过合意赋予债权人无须其他程序而可以直接申请强制执行的一种法律制度。

所谓公证债权文书,是指根据《公证法》第37条第1款规定,经公证赋予强制执行效力的债权文书。《公证法》第37条第1款规定:"对经公证的以给付为内容并载明债务人愿意接受强制执行承诺的债权文书,债务人不履行或者履行不适当的,债权人可以依法向有管辖权的人民法院申请执行。"公证债权文书能够解决的纠纷不仅限于民事纠纷,对于拆迁安置协议等经公证的文书,只要义务人作出愿意接受强制执行承诺都可以适用。

赋予强制执行效力的公证债权文书,也面临着与国家司法的关系。目前按照通说,只要约定了赋予强制执行效力的公证,人民法院便不会受理纠纷,即使受理也会驳回起诉。我国司法解释历来将赋予强制执行效力的公证债权文书排斥在直接诉讼之外。即除非赋予强制执行效力的公证债权文书被确定为不可执行:比如不予出具执行证书、被裁定不予执行,否则债权人抑或债务人均不得就公证书涉及债权债务提起诉讼。[1] 但是,实践中即使存在公证债权文书很多原告仍然愿意提起诉讼,赋予强制执行效力的公证债权文书究竟是给予了债权人一个债权还是限制了债权人的诉权,两者是否存在冲突? 而且债权人有了赋予强制执行效力的公证债权文书的便利,自己愿意放弃法院审理是否可以拒绝? 这些都值得研究。债权人是自己利益的最好照顾者,他们选择无视可以直接强制执行的权利,仍然提起诉讼,人民法院有无权力要求别人不得"舍近求远"? 这些都是值得认真研究的话题。[2]

债权人是否愿意直接申请强制执行,取决于人民法院对于公证债权文书的

---

〔1〕 最高人民法院《关于当事人对具有强制执行效力的公证债权文书的内容有争议提起诉讼人民法院是否受理问题的批复》(已失效)规定:"债权人或者债务人对该债权文书的内容有争议直接向人民法院提起民事诉讼的,人民法院不予受理。但公证债权文书确有错误,人民法院裁定不予执行的,当事人、公证事项的利害关系人可以就争议内容向人民法院提起民事诉讼。"最高人民法院《关于审理涉及公证活动相关民事案件的若干规定》第3条第2款规定:"当事人、公证事项的利害关系人对具有强制执行效力的公证债权文书的民事权利义务有争议直接向人民法院提起民事诉讼的,人民法院依法不予受理。但是,公证债权文书被人民法院裁定不予执行的除外。"最高人民法院《关于公证债权文书执行若干问题的规定》第8条规定:"公证机构决定不予出具执行证书的,当事人可以就公证债权文书涉及的民事权利义务争议直接向人民法院提起诉讼。"

〔2〕 也有案例给出了不一样的结论,如最高人民法院(2014)民二终字第199号判决书、上海市高级人民法院(2018)沪民终564号民事裁定书、最高人民法院(2018)最高法民申3723号民事裁定书。

司法审查情况。公证债权文书并非法定程序,其主要以双方当事人意思自治为准,意思自治难免部分存在问题,国家司法的监督介入是必要的;但监督审查过深、过广也会影响这项制度的存在。“通过法院的司法审查能够确保公证债权文书执行的实体及程序公正。公证债权文书执行本质上是公证权与司法权共同作用的场域,如何定位两种权力的关系,对公证债权文书司法审查的依据、范围、规则的确定均有重要影响。在司法审查的法理依据方面,公证权的公权性、软弱性及公正性分别决定了公证债权文书需要司法权的约束、保障及监督;在司法审查的范围方面,执行证书不应纳入司法审查范围而基础法律关系应当纳入;在司法审查的规则方面,法院应当遵循被动审查为原则、主动审查为例外,只做必要的程序审查,促进赋强公证发展等三项基本规则。”〔1〕

(四)“枫桥经验”(诉源治理等)

“枫桥经验”被表述为“发动和依靠群众,坚持矛盾不上交,就地解决”,也就是通过群众路线工作方法,做到纠纷就地解决。“纠纷就地解决”在中国具有悠久的历史传统。战国时期,商鞅在《商君书》中强调了纠纷就近解决对于国家治理的重要性,称“治国者贵下断,故以十里断者弱,以五里断者强”〔2〕。国家治理能在更小的范围解决纠纷,那么它会越来越强,相反就会被不断削弱。又称“行治曲断,以五里断者王,以十里断者强,宿治者削”〔3〕。是非曲直能在较小的范围被明确,就能称王于天下;如果纠纷在较大范围才能解决,国家最多保持一定实力;如果纠纷不能及时解决,就会越来越削弱国家统治。

“枫桥经验”是随着时代不断发展和丰富的,例如,诉源治理,在解决纠纷领域,只有诉内与诉外双重机制并举,才能变社会管理为社会治理。近年来,全国多地积极进行基层治理的本土化探索,人民法院也应当着力于诉源治理,将纠纷化解在萌芽状态。社会个体及各种机构对纠纷的预防化解所采取的各项措施、方式和方法,使潜在纠纷和已出现纠纷的当事人相关利益和冲突得以调

---

〔1〕 段明:《论公正债权文书的司法审查——基于公证权与司法权的关系视角》,载《湘潭大学学报(哲学社会科学版)》2012 年第 2 期。

〔2〕《商君书·说民》。

〔3〕《商君书·靳令》。

和,进而减少诉讼性纠纷。[1] "枫桥经验"还孕育出社区警务新模式。[2] 再如,通过信用治理实现纠纷预防和化解,也可以看成是"枫桥经验"的发展。[3]

"枫桥经验"是通过社会各部门、各力量的协作,来实现纠纷化解于未然,化解于小处,在现代治理体系中具有重要地位和作用,也考验着现代治理能力。与其说"枫桥经验"是方法,不如说"枫桥经验"是思路,就是系统治理、系统研究、系统化解,而不是割裂思考、独立思考、布局思考。朝着这样的思路思考,"枫桥经验"的实践将更加丰富和立体。

三、小结

司法实践论,我们所谈论的司法既包括国家司法还包括社会司法。司法有广狭二义,狭义的司法指国家司法,即法院适用法律处理案件的活动;广义的司法除国家司法外,还包括社会司法。社会司法是一种由社会组织根据社会规则进行的化解纠纷的活动,它对基层社会秩序的稳定起着至关重要的作用。[4] 国家司法和社会司法的区分至关重要。长期以来,由于缺少国家司法和社会司法的区分,国家司法经常受到是"和稀泥"的指责,两者的区分恰恰从理论上说明了这个问题。国家司法的核心是供给裁判规则,"定分止争";社会司法的核心是供给纠纷解决平台,"定纷止争"。这种区分才适合司法的真实实践,才能指导司法实践。

国家司法通过审判权、审判管理权、审判监督权的运行,在具体的案件处理中,确立纠纷解决规则。当代诉讼审判的固有功能仍然是在当事人主义程序的保障下,准确地适用法律于正确认定的事实,通过明确地确定当事人之间的具体权利义务去解决纠纷。[5] 同时把一般原则加在规则之上的方式,能使规则形成一个有凝聚力的统一体,要实现这种统一体,则需要对那些负有制定、支

---

[1] 四川省成都市中级人民法院课题组:《内外共治:成都法院推进"诉源治理"的新路径》,载《法律适用》2019 年第 19 期。

[2] 崔永东:《基于法治战略视角看"枫桥经验"与基层社会治理的德性底蕴——兼论社区警务的战略意义》,载《山东警察学院学报》2020 年第 4 期。

[3] 崔永东:《信用司法的理论探究与制度进路》,载《政法论丛》2021 年第 3 期。

[4] 崔永东:《社会司法的理论反思和制度重建》,载《学术月刊》2017 年第 6 期。

[5] [日]田中成明:《现代社会与审判:民事诉讼的地位和作用》,郝振江译,北京大学出版社 2016 年版,第 281 页。

持、解释、适用和执行法律的任务的社会制度的活动方式有充分的理解。[1] 法官的职责是裁决个案,这种裁决是通过自身对社会深厚的理解,来解读规则促进社会整体秩序的形成,从而以个案处理抑制更多案件发生。

社会司法通过调解、仲裁等,提供纠纷解决机制平台,使已经由国家司法明确了的纠纷类型,得以在纠纷之外解决。以往大多数研究都针对国家司法的规律,这与社会司法自身的规律和特点有关,在将来的研究中,我们会对社会司法给予更多的关注。

〔1〕 [英]麦考密克、[澳]魏因贝格尔:《制度法论》,周叶谦译,中国政法大学出版社 1994 年版,第 91 页。

司法证据论

胡　萌*

在证据裁判原则之下，对于案件事实的认定要以证据为依据。在诉讼中，证据是当事人在法庭“修罗场”上针锋相对，致力于让事实认定者对其重构之案件事实产生内心确信的重要工具。事实是证明的起点，也是证据收集的指引。当一个案件被法院受理，诉讼“两造”均须在法庭上重构其所主张的故事版本，根据法律的预先分配承担相关证明责任，达到法定证明标准。在司法证明中，除了以证据证明的方法，还有推定、司法认知等作为司法证明的补充。

一、证据的基本概念与范畴

（一）证据的概念

在英美法系，对于证据的定义有三种观点。第一种观点是将证据定义为事实。如边沁认为，就其字义而言，证据是指出示给法官并希望在法官的脑海中产生某事实存在或不存在的说服效果的另外一种事实。[1] 第二种观点是对证据的形式进行较为详尽的列举。典型代表是美国各州证据法典，如美国加利福尼亚州证据法典对证据的定义是：“证据是指出示并用于证明某

---

* 华东政法大学司法学研究院助理研究员，法学博士。

〔1〕 Jeremy Bentham, *Introductory View of the Rationale of Evidence: For the Use of Non-Lawyers as well as Lawyers*, in the Works of Jeremy Bentham, Vol. Ⅵ, Simpkin, Marshall, & Co., London, p. 7. 转引自易延友：《证据法学：原则 · 规则 · 案例》，法律出版社 2017 年版，第 4 页。

一事实存在或不存在的证人证言、书面文件、实质性物体或者其他事物。"[1]第三种观点是将证据定义为一种方法或一种"东西"。如布莱克斯通认为,证据是指使争议中的事实或论点得到证明、变得清晰或被确定为真相的东西。[2]

在我国的立法中,《刑事诉讼法》对于证据的定义发生了认识论上的变化。1979 年和 1996 年的《刑事诉讼法》均规定:"能够证明案件真实情况的一切事实,都是证据。"而 2012 年《刑事诉讼法》第 48 条第 1 款和 2018 年《刑事诉讼法》第 50 条第 1 款均规定:"可以用于证明案件事实的材料,都是证据。"立法对于证据本质的认识从"事实说"转变为"材料说",很大程度上受到法律真实与客观真实之争的影响。追求绝对的客观真相不符合人类的认识规律,从司法现实来看,人所能认识的只是法律真实。对于证据本质的这一新认识,也对整个司法证明的过程产生了重要影响,尤其是能够更理性地认识证据应呈现的形式、所发挥的证明效果,对于认识能力局限性的正确认知能够强化程序正义对结果正义的保障作用,提高事实认定的准确性。

(二)证据的属性之争

证据属性是 20 世纪 80 年代和 90 年代我国诉讼法学界和证据法学界讨论得非常热烈的一个理论问题。传统证据法理论中,证据属性存在"两性说"与"三性说"。新中国第一部"统编"证据学教材就明言,证据的两个基本属性是"证据是客观存在的事实"(客观性)和"证据是与案情有联系的事实"(关联性)。[3] 持"三性说"者则认为,证据具有客观性、相关性和合法性三种属性,法律性是将诉讼证据与一般证据区分开来的基本属性。[4]

而根据我国证据法学理论研究的新近发展,已有学者对证据属性的传统理论进行了批判性反思,认为所谓的证据"两性说""三性说"并不是证据本身所具有的本质属性。其中,客观性已为法律的定义性规范所修正,合法性只是一

---

[1] 美国加利福尼亚州证据法典(Cal. Evid. Code)140 章。转引自易延友:《证据法学:原则 · 规则 · 案例》,法律出版社 2017 年版,第 4 页。

[2] Blackstone, Commentaries on the Law of England 367(1768). 转引自易延友:《证据法学:原则 · 规则 · 案例》,法律出版社 2017 年版,第 4 页。

[3] 巫宇甦主编:《证据学》,群众出版社 1985 年版,第 67 – 69 页。

[4] 樊崇义主编:《证据法学》(第 4 版),法律出版社 2008 年版,第 141 页。

种程序性规范,即使关联性也只是证据的外部属性而非本质属性。[1] 也有学者提出,证据的关联性、合法性、真实性并非证据的本质属性,而是司法人员审查判断的标准要素。[2] 本文亦认同,上述三个要素是法官采信证据作为定案依据的标准,而非准许其进入法庭的可采性标准。

事实上,证据只要与案件待证事实相关,具有表面真实性,且不属于排除规则的范围,即具有可采性。因此,对于诉讼中的证据,其可采性与证明力是事实认定者审查判断的两个维度。原则上来讲,与案件待证事实具有相关性的材料均具有可采性。如美国《联邦证据规则》第 402 条规定,“相关证据具有可采性,下列规定另有规定者除外……”[3]“相关性的核心问题是,一个证据性事实能否与事实认定者先前的知识和经验联系起来,从而允许该事实认定者理性地处理并理解该证据”。[4] 而具有可采性的证据是否可以被采信或者被作为定案依据,则需要经过质证,由事实认定者进行审查判断。

(三)证据的法定种类

综合三大诉讼法的规定,证据的法定种类可以概括为七类。

1. 物证

物证是以其物理属性,包括外部特征、存在场所等证明案件事实的物体或物质痕迹,如杀人工具、非法制造的枪支弹药、被损害的物品、指纹、体液等。

2. 书证

书证是以其所记载或表达的思想内容来证明案件真实情况的符号,一般存在于特定载体上。由于书证大多记载于一定载体,因而其与物证的主要区别在于,书证以其记载和表达的思想内容来证明案件情况,而物证以其本身的物理特性来证明案件情况,一个证据可以同时属于物证和书证。

3. 证人证言

证人是指在诉讼中以其亲身经历证明案件事实的人。在英美法系国家,当事人作为对案件事实具有亲身经历的人也被作为证人;除了以其亲身经历作证

---

〔1〕 易延友:《证据法学:原则 · 规则 · 案例》,法律出版社 2017 年版,第 12 页。
〔2〕 何家弘、马丽莎:《证据“属性”的学理重述》,载《清华法学》2020 年第 4 期。
〔3〕 王进喜:《美国〈联邦证据规则〉(2011 年重塑版)条解》,中国法制出版社 2012 年版,第 62 页。
〔4〕 [美]罗纳德 · J. 艾伦:《证据的相关性和可采性》,张保生、强卉译,载《证据科学》2010 年第 3 期。

的一般证人，还有以出具专家意见来作证的专家证人。在我国，证人是最狭义的分类，不包括当事人和专家证人。在民事、行政诉讼中，证人有义务向法院提供证言；在刑事诉讼中，证人还须配合公安机关、检察机关调查案件。

4. 当事人陈述，犯罪嫌疑人、被告人供述与辩解，被害人陈述

当事人陈述是民事、行政诉讼中的概念，包括原告和被告的陈述；在刑事诉讼中，包括犯罪嫌疑人、被告人供述与辩解和被害人陈述。审查起诉前被称为犯罪嫌疑人，提起公诉后称为被告人，以体现“未经法院定罪任何人都不得被认为有罪”的司法理念。有学者认为，当事人与证人有根本区别；也有学者认为，两种主体虽存在根本区别，但这一区别在证据法上意义不大。[1]

5. 鉴定意见

鉴定意见是具有专门知识的人对诉讼中的专门问题作出的鉴定意见或检验报告。在英美法系国家，专家证人是指具有专家资格，并被允许帮助陪审团理解某些普通人难以理解的复杂的专业性问题的证人，专家证言是指专家提供的意见证据。[2] 根据普通法传统，意见证据通常不具有可采性，但是专家意见作为意见证据规则的例外具有可采性。[3] 在我国，刑事诉讼中鉴定人须接受公安机关、人民检察院和人民法院指定或者聘请，被害人无权自行聘请鉴定人出具鉴定意见。

6. 勘验、检查、辨认、侦查实验等笔录

刑事诉讼中的勘验、检查笔录，辨认笔录和侦查实验笔录是指侦查人员依法对与犯罪有关的场所、物品、人身、尸体等进行勘验、检验、辨认或者实施侦查实验的情况所作的记载。包括对现场进行勘验的笔录、对人身或者尸体进行检查的笔录、对侦查实验的实施情况所作的笔录以及对犯罪嫌疑人、被告人进行辨认所作的笔录。在民事诉讼中，仅存在勘验笔录这一种，行政诉讼中还包括现场笔录。

7. 视听资料、电子证据

视听资料是以特定载体为存储设备，以图像、声音等内容来证明案件真实

---

〔1〕 易延友：《证据法学：原则 · 规则 · 案例》，法律出版社 2017 年版，第 15 页。

〔2〕 薛波主编：《元照英美法词典》，北京大学出版社 2016 年版，第 515 页。

〔3〕 王进喜：《美国〈联邦证据规则〉(2011 年重塑版)条解》，中国法制出版社 2012 年版，第 213 页。

情况的证据。常见的视听资料包括录音、录像资料,可以储存在磁带中,也可以储存在电子载体中。对于询问证人、被害人以及讯问犯罪嫌疑人、被告人时的录像,如果用来证明其所陈述的与案情相关的内容,则为相关言词证据;如果用来证明被询问(讯问)人员是否有违法行为,则属于视听资料。

二、证据制度的历史沿革

法国学者埃斯曼认为,人类证据制度大概经历了五个阶段。第一个阶段为种族阶段(ethnical phase),家族之间、种群之间相互持有敌意,只受到原始的以个人印象为基础的经验主义的影响,当场抓获是最典型的证明程序。第二个阶段为宗教阶段(religious phase),任何刑法都以上帝的名义作出,其典型的方式是考验,如水审、火审。第三个阶段是法律阶段(legal phase),法律预先规定了证据的形式以及所要达到的证明程度,口供被视为证据之王,刑讯属于合法方式。第四个阶段是感性阶段(sentimental phase),事实认定者的内心确信成为证明的方式。第五个阶段是科学阶段(scientific phase),科学专家在司法证明中发挥着重要作用。[1] 当代英美法系国家与大陆法系国家的证据制度,是第三至第五阶段的特征的综合体现,同时由于各自法律传统的不同而发展出不同的证据制度体系。

(一)神示证据制度

神示证据制度又称无证据认定事实的制度,指神意判决、决斗等方法的总称。这一制度产生于原始社会末期,盛行于古代奴隶制国家和欧洲中世纪前期的封建制国家。神示证据制度追求的是迷信真实,是基于崇拜神灵而虚构出来的"真实",这种"真实"的实现仅仅是为了平息纷争。[2] 具体形式包括考验、决斗、共誓涤罪等。决斗是最古老且残忍的一种纠纷解决方式,广泛存在于日耳曼部落法的记载中。5 世纪左右的《勃艮第法典》规定:"只要一个人能够毫不迟疑地说出他知道事情的真相并且宣誓保证,他就不应当害怕决斗。"[3]

---

〔1〕 A. Esmein, *A History of Continental Criminal Procedure: With Special Reference to France*, The Lawbook Exchange, Ltd., Union, New Jersey, 2000, p. 617 – 619. 转引自易延友:《证据法学:原则·规则·案例》,法律出版社 2017 年版,第 39 页。

〔2〕 杨荣新、单云涛:《论诉讼证据制度》,载《政法论坛》1991 年第 5 期。

〔3〕 易延友:《证据法学:原则·规则·案例》,法律出版社 2017 年版,第 41 页。

水审与火审也是被广泛应用的纠纷解决方式。水审通常是将被告五花大绑投入水中,如果沉下去则证明其有罪,浮上来则证明其无罪。这一纠纷解决方式背后的迷信思想是水是至清纯净之物,如果一个人是无辜的,水会以自然之力将其解救。[1] 火审也是共享了这一观念,让一方或双方手握烧红的热铁,包扎数日后看是否腐烂,腐烂则有罪,反之则无罪。此外,共誓涤罪也是常见的证明方式,由双方各自找一些证人来帮助自己按照固定格式作出宣誓,如果一方当事人誓言破裂,则该方当事人败诉。上述证明方式大多是宗教的产物,认为上帝不会抛弃无辜的子民,这些方式的结果代表着上帝审判的意志。

(二)法定证据制度

随着人类文明的进步,人们开始在审判中利用证据作为发现真实的方法,由此产生了法定证据制度。法定证据制度在欧洲大陆的确立,经历了一个很漫长的时期,它是随着封建君主专制的集权制国家的建立而逐步发展起来的。16世纪时,欧洲大陆中央集权的君主专制制度的建立,对证据制度提出了新的要求。它要求证据制度不能继续成为封建领主们控制各地法院的手段,而必须变为加强王权的工具。法定证据制度和理论恰恰满足了这种要求。历史发展到16世纪,旧的证据制度也已经失去了存在的意义。随着人们认识水平的提高,诉讼活动的不断发展以及司法经验的积累,人们已经开始掌握了一些判断证据证明力的方法,为了摆脱神示证据的裁判方法,使在实践中摸索出来的一些基本规则得到普遍适用,客观上也就要求用法律的形式把这些规则固定下来。[2]

所谓法定证据制度,是指一切证据的取舍、证据力的大小等,预先都由法律予以规定,法官不能自己决定取舍和评断,法官运用证据查明案件事实时只要求符合法律规定的各种规则,并不要求符合案件的真实情况。例如,1875年《俄罗斯帝国法规全书》规定,男子的证言优于女子的证言;学者的证言优于非学者的证言;贵族的证言优于平民的证言;僧侣的证言优于世俗人的证言。这就是对证言的证明力作僵化规定,其背后是带有偏见的经验考虑,如女子爱说谎,学者一般不会说谎等。[3] 此外,立法对于被告人口供的证据要求导致刑讯

〔1〕 也有地方认为沉下去是无罪的,因为那象征被神圣的水所接纳。

〔2〕 汪建成:《证据制度之历史演变》,载《烟台大学学报(哲学社会科学版)》1988年第1期。

〔3〕 易延友:《证据法学:原则·规则·案例》,法律出版社2017年版,第45页。

逼供泛滥。与神示证据制度相比,法定证据制度无疑是一大进步,因为在认定事实的过程中开始融入人的理性与经验,但它往往过于机械,甚至以数学的方式衡量证据力的大小,如要证明主要事实,必须有两个证人,如果只有一个,则证据即属不足。这种证据制度追求的是形式真实,也就是仅仅从反映事物的形式中去寻求真实。〔1〕

(三)自由心证证据制度

法国大革命以后,资产阶级的民主与自由风行欧洲大陆。拿破仑时代的法国认为,法定证据制度是法制发展的阻碍,限制了法官的理性,因而予以放弃,其余大陆法系国家以及当时以法国法典为模式的拉丁美洲国家,也纷纷放弃了法定证据制度。资产阶级国家从其自身的利益出发,实行了自由心证证据制度。依照自由心证证据制度,证据的取舍及其证明力的大小,法律不预先加以机械的规定,而由法官根据自己的良心、感悟等自由判断。法国 1808 年颁布的《刑事诉讼法典》第 342 条规定:"法律不责问审判官形成确信的理由,也不规定他们应该特别依据全部足够证据的规则,法律仅规定审判官必须冷静地沉思,向自己提问并根据理智,根据已取得的反对受审人的证据及其答辩理由,以真诚之心探求浮现出什么印象。法律只向审判官员们提出唯一的一个包含衡量他们全部职责的问题:你们具有内心确信吗?"〔2〕

但在英美法系国家,由于不存在法定证据制度的传统,陪审团制度从形成伊始就是通过作为陪审员的证人对于案件事实的发现,以及后来依靠当事人传唤证人、出示证据来形成内心确信。当陪审团不再是一个在信息方面自给自足的团体,成为评价证据并认定事实的主体,便为普通法上证据规则的建立与完善提供了契机,英美法系国家逐渐形成了以可采性规则为核心的证据规则体系,并开始了法典化。

三、证据的可采性规则

证据法的理论基础首先应当是认识论,以发现真实为目标,形成有利于提高事实发现与事实认定准确性的规则体系。同时,在一些具体规则的适用中需

〔1〕 杨荣新、单云涛:《论诉讼证据制度》,载《政法论坛》1991 年第 5 期。

〔2〕 汪建成:《证据制度之历史演变》,载《烟台大学学报(哲学社会科学版)》1988 年第 1 期。

要设计价值论,包括尊重与保障人权与人的基本利益诉求等。因此,证据法规则的核心部分是证据的可采性规则。相关性是判断证据是否可采的重要标准,但证据材料与案件事实的相关性是一个逻辑与经验的问题,并非法律可以规范的对象。但是为了提高事实认定准确性,可以从方法论出发,对证据的最佳呈现、消除普遍偏见等方面的考虑制定相关可采性规则,以指导证据的提出与评价活动。

(一)最佳证据规则

最佳证据规则(best evidence rule)是起源于18世纪的英国证据法中一项古老的证据规则。在中世纪,证言是法庭所接受的唯一证据形式,文书被认为是传闻证据而不可采(当文书用以证明其所记载的内容时,因其产生于法庭之外而被归为传闻证据)。英国证据法学家Thayer认为,"最佳证据"一词最早出现于1700年首席大法官Holt的论述中,即"仅仅需要事物本身所能具有的最佳证据"。而彼时的最佳证据便是证人证言。随着社会的发展,越来越多的机构组织以书面形式保存业务记录,当熟悉相关记录的雇员无法出庭作证时,这些组织机构要求法庭采纳书面记录代替证言。迫于这一现实给法庭带来的压力,业务记录成为传闻证据的例外,这也使得对最佳证据规则的传统适用予以变通成为必需。[1]

根据英国《1999年民事诉讼规则》第31.4条的规定,书证除包括书写本外,还包括图画、照片、录音磁带、计算机磁盘、微缩胶片、传真、光盘、电子记录等。但在实践中,最佳证据规则仅适用于狭义的文书证据。在1982年的Kajala v. Noble案中,被告人被指控在索特沃发生的骚乱过程中向警察投掷投射物。一名控方证人通过观看BBC新闻而指认被告人参与了此次骚乱活动。但是,由于BBC规定了影片原件不可带出公司,控方只提交了新闻录像带的副本,并被法庭采信。在上诉中,被告主张根据最佳证据规则,控方应提交新闻录像原件,副本不应被采纳。上诉法院认为,最佳证据规则仅适用于"书写文书",不适用于录音带及影片。[2]

这与美国证据法有显著差异,美国《联邦证据规则》第1002条明确规定:

---

〔1〕 胡萌:《英国最佳证据规则的兴衰》,载《人民法院报》2019年6月14日,第8版。
〔2〕 胡萌:《英国最佳证据规则的兴衰》,载《人民法院报》2019年6月14日,第8版。

“为证明文字、录音或照相的内容,要求提供该文字、录音或照相的原件,除非本证据规则或国会立法另有规定。”书证是以其所载之内容含义来证明案件事实,音像类证据是通过特定设备所存储的声音、图像、影像来呈现所要证明的内容。正是因为音像类证据要借助一定的介质来呈现其内容,而其内容的可复制性与复制过程中易被人为改变的特性,使原件对这一证据种类具有重要的意义。

随着科技的发展及其所引起的证据种类的不断创新,证据的收集、出示与审查判断规则均受到影响。在英国证据法中,电子记录属于文书证据的一种,但由于其产生或存储于计算机中,输出文本的原件与复制件的界定与其他文书证据存在差异,应否适用最佳证据规则以确保其准确性成为一个特殊问题。在美国,美国《联邦证据规则》第 1001 条规定:“如果数据储存在电脑或类似设备中,任何从电脑中打印或输出的能准确反映有关数据的可读物,均为‘原件’。”而加拿大《1998 年统一电子证据法》创设了“电子记录系统完整性”标准来解释电子证据中的最佳证据要求,系统的可靠性可以代替记录的可靠性,因为这种可靠性有准确性、完整性来保障。最佳证据规则经历了兴衰,但作为一种理念,即提供根据案件性质所要求的最佳证据,对事实认定仍具有重要意义。

(二)验真规则

验真(authentication)是证据可采性的先决条件,在英美证据规则中被作为证据可采的铺垫性证明。例如,美国《联邦证据规则》第 901 条(a)规定:“为满足对证据进行验真或者辨认的要求,证据提出者必须提出足以支持该证据系证据提出者所主张证据之认定的证据。”[1]验真要求举证方首先证明其出示的证据就是其所声称的那个证据,所欲表达的是证据与案件之关联性的真实存在。[2] 因此,验真是相关性要求更为具体的适用,是相关性的特别方面。而验真所要求的证明标准是“表面真实”,即一个正常理性的人在了解这些信息的基础上会合理地信以为真。[3] 验真是一种初像的证明,是一种形式

〔1〕 王进喜:《美国〈联邦证据规则〉(2011 年重塑版)条解》,中国法制出版社 2012 年版,第 309 页。

〔2〕 Ronald J. Allen, Richard B. Kuhns and Eleanor Swift, *Evidence: Text, Cases, and Problems*, 3rd ed. 2002, p. 208.

〔3〕 易延友:《证据法学:原则 · 规则 · 案例》,法律出版社 2017 年版,第 429 页。

性的初步筛查机制,不是证据真实性的终局证明;通过了验证的证据可以被采纳,但不必然被采信。物证、文书、展示性证据、电子证据均存在需要验真的情况。

物证如果有一些明显的、直接的可辨认属性,则可以通过对其本身进行辨认达到验真的效果。如果不能通过即兴地辨认来验真,就只能通过建立起监管拉链条的方法来验真。自我验真是验真方式的一种,是通过事物自身的一些特征来达到表面真实的效果。[1] 例如,美国《联邦证据规则》第 901 条(b)关于验真方法的示例第 4 项"与众不同的特征及类似特点",即通过证据与环境相联系的外观、内容、实质、内部结构或者其他与众不同的特征进行验真;第 9 项规定:描述用于产生某种结果的过程或者系统,并表明该过程或者系统产生了准确的结果的证据,可以用于验真,包括描述 X 光、照片、录像、计算机记录等形成过程的准确性的证据。[2] 文书证据的验真可以通过证人作证、非专家对笔迹的辨认、法官或专家的比对以及通过保管年限、保管状况或保管地点等方式验真。

传统电子证据因易伪造、易篡改,在诉讼中往往真实性存疑。尤其是,传统电子证据在法庭上示证时,通常需要借助一定的媒介,如转存、打印成书证等,使这些经转化的电子数据与原始数据是否一致难以判断。"易失真论"导致许多体系完备的电子数据被直接排除,而"唯科技论"则导致许多虚假、被篡改的电子证据流入法庭。[3] 在采纳该类证据中,需要借助第三方鉴定、公证的方式进行验真,增加了诉讼的时间与费用成本。

而区块链技术可以实现电子数据的自我验真。一方面,可以利用自身独特的技术特征、内部结构使证据得以验真。区块链基于共识算法建立了节点间的信任关系,区块链主链上每加入一个新的区块,全网所有的节点都会根据共识算法自动同步更新这个区块的数据信息,保证节点存储的数据与区块链上的一致。每个节点在参与记录的同时也验证着其他节点记录结果的准确性,亦即,每个节点均可监督电子数据的传输与存储。[4] 另一方面,电子数据在各区块

[1] 易延友:《证据法学:原则·规则·案例》,法律出版社 2017 年版,第 431 页。

[2] 王进喜:《美国〈联邦证据规则〉(2011 年重塑版)条解》,中国法制出版社 2012 年版,第 310、314 页。

[3] 张可:《论电子数据的孤证禁止规则:一个初步的探讨》,载《中国刑事法杂志》2020 年第 1 期。

[4] 曾昕、刘滔:《区块链司法存证体系研究》,载《网络空间安全》2019 年第 7 期。

间传输过程中形成的每一个时间戳，实现了全节点实时监控，过程不可逆，篡改会留痕，这一技术特征使其本身可对交易过程进行客观、准确地描述，从而完成自我验真。正如有学者所提出的：区块链存证提供了一种保证电子证据真实性，进而保证其法律效力的特殊机制。[1]

（三）证人作证与交叉询问

证人证言是最常见也是最普遍的证据种类，属于言词证据，涉及证人的作证资格、作证能力、证人宣誓与具结规则、交叉询问规则以及诘问与弹劾规则。

在作证资格问题上，对于案件事实具有亲身经历的人一般都可以成为证人，强调对案件事实的亲历性。普通法上曾经存在很多特定人员被取消作证资格的情形。例如，当事人与案件的处理结果有直接利害关系，被认为会有强烈的说谎动机，因而应被取消作证资格。美国《联邦证据规则》第 601 条规定："除非本规则另有规定，任何人均有资格作证。"[2]但是，与案件有利害关系、领取了报酬等可以作为弹劾证人证言可信性的因素。同时，美国《联邦证据规则》第 605 条规定，法官不得在其主持的庭审案件中作证。也就是说，如果法官是某案件事实的目击证人，则其不得主持该案件的审判，而是优先充当证人角色。

作证能力是对证人行为能力提出的要求。一是对于如实作证义务有能力加以理解；二是在争议事件发生时该证人对于观察该事件不存在生理上和精神上的障碍；三是对于观察到的事件具有足够的记忆能力；四是能够将观察到的记忆中的事实转变为语言加以陈述。[3] 即使满足上述条件，也可能因为环境昏暗、距离较远等原因而客观上导致观察与认知有偏差。对于儿童的作证能力问题，美国《联邦证据规则》没有作专门限制，与一般证人作证能力要求统一适用。我国《刑事诉讼法》第 62 条第 2 款规定："生理上、精神上有缺陷或者年幼，不能辨别是非、不能正确表达的人，不能作证人。"其中，不能辨别是非、不能正确表达应当是判断其不具有作证能力的关键，因而该规定涉及人群并不必然不具备作证能力，体现了尽可能采纳一切能够证明案件事实的证据的理念。

在英美法系国家，证人作证之前必须宣誓或者具结。一是让证人通过这一

---

〔1〕 刘品新：《论区块链存证的制度价值》，载《档案学通讯》2020 年第 1 期。

〔2〕 王进喜：《美国〈联邦证据规则〉（2011 年重塑版）条解》，中国法制出版社 2012 年版，第 152 页。

〔3〕 易延友：《证据法学：原则 · 规则 · 案例》，法律出版社 2017 年版，第 178 页。

仪式感受到出庭作证的严肃性,促使其如实作证;二是让其了解作伪证应承担的后果。宣誓的理论基础经历了从客观基础到主观基础的转变,主要是受到宗教观念改变的影响。传统上,宣誓的理论基础可以概括为“提请上帝注意于证人”;如今,宣誓的理论基础为“提请证人注意于上帝”。[1] 信仰任何宗教的证人都可以以自己宗教允许的习惯来宣誓。我国《刑事诉讼法》第 194 条第 1 款规定:“证人作证,审判人员应当告知他要如实地提供证言和有意作伪证或者隐匿罪证要负的法律责任。……”最高人民法院《关于适用〈中华人民共和国刑事诉讼法〉的解释》第 258 条规定:“……证人应当保证向法庭如实提供证言,并在保证书上签名。”最高人民法院《关于适用〈中华人民共和国民事诉讼法〉的解释》第 120 条规定,证人拒绝签署如实作证保证书的,不得作证。

英美法系国家要求证人应向法庭陈述案情,当事人对己方传唤的证人的询问为直接询问或主询问,对方当事人对该证人的询问被称为交叉询问。在直接询问中,一个重要的规则是禁止诱导性询问,如美国《联邦证据规则》第 611 条的规定。诱导性询问是包含了它自身想要得到的答案的询问,主要是为了防止律师以自己想要的方式而不是证人自己的方式向法庭展示案情。[2] 我国法庭上也严格禁止诱导性问题和误导性问题。《人民检察院刑事诉讼规则》第 402 条第 1 款规定:“讯问被告人、询问证人不得采取可能影响陈述或者证言客观真实的诱导性发问以及其他不当发问方式。”若辩护人有上述行为,公诉人可以要求审判长制止或者要求对该项陈述或者证言不予采纳。交叉询问是反对方当事人及其律师对证人的发问,以澄清事实、弹劾证人等,因而允许进行诱导性询问;除提问有关可信度问题外,其范围受到直接询问的范围限制。

(四)专家证言/鉴定意见

在英美法系国家,专家证人是指具有专家资格,并被允许帮助陪审团理解某些普通人难以理解的复杂的专业性问题的证人,专家证言是指专家提供的意见证据。[3] 根据普通法传统,意见证据通常不具有可采性,但是专家意见作为

〔1〕 易延友:《证据法学:原则·规则·案例》,法律出版社 2017 年版,第 186 页。
〔2〕 易延友:《证据法学:原则·规则·案例》,法律出版社 2017 年版,第 187 页。
〔3〕 薛波主编:《元照英美法词典》,北京大学出版社 2016 年版,第 515 页。

意见证据规则的例外具有可采性。[1] 19 世纪和 20 世纪早期,法院依赖于市场的外行人对专家是否接受进行判断。正如 Faigman 教授所评论的,"对专门知识的保证,暗含在专家在(被接受)的行业或者职业中的成功上……如果一个人能够通过在市场上出售其知识而得以谋生,则这种专门知识就可能存在……就拥有专门知识的行业或者职业而言,该专门知识几乎总是伴随些许繁荣。事实上,市场通过赋予知识以商业价值,决定着有效的知识是否能够存在。与日常生活的活动相比,还有用于检验专门知识的更好的标准吗?日常生活有着巨大——与审判中的争端相比甚至更大——的关涉,消费者辛苦赚得的金钱反映了人们的决断"[2]。为了适用该标准,审判法官要调查专家是不是在市场上已经获得普遍接受的行业或者职业的一员。

1923 年的 Frye v. United States 案[3]确立了一项新的普通法规则:证据提出者在引入基于新兴科学技术的证言之前,必须证明该技术已经在相关科学领域内得到了普遍接受(general acceptance)。Frye 标准在 Daubert v. Merrell Dow Pharmaceuticals, Inc.[4]案中的适用遇到了障碍。一方面,Frye 标准确立于刑事案件,且在此之前只适用于刑事案件,罕见用于民事审判的案例;另一方面,Frye 标准的地位受到了质疑,因为 1975 年实施的美国《联邦证据规则》没有明确采纳 Frye 标准中的"普遍接受"。因此,Daubert 案被提到了联邦最高法院,Blackmun 大法官在 Daubert 案判决的多数意见中明确写道:美国《联邦证据规则》取代了 Frye 标准,该规则要求法官不仅要审视专家证言的相关性,还要审视其可靠性。Blackmun 大法官引用法学教授 Michael Green 以及哲学家 Karl Popper 的观点,提出了法院评估可靠性时可以灵活适用的四个标准因

---

[1] 王进喜:《美国〈联邦证据规则〉(2011 年重塑版)条解》,中国法制出版社 2012 年版,第 213 页。

[2] David L. Faigman, Michael J. Saks, Joseph Sanders & Edward K. Cheng, *Modern Scientific Evidence: The Law and Science of Expert Testimony*, § 1.2 (2010 - 11ed.). 转引自[美]Edward J. Imwinkelried:《论表象时代的终结》,王进喜译,载《证据科学》2011 年第 4 期。

[3] Frye v. United States, 293 F. 1013(D. C. Cir. 1923).

[4] Daubert v. Merrell Dow Pharms., Inc., 509 U. S. 579 (1993). 在该案中,原告 Jason Daubert 与 Eric Schuller 是具有严重先天缺陷的幼儿,他们同父母起诉 Merrell Dow 制药公司,声称天生缺陷是他们的母亲在怀孕期间服用了其销售的抗呕吐处方药盐酸双环胺(Bendectin)所致。被告提交了医生和流行病学家 Steven H. Lamm 的宣誓陈述书,Lamm 医生援引了关于盐酸双环胺与人类先天缺陷的 30 多种文献涉及 130,000 多位患者的研究,认为没有研究表明二者存在因果关系。原告提出了 8 位专家证人,依据动物细胞研究、活体研究以及化学结构分析,认为存在因果关系。法官依据"普遍接受"标准支持被告的专家意见。

素:(1)“可证伪性”,也就是说,提出的证据是否“能被检验或者已经接受了检验”;(2)已知或潜在的错误率;(3)同行评议与发表情况;(4)相关领域的普遍接受性(向 Frye 标准致意)。[1]

我国全国人民代表大会常务委员会《关于司法鉴定管理问题的决定》第 2 条对于从事司法鉴定业务的鉴定人和鉴定机构登记管理的业务范围作了规定,包括法医类、物证类、声像资料类以及根据需要由国务院司法行政部门商最高人民法院、最高人民检察院确定的其他应当实行登记管理的事项。第 17 条对上述鉴定业务类别作了更细致的定义,意味着对于上述领域要求出具专家鉴定意见。第 4 条对于可以申请从事司法鉴定业务的人员作了资质上的要求,体现出对于专家在学历、经历、年龄、资历上的权威性要求。我国刑事诉讼中鉴定意见的采信率非常高,[2]并存在严重的“涉鉴上访”问题。从少见的排除情况来看,主要是鉴定机构不符合相关法律规定、鉴定程序违法鉴定人应回避而未回避的、鉴定文书制作不符合相关法律规定等程序性问题。[3] 目前在理论上对鉴定意见的审查模式尚未达成共识,而司法实践中涉及的鉴定事项广泛,鉴定人出庭接受质证率低。[4] 在这种情形下,对鉴定意见证明力大小的评价并不理性,形式审查色彩较重,影响事实认定的准确性,有必要建立起一种实质审查模式。

(五)传闻证据规则

传闻证据规则是指传闻证据的排除规则。我国证据规则中并没有关于传闻证据的相关规定,但在英美法系国家,这是一个极其复杂的证据排除规则体系,并且存在较大争议。根据美国《联邦证据规则》第 802 条的规定,除非例外,传闻一般都要予以排除。传闻通常涉及两个及以上主体,包括作出传闻陈述的

---

[1] 王进喜:《美国〈联邦证据规则〉(2011 年重塑版)条解》,中国法制出版社 2012 年版,第 215 页。

[2] 依据公安部物证鉴定中心对于 2013 年至 2015 年在全国范围内的 495 份裁判文书中涉及其单位所出具的 621 份鉴定意见书进行分析发现,其所出具的鉴定意见绝大多数都被明确采信,其中毒品、声纹、年龄、电子物证及笔迹印章等方面的鉴定意见采信率高达 100%。相关学者在北京市司法鉴定行业社会调查的结果显示,在北京市各级人民法院办理案件涉及的 500 份裁判文书中,共有 485 份鉴定意见被采信,占 97%。15 份未被采信的鉴定意见中无任何一例是因为鉴定意见的科学性问题。参见刘道前:《基于学科维度的鉴定意见采信问题研究》,载《中国司法鉴定》2020 年第 2 期。

[3] 刘晓丹:《科学证据可采性规则研究》,载《证据科学》2012 年第 1 期。

[4] 郭华:《司法鉴定管理体制改革的现状反思与未来方向》,载《中国司法》2015 年第 11 期。

人和听传闻陈述的人。根据美国《联邦证据规则》第801条的规定,传闻就是证人或一方当事人在法庭上引述的传闻陈述人非在当下的法庭上作出的、用于证明其所包含的断定内容真实性的陈述。[1] 传闻证据之所以原则上要排除,一是因为传闻有可能失真,二是没有在法庭上接受交叉询问的质证过程,无法对其真实可靠性进行判断。

然而,传闻证据规则的核心却在于传闻证据排除的例外规定,包括不属于传闻的庭外陈述传闻的豁免以及传闻的例外。很多情况下,在法庭上援引一个证据其目的并不是为了证明这个陈述中所包含的断定内容的真实性,而是用来证明听说了这个传闻的人的心理状态,或者是用来说出这个传闻陈述的人的感觉或者知识,或者为了证明具有独立法律意涵的行为,或者用来弹劾证人证言的真实性。[2] 在上述情形中,庭外陈述并不符合传闻定义,因而被作为传闻排除规则的例外。而在传闻的豁免中,在普通法上对认为属于传闻的陈述不当作传闻来对待,从而使该类证据具有可采性。传闻的豁免有以下情形:

(1)先前不一致陈述。如果证人先前曾经做过不一致陈述,而该陈述被呈上法庭用来弹劾证人证言的可信度,则它不是传闻,具有可采性。

(2)先前一致的陈述。一方为了证明出庭作证的证人证言是可靠的,举出证据证明该证人在其他场合也说过类似的话,则这些庭外陈述具有可采性。

(3)先前有关身份认定的陈述。证人先前对当事人身份的指认,可以作为补强证据或者实质性证据被采纳。

(4)反对方当事人的自认。包括个人的明确自认,也包括通过行为或沉默、不予回应等消极方式作出的自认。经授权的自认、雇员或职员的自认、共犯的自认也属于这类范围。

美国《联邦证据规则》第803条规定了传闻例外的情形,包括当场印象、惊呼、当时的精神、情绪或身体状况、用于医学诊断或诊疗的陈述、经记录的记忆、日常活动的记录、缺乏日常行为记录的事实、公共记录、关于重要统计数据的公共记录、欠缺公共记录的事实、宗教组织关于个人或家庭历史的记录等。第804条规定了陈述人已经无法寻获时传闻可采的情形,包括陈述人主张特免权

---

[1] 王进喜:《美国〈联邦证据规则〉(2011年重塑版)条解》,中国法制出版社2012年版,第238页。

[2] 易延友:《证据法学:原则·规则·案例》,法律出版社2017年版,第339页。

获得允许，证人无视法庭命令拒不到庭，证人对传闻陈述相关的事项已经缺乏记忆，证人由于死亡、疾病等原因无法出庭，证人没有出庭作证且经合理努力仍不能出庭。[1]

四、证明责任与证明标准

（一）民事诉讼证明责任

我国民事诉讼证明责任理论，是借助于罗马法、苏联法、英美法系和大陆法系等多种域外理论资源发展起来的。我国学界所认同的大陆法系证明责任理论，主要就是罗森贝克、普维庭的理论。普维庭的"客观—主观证明责任体系"论说的基本概念构成是：证明责任分为客观证明责任与主观证明责任这两种基本类型；主观证明责任又分为主观抽象证明责任与主观具体证明责任；另外，客观证明责任与主观抽象证明责任又可合并在一起称为抽象证明责任，从而区别于具体证明责任即主观具体证明责任。[2] 该理论与罗马法的理论和英美法系的理论一样，皆认为证明责任应当包括行为责任与结果责任两个方面的内容。没有不利后果承担这一特征，就不可能称得上证明责任。因此，尽管法官在一定情况下要履行证据调查的职责，但是，在事实不清或未得到证明的情况下，法官并不会承担诉讼法上的不利后果，法官就不是承担证明责任的主体。[3]

主观证明责任又称行为责任或形式上的证明责任，是指当事人为避免遭受不利于己的判决而承担的、证明自己主张的事实是否存在的责任。在主观责任下，抽象责任是指抛开具体的诉讼程序和案件事实，就一个抽象的要件事实而言，应当由谁举出证据加以证明的责任；具体责任是指在一个特定的诉讼中，当法官对某一个特定要件事实已经形成了临时的心证，此时应由哪一方提供证据证明其主张的事实成立的责任。[4] 客观证明责任又称结果责任或实质上的证明责任，是指法律规定的要件事实在法律审理的最后阶段仍然真伪不明时，由对该要件事实负有主张责任的当事人承担不利后果的责任。[5]

---

[1] 王进喜：《美国〈联邦证据规则〉(2011年重塑版)条解》，中国法制出版社2012年版，第291页。

[2] [德]普维庭：《现代证明责任问题》，吴越译，法律出版社2006年版，第13－14页。

[3] 周洪波：《客观—主观证明责任体系解构》，载《法学家》2021年第1期。

[4] [德]汉斯·普维庭：《现代证明责任问题》，吴越译，法律出版社2000年版，第13页。

[5] [德]汉斯·普维庭：《现代证明责任问题》，吴越译，法律出版社2000年版，第22－36页。

(二)刑事诉讼证明责任

刑事诉讼中的证明责任理论主要受到英美法系的影响,包括说服责任与提证责任。说服责任是指在整个诉讼过程中提出证据证明主张事实之各个要素并使事实的裁判者相信该事实存在的责任,说服责任是兼具过程性质和结果性质的责任。[1] 英美法系国家的刑事诉讼中,一般原则是控方对指控犯罪事实的全部要件承担证明责任,并且要证明到排除合理怀疑的程度,而辩方无须承担证明责任。我国1979年和1996年的《刑事诉讼法》对于证明责任的分配未作规定,2018年《刑事诉讼法》第51条规定:"公诉案件中被告人有罪的举证责任由人民检察院承担,自诉案件中被告人有罪的举证责任由自诉人承担"。

英美法系证明责任中,提证责任是指当事人在诉讼不同阶段提出证据证明所主张或所反驳的事实使法庭相信该事实存在的责任。提证责任通常由承担说服责任的当事人承担。威格摩尔认为,提证责任的概念与陪审团审判这种二元制审判方式存在关联,体现着法官对陪审团的控制——并非所有的案件理所当然地应当由陪审团作出裁决;相反,只有那些有适当理由的案件,才能进入陪审团的视野。[2] 在诉讼中当事人将相关证据提交给法院,需要由法官认为有必要才会将相关问题提交给陪审团,这就是对当事人所要求的提证责任。未能使法官相信其拥有让陪审团考虑的足够证据,法官将直接判决该当事人败诉。

(三)行政诉讼证明责任

我国行政诉讼中的证明责任一般由被告方承担。《行政诉讼法》第34条规定:行政诉讼中,被告对作出的行政行为负有举证责任。最高人民法院《关于行政诉讼证据若干问题的规定》(以下简称《行政诉讼证据规定》)第1条规定:行政诉讼中的被告方应当在收到起诉状副本之日起10日内,提供据以作出被诉行政行为的全部证据和所依据的规范性文件;被告不提供或者无正当理由逾期提供证据的,视为被诉行政行为没有相应的证据。被告因不可抗力或者客观上不能控制的其他正当事由,不能在前款规定的期限内提供证据的,应当在收到

---

〔1〕 易延友:《证据法学:原则·规则·案例》,法律出版社2017年版,第478页。

〔2〕 John Henry Wigmore, *Evidence in Trial at Common Law*, Peter Tillers Rev., Little, Brown and Company, Boston, Toronto, Vol. 8, p. 293(1983). 转引自易延友:《证据法学:原则·规则·案例》,法律出版社2017年版,第482页。

起诉状副本之日起10日内向人民法院提出延期提供证据的书面申请。人民法院准许延期提供的,被告应当在正当事由消除后10日内提供证据。逾期提供的,视为被诉行政行为没有相应的证据。

《行政诉讼证据规定》第6条规定:原告可以提供证明被诉行政行为违法的证据。原告提供的证据不成立的,不免除被告对被诉行政行为合法性的举证责任。因此,原告可以举证证明被告行为违法,但是证据不成立的不会承担举证不能的后果。《行政诉讼法》第35条规定:在诉讼过程中,被告及其诉讼代理人不得自行向原告和证人收集证据。这主要是因为,行政行为应当建立在充分证据的基础上,而收集证据的行为应当在作出行政行为之前,因而此时并无向原告收集证据之必要。但是,原告仍应当对行政行为事实、损害事实的发生承担举证责任。

(四)证明标准

证明标准,是指承担证明责任的当事方为完成其证明责任、避免承担其主张不能成立之后果而对其主张应当予以证明,从而使法官对其主张之事实产生确信的程度。它要求的是举证方对于其证据在说服法官相信其所主张的事实存在方面应当达到的程度。因此,证明标准表述的是人类对于某种特定主张确信的程度。[1] 在美国法中,有关证明标准有三种:优势证明、清晰可信的证明和排除合理怀疑的证明。

我国刑事诉讼中的证明标准为"案件事实清楚、证据确实充分",以及在此基础上的"排除合理怀疑"。对于排除合理怀疑,一个经典的解释为美国马萨诸塞州首席大法官肖恩的说辞:"合理怀疑就是指,在对全部证据进行完全的比较和思量之后,在这种状态下陪审员脑海里留下的印象是,他们不能说他们感觉到,对于指控的事实真相,有必要将被告人予以定罪,达到如此的确定……证据必须将事实证明到理性的和盖然性的确定性——这是一种能够说服和指示理解能力,并且满足理性和判断力的确定性……只有这样我们才能说达到了排除合理怀疑的证明。"[2] 如果控方的证据已经达到了案件事实清楚、证据确实

[1] 易延友:《证据法学:原则·规则·案例》,法律出版社2017年版,第601页。

[2] Commonwealth v. Webster,59 Mass(5 Cush.)2951850. 转引自易延友:《证据法学:原则·规则·案例》,法律出版社2017年版,第604页。

充分的程度,自然也就排除了合理怀疑,这两个标准是一个事物的两个方面。

根据我国《刑事诉讼法》第55条第2款的规定,证据确实、充分应满足三个条件:(1)定罪量刑的事实都有证据证明;(2)据以定案的证据均经过法定程序查证属实;(3)综合全案证据,对所认定的事实已排除合理怀疑。此外,被告方虽不承担说服责任,但是对于被告方提出的积极辩护主张和一些程序性主张,如正当防卫、意外事故、无刑事责任年龄等,被告方承担提证责任。至于被告方对上述事项的证明标准,我国法律并无明文规定,一般认为只需达到优势证据标准,否则被告方会承担过重的举证责任,违背了刑事诉讼一般的证明责任要求。

在民事诉讼中,英美法系国家的证明标准为优势证据标准及清晰且有说服力的证据。当法官在评价证据、衡量事实时,并不是在原告方主张的事实更有可能还是被告方主张的事实更有可能之间进行衡量,而是在原告的主张更有可能为真还是更不可能为真之间进行衡量。清晰且有说服力的证据是介于优势证据和排除合理怀疑之间的证明标准,多用于审理欺诈案件或者当事人试图寻求惩罚性赔偿的案件。[1] 大陆法系国家的民事诉讼证明标准与刑事诉讼证明标准基本相同。我国《民事诉讼法》第156条规定:人民法院审理案件,其中一部分事实已经清楚,可以就该部分先行判决。结合第177条第1款关于上诉案件处理的规定,我国民事诉讼中的证明标准是事实清楚。根据《民事诉讼证据规定》的规定,法官应在原被告双方举出的证据之间进行衡量比较,对其中的证据的证明力占优势的一方当事人主张的事实加以确认。

五、推定与司法认知

推定是司法证明的重要方法之一。推定是指根据事实之间的常态联系,就某一事实存在推出另一不明事实存在。[2] 从推定的性质来看,首先,推定是对未知案件事实或争议事实的认定,属于司法活动中事实认定的范畴。其次,推定是以推理为桥梁的,对未知事实的间接认定。例如,在死亡推定中,法院根据某人失踪多年的事实间接得出其已死亡的事实认定结论。最后,推定是关于事

---

〔1〕 易延友:《证据法学:原则·规则·案例》,法律出版社2017年版,第624页。

〔2〕 陈光中主编:《证据法学》(第3版),法律出版社2015年版,第445页。

实的法律规定。法官在没有法律规定的情况下根据经验法则对未知事实作出的推断等不属于推定。[1] 推定在诉讼中的意义,主要是解决证明上的难题,尤其在没有相关证据或者已有证据无法达到证明标准时,以一种理性的方式避免悬而未决的事实认定状态。

司法认知,是指法官对于待认定的事实,在审判中不待当事人举证,直接予以确认为判决的依据。认知的主体仅指法官,是其行使审判权的一种方式;认知的对象是特定案件事实,这些事实具有法定性和有限性,须由法律作明确规定。司法认知的结果是可以反驳的,因为司法认知的对象与客观事实存在背离的可能性,因而法律允许在有证据证明的情况下对司法认知的事项予以反驳。司法认知可以免除当事人不必要的举证负担,同时也影响证明责任的分配。《民事诉讼证据规定》第 10 条即规定了民事诉讼中可以进行司法认知的事项,《人民检察院刑事诉讼规则》第 401 条规定了刑事诉讼中可以进行司法认知的事项。

〔1〕 何家弘、刘品新:《证据法学》,法律出版社 2019 年版,第 280 页。

民事司法论

葛天博*

民事司法学是以一定阶段内民事纠纷解决为对象,研究民事司法一般规律,促进民事司法理论与实践不断融合,推进民事司法体制机制不断趋向完善的一门学科。民事司法学的研究方法,是在坚持历史唯物主义辩证观的基础上,运用系统论,从政治、法治、德治、自治、智治五个维度,剖析民事司法理论,研究民事司法过程中如何提高民事司法资源效益,提升民事司法公信力,指导、引导、主导民事司法领域内民事司法秩序的建构,并通过民事司法的社会化,激活社会生活中的"活法",推进民事司法秩序的法治化生成。民事司法学的理论概况是关于民事司法学的研究对象、理论特征和未来发展的一般介绍,通过深入民事司法学研究对象的分析,能够更好地推进民事司法学理论的哲学思辨;通过对民事司法学理论特征的研究,可以增强民事司法学与其他学科的相互借鉴与理论吸收,并借此对民事司法实践产生具有现实意义的指导作用。通过对民事司法学理论未来发展的预测与问题界定,能够更好地在社会发展过程中促进民事司法体制机制对政治、经济、文化、社会建设等产生积极的法治意义。

一、民事司法学的研究对象

所谓对象,是主观认知状态下的具体指向,是可以被主体在

---

* 绍兴文理学院副教授,法学博士。

感知基础上能够被认知的存在。以对象作为性质载体的存在,既可以是无形的,也可以是有形的。无论是无形还是有形,对象具有历史性与唯物性的统一特性,正是对象的这一特性,人类主观的认知才有了价值和意义。民事司法学的研究对象,首先是民事司法这一范畴,其次是民事司法范畴下的概念体系。范畴、概念作为静止的对象,总是要在具体的民事司法活动中得以体现。民事司法是社会活动,自然社会发展到一定阶段总是需要一定的民事司法为之服务。因此,民事司法不能一成不变,而是要随着社会发展不断发展,这就构成了民事司法改革的面向。一言以蔽之,民事司法学的研究对象,简单地可以分为三个方面:民事司法规律、民事司法过程和民事司法改革。

(一)民事司法学是研究民事司法规律的理论

规律,在一般意义上可以被认为是具有普遍意义的法则,反映了客观事物在不断发展的过程中互相之间具有的本质联系。规律的普遍性、客观性、永恒性和必然性,决定了在各种必备条件完备的情况下,合乎规律的现象就会必然重复出现这一规律。司法是人类社会活动的一种,既不能离开司法的社会环境,也不能离开人作为主体的关系环境,因此,司法同样具有自己的特殊规律。司法规律是指在一定阶段之内,在相同的司法条件同时具备的前提下,同样的司法效果与司法影响会反复出现。在马克思主义经典作家看来,这种出现当然不是完全相同的出现,而是具有螺旋上升意义的必然结果的趋势。民事司法学研究的对象之一是民事司法规律。

在中国特色社会主义法治国家,经过70余年的法治建设,民事司法活动呈现一些可以作为规律总结的规律性特点。这些带有规律意义的特点,经过一段时间的民事司法检验,可以认为是我国民事司法的一般规律。

遵循法治是我国民事司法的规律性特点之一。自秦始皇统一中国以来,民事司法虽然存在民间调解机制,然而,民间调解所遵循的道德规范也是封建王朝自上而下推行的教化主张。从这个意义上讲,道德是封建王朝尚未纳入国家规范,却起到国家规范作用的"准国家规范"。因此,从道德发挥的作用和效果上来看,遵循法治是民事司法自古以来的一个特点。我国先后颁布了《民法通则》《民法总则》,直至2021年1月1日《民法典》实施。民事司法遵循法治的特点越来越明显,民间调解过程中以国家法律作为协商的背景越来越明显,调解人运用法律知识促使双方当事人和解的能力越来越强。

崇尚和谐是我国民事司法过程中被一以贯之的推崇的冲突化解理念之一。自公元前221年,秦始皇统一各国实行郡县制之后,郡县以下基层社会民事司法历来以“和为贵、忍为上”作为指导思想和处断原则。无论是官方的民事司法理念,还是基层社会的司法相对人对于民事司法的认知,以“和合”[1]为民事司法的核心原则被认为是应当被遵循的基本公理,并把那些不以“和合”为做人准则的人视为不明事理的人。这些不明事理的人,往往可能因为受到集体的否认而被边缘化,失去了得到乡里荫护的资格。实际上,以“和合”为核心的民事司法理念反映了集体主义共生价值观念,在当时社会交往受制于自然环境、科学技术、经济活动等多种元素的综合限制下,“和合”反映了地域世界观的安全意识,并渗入民事司法的认知中。这一“和合”理念在我国进入新时期之后转化为“和谐”社会建设理念,适应了新环境的发展需要,并逐渐在民事司法领域得到共识。“枫桥经验”所蕴含的民间司法、社会组织参与调解、警民联动等民事司法模式反映出传统民事司法文化现代转型的轨迹演变。

认可自治是我国民事司法过程中长期构建的一种基层社会秩序。自封建皇权体制形成之后,基层社会在民事冲突领域的自治成为千百年来的政治传统。至清朝时期,基层社会民事司法基本上采用“民调官定”[2]方式,即民间调解、官方认可的模式。一方面,鼓励基层社会民事司法秩序采取自治,地方的事情交由地方处理,民间的事情交由民间处理,在制度上则形成了以里正为代表的自治管理制度;另一方面,为了防止顽劣出尔反尔,影响基层社会民事司法秩序的正常发展,官方需要确认自治协议,从而赋予其国家权威,确保自治秩序的强制力。中华人民共和国成立之后建立了现代司法制度,我国民事司法领域以司法解释的形式确定了司法确认制度,[3]通过人民法院裁定,赋予了民事司法协议的法律性、国家性与司法性,维护了基层社会民事司法领域自治秩序的权威。随着国家治理能力和治理体系现代化建设的不断推进,特别是社会主义核

---

〔1〕 张立文:《中华和合人文精神的现代价值》,载《社会科学研究》1997年第5期。

〔2〕 李游:《从无讼到恢复性司法——以中西司法传统为视角》,中国政法大学2006年博士学位论文,第12页。

〔3〕 参见最高人民法院《关于人民调解协议司法确认程序的若干规定》。

心价值观不断融入社会生活的各个领域,人们的道德境界越来越高,基层社会民事司法自治秩序必然从自发追求、自发维护转向自觉构建、自觉维护。

(二)民事司法学是研究民事司法过程的理论

司法过程是司法主体为还原司法对象真相围绕事实与证据展开的以法律为依据的推理活动。司法过程的目标,从法理的角度来看,是将处于动态的权利义务关系通过司法这一具有公信力的公共产品恢复到法律认定的静止状态。一般而言,司法过程具有公开性、合法性、强制性等特点。公开性是指司法过程必须能够在众目睽睽之下,接受任何人的质疑;合法性是指司法过程的每一个环节、每一道程序和每一个裁定,都应该依法而为,司法主体的自由裁量权也是在公理或者法律原则内的有限"自由";强制性是指司法过程一经结束,其作出的司法判决即具有不可动摇的既判力,且这种既判力是以国家暴力作为支持的。

民事司法过程除却具有司法过程的一般特点之外,还具有自己基于民事司法的独特性而表现出来的特点。首先,民事司法过程不仅要体现合法性,而且要体现合理性。合理性在一般意义上被理解为司法判决理由应符合人情事理,实际上在民事司法过程中也要讲究合理性。司法过程的合法性主要体现在司法主体推进司法过程应遵循的法律规定,然而,当事人之间如何参与推进司法过程也有一个规定,这个规定既可以是法律层面上的,也可以是当事人之间认同的一些生活情理。如农村宅基地纠纷,按照国家司法程序应是原告、被告、证人等顺序推进司法过程,但实际上,在农村往往是先由村干部出面解释宅基地四至形成的政策规定,思忖参与人与在场的证人,然后,再由纠纷当事人说明争议原因,这样看起来与司法程序反向推进的司法过程,对于宅基地纠纷的解决不仅效率高,而且能够准确判断宅基地纠纷的起因是源自当事人还是源自当事人以外的因素。之所以会出现这样反向推理的情况,原因在于宅基地当事人是以村干部决定作为孰对孰错的判断标准的。所以,应当先把判断标准摆出来,然后再看争论事实和证据,分析原因,体现出农村这一基层社会围绕宅基地纠纷而形成的合理性。

其次,民事司法过程的强制性不仅源自国家法律的强制性规定,而且还伴随统一生活圈子里长期对某一行为定性判断达成的共识。在陌生人构成的民事司法过程中,由于各自对同一事物具有不同的判断标准,因此,国家法律标准成为必需的判断是非的标准。在熟人构成的民事司法过程中,总是能够找到双方共识的习俗。生成习俗的土壤中有当事人熟悉的"土规矩",这些看似登不上台面的"土规矩"恰好构成了双方对民事行为理解的纽带和标准。与此同时,这些"土规矩"也构成了评价一个人行为的标准。虽然这些"土规矩"不能对违背这些规矩的人实施直接强制,然而,遵守这些"土规矩"的人会把违反"土规矩"的人通过疏远或者断绝联系的方式,以边缘化冷漠的方式制造"看不见的惩罚"。与国家强制相比,维护"土规矩"的群体实施的隐形惩罚要比国家强制的惩罚范围更广一些,不仅触及本人,而且还影响到其家人。"父债子还"与现代民事司法理念比较,无疑违背了权利义务相对性原理。然而,"父债子不还"在基层社会生活中在众人中间留下的不只是父债问题,还有这个家庭的口碑评价。

通过研究民事司法过程,能够深化民事司法理论研究。研究民事司法过程,既是推进民事司法程序规范不断完善的需要,也是推进民事司法实体规范不断完善的过程。特别是民事司法过程涉及政策适用、情理适用等国家法律以外的非法律意义的调整性规范,尤其是对经济发展具有直接影响作用的政策。在变革的时代,特别是在当代中国,随着全球化的日益加剧和深化,经济活动不仅在规模上呈现巨量增长,而且在经济活动类型上和活动内容上也层出不穷,从而对民事司法产生了更多新类型的诉求。这些新类型民事司法的内容和疑难问题会在民事司法过程中一览无遗,这些新的问题既是先前司法理论面临的新问题,也是司法理论需要研究的新问题。

(三)民事司法学是研究民事司法改革的理论

司法是人类随着社会发展而不断深化认知、不断完善的社会实践,无论是回应型司法[1]还是政策型司法[2],一方面,法律的制定、修改、废止、认可等立法方面的变革,必然促使司法随之变动;另一方面,人们参与社会实践的深度推进了人们对司法规律的认知,对于司法正义提出了越来越高的期望和要求。来自立法的变革与来自正义的诉求,推动司法改革成为永恒的主题。民事司法作

〔1〕 [英]P.诺内特、P.塞尔兹尼克:《转变中的法律与社会:迈向回应型法》,张志铭译,中国政法大学出版社2004年版,第97页。

〔2〕 崔永东、葛天博:《司法改革范式与司法学研究》,载《现代法学》2018年第5期。

为司法体系中的构成面向之一,同样也时刻面对改革的要求。

民事司法机制融合,是综合推进民事司法效率与公正的方略之一。民事司法既包括国家主体意义上的司法,也包括社会主体意义上的司法。在国家主体意义上的司法,不仅包括以人民法院为主体的审判性质的司法,也包括以人民检察院、行政机关等通过行使国家权力参与民事解决的司法。社会主体意义上的司法主要是指民间调解、社会组织调解、自我协商调解、行业调解以及仲裁等通过自治方式化解民事纠纷的司法。前者是狭义理解的司法,后者是广义理解的司法。以行使国家权力的主体参与的国家司法和以行使自律功能的主体参与的民间司法分别形成了不同的民事司法机制。就民事司法力度而言,国家主导的民事司法刚性较民间司法强烈,可以这么认为,刚性是国家司法层面上民事司法的典型特征,民间司法则基本上远离刚性;就民事司法公信而言,“案多人少”一方面反映出司法能力供需关系紧张,另一方面也反映出国家民事司法的公信力要高于民间民事司法。然而,这一现象背后折射出了民间司法民事协议的执行力受到社会诚信的挑战。国家民事司法的强制性填补了民间民事司法当事人因为诚信而导致的执行“洼地”。然而,民间民事司法又有其独特的生存空间,并且对某些类型的案件发挥出国家民事司法不可替代的作用。[1]因此,民间民事司法机制与国家民事司法机制融合,共同发力于国家和社会治理,成为国家治理能力和治理体系现代化进程中不可绕过的研究视域。

民事司法程序是保障民事司法实体正义实现的秩序轨道,它是国家法治建设道路上必须不断完善的程序性内容。民事司法程序包括民事诉讼程序,又有别于民事诉讼程序。在现实生活中,民事司法程序的主要呈现状态是以民事诉讼程序为载体的。实际上,民事司法程序既要研究民事诉讼程序,又要研究民事诉讼程序以外的涉及民事司法的程序。例如,民间民事司法与国家民事司法的衔接。又如,国家民事司法运行过程中程序的转换,如公安机关针对社区内邻里纠纷主导调解与当事人一方提起司法诉讼的程序转接,以及公安机关此前

〔1〕 有学者提出,借鉴太平绅士制度建立诉前裁判庭的解决路径,借助民间力量的参与,让司法审判更加公开透明,减少社会公众对法院案件审判的认知偏差,从而提升法院民事司法公信力与司法权威性。邵晨:《法院民事司法公信力的提升路径和构建策略探析》,载《广西民族大学学报(哲学社会科学版)》2020 年第 1 期。

作出的事实认定与证据固定等，都是民事司法程序在理论上和制度上应当给予研究的问题。再如，民事司法、行政司法、刑事司法之间如何就同一复合行为而产生民事责任、行政责任和刑事责任的审判，建立快速、科学、有效的程序组织，都是民事司法适应时代发展必然面临的司法改革问题。[1] 民事司法程序理论的构建，对于解决民事、行政、刑事交叉的复合型案件的审判流程、衔接流程、当事人权利义务关系恢复，以及法律责任的分担和承担，提高民事司法效率与提升民事司法公信力，推进民事司法改革，具有直接的理论支持作用。

司法技术基于法律适用的工具性，在不太严格的意义上被理解为法律推理或者法律方法。司法技术是指在司法作为一种社会冲突解决手段时应当体现的带有工具性的技艺。与民事诉讼过程中法律技术、法律方法、法律推理等所不同的是，司法技术从宏观层面上讲是如何运用司法来构建社会冲突解决机制，从微观层面上讲是如何运用法律方法、法律技术和法律推理解决具体诉讼过程中的法律适用问题。司法技术解决的是司法运行机制问题，而法律技术解决的是法律适用问题，如类推技术的运用，[2]二者的共同命题在于从正义目标的实现来规范社会冲突解决机制的合法化运行。民事司法学研究司法技术的重点在于构建何种判断标准体系作为支持选择何种类型民事司法的依据，从而更好地通过选择民事司法来应对民事冲突。例如，农村宅基地民事冲突，是采用调解还是采用司法诉讼；又如，民事司法查封；[3]再如，婚内强奸是被视为民事冲突还是被视为社会危害冲突。选择何种类型的民事司法机制来解决民事冲突的工具性判断，就是民事司法学研究视野下的民事司法技术。民事司法技术的理论研究，对于民事冲突解决机制体系化构建，引导民事冲突当事人合理选择冲突解决机制方案，具有融自治、法治与德治为一体的促进功能。

---

[1] 在民法、刑法和行政法三大法律体系中，民法又是基础中的基础，其他部门法大多是从不同侧面，对民事法律关系和基本原则加以保护、充实和发展而形成的，所研究和规制的也大多是与民法领域的融合、转换与冲突问题。倪寿明：《开启民事司法工作新纪元》，载《人民司法·应用》2020年第16期。

[2] 黄建辉：《法律漏洞·类推适用》，台北，蔚理法律出版社1988年版，第102页。

[3] 民事司法查封涉及公法意义和私法意义上的查封。公法效力是指除查封法院外，其他国家机关和民事主体均不得对标的物再行处分。私法效力则涉及查封限制了所有权人的相关权能；查封不影响他物权人的权利实现；查封赋予了查封债权人担保物权，可较普通债权人优先受偿。刘哲玮：《论民事司法查封的效力》，载《国家检察官学院学报》2019年第4期。

二、民事司法学的理论特征

司法学是一门独立的理论体系,民事司法学作为司法学理论体系的构成部分,在构成司法学理论体系分支的同时,保持着自己的完整性、独立性和体系性。除具有司法学的完整性、体系性等共性特征之外,民事司法学还以研究对象体现其独立性,以研究范围体现其包容性,以研究态度体现其开放性。

(一)民事司法学研究对象的独立性

民事司法学是以归纳、总结一定阶段的民事司法规律作为自己的研究对象。民事司法对象关系、民事司法相对人关系、民事司法机制运行、民事司法与其他诸如行政司法、刑事司法对接等领域是民事司法学研究的范围,其研究范围内包括基础范畴、核心范畴、外围范畴、边缘范畴和交叉范畴。基础范畴包括民事司法概念、民事冲突、民事司法机制;核心范畴包括民事司法原则、民事司法规律、民事司法责任;外围范畴包括民事纠纷、民事司法技术;边缘范畴包括民事事件统计分析、民事司法管理;交叉范畴包括刑民交叉司法、民行交叉司法、刑民行交叉司法等。在这些范畴和概念当中,其核心的研究聚焦于民事司法的自治性。即便是在国家民事司法框架内,民事司法过程中推动自治是民事冲突解决机制的主要导向,在一些民事冲突解决过程中,民事自治被作为动议民事司法诉讼的前置条件。如离婚民事冲突中应先经过调解,而后再进入诉讼程序。民事司法崇尚民事冲突自治解决是民事司法学与刑事司法学、行政司法学的主要区别,这种研究对象的独特形成了民事司法学理论的独立性。

(二)民事司法学研究范围的包容性

民事司法学研究对象的独立性,并不意味着民事司法学研究范围具有排斥性。由于民事冲突往往是刑事冲突的基础,因此,民事司法学研究范围没有止步于民事的边界,而是将研究的光线辐射到刑事理论研究的范围,从中采撷可以被借鉴的理论元素。同理,行政主体作出的行政许可、行政强制、行政复议、行政处罚不仅是行政司法学的研究对象,而且因为行政主体的具体行政行为和抽象行政行为亦能引发民事冲突,因此,民事司法学也将目光投注行政司法学研究的领地,从中寻求民事冲突形成机制的解决之道。

民事司法学的研究对象之一,是民事诉讼基本原理,体现了民事司法学在哲学层面上思辨意义的具体实践。民事诉讼基本原理包括民事诉讼元理论、原则、理念、指导思想、规范要素与具体条文、制度设计等若干范畴。民事司法学主要研究民事诉讼基本原理、一般原则、制度设计的应遵循的原则、理念和目标指向,从宏观层面为民事诉讼基本原理及其应用提供检验尺度和框定边界的功能。民事诉讼基本原理是民事司法学在民事诉讼领域里的实践,民事诉讼基本原理是民事司法学理论在民事诉讼领域的具体应用,是从哲学到实践的理论输出和具象。如民事诉讼的"不告不理"原则,体现了民事司法的自治理念;民事诉讼过程中生活习惯、交易习惯等[1]"活法"的适用,体现了民事司法的开放理念。民事诉讼二审终审或者三审终审制度是民事司法终止意义上的制度确定,体现了民事司法的阶段性与人们格物致知递进性相结合形成的规律。

民事司法学不仅研究国家民事司法运行机制,而且研究社会司法自我运行机制,且研究二者之间的互动与融合。也就是说,民事司法学对于"司法"的理解,超越了其他学科关于"司法"的理解,从基于国家法律存在的官方司法,延伸至社会公众基于规则认同形成的社会司法,并在关注国家司法运行机制法治化的同时,关注社会司法运行机制的自治化,以及自治与法治的结合,从而为解决民事冲突提供多元的理论谱系,形成民事冲突解决机制的多元化。

民事司法学理论研究着力于民事司法程序,然而,程序规范与实体规范在司法学的意义上,并非存在泾渭分明的学术分界。从权利义务的角度来看,程序规范规定着进入程序的各方应当享有的权利和应当履行的义务,而一些程序性权利也是实体性权利,如诉权,既是实体权利,也是程序权利。民事司法学不仅研究民事司法的程序权利,而且研究民事司法的实体权利,尤其是研究国家法律以外存在的规范,探究社会生活中"活法"对于社会关系具有的调整功能及其对社会司法产生的影响,以及在此基础上对国家司法效果造成的相关影响力。通过关注社会生活中"活法"的发生、演变,为民事司法学从理论上建构民事司法机制多元化提供了实证基础,同时也为国家司法的转型提供了可及的借鉴。

一言以蔽之,民事司法学既研究思辨层面上的司法哲学理论,又研究具有实践层面中的司法诉讼制度;既研究国家层面的司法,又研究社会层面的司法;

---

[1] 《民法典》第10条规定:处理民事纠纷,应当依照法律;法律没有规定的,可以适用习惯,但是不得违背公序良俗。

既研究国家法律规范的司法意义,又研究社会生活“活法”的司法意义,体现了民事司法学的兼容性。

(三)民事司法学研究态度的开放性

民事司法学在理论研究上的包容性,必然在研究态度上体现开放性。其一,在理论渊源上基于多学科基础理论;其二,在研究方法上采纳多学科研究方法;其三,在理论发展上广泛吸收多学科研究成果。

民事司法是国家秩序、社会秩序构建过程中不可缺少的机制,涉及国家管理、社会治理、治理成本与收益、文化建设与民族风俗等。因此,在理论渊源上,民事司法学以马克思主义法学理论作为理论基础,同时撷取管理学、社会学、民族学、历史学、经济学、政治学甚至民族体育学等,这些都构成民事司法学的基础理论渊源。在融合多学科基本理论体系的基础上,形成了民事司法学独特并开放的理论体系。

民事司法学是司法学学科体系下的二级学科,其研究理论的多学科特性,注定了民事司法学研究方法上的多样性。民事司法学坚持马克思主义历史唯物主义辩证法,采取文献分析方法、实证调查方法、历史研究方法、个案分析方法相结合的方法,并综合运用系统论,从成本收益、受众感知、行为心理等方方面面,深化民事司法理论体系的多层次、多维度和多目标的研究。

任何一门学科的出现,必然面临学科理论接续发展的学科使命。民事司法学的发展同样也应当随着民事司法的不断发展而提供必要和科学的理论支持。民事司法学多学科的理论渊源、多学科的研究方法,必然形成吸收多学科最新理论成果的研究生态。社会发展促进了所有学科的发展,推进学科成果不断推陈出新,民事司法学理论深入的目标在于不断构建和谐的社会秩序。因此,其他学科理论研究成果就自然而然成为民事司法学在丰富内涵、拓展外延过程中直接借鉴和吸取的元素,从而密切了民事司法学研究与社会发展需要之间的智力关系。

三、民事司法学的未来发展

随着经济全球化和互联网世界的出现,人类社会从由国家地区组成的一体社会转向整体社会,民事司法也从国家属性转向国际属性。与此同时,民事司法学的问题视域面临着国内司法制度尚需健全,国际司法制度强化合作;国内司法机制有待完善,国际司法机制强化融合;国内区域司法协同尚未理顺,国际司法协同强化更加通畅等三方面的时代问题。“区块链技术可以在事实问题上实现对法官的完全替代”,[1]直接影响民事司法学的研究方向。

民事司法制度主要在民事诉讼领域得以体现,具体表现为民事冲突解决制度体系的构建、多元解决制度体系的融合,以及现行民事冲突解决制度面临的问题。不同标的、不同类型、不同地区、不同责任强度的民事冲突,应当设立对应的民事司法制度。现行的民事司法制度体系尚未起到分类司法的作用,虽然为小额诉讼定制了一审终审的司法制度,然而,就民事司法制度体系而言,与现行出现的民事冲突类型相比,这种制度仍有“粗汉”的特点。“尽管发展替代性纠纷解决尤其是在线调解机制具有积极意义,但司法的未来仍取决于诉讼而非调解。”[2]因此,民事司法制度研究在保持传统的制度建立基础上,应转向对已经建立起来的制度进行细化上来。同时,民事司法国际化要求在细化国内民事司法制度体系和内容的过程中,从以往兼顾国际化的角度转向兼容国际化的角度,为后续制度接轨埋下预设。

民事司法机制主要体现在国家司法与社会司法的衔接,民事冲突解决方案与行政机关作出的行政决定、司法机关作出的司法裁判之间的衔接。国家司法与社会司法的衔接主要围绕民事冲突解决方案的预设和选择,以及效力的稳定性、权威性与合法性、合理性之间的冲突解决。民事冲突解决方案与行政机关行政决定、[3]司法机关司法裁判之间形成的先后顺序、效力认可及其责任折抵的正当性、公平性和可被接受性。民事司法机制健全为民事冲突解决提供了多元性,民事司法机制融合则为民事冲突解决提供了国家、社会、公众在自治、德治、法治、智治基础上的合力,体现了民众解决民事冲突的国家认同、法律认同、道德认同和结果认同。同时,国内民事司法机制健全和融合为本国和其他国家民事司法机制共同形成国际民事司法共同体预先留有接口,为本国公众和他国公众在国际民事冲突中提供了冲突解决方案选择的共识机制。

---

〔1〕 史明洲:《区块链时代的民事司法》,载《东方法学》2019 年第 1 期。

〔2〕 周翠:《我国民事司法多元化改革的现状与未来》,载《中国法学》2018 年第 1 期。

〔3〕 行政规范性文件民事司法适用之法理基础,在于其是我国规范等级体系的有机组成部分、是我国民法非正式法源,且在公私法融合的背景下,行政规范性文件也无可避免地需要适用于民事司法。汪君:《行政规范性文件之民事司法适用》,载《法学家》2020 年第 1 期。

民事司法国际协同起因于工业化革命剩余产品的世界销售,而后随着国家之间民间婚姻、贸易、资产等日益涌现,跨国纠纷对国家民事司法提出了挑战,顺应民事冲突国际化,民事司法国际协同应运而生。一般而言,法律的国家属性决定了法律制定过程中存在法律利益保留和利益保护例外。因此,立法过程中体现的保留原则从司法国际协同上来讲,虽然有利于保护本国国民利益,但是有碍于司法国际协同。尽管司法国际协同属于司法程序,然而,其执行的对象与权利载体是实体性质的存在。因此,民事司法国际协同不仅要研究程序协同,而且要研究实体协同。习近平总书记在 2020 年 11 月召开的中央全面依法治国工作会议上提出"要坚持统筹推进国内法治和涉外法治",这不仅为民事司法国际协同理论研究和实践推进指明了方向、目标和研究对象,而且为民事司法学的发展指明了研究方面、路径和对象。

(一)丰富民事司法理论体系

尽管民事司法早已有之,然而,民事司法学的提出,却是晚近的事。"'司法学'是一门正在探索中的学科,其理论体系尚不成熟,但该学科的建立无疑具有重要的学术价值和现实意义,它不仅会进一步完善法学的学科体系,也会对司法文明的进步起重要的作用。"[1]学界为司法学这一学科的价值定位,推开了民事司法学研究的大门。探究民事司法学的研究价值,其重要性不言而喻。司法学从理论角度回答了作为法学学科体系中一级学科的研究价值,民事司法学则应当从一级学科下二级学科的定位来定性分析该门理论体系的研究价值。据目前司法学研究状态和其在学界的影响力来看,民事司法学的研究价值可从促进民事司法理论体系建设、完善民事司法体制机制、推动民事司法深入改革三个方面做一简要分析。

我国民事司法实践早已有之,既有国家层面的民事裁判经验,也有被誉为"东方经验"的民间调解。自清末修法以降,西方民事司法"东渐"之后,民事司法实践与民事司法理论研究之间的鸿沟,才得以被国人认识。时至 20 世纪 70 年代末改革开放,西方民事司法理论再次被译介,从民法理论、民事司法理论,民事司法制度等方面开启我国民事司法理论的研究之门。然而,我国民事司法

---

〔1〕 陈光中:《一门正在探索中的学科——〈司法学原理〉序》,载《检察日报》2012 年 2 月 10 日,第 6 版。

的现代化之路无形中陷入西方以权利义务为导向的民事司法领域,以致"合法不合理"成为民事司法过程中的难解之困。尽管这与民事立法有着一定的关系,然而,民事司法理论研究的薄弱与本土化构造是造成这种现象的主要原因。在中国共产党领导下中国特色社会主义法治体系得到迅速建设,民事司法理论体系有了长足发展。不过,诸如"法律对村规民约的合法性审查主体规定得不明确,具体个案中法官对村规民约的司法审查不到位,村民对于村规民约的民事司法适用意识淡薄"〔1〕等现实问题的理论探讨,距离中国特色社会主义司法理论建设和发展还具有一定的差距。

我国民事司法理论体系目前主要是理论与具体实践之间"水土不服"的问题,最为根本的原因是民事司法理论的西方"舶来性"与民事司法实践的本土地方性之间存在情理法的冲突。建设中国特色社会主义民事司法理论,不仅要求民事司法理论体系不断丰富,回应我国法治建设过程中人民群众对美好生活的向往,而且要求民事司法理论体系应坚持马克思主义法学方向,坚持中国特色社会主义民事司法规律,体现中国民事司法理论体系。因此,这就要求民事司法理论研究要从本土民事司法实践出发,总结我国民事司法经验,要在总结中国共产党百年奋斗史的基础上,结合党史、国史、民族史,归纳提炼我国民事司法传统经验和现代转型经验,深入研究民事司法理论体系范畴,拓展民事司法研究概念,最终形成符合中国特色社会主义民事司法规律的民事司法理论研究体系。

民事司法学研究具有深化理解民事司法功能的作用。从民事司法的终极目标来看,民事司法学是以如何妥善实现民事冲突解决为总体对象的理论体系。然而,民事司法化解民事冲突的影响远非民事冲突本身。民事冲突是社会冲突内容中的组成部分,从表面上看属于民事主体之间的权利义务冲突,然而,从民事主体冲突的总体上看,民事冲突的背后折射的是国家权力配置、社会自治水平、经济水平发展、文化传统传承等。因此,民事司法化解民事冲突的过程中必然产生促进团结的政治功能,推动进化的社会功能,激发发展的经济功能,以及形成传统的文化功能。反之,通过研究民事司法的政治功能、社会功能、经济功能、文化功能,对于丰富民事司法学理论体系具有直接的作用,从侧面反映

〔1〕 郭剑平:《乡村治理背景下村规民约民事司法适用的理论诠释与优化路径》,载《西南民族大学学报(人文社会科学版)》2020 年第 8 期。

出民事司法学理论的包容性与开放性,有利于通过民事司法理论的丰富推进民事立法不断丰富。

民事司法学研究能够提高准确评估民事司法实践的判断能力。民事司法实践从整体上看,是一整套针对民事冲突构建的民事司法程序体系;从个体上看,民事司法实践体现为对民事冲突的单个化解。无论是整体意义上的民事司法实践,还是个体意义上的民事司法实践,都能够从各自冲突的现象、本质和冲突化解方案的制定与执行方面,反映出民事司法规律,国家法治建设影响力,民事司法正义实现方式方法是否符合人民对民事司法正义诉求等,不仅有助于民事司法改革的方向确定与技术采用,而且有助于在准确判断民事司法实践效果的基础上,推动民事司法学的深入研究,实现理论与实践互为作用的哲学价值。民事司法实践过程中隐藏着民事司法规律,并以一段时期内反复出现的民事司法实践效果或者影响现象作为表现形式。民事司法学研究在提高评估民事司法实践效果的基础上,同时也为自己发现民事司法规律提供了实践基础与理论可及性。

(二)完善民事司法体制机制

民事司法理论体系的不断丰富和发展,其目标在于不断完善民事司法体制机制,根据民事冲突类型和新型民事冲突,建立多元化民事司法体制机制,并在多元化民事司法体制机制运行过程中,有效改善民事司法的社会环境,从而驱动民事司法体制机制更好地发挥化解民事冲突的功能。

民事司法研究的内容之一是构建合意性民事司法审级制度。审级制度是认识论在民事司法领域中的反映,是关于人的思维规律的实践,体现了在一定阶段内人的认知理性具有的有限特质。如果不规定审级制度,那就意味着世界上永远没有正义。随着人们对正义的不断深化认知和对民事冲突的逐渐认知,如果没有一个合理的有限时间区间规定,人们必将陷入无休止的正义认知当中。一旦进入这个氛围,人们努力的方向将不再是民事冲突的化解,而是关于什么时候才能实现正义的争吵。正义一定要实现,然而,正义必须有一个生存的时间,否则,人们将会因为自己对正义认识的深化而对正义质疑。我国现行民事司法制度设计具有双轨制特点,一是严格二审终审制度,二是建立司法审级救济制度。即在二审终审的基础上,建立以上级法院发现、本级法院院长发现,以及符合条件的监督再审制度,构成民事司法审级双轨制。

双轨制固然体现了民事司法的公力救济,一方面,轻视了民事司法过程中民事主体具有并充分运用合意化解冲突的权利;另一方面,增加了民事司法化解民事冲突的司法成本投入,降低了社会总财富的增加。民事司法成本的第一次分担,体现国家司法公共资源投入和当事人诉讼负担之间的平衡关系;民事诉讼成本在当事人之间的分配,是第二层次分担,实现成本机制对诉讼权利的调节功能;民事司法成本第三层次分担,是发挥法律服务市场及社会组织在诉讼成本分担上的作用。[1] 民事司法成本的多重分担,其成效有助于社会诚信体系建立。因此,民事司法审级制度不仅要建立与民事冲突相匹配的民事司法审级制度,如最高人民法院关于基层人民法院审理小额诉讼适用一审终审的决定,就是司法审级制度与司法对象匹配的制度设计,而且要建立由民事主体通过合意在司法审级制度规定的审级程序中选择司法审级的制度,此举不仅体现了民事主体化解民事冲突的合意,而且体现了国家民事司法审级制度在民事主体心目中的公信与地位,也有利于社会诚信体系建设。在民事司法体制上,特别是横向上尽可能建立多类型民事司法组织,既可以在人民法院内部设置,也可以另行设置,如知识产权法院、互联网法院的设立。目前我国地方人民法院实行三级结构体制,因此,在纵向上要建立相应的审级体制,各地方高级人民法院内部设立对应的审判机构即可。

民事冲突既有多元性,也有多样性,民事冲突的实质是民事主体之间权利义务关系处于不稳定状态,由此而引发争执。然而,民事冲突标的在现实生活中表现丰富多彩,不同的民事冲突标的以及影响程度,应当对应最恰当的化解方式。同时,民事主体历来是社会生活与社会关系的主体,彼此之间存在交织的关系。因此,民事冲突化解机制应当是多元而非单一的司法裁判。民事司法机制的多元化体现为不同主体主持下的民事司法,在国家法律认可的情况下,通过各种方式达成的方案共识具有法定效力,从而以多种便利和公信的方式供民事主体双方选择,形成多主体参与的民事秩序共建共治共享的整体状态。首先,要鼓励、保护、引导民间自治下的民事司法,通过社会组织、行业组织、基层

---

〔1〕 王福华:《论民事司法成本的分担》,载《中国社会科学》2016 年第 2 期。

自治组织、自然人主持民事司法,建立自治的民事司法机制;其次,通过公安机关、市场监督部门等各类具有解纷功能的行政机关,构成行政主体主持下的民事司法机制;最后,以人民法院民事审判作为民事司法正义的最后一道防线。民间自治民事司法机制、行政民事司法机制与人民法院民事司法机制之间存在并行、交叉与归口关系。即什么性质、什么类型、什么冲突程度的民事冲突,在何种情形下,应选择何种冲突解决机制更适合冲突化解,以及人民法院介入的程序、时间、条件等。多元民事司法机制融合不是弱化人民法院的审判效力,而是基于民事司法内在的自治成分,尽可能将社会生活中的民事冲突交由社会中的民事主体化解,充分发挥行政主体与行政相对人之间的治理合力,从而更好地树立民事司法公信。

民事冲突是社会关系紧张状态中最为主要和最为常态的社会冲突,国家法律如同阳光一样总有它照耀不到的角落,排斥民事冲突的社会自治性化解功能既不是理性的思考,也不是国家能够完全把握的实践对象。是否自觉遵守国家法律不是法律意识的内化,而是在尊重法律这一过程中主体具有的道德约束。因此,相当一部分民事冲突根据民事主体之间权利义务关系的性质和内容,应当交由社会自治,充分发挥“社会主义核心价值观在民事司法中起着价值判断、价值导向和价值指引”的作用,[1]推动完善民事司法社会化。

民事司法社会化不仅减少国家民事司法成本,而且促进社会诚信。所以,为了更好地培育社会自治环境,不断推进民事司法社会化程度,国家应当从三个方面构建民事司法社会化环境。一是大力弘扬社会主义核心价值观,建构社会诚信奖惩激励体系;二是着力推动民事司法社会化理论研究,鼓励、支持、保障自然人、社会组织、法人、行业协会等各类非政府组织,主动参与民事冲突化解;三是从国家法律层面上,设计社会民事司法与国家民事司法的衔接机制,一方面保障社会民事司法效力,另一方面有效提升多元民事司法解决机制协同能力。

(三)推动民事司法深入改革

民事冲突早于民事司法存在,民事司法是公共组织出现以后的事情。然而,民事司法一经出现,便走上了不断完善的道路。尽管推动民事司法通过改

[1] 李成斌:《论社会主义核心价值观对民事司法的影响》,载《法律适用》2018 年第 19 期。

革实现不断完善的动力来源,既有来自掌管民事司法权的主体意愿,也有民事司法相对人的诉求意愿,最终汇成呼吁民事司法改革,推动民事司法改革的动力总成。[1] 民事司法学理论的研究,在先前经验的基础上,总结出一套可循的规律和具有指导价值的理论体系,为民事司法改革在顶层设计、具体举措和成效评价方面提供智力支持,从而发挥理论研究的功能,将理论研究与具体实践有机结合起来,更加有利于民事司法在维护社会统一、秩序认同方面发挥预测、指导、惩戒和教育功能。

民事司法改革是一项系统工程,至少包括三个层面上的设计内容。一是顶层设计,事关民事司法改革的哲学思辨,具有原则性、普遍性的特点,可以被视为宏观层面;二是制度设计,事关民事司法改革的制度实施,具有规则性、特殊性、技术性的特点,可以被视为微观层面;三是改革成效评价,事关民事司法改革方向与道路的正确航向,贯穿民事司法改革的宏观和微观层面。顶层设计为制度设计和实施提供方向、路线和原则,制度设计和实施则是顶层设计在具体改革过程中的细化和具象,而改革成效的评价则是推进民事司法改革理论与实践循环往复、螺旋上升不可缺少的逻辑验证。

民事司法改革的顶层设计,应在广义理解“司法”内涵[2]的基础上,基于民事冲突的民间性、社会性、个体性、合意性,从社会秩序自治、德治、法治相融合的高度,适时发挥现代科学技术,以便利、快捷、公正为目标,在司法制度、司法程序、司法技术三个方面,着力于司法队伍建设、司法职业能力建设、司法管理体制机制建设,通过一般性与指导性相结合的指导思想,基本原则和阶段目标的制定,有效指导民事司法改革因地制宜地全面展开。党的十八届四中全会之后,党中央提出司法体制综合配套改革,既是对民事司法改革提出的目标,也是对民事司法改革制定的原则,也为民事司法理论研究指明了与民事司法改革相结合的方向和思路。

民事司法改革的制度设计与实施,应当结合我国多民族统一国家下行政区划设置特点,在顶层设计的原则框架内,按照举措设计应符合民事司法一般原

---

〔1〕 民事司法改革的主要动力来自人们对纠纷解决效率、公正的追求,也受到人们对政治绩效追求的影响。张卫平:《改革开放四十年民事司法改革的变迁》,载《中国法律评论》2018 年第 5 期。

〔2〕 崔永东、葛天博:《司法改革范式与司法学研究》,载《现代法学》2018 年第 5 期。

则、举措设计应体现民事司法一般规律、举措设计应促进民事司法制度完善三个目标,对民事司法制度进行科学设计。比如,多元民事司法机制的衔接制度、民事司法的便民快捷制度、民事司法的诉讼制度以及民事司法诉讼过程中小额诉讼,邻里纠纷的调诉结合制度、小额诉讼审级制度、各级人民法院一审标的额度规定,基于环境保护民事赔偿的管辖权、立案范围以及民事司法审判过程中司法技术的改进等,都不能离开民事司法理论的指导。在国家治理体系和治理能力现代化背景下,民事司法改革更加凸显司法理念、司法技术与司法主体在司法过程中的法治思维。民事司法制度设计与实施正是法治思维指导民事司法改革的具体落实和体现,这与民事司法学研究过程中坚持习近平法治思想中法治思维的基本要求是一致的。

民事司法改革的目标与司法改革的目标具有一致性,即实现司法效率与司法公正。在全面推进司法体制综合配套改革进程中,采取先行试点、全面推开、理论总结、逐步完善的步骤,这既是从特殊到普遍的马克思主义基本原理在民事司法改革过程中的运用,也是我国各地经济、文化、社会发展存在不均衡状态的必然要求。因此,无论是试点性改革,还是全面推开性改革,都应当为改革成效进行评价,这是马克思主义关于事物从低级到高级、从简单到复杂发展的基本立场。一般而言,民事司法改革应从三个方面来评价成效。一是改革顶层设计是否符合民事秩序的元规制原理,这是民事司法改革的基本出发点,只有符合元规制的民事司法改革举措,才能符合民事司法的本质规律;二是民事司法改革制度设计与实施,是否体现民事司法改革的顶层设计,只有符合顶层设计的具体制度,才能保证民事司法改革的系统性、一致性与科学性;三是民事司法改革的效果是否体现法律效果、政治效果、社会效果的统一,是否体现党的利益与人民利益基于宪法的统一。

民事司法学是一门还在探索之中的学科,一方面,民事司法学应积极总结归纳我国历史上民事司法传统中的有益成分;另一方面,应积极借鉴国外民事司法理论中的先进元素,不断丰富我国民事司法学理论体系和内容。在深入推进民事司法学研究的过程中,必须坚持习近平法治思想,以是否促进法治国家、法治政府、法治社会建设作为理论边界,不断探索民事司法规律,丰富和完善中国特色社会主义司法理论体系。

刑事司法论

杨海强*

一、刑事司法概念及历史沿革

(一)刑事司法概念

在司法理论当中,最为基础性的概念是“司法”。“司法”内涵与外延的确定,既影响司法体制的改革,又关乎司法机制的运行,还左右司法理论的具体建构,因而具有重要意义。对于“司法”的理解具有广义和狭义之分。一般来讲,传统理论对“司法”的界定是一种狭义的理解,如“从严格的传统意义上来讲,司法仅指与立法和行政相对应的法院审判活动;而在现代意义上,司法是指包括基本功能与法院相同的仲裁、调解、行政裁判、司法审查、国际审判等解纷机制在内,以法院为核心并以当事人的合意为基础和国家强制力为最后保障的、以解决纠纷为基本功能的一种法律活动”[1]。但上述对“司法”的理解过于强调了国家对司法或司法权的垄断性。正如学者所言,“司法权是一种特殊的权力,它是介于国家权力和社会权力之间的权力”[2]。崔永东教授认为,“从法的国家与社会并存的双层意义上讲,司法就是解决纠纷的活动,国家司法、社会司法是司法的两大分支。国家司法既包括国家司法机关的居中审判,也包括履行司

* 华东政法大学司法学研究院助理研究员,法学博士。

〔1〕 杨一平:《司法正义论》,法律出版社1999年版,第26页。

〔2〕 黄竹胜:《司法权新探》,广西师范大学出版社2003年版,第4页。

法职能的非国家司法机关依据法律法规解决纠纷的活动，还包括非国家司法机关单方面作出的行政裁决、行政确认、行政决定等。社会司法包括国家机关以外的任何组织、个人所从事的纠纷解决活动”[1]。

刑事司法是司法的重要组成部分，是预防犯罪、打击犯罪、改造犯罪的专门活动。刑事司法包括刑事侦查、刑事检察、刑事审判、刑事执行的法律制度、机构设置以及具体运行过程等内容。刑事司法的法律依据包括刑法、刑事诉讼法、监狱法等法律。刑事司法的机能包括预防犯罪、打击犯罪、改造罪犯和保障人权。

（二）刑事司法沿革

1. 外国刑事司法沿革

在西方资产阶级革命之前，西方各国刑事司法将维护君王权威和君王的统治秩序作为基本的目标；在资产阶级革命之后，西方各国刑事司法注重维护社会秩序，凸显对公民权利的平等保护。从西方国家刑事司法的发展脉络看，以大陆法系和英美法系为代表的两大法系国家，其刑事司法既具有各自独特的发展路径，又呈现逐渐走向融合之势。[2] 大陆法系国家的刑事司法更注重打击犯罪、稳定社会秩序，因此，奉行职权主义，实践中多采用纠问式的办案模式。而英美法系国家的刑事司法注重保护当事人的权利，因此，奉行当事人主义，强调控辩双方在庭审过程中的对抗，扩大对被告人权利保护的范围，实践中多采用抗辩式的办案模式。但进入 20 世纪后，在认识到不同法系刑事司法的优缺点后，两大法系刑事司法逐渐显现出融合的趋势。

2. 中国刑事司法沿革

中华人民共和国成立前后，中国刑事司法呈现不同的面向。中华人民共和国成立前，中国刑事司法和民事司法不分，刑事司法具有强大的统治功能，目标是维护君王的统治秩序。自秦汉以来，中国古近代司法薪火相传直至清末，随着清王朝的土崩瓦解而走向灭亡，但司法包括刑事司法的传统并没有彻底消失。中华人民共和国成立后，我国建立了新型的社会主义司法制度。从发展历程看，刑事司法发展经历了曲折的过程，发生过几次重大变故，其间，刑事司法

[1] 崔永东、葛天博：《司法改革范式与司法学研究》，载《现代法学》2018 年第 5 期。

[2] 詹复亮：《论刑事司法与国家治理路径》，载《河南社会科学》2017 年第 3 期。

制度被严重破坏,冤假错案大量发生。“文革”结束后,刑事司法逐渐恢复,我国第一部《刑法》和第一部《刑事诉讼法》先后颁布,罪刑法定原则和无罪推定原则得以确立,2012 年《刑事诉讼法》规定惩罚犯罪与保障人权相统一原则等,所有这些,都构成了中国特色社会主义刑事司法制度的内核,标志着中国特色社会主义刑事司法制度的建立。党的十八大以来,习近平总书记提出了一系列政法工作的新思想、新战略、新举措。比如,必须坚持马克思主义的指导思想地位,坚持人民主体地位的马克思主义群众观,坚持党对政法工作的领导,坚持实事求是、一切从实际出发的原则,明确政法工作“刀把子”的职能性质、政法工作的职责使命、中国特色政法体制模式、平安中国法治中国过硬队伍建设的政法工作格局、深化司法改革的政法工作发展动力等,为刑事司法等政法领域各项工作提供了根本指引。[1]

二、刑事司法体制论

司法制度改革(司法改革)通常包括两个层面,即司法体制改革和司法运行机制改革。前者主要涉及司法机关之设置、职能、地位、人员及内外关系等宏观结构方面内容,后者主要涉及司法运行的规则、具体程序、制度等微观技术方面内容。2007 年党的十七大以来我国司法改革所取得的成就主要限于运行机制层面;而在 2012 年党的十八大以后,以十八届三中、四中全会通过的改革决定为标志,开启了司法改革两个层面齐头并进、深入发展的新局面。[2]

(一)刑事司法机关及刑事司法职权配置

1. 刑事司法机关及职权

根据《刑事诉讼法》的规定,我国行使侦查权的机关主要是公安机关。按照我国《宪法》对人民检察院的定位,人民检察院是我国的法律监督机关,是公共利益的维护者,是“法律的守护者”。检察官依法独立行使检察权,一方面打击犯罪,另一方面保障人权,维护国家法制统一,维护国家和人民的合法权益。而按照我国《宪法》对人民法院的定位,人民法院是我国的审判机关,法官依法独立行使审判权,惩办犯罪分子,维护社会秩序和人民利益。我国《宪法》和

〔1〕《习近平谈治国理政》(第一卷),外文出版社 2014 年版,第 147 页。

〔2〕陈光中、魏晓娜:《论我国司法体制的现代化改革》,载《中国法学》2015 年第 1 期。

《刑事诉讼法》对公安机关、人民法院和人民检察院的定位是不同的，由此而来的是公安机关、人民法院和人民检察院的职能定位也是相异的。公安机关在刑事诉讼中行使侦查权，而检察院在庭审前，面对犯罪嫌疑人、侦查机关与检察机关的三方构造，公诉人应当恪守客观公正义务，对全案证据严查细审，通过退回补充侦查或自行调查的方式完善证据体系，认真听取犯罪嫌疑人及其辩护人的辩解与意见，将涉及的非法证据排除的问题解决在庭前，确保案件起诉时证据标准确实、充分。在庭审中，面对被告人和辩护方、检察机关、审判机关的三方构造，公诉人更应承担起法律监督者的角色，既与辩护方形成对抗关系，履行指控犯罪的职能，同时又要依法保障被告人的合法权益，保障诉讼程序的顺利进行。[1] 而法院的职能则相对单一，法院在诉讼中应处于不偏不倚的中立地位，明辨是非曲直，依法独立裁判，定分止争。检、法两家在诉讼中担负的职能不同，决定了各自的领导体制、工作机制和运行规律必须有所区别。[2] 与法院和检察院的宪法定位、职能分工不同相伴而来的是检察院和法院在刑事诉讼中所处环节不同，特别是检察院的起诉环节和法院的审判环节不同。

《宪法》第 140 条和《刑事诉讼法》第 7 条规定，人民法院、人民检察院和公安机关进行刑事诉讼，应当分工负责，互相配合，互相制约，以保证准确有效地执行法律。分工负责，就是要求公、检、法三机关依据法律规定的职权，各尽其职，各负其责。互相制约，就是要求公、检、法三机关在刑事诉讼中能互相约束，依据法律规定的职权对有关问题、有关决定，提出自己的主张和意见，防止可能出现的偏差和要求纠正已经出现的错误。分工负责是互相配合、互相制约的基础和前提，互相配合、互相制约是分工负责的结果和必然要求。

然而长期以来，我国的刑事司法在实践中异化为侦查决定审判、审判配合检控、审判依附侦查的局面，即侦查职能演化为实质性裁判，法院的审判职能不彰；法院的审判职能与侦查职能同质化，导致审判职能的独立性、中立性地位丧失，控辩审三者之间的关系失衡；法院的审判特别倚重于审前程序，尤其是侦查

---

〔1〕 刘惠：《坚持角色定位推进庭审实质化》，载《检察日报》2014 年 1 月 27 日，第 3 版。

〔2〕 谢佑平：《论以审判为中心的诉讼制度改革——以诉讼职能为视角》，载《政法论丛》2016 年第 5 期。

程序及其运作的结果,庭审虚化、走过场。[1] 从而形成“侦查中心主义”的局面。

2. 健全司法权力分工负责、互相配合、互相制约机制

为了实现公正司法,提高司法公信力,党的十八届四中全会提出了诸多举措,如完善确保依法独立公正行使审判权和检察权的制度、优化司法职权配置等,而推进严格司法也是组成部分之一。为了将严格司法落到实处,《中共中央关于全面推进依法治国若干重大问题的决定》要求“推进以审判为中心的诉讼制度改革,确保侦查、审查起诉的案件事实证据经得起法律的检验”。这就是以审判为中心的诉讼制度改革,这是从顶层设计的角度对我国未来诉讼制度改革所作的重大部署,深刻认识、理解并贯彻落实好这项改革举措,对于下一步改革的整体布局,对于诉讼制度的总体再构,都将产生重大而深远的影响。

在刑事诉讼中,以审判为中心的诉讼制度改革所对应的是侦查和起诉,在侦查、起诉和审判三者关系中,审判是中心。而且以审判为中心的诉讼制度改革解决的问题是目前刑事诉讼中侦查决定起诉、起诉决定审判的“侦查中心主义”的局面,针对的是量刑中最主要的环节,即审判阶段虚化的现实。因此,以审判为中心的诉讼制度改革还应还原审判阶段在整个诉讼阶段的核心地位,审前阶段应当服从于并服务于审判阶段。

公、检、法之间的关系,虽然在法律规定上是既互相配合又互相制约,但实践中则是配合有余而制约不足。从制度设计的初衷来看,应当是重在制约,否则就没有必要搞权力分设,只有强化制约,才能有效防止冤假错案。对侦查权的制约,西方国家有丰富的经验,如其“检警一体化”制度就对侦查权的控制发挥了重要作用。该制度将侦查权分为决定权和执行权,检察官享有侦查决定权,警察行使侦查执行权,其旨在让检察权控制侦查权。“检警一体化”制度虽未必适用于我国,但其强调控制侦查权的思路有可取之处。“一切有权力的人都容易滥用权力,这是千古不易的经验。”这已经成为共识。侦查权也不例外,必须要受到有效的制约。中国目前对侦查权的监督主要是内部监督,但内部对侦查权行使的决定往往不公开、不透明,监督很难到位,而且涣散。检察院、法

[1] 陈卫东:《以审判为中心:当代中国刑事司法改革的基点》,载《法学家》2016 年第 4 期。

院对侦查权的监督主要是事后监督,事前、事中监督缺乏。因此,如何有效监督、制约公安机关的侦查权成为一个紧迫的问题。

以审判为中心的诉讼制度改革体现了"审判中心主义"的理念,它对公安侦查工作提出了如下要求:一是要按审判的标准来收集、固定和适用证据,使相关证据经得起法庭、法律的检验;二是不能搞"口供中心主义",不能过度依赖言词证据,要防止"由供到证"。审判中心改革需要重构侦审关系,加强审判权对侦查权的审查。但不应固守传统地认为这种审查只能存在于审判阶段,为了缓解"案多人少"的矛盾,可以将这种审查前置于侦查阶段,通过法官和律师参与侦查的方式应对以往侦查模式封闭性的缺陷。

检察人员司法责任制改革是本轮司法改革的"牛鼻子",但不是全部,应将检察人员司法责任制改革放进司法改革的整体中进行设计。检察人员司法责任制改革除了要与中央部署的其他三项改革措施统筹规划外,对外还应与法院的改革协同推进。

法院正在推进的以审判为中心的诉讼制度改革是本轮司法改革措施中最具影响力、意义最为深远的改革,它是司法改革的核心所在,是当前司法改革的题眼。以审判为中心在于发挥审判的关键作用,确保办案质量,从而加强对司法的人权保障。从司法权运作来看,公、检、法三机关分工负责,各阶段工作密不可分,检察人员司法责任制首先要求放权给一线检察官,保证其相对独立性,使检察人员在侦查监督以及审查起诉中权责一致,有效防范冤假错案,这为以审判为中心的诉讼制度改革最终确保裁判公正准备条件。

因此,检察机关司法责任制也要与当下的诉讼制度改革相适应,回应"以审判为中心"诉讼制度改革提出的各项要求。检察机关司法责任制行之有效的检验标准不是检察机关内部运行的自洽,而是要放到整个诉讼结构中去评价和考量,使检察机关司法责任与检察权在司法权力体系中的定位相协调和对应。检察机关司法责任制改革应注重与法院司法改革措施的衔接,检察机关司法责任制体系的构建应遵循"互相配合、互相制约"的原则。因此,新一轮的检察体制改革对内围绕检察权运行机制和检察权优化配置,对外适应以审判为中心的诉讼改革,建立与检察职权运行规律相适应的检察官办案责任制,完成新旧格局变化下检察工作的有序衔接与平稳转换。[1]

(二)刑事司法人员

司法人员,是指有侦查、检察、审判职责的工作人员。负有侦查职责的人员包括各级公安、国家安全等依法行使侦查权的机关中负责对犯罪嫌疑人的犯罪行为进行侦查、讯问的人员。负有检察职责的人员包括最高人民检察院、地方各级人民检察院和军事检察院等专门人民检察院中担任批准逮捕、审查起诉、出庭支持公诉、进行法律监督的人员。负有审判职责的人员包括最高人民法院、地方各级人民法院和军事法院等专门人民法院中担任刑事、民事、行政等各类案件审判工作的人员,包括院长、庭长、审判委员会委员、审判员。

员额制是司法责任制的前提。司法责任制强调放权和归责,但若无一支高素质、精英化的司法队伍,权力运行机制的实施便无载体承担和落实,责任追究也无法落到实处。员额制改革对于法院、检察院司法责任制的建构和完善,甚至对整个司法体制改革都具有破题之义。

员额制的落实首先需要解决两个问题,一是员额比例的确定,二是入额法官、检察官遴选标准的制定。对于员额比例的确定应综合案件数量,人口多寡,案件类型,法官、检察官工作量的大小,法院、检察院职能定位等确定。但目前法官、检察官工作量的测算存在偏差,由此确定的法官、检察官员额未必正确。因为目前我国员额制改革并未到位,以法官、检察官为中心的人员配置格局仍走在路上,法官、检察官与司法辅助人员应该如何配比尚未明晰,二者之间的职权配置缺乏明确界限,甚至很多法院、检察院司法辅助人员短缺,由此导致目前法官、检察官并未摆脱程序性事务等非司法事务的牵绊,法官、检察官工作量也是员额制改革之前的工作量。因此,只有明晰法官、检察官和司法辅助人员的职权划分以及相互间的比例关系,由此测算出的法官、检察官工作量才是科学的,最终得出的员额比例才是合理的。

对于入额法官、检察官遴选标准,因我国是大陆法系国家,更注重法律适用能力。但司法的本质决定了担任法官需要丰富的人生阅历和社会经验。[2] 检

---

〔1〕 郑赫南:《准确把握司法责任制改革目标原则　着力构建公正高效检察权运行机制》,载《检察日报》2015年10月16日,第1版。

〔2〕 谭世贵等:《中国法官制度研究》,法律出版社2009年版,第73-74页。

察权也具有司法属性,因此经验对于检察官同样重要。丰富的经验可以防止年轻法官、检察官因人生历练不足而导致偏离社会主流价值观念,从而保证审判权、检察权行使的质量可靠,同时获得民众支持和尊重。因此,在遴选法官、检察官时也应重视司法经验的累积以及他们在基层法院、检察院工作的经历,为此,遴选对象需具备上述条件。而且法官、检察官遴选应尊重逐级遴选的规律,因为逐级遴选有利于法官、检察官实践理性的获得以及社会经验的积累,从而保证审判权、检察权运行的质量。另外,还应从律师以及学者等法律职业共同体中选任法官、检察官,发挥其阅历及经验专长。我国虽也有类似规定,但现在入额法官、检察官的遴选对象主要集中于法院、检察院内部人员,律师、专家入额的很少,这种遴选方式缺乏开放性、多元化以及相互流动性。

(三)司法机关依法独立行使司法权与党的领导的关系

司法体制改革倡导“去地方化”和“去行政化”可能与国家权力结构及其运行机制发生某些冲突,因为执政党统揽全局,协调各方,执政党领导的原则是国家权力运作最根本的原则。[1] 如何协调司法权独立行使和党的领导的矛盾在法院、检察院司法责任制构建中讨论较少。其实二者并不矛盾,宪法和法律都是党领导人民制定的,体现了党和人民的意志和利益,只要确保司法机关依照法律规定独立行使权力就能够实现党的领导。因此应转变党领导司法的方式,党的领导应是法律、政策的领导,党不能在个案中干预司法机关办案。[2] 尊重司法权提高了党的领导方式的规范化,也有利于落实司法责任制。

除此之外,政法委的职能也需转变。从政法委最初恢复重建的要求上来看,政法委的主要功能是作为党委的“参谋”和“助手”,侧重于宏观的指导,不干预办案部门的具体工作,只不过在具体的实践中个别地方政法委逐渐介入个案之中。政法委的介入根本性违背了司法亲历性原则,由此导致的一个重要后果就是实践中冤假错案的产生很多与政法委介入密切相关。[3] 因此,学者认为应当取消地方政法委对案件的“拍板权”。[4] 还有学者建议应当取消政法委

[1] 龙宗智:《加强司法责任制:新一轮司法改革及检察改革的重心》,载《人民检察》2014 年第 12 期。

[2] 陈卫东:《司法机关依法独立行使职权研究》,载《中国法学》2014 年第 2 期。

[3] 陈卫东:《司法机关依法独立行使职权研究》,载《中国法学》2014 年第 2 期。

[4] 《学部召集人陈光中教授建议取消地方政法委拍板权》,载教育部社会科学委员会法学学部网 2010 年 5 月 20 日,http://fxxb.legal-theory.org/mod=info&act=view&id=207。

协调案件的“潜规则”。[1]

三、刑事司法运行机制论

司法权力运行实际上是司法实现其功能的具体展开过程，它是整个司法工作的核心。[2]

（一）新一轮司法改革前刑事司法运行机制的现实情况

法治中国建设包括法治国家、法治政府和法治社会三部分。其中法治国家和法治政府的建设目标是约束国家权力、保障人权，法治社会的建设目标是实现公平正义。[3] 法治中国的建设离不开司法的作用，法治社会的建设离不开司法权的依法独立行使。另外，司法除了定分止争的功能外，还有规制国家公权力的作用。因为司法可以对公权进行监督，如为了实现治理的现代化，需要立法明晰国家和政府的权责、监督治理过程，而司法使这种立法得以贯彻落实，使监督获得实效，从而使公权在法定权限内按照法定程序行使。更何况，检察院是我国的法律监督机关，可通过行使侦查监督、行政执法监督等权力制约国家公权。因此，法治国家和法治政府的建设也离不开司法权的依法独立行使。然而长期以来，我国司法存在三大痼疾：司法地方化、司法行政化、司法职业非精英化，这些弊端影响了司法权的依法独立行使，最终影响了法治中国的建设，如司法地方化使司法受制于地方的干预和制约，无法形成对国家公权的有力监督和制约。

为此，新一轮司法改革主要聚焦于司法地方化和司法行政化，通过省以下人财物统管改革等回应司法地方化顽疾，通过司法责任制改革解决司法行政化弊端，实现“让办案者决定、让决定者负责”。其实司法地方化也是司法行政化的表现，因为司法地方化的实质是地方政府机关将司法机关作为其下属的部门，因此司法的去行政化，也即司法责任制改革是本轮司法改革的核心。

（二）司法机关内部职权配置

司法责任制改革是本轮司法改革的“牛鼻子”，司法机关深化司法体制改

---

〔1〕 严励：《地方政法委“冤案协调会”的潜规则应该予以废除》，载《法学》2010 年第 6 期。

〔2〕 吴高庆、董琪：《司法权力运行机制：理想、现实与未来》，载《中共浙江省委党校学报》2014 年第 5 期。

〔3〕 姜明安：《建设法治中国必须深化司法体制改革》，载《法治讲堂》2014 年第 1 期。

革需牵住司法责任制改革这一"牛鼻子",从而起到高屋建瓴、提纲挈领的作用。当然司法责任制改革主要解决司法地方化痼疾,通过司法权运行机制改革,落实"让办案者决定、让决定者负责"这个目标,告别"审者不定、定者不审"这一问题。司法责任制改革是一个多条线交织、搭建而成的庞杂命题,既要改变原有的集体负责、无法追责的窘境,确保责任落实到个人;又要建设人员管理、流程监控、监督制约、责任认定等机制,确保各项责任追究有法可依。司法责任制改革形成了"四位一体"工作模式。

1. 明晰司法人员的职责权限

"四位一体"工作模式中的"划组"是指健全办案组织和运行机制。司法责任制是合理赋予法官、检察官办案权限并使其承担相应的责任,真正做到"谁办案,谁负责、谁决定,谁负责"。办案组织形式是司法权运行的载体和细胞,是司法责任制实施的基础。"四位一体"工作模式中的"放权"是指划分司法人员的职责权限,制定司法人员的权力清单,这是司法责任制的核心。司法责任制的改革目标是实现权责一致,而实现权责一致的最主要的途径就是放权给法官、检察官,让法官、检察官成为办案主体。检察属性的复杂性、检察业务的多样性、检察权运行规律的复杂性使检察系统的"放权"与法院系统的"还权"有着重大区别,如果说法院的"还权"旨在使审判权充分独立的话,检察院的"放权"则是让检察权相对独立——因其毕竟受制于"检察一体化"的体制,这也体现了检察机关司法责任制的一个重要特色,即权力是相对的,责任也是相对的。因此,检察机关在制定权力清单时应坚持宪法和组织法所确立的上级领导下级、检察长领导检察工作的基本原则,同时又要考虑不同层级检察机关、不同地域检察机关、不同业务类别的性质和特点等,从而科学合理地制定检察官权力清单。

2. 审委会和检委会的改革问题

审委会和检委会制度是具有中国特色、体现民主集中制原则的一项制度设计,同时也是一项具有时代印记、在一定历史时期发挥积极作用的制度创新。然而检察权和审判权具有不同于一般国家权力的特殊性,司法权注重事实与法律的独立判断,民主集中制原则所要求的少数服从多数的决策方式并不符合司法权特殊性的要求。因此,近年来审委会和检委会一直不断处于改革中,但是审委会改革和检委会改革的差异性不大,具有同一性。检委会的存在虽然贯彻了民主集中制原则并且也实现了集体领导,但是检察权运行机制的一大原则是检察一体,而检察一体的原则和民主集中制原则存在一定张力。检委会实行民主集中制,少数服从多数,检察长可以不同意多数人的意见,但是要推翻多数人的意见必须提请同级人大常委会或者上级人民检察院决定。[1] 由此可见,检委会实行民主集中制,但是检察长有权不同意多数人的意见,从而贯彻了检察一体的原则,这和审委会的议事规则完全不同。与该情形相似的是,法院合议庭是办案组织,可以以自己名义作出判决,合议庭也适用民主集中制的原则,这样在各个法官独立判断的基础上群策群力,最终集中大家的智慧办案。长期以来,我国基层法院实行以合议庭审判为原则、以独任法官审判为补充的审判组织制度。独任法官审判的案件主要被限制在那些适用简易程序的案件。而合议庭作为一种奉行集体决策的审判组织,被认为可以发挥多个法官、陪审员的智慧作用,避免单个法官在司法决策中可能出现的偏颇,甚至可以减少法官滥用自由裁量权的情况发生。[2] 因此,检察机关内部运行机制的主要规范原则应当是检察一体,违背这一基本原则强调民主集中制的最终结果只能是使看起来很美的民主集中制流于形式,检委会多年来的运行实践已经充分表明检察长完全能够通过各种方式掌控检委会。[3] 在检察长完全能够通过各种方式掌控检委会的情况下,在民主集中制原则和检察一体原则存在张力的情况下,检委会应否存废的问题比审委会应否存废的问题更尖锐。另外,检委会和审委会存在的合法性基础之一是原先我国检察官和法官的职业素养、职业能力、法律知识储备等都有待于进一步提升和巩固,因此检委会和审委会的存在是保障案件质量,实现案件公平正义的重要抓手。但因审判权是具有终局性效力的权力,能够对当事人双方的利益产生最终影响,而检察院的公诉权则是一种程序性的制约权力,并不具有终局性。因此,对法院办案质量的把关和控制更具有实效性。另外,随着以审判为中心的诉讼制度改革的推进,法院审判阶段在整个诉讼阶段处于中心地位,法官办案质量的高低对于案件公平正义的实现更具有实

---

〔1〕 谢鹏程:《检察官办案责任制改革的三个问题》,载《国家检察官学院学报》2014 年第 6 期。

〔2〕 陈瑞华:《法院改革的中国经验》,载《政法论坛》2016 年第 4 期。

〔3〕 程雷:《新一轮检察改革的三个问题》,载《国家检察官学院学报》2013 年第 5 期。

质意义。因此,从保障办案质量的角度看,审委会存在的空间也比检委会更大。在此结论指导之下,检委会和审委会具体改革的进程和措施应如何区别对待尚需进一步探究。

(三)监督制约机制

“四位一体”工作模式中的“监督”是指健全司法管理和监督,即在突出法官、检察官办案主体地位的同时加强监督制约,实现“授权”和“限权”的结合。健全司法管理和监督是实现司法权高效、科学运行的有力保障。

1. 内部监督制约机制

在如何协调检察一体与检察官独立之间的关系方面,最高人民检察院《关于完善人民检察院司法责任制的若干意见》(以下简称《若干意见》)尊重检察一体的原则,注重发挥上级检察指令的作用。当然,在上级发布检察指令时,上级也应承担相应的司法责任。如《若干意见》规定“上级人民检察院不采纳或改变下级人民检察院正确意见的,应当由上级人民检察院有关人员承担相应的责任”。对于检察长与检察官的关系,按照检察一体原则,《若干意见》一方面规定检察长有权对独任检察官、检察官办案组承办的案件进行审核;检察长不同意检察官处理意见的,可以要求检察官复核或提请检委会讨论决定,也可以直接作出决定。另一方面也要求检察长的意见、决定应当以书面形式作出并归入案件卷宗,同时赋予检察官异议权,规定检察官执行检察长决定时认为决定错误的,可以提出异议;检察长不改变该决定,或要求立即执行的,检察官应当执行,执行的后果由检察长负责,检察官不承担司法责任。总体上讲,《若干意见》突出了检察官的办案主体地位,同时又注重发挥集体智慧的作用,协调检察一体与检察官相对独立之间的关系,而且还加强案管部门等对检察官的横向的监督制约。

检察院现有内部监督制约存在的问题主要体现在以下方面:一是在处理检察一体和检察官相对独立的关系时,虽然《若干意见》旨在限制上级检察权的滥用,但从整体上看,在检察一体和检察官相对独立的关系上,一体化有余而独立性稍显不足。如检察官认为检察长和检委会作出的决定、指挥、指令违反法律和相关规定的,有权提出异议。但若检察长和检委会不改变决定、指挥、指令并要求立即执行的,检察官应该执行,除非检察长和检委会的决定、指挥、指令是明显违法的。若如果不属违法指令，只是上级指令与检察官本人对案件的确信与处理意见相左，检察官必须服从指令。这是趋于严格的“检察一体制”的要求，检察官虽有异议权，但必须服从上级指令。当然这种较严格的“检察一体制”应当说大体符合我国目前国情，毕竟目前我国经员额制改革遴选出的检察官与西方经严格选任标准遴选出的检察官，在专业化、精英化、职业化方面还存在不小的差距。在检察一体与检察官相对独立的关系处理上，需要注意我国的司法条件以及检察官队伍的现状。但在经济比较发达、检察官素质比较高的地区可以考虑实行当检察官对案件的处理意见和上级指令发生冲突时，检察长在时限内将案件转给其他检察官办理。这样既可以保障检察官的独立的办案地位，同时又发挥了检察一体的监督制约作用。二是目前在处理检察一体和检察官相对独立的关系时，对上级检察指令的限制主要是在程序要件上，对检察指令的实体规制的研究相对较少。上级指令行使应遵循以下原则：

第一，法定主义原则。法定主义被认为是适用检察指令权的第一大界限，在德国以及我国台湾地区对此已经达成共识。在德国，尽管对检察官地位的争议绵延日久，但争议各方无不将法定主义作为检察指令权的界限。而在我国台湾地区，也将法定主义作为检察指令权的界限。[1] 法定主义作为规制检察指令权的首要防线，其基本要求是，禁止法定主义之下检察上级就案件的处理作任何指示。

第二，客观义务原则。通常认为检察官客观义务是指“检察官为了发现真实情况，不应站在当事人的立场上，而应站在客观的立场上进行活动”[2]。检察官客观义务强调了检察官司法性的一面，不应单纯地追诉犯罪，还应当注重保障被追诉人的权益。检察官客观义务不仅得到了大陆法系国家或地区的认同，英美法系国家也认同检察官客观义务。[3] 检察官客观义务要求检察上级不得发布有违检察官客观公正执行职务要求的指令。将检察官客观义务作为检察指令权的界限，是维护检察官司法官属性的必然要求。

第三，必要性原则。检察一体的作用主要体现在以下三个方面：(1) 维护

---

〔1〕 林山田：《刑事程序论》，台北，五南图书出版股份有限公司 2000 年版，第 149 - 150 页。

〔2〕 [日]松本一郎：《检察官的客观义务》，郭布、罗润麒译，载《法学译丛》1980 年第 2 期。

〔3〕 程雷：《检察官的客观义务比较研究》，载《国家检察官学院学报》2005 年第 4 期

国家法制统一,促进公正司法;(2)有效打击犯罪,统一追诉标准;(3)保障检察机关依法独立行使检察权,防止检察权的滥用。[1] 因此,发布检察指令的必要性,也要从上述三个方面探求。即当需要维护国家法制统一时;为了促使检察机关形成办案的合力,充分利用检察资源有效打击犯罪时;为了防止检察官误断或者滥权,保证检察官依法独立行使职权时才需要发布检察指令,从而实现检察一体的作用。

2. 外部监督制约机制

以往外部监督制约主要是指人大监督、政协监督以及近年来开展的检务公开、审判公开。自 2016 年以来,以审判为中心的诉讼制度改革如火如荼地开展起来,该项改革是一项系统工程,是对我国现行刑事诉讼制度作一系列的重大改革。以审判为中心的诉讼制度改革是新一轮司法改革措施中最具影响力、意义最为深远的改革举措。以审判为中心的诉讼制度改革还应确立审判阶段在整个诉讼阶段的核心地位,审前阶段应当服从并服务于审判阶段。审判中心主义还应解决侦查、起诉等活动与审判的关系问题。审判机关应发挥其对侦查机关和检察机关的审查作用。因此,在以审判为中心的诉讼制度改革背景下,审判机关应发挥对检察机关的实质审查作用,审判机关不是单纯地依靠案卷笔录形成判决,而应在庭审中通过开庭的方式,在控辩双方对指控被告人有罪的证据逐一举证、质证、认证、辩论的过程中,形成自由心证并最终作出裁判,因此法院庭审活动对检察权运行所发挥的外部监督作用将大为增强。而且,在以审判为中心的诉讼制度改革背景下更应强调控辩双方的平等对抗,重视举证、质证、认证的作用,使庭审实质化真正落实,那么律师应发挥实质性的辩护作用,由此形成对检察权的有力制衡。

2016 年 12 月 25 日,第十二届全国人民代表大会常务委员会第二十五次会议表决通过了《关于在北京市、山西省、浙江省开展国家监察体制改革试点工作的决定》,将试点地区人民政府的监察厅(局)、预防腐败局及人民检察院查处贪污贿赂、失职渎职以及预防职务犯罪等部门的相关职能整合至监察委员会,建立“党统一领导下的国家反腐败工作机构”。我国监察体制改革正式开始。

---

〔1〕 朱孝清、张智辉主编:《检察学》,中国检察出版社 2010 年版,第 459 - 460 页。

新成立的监察委员会贯彻监察全面覆盖的理念,法官、检察官个人的违法行为、违纪行为以及道德品行等情况处于监察委员会的监督之中。公职人员平常的违法乱纪,很大程度上是贪污受贿所致。对于行使司法权的法官、检察官也是如此,司法人员在司法办案的过程中,故意实施的一些行为,如包庇、纵容犯罪嫌疑人、被告人,毁灭、伪造、变造或隐匿证据等,很大程度上也是因为贪污受贿所引起。因此,成立监察委员会,由监察委员会监察司法人员的违法、违纪等腐败行为,可以在很大程度上预防因腐败行为所引起的违法、违纪行为,对司法人员的职务行为形成制约,从而保证司法人员依法行使司法权,进而保障办案质量,最终实现公平正义,提高司法公信力。检察权的制约机制正从内向外转型,如果将权力制约作为一个动态平衡的系统,外部制约的强化,意味着可以适当弱化内部制约,部分甚至可能走向消亡。[1] 审判权的制约机制亦是如此。

(四)惩戒制度

"四位一体"工作模式中的"问责"是指认定和追究司法责任。司法责任制改革的目标是实现权责一致,实现权责一致的另一重要途径就是认定和追究司法责任,让办案法官、检察官不仅成为办案主体,还成为责任主体。落实司法责任制需要把责任落实到具体的办案法官、检察官,避免过去"责任分散、主体不明、责任难追"局面的出现。认定和追究司法责任是落实司法责任制的关键。

2016 年 10 月 12 日,最高人民法院、最高人民检察院联合印发《关于建立法官、检察官惩戒制度的意见(试行)》。该意见第 3 条明确规定:"法官、检察官惩戒工作由人民法院、人民检察院与法官、检察官惩戒委员会分工负责。人民法院、人民检察院负责对法官、检察官涉嫌违反审判、检察职责行为进行调查核实,并根据法官、检察官惩戒委员会的意见作出处理决定。"由此可见,我国法官、检察官惩戒委员会是在省一级设立的、独立的第三方非常设机构,但并非最后实施法官、检察官惩戒的权力机构,而是负责对法官、检察官在审判、检察工作中违反法律法规、实施违反审判、检察职责的行为进行司法责任评定的机构。[2]

一个突出的问题应该考虑:检察院原先的自侦权转隶后,在监察委员会时

---

〔1〕 左卫民、谢小剑:《检察院内部权力结构转型:问题与方向》,载《现代法学》2016 年第 6 期。
〔2〕 郑红:《构建检察官惩戒委员会制度应厘清五个问题》,载《人民检察》2017 年第 1 期。

代,对从事司法办案的法官、检察官,应当如何惩戒?检察官惩戒委员会的职能是什么?检察官惩戒委员会是否还有存在的必要?

也就是说,在检察院的纪检监察部门一起转隶到监察委员会后,监察委员会应该调查检察官是否违反检察职责、是否应该承担司法责任,同时,还有权对检察官作出相应的纪律处分。也即在检察官惩戒中,监察委员会既有调查之权同时又有决定之权。这时便存在一个问题:设立惩戒委员会的重要原因是原先检察官惩戒存在同体监督、内部监督的问题,缺乏中立性、独立性和权威性。随着监察体制改革的全面展开,检察院的纪检监察部门一起转隶到监察委员会后,因监察委员会兼具检察官惩戒的调查之权和决定之权,那么原先检察官惩戒中存在的同体监督、内部监督问题在很大程度上会得到改善,检察官惩戒中立性、独立性和权威性缺失的问题在很大程度上也会解决。那时,检察官惩戒委员会存在的必要性何在呢?检察官惩戒委员会的职权应作何安排呢?

本文认为,按照上文所述,检察官惩戒委员会在检察官惩戒中并无调查之权和决定之权,而是独立的第三方非常设机构,是检察官司法责任的专业评定确认机构。因此,在检察官惩戒程序中,惩戒委员会是一个审议性质的专业机构。在监察体制改革中,在检察官惩戒的调查权和决定权主体发生变更之后,影响到的是检察官惩戒中的调查和决定,但这些变化不会影响检察官惩戒委员会是检察官司法责任的专业评定确认机构这一定位,检察官惩戒委员会的职权仍和原先一致。同时,本文认为,检察官惩戒委员会仍有存在的合理性和必要性,具体来说:

第一,虽然由监察委员会行使检察官惩戒中的调查权和决定权,在很大程度上会解决原先检察官惩戒中存在的内部监督、同体监督的弊病。但是原先检察官惩戒中存在的另一个重要问题,即检察官惩戒并未尊重司法规律、并未体现检察官特有的职业性和专业性的问题,并未得到实质性改善。也就是说,检察官惩戒和一般公务员惩戒还是未有本质区别。司法责任之所以是一种独立存在的责任类型,与司法职业的特殊性密切相关。司法职业相对于其他职业而言是一种专业性、主观性很强的职业,关系每个当事人的基本权利义务,但即使司法人员恪尽职守、正常履职,也还是有可能出现各种事实认定错误和判断错误,如果单纯根据结果无限追责,会导致司法人员不敢或不愿发挥主观能动性去正当履职,从而影响整个司法职业的稳定性和公信力。[1] 因此,还需发挥检察官惩戒委员会的专业作用。

第二,在检察院的纪检监察部门一起转隶到监察委员会后,检察官惩戒的调查权和决定权便集中到监察委员会手中,虽然监察委员会着眼于公职人员违反党纪政纪甚至职务犯罪全景式的监督,并且这种经过反腐败整合后的全景式的监督有利于提高监督的质效,提高追究责任的效率和力度。但是如此一来,检察官惩戒中的实质性权力便掌握在监察委员会手中,而检察官惩戒委员会行使的不过是审议之权,不过是对检察官惩戒作出处理的意见。由监察委员会行使调查之权和决定之权,不符合权力制约的原则,监察委员会在检察官惩戒中显得尤为位高权重。在这种情况下,就更需要检察官惩戒委员会通过对检察官是否承担司法责任所进行的专业评定确认活动发挥对监察委员会的监督作用,通过对检察官是否需要承担司法责任所进行的专业判断来制约监察委员会的活动。尤其是在监察体制改革之后,监察委员会的职能与权力空前扩大却缺乏实质性的有效制约和监督的背景下,[2] 为了在依法惩戒检察官的同时保障检察官依法履职,免除检察官的后顾之忧,实现检察官监察和惩戒的目标,更需发挥惩戒委员会的专业评定作用。

当然这里还有问题,如出现错案后,是先由惩戒委员会进行审议,然后向监察委员会提交审议意见,还是监察委员会直接有权对检察官是否应该承担司法责任进行调查?包括惩戒委员会在目前的制度设计中仅仅是对检察官是否应承担司法责任进行专业判断的审议认定机构,并不具备最终的处理决定权。那么,监察委员会若完全不尊重惩戒委员会的审议意见,惩戒委员会存在的必要性和意义便存疑。另外,监察体制改革之后,监察委员会兼调查权和决定权于一体,本来监察委员会的权限就非常大且缺乏有效监督和制约,若监察委员会对检察官惩戒委员会的审议意见和处理意见完全不理睬,那么惩戒委员会如何发挥效用则是很大的问题。在以后的改革中可以考虑增加检察官惩戒委员会的权力,让检察官惩戒委员会在检察官惩戒中发挥更具实质性的作用。从世界

---

〔1〕 葛琳:《检察官惩戒委员会的职能定位及其实现——兼论国家监察体制改革背景下司法责任追究的独立性》,载《法学评论》2018 年第 2 期。

〔2〕 童之伟:《对监察委员会自身的监督制约何以强化》,载《法学评论》2017 年第 1 期。

范围内看,各国出于对检察权性质与检察官组织模式的综合考量,检察官惩戒的权柄都没有掌握在单一机关手中,一般都是检察机关与第三方共同行使检察官惩戒权限。[1] 而且从西方发达国家的经验来看,检察官惩戒委员会和检察院的纪检监察部门在检察官惩戒中有着不同的权限。对于检察官惩戒委员会与纪检监察部门之间的权限,可以根据不端行为的严重程度以及可能被处以的惩戒措施,予以适当分配,具体而言:对于可能适用危及检察官身份(降级、撤职、开除)惩戒措施的案件,则由检察官惩戒委员会予以处理;对于可能适用"责令纠正、限期改进、通报批评或者责令写出检讨、警告等"非危及检察官身份惩戒措施的案件,则由纪检监察部门予以处理。[2] 我国以后是否应该借鉴西方国家的这种做法,实质性地增强检察官惩戒委员会的权限,从而使检察官惩戒委员会发挥更大作用呢?同时,我国监察委员会的监察覆盖了检察官,如何既能发挥检察官惩戒委员会的实质性作用同时又不影响监察委员会对所有行使公权力的公职人员进行监察全覆盖,这是一个需要考虑的问题。

---

〔1〕 邹梅珠:《我国检察官惩戒制度的改革困境及其应然走向——以检察权性质、组织模式为分析视角》,载《江汉论坛》2017 年第 9 期。

〔2〕 邹梅珠:《我国检察官惩戒制度的改革困境及其应然走向——以检察权性质、组织模式为分析视角》,载《江汉论坛》2017 年第 9 期。

行政司法论

樊玉成*

一、行政司法的概念界定

(一)行政司法概念的辨析

行政司法的概念至少存在两种使用场景。[1]

第一,是指行政机关或履行公共职能的法定组织所开展的纠纷解决活动。[2] 在这层意义上,纠纷解决活动的主导者是行政机关或履行公共职能的法定组织;纠纷本身一般是指社会的、民间的平等主体之间的民商事纠纷,以及尚未进入行政诉讼程序的行政争议和纠纷。

可以看出,第一种界定是特指行政主体作为司法者,处于居中地位,对当事人间的纠纷进行裁决或调解的行政活动。从行政主体自身的组织性质、人员编制、职权依据等方面看,此种意义上的行政司法活动具有行政权运行的属性,是行政主体依据行政职权所进行的行政活动。但与典型的行政活动的不同之处在于,这里的行政司法体现为居中裁决的行为特征,而一般意义上的行政活动多体现为单向度的高权色彩,具有命令与强制的刚性。

---

* 华东政法大学司法学研究院副院长。

〔1〕 参见叶必丰:《目前法学界关于行政诉讼概念的几种观点》,载《福建法学》1988 年第 1 期;叶必丰:《行政法原理》,湖北科学技术出版社 1988 年版,第 262 页。

〔2〕 参见应松年:《论行政诉讼的几个理论问题》,载《政治与法律》1987 年第 3 期。

从结果意义上看,这里的行政司法最终体现为对纠纷当事人双方的争议解决。无论当事人最终是否接受,行政司法的最终成果就是对纠纷关系的判断及其权利义务责任的分配。这是广义上的司法活动,把行政主体基于职权所进行纠纷解决作为法院外的司法活动。在此意义上的行政司法,相对于法院司法而言,具有纠纷解决时空的前置性和替代性。对那些可以进行司法最终救济的法律纠纷,行政司法则作为前置的纠纷解决方式存在;对特定的无法进行司法终局救济的争议,行政司法替代法院进行终局救济。

第二,是指司法机关针对行政纠纷所开展的司法活动。一般说来,在此意义上使用行政司法的概念较为少见,大家更为习惯"行政诉讼"这样的通俗表述。大体上看,此处的行政司法与行政诉讼在制度层面上是同一的,但套用司法之概念也绝非文字游戏。一来,行政司法的概念存在于司法学的理论体系范畴内,统一用司法来逐个描述不同的纠纷解决类型及其原理制度等。二来,除了制度层面的同一外,行政司法具有更大的包容性,并且更触及司法体制机制内部。它不同于行政诉讼的地方在于,行政司法不仅包括狭义的诉讼制度,还全方位把司法职责、司法权能、司法体制机制等更接近宪法层面的法律制度纳入其中。尽管,行政诉讼的研究者也深入关注司法层面,但自身概念铺陈的局限性,必然会使行政诉讼理论难以自洽包容。

本文行政司法论的概念是第二种意义上的。行政司法论不仅包括传统的行政诉讼原理制度与实践,还包括司法体制机制层面、宪法中国家权力关系等更为顶层的关系视角。

(二)行政司法概念的定位

在行政法和行政诉讼法学的场景中,对于行政争议的解决归入诉讼法学的专业范畴。从我国法学学科设置来看,宪法与行政法学中会设定行政法与行政诉讼法的方向。在诉讼法领域,一般只有诉讼原理、民事诉讼法、刑事诉讼法等主要方向。目前有一些高校也相继在诉讼法学科下设置司法学的方向。但现有的法学学科架构中很明显是将行政诉讼法从诉讼法学中分离出去,并与行政法进行学科整合。对于同样的民法与民事诉讼法、刑法与刑事诉讼法却并未发生类似的学科归属设计。

行政法与行政诉讼法的学科整合,意味着行政实体法、行政程序法与行政诉讼法三种类型的高度同向特性。整合起来的行政法，无论是行政组织与职权、行政行为的设计与模式、行政程序的拘束与价值，乃至行政诉讼的审查与保障等，都朝着一个方向努力，即控制行政权。行政诉讼法所具有的诉讼程序价值之重要性，相对于行政法核心任务——控制行政权而言，明显居于法律价值排序的后位。行政诉讼程序除了具备一切诉讼程序的公开、公平、公正等普遍原则及相关规则之外，几乎所有的诉讼程序设计都在围绕控权而作出努力。正是一切都在围绕控权等根本制度诉求上，行政司法的概念更加优于行政诉讼。因为，控权的制度努力实际上是国家司法权与行政权的关系模式问题。而这个问题远远超过诉讼制度的格局和视野。只有上升到司法层面才能说得清楚两者的关系，才能超越法院裁判的方式，运用司法权更加灵活多元地处理行政纠纷。

（三）行政司法概念的意义

尽管，行政司法的概念显得较为另类，与传统上对于行政诉讼的标识和理解有着显著差异。对同样现象的描述语词的转变往往意味着认知范式的变化与革新。使用和接受行政司法的概念，意味着整个行政诉讼活动要纳入司法学的整体认知方式之内，用不同于诉讼理论的研究模式及理论来重新认识司法机关的行政纠纷解决活动。为了更好地揭示行政司法概念的意义，下面从三个层面来阐述它的新意。

其一，概念体系的重构。很明显，行政司法的上位概念落脚于司法，而行政诉讼的上位概念落脚于诉讼。由于顶层设计的差异，使得原有的话语与实践体系都被赋予新的认知意义。行政司法是在整体司法活动中研究和界定行政争议解决。它被描述为一个更为宽广的司法过程。行政诉讼则系基于《行政诉讼法》等相关法律、司法解释所开展的具体行政纠纷解决裁判活动。尽管，行政诉讼活动也是具体履行司法职能，实现诉讼目标的司法过程，但显然行政诉讼只是一种整体司法活动中的个案努力行为。而行政司法的概念设计与整体关涉能力，在研究内容方面具有更强的包容性，更关注司法体制和制度本身。

其二，关照国家和社会的其他司法活动。司法的概念是处于国家和社会治理的顶层，是对总体纠纷解决活动及其制度安排的首位概念。行政司法是对纠纷活动类型化后的分类指称，它在标称自身所关照的行政纠纷的同时，也在语义之外间接指称民事司法、刑事司法、社会司法等一系列国家和民间的纠纷解决活动。行政诉讼的概念偏正于诉讼活动及制度,它天然局限于国家法定的诉讼范畴内。诉讼是刚性的,即由专门法(若干诉讼法)构成的专属纠纷解决活动。社会和民间的纠纷解决只能是诉讼外的行为,或者说是非讼纠纷解决行为。显然,诉讼概念的关照能力不足。

其三,站位于司法学理论之下。行政司法概念的提出有其理论背景和渊源。司法学学科的快速发展,首先体现在学科概念与话语体系的完善和成熟。行政司法概念的提出是一套整体的理论话语体系安排,相对应的概念包括民事司法、刑事司法、司法管理等。而传统观念的行政诉讼概念则归入诉讼原理与制度的理论体系。相比较诉讼理论的成熟度,司法学理论仍是一个新兴的法学理论。一方面,新的概念体系需要一个认知和接受的过程;另一方面,司法学需要对已有的诉讼法学、法理学、宪法学、法制史、司法制度等一系列学科进行知识横向整合。行政司法概念的提出,意味着这只是万里长征的第一步,意味着在这个研究领域内需要更多的学术努力和知识贡献,才能得到认同。

二、行政司法的理论体系

(一)法理基础

人类社会的法治虽有东西方的意识形态差异,但都不约而同具有相应稳定的价值内容。如立宪主义、权利保障、公权制约等。人类普遍价值诉求的相似性,带来相应的法理根据和法律原理的论证相似性。中国行政司法理论探索和构建要早于行政司法制度的建设。中华人民共和国成立后的立宪成果已明确表示国家行政机关及行政权力受到法律监督、社会监督,并对违法行使行政权力的行为进行制裁。[1] 但宪法之下的行政司法制度建设迟迟未果。中华人民共和国成立初期,国家治理逐步依靠政治和行政力量,再加上“文革”期间法制废离,行政司法制度和相应的理论发展几乎停滞。

---

〔1〕 1954年《宪法》第17条规定:“一切国家机关必须依靠人民群众,经常保持同群众的密切联系,倾听群众的意见,接受群众的监督。”第97条规定:“中华人民共和国公民对于任何违法失职的国家机关工作人员,有向各级国家机关提出书面控告或者口头控告的权利。由于国家机关工作人员侵犯公民权利而受到损失的人,有取得赔偿的权利。”

1978 年中国“拨乱反正”,国家政治与法律体制得到恢复和发展。行政司法的理论研究也渐有起色。熊先觉[1]、朱维究[2]、于安[3]、应松年[4]、江必新[5]、胡建淼[6]、杨海坤[7]、姜明安[8]、王名扬[9]、张尚鷟[10]、张友渔[11]、张树义[12]等早期学者发表了第一批研究成果。但早期对于行政司法的理论研究尚未触及宪法基本理论层面,主要是从国家司法制度完善,解决当事人的行政争议,以及提高国家机关工作效率、巩固政府机构改革成果和加强干部法制观念来进行理论研究。相关理论研究的成果指向也非常明确,即推进行政诉讼法立法,将行政诉讼程序从民事诉讼程序中独立出来,解决行政争议受案难,当事人的权利救济薄弱等较为迫切的实际问题。

(二)基本范畴

在本文中,行政司法是对行政诉讼的概念转换。在行政法理论总体架构下,行政司法从属于行政救济的范畴。行政救济法与行政组织法、行政行为法和行政程序法等并列,共同构成行政法的第一层次结构。行政救济法包括行政司法(行政诉讼)、国家赔偿、行政复议。

可以看到,行政司法是整个行政救济法的核心内容。在行政法律关系中的相对人受到行政主体职权行为的侵害时,最能代表国家意志和公权力的救济方式就是行政诉讼。相比于行政诉讼,行政复议制度是行政权体系内的救济制度,是行政机关设置的相对独立的居中裁判组织。尽管,中国的复议机关在组织体制上是隶属于一级政府,是其下设的一个工作机构,且不只是承担行政复议职能,还广泛承担政府法律顾问、诉讼代理、风险评估、法治宣传、立法事务

---

[1] 熊先觉:《论行政诉讼》,载《法学杂志》1983 年第 2 期。
[2] 朱维究:《试论我国的行政诉讼》,载《法学研究》1984 年第 4 期。
[3] 于安:《我国行政诉讼特点刍议》,载《现代法学》1986 年第 3 期。
[4] 应松年:《论行政诉讼的几个理论问题》,载《政治与法律》1987 年第 3 期。
[5] 费宗祎、江必新:《建立我国行政诉讼制度的若干问题》,载《现代法学》1987 年第 4 期。
[6] 胡建淼:《关于行政诉讼几个争论的理论问题》,载《政治与法律》1987 年第 6 期。
[7] 杨海坤:《对建立我国行政诉讼制度的思考》,载《法学》1987 年第 8 期。
[8] 姜明安、刘凤鸣:《行政诉讼立法的若干问题研究(续)》,载《法律学习与研究》1988 年第 4 期。
[9] 王名扬:《我国行政诉讼立法的几个问题》,载《法学杂志》1989 年第 1 期。
[10] 张尚鷟:《试论我国的行政诉讼制度和行政诉讼法》,载《中国法学》1989 年第 1 期。
[11] 张友渔:《关于行政诉讼法的两点意见》,载《中国法学》1989 年第 4 期。
[12] 张树义:《〈行政诉讼法(草案)〉若干争论问题再思考》,载《法学》1989 年第 3 期。

等。由于行政复议制度定位于行政权自身的纠错职能,它与行政司法的关系就有了本质的差异。行政复议制度在实体和程序两方面都具有行政权自身的特点,受理范围广、程序灵活,行政纠纷解决的方式也更多元。国家赔偿与行政诉讼有一定交叉。行政诉讼制度自身带有赔偿的功能,而国家赔偿不仅是行政违法的损害赔偿,还包括民事刑事的司法赔偿,以及行政机关的赔偿制度等。

在行政司法理论范畴里,首先是宗旨目标问题。行政司法的宗旨就是司法权对行政权的监督制约,以及对公民权利的救济保障。其次是原则问题。行政司法除了遵循一般诉讼原则之外,如审判独立原则,当事人诉讼地位平等原则,以事实为根据、以法律为准绳原则等,还有自身特有原则,如有限管辖原则、被告举证原则、诉讼不停止执行原则、司法变更有限原则等。再次是受案范围问题。受到司法权与行政权相互关系定位的根本决定,行政司法所能审查的行政案件范围是有限的,主要是涉及人身权、财产权、受教育权、社会福利权等方面,对于国防外交、行政规范、内部决定和行政最终裁决的争议都无法通过行政司法解决。最后是证据证明和诉讼程序问题。有关证据证明就不再展开,主要是被告行政主体对其作出的行政行为承担举证责任,其他内容都适用统一证据规则。有关诉讼程序的问题,涉及一般程序、简易程序、诉前程序、二审程序、再审程序等。受到司法改革的影响,行政案件程序从简已经成为时代发展的潮流。最后是行政裁判方式与种类问题。司法权监督制约行政权最终体现在行政司法的裁判方面,对于当事人提出的诉讼请求,人民法院以何种方式回应,如何妥善处理违法行政行为,都与行政裁判的方式和种类有关。一般来说,行政裁判有撤销判决、确认判决、变更判决、履行判决等。根据具体实现当事人权益的要求,行政裁判的种类处于不断增多的过程中。

三、行政司法的制度发展

(一)行政司法制度产生

学界对中国行政司法制度产生的观点主要可分为两大类。

其一,古代中国已有行政司法制度。此两类观点的差异在于对行政司法制度判断的标准不同。从法律功能视角看,周代以来的国家上层建筑中存在相关的权力制约机制。《左传·襄公十四年》引《夏书》:“每岁孟春,遒人以木铎徇于路,官师相规,工执艺事以谏。其或不恭,邦有常刑。”国家设立“遒人”官职,采风于社会,听取不满与争议,然后予以甄别上报解决。《唐律·斗讼》曰:“即邀车驾及挝登闻鼓,若上表诉,而主司不即受者,加罪一等。”宋明两代都有类似规定,即在案件审理过程中对于冤情而给予直接的救济途径。这类情况多由行政(官府)干预所产生,当事人难以在一般诉讼程序中获得公正对待而不得已启动直诉等方式。清朝乾隆八年(1743 年),在婺源(隶属徽州府)发生的“控毁婺源应虹坝案”可为古代中国行政司法活动的典型案例,其相关文书史料保存在婺源县图书馆。该案详细讲述了 260 多年前的一起“行政公益诉讼”。为阻止行政机关(官府)兴建不切实际的公共建设工程而费尽周折的诉讼经历。

从法律功能视角看,古代中国确实在法律体系缝隙中建立和存在了这样的控权机制。但古代中国的国家体制与今天不同。古代中国的是皇权高度集中,行政司法一体不分,地方长官垄断一切公共权力与资源等。在这样的政治与法律秩序下,行政司法制度只有零星的表象而无实质的制度存在。如果微观看待这些古代律法和案例,那么可以在中华法系的价值体系中发现一些控权与人权保障的精神内核。但如果放眼古代政治与法律制度全局,那么这些微不足道的规定和实践,或许只是极其微小的存在,并不能整体证明行政司法制度的存在。它们可能只是中国传统政治与国家理想的一个点缀而非本身。

其二,行政司法制度只存在于现代中国。法律功能主义的视角对事实问题的认知有其合理性,但往往又是片面和超脱实际的。行政司法制度的出现,不仅只是那些能够实现控权的片段规定,更是整个政治与法律体系的整体价值设计问题。在这个核心认知标准下,只有走向共和的社会主义中国才不会辜负行政司法制度。由人民掌握国家权力的政治体制才能够将法律作为控制权力和实现民主与自由的基本保障。

不得不承认,当代中国行政司法制度的产生要明显晚于西方发达国家。早期的普通法系英国因为公法私法不分,难以抽离出单独的行政司法制度。大陆法系可以作为与我国行政司法制度发展的对照。法国行政司法制度始于 1789 年。1799 年建立行政法院,1872 年改革转型为现代意义上的国家行政法院。法国大革命既是政治革命也是法律变革。受到孟德斯鸠“三权分立”学说的深刻影响,革命人士在反对皇权,建立现代国家权力结构的同时,却对行政司法制度有一定误解。“大革命时代人士混淆这两个观念，认为行政诉讼就是行政本身（Juger l’administration，c’est encore administrer），所以禁止普通法院干涉行政，也就禁止普通法院受理行政诉讼。”〔1〕独特的行政法院体系使法国建立起更接近孟德斯鸠概念化的行政司法体制。单独的司法组织（行政法院）摆脱传统普通法院的贵族把控与腐败盛行，而专心秉承行政司法的控权使命。

（二）体制机制建立

当代中国的行政司法制度正式开始于 1989 年，与法国相比我们晚了 200 年。即使从 1889 年法国卡罗案件确立行政法院的一般管辖权开始算起，那么中国的行政司法制度也比法国晚了 100 年。1989 年 4 月 4 日，第七届全国人民代表大会第二次会议通过《行政诉讼法》，1990 年 10 月 1 日起施行，行政诉讼制度正式建立。该法明文规定：公民、法人或其他组织受具体行政行为影响的是行政诉讼的原告当事人，而作出被诉具体行政行为的行政机关成为被告当事人，并且原告与被告行政机关“在行政诉讼中的法律地位平等”。尽管 1982 年《民事诉讼法（试行）》规定：“法律规定由人民法院审理的行政案件，适用本法规定。”但行政司法制度尚未成独立存在，不仅行政案件受理范围狭窄且模糊不清，而且行政案件没有独立的案件管理分类，所立案号是民事案号，诉讼程序、证据规则等都一并采用民事诉讼程序。

然而，《行政诉讼法》制定之前，中国地方法院已经开始进行行政司法制度的摸索建设。1986 年 10 月 11 日，湖南省汨罗县人民法院成立了全国第一个基层人民法院的行政审判庭。同日，湖北省武汉市中级人民法院成立了全国第一个中级人民法院的行政审判庭。同年 11 月，湖南省高级人民法院在全国率先成立行政审判庭。〔2〕 1987 年 1 月，最高人民法院发出《关于建立行政审判庭的通知》，要求各地“采取积极而又慎重的态度”，试办行政审判庭。当年，全国地方各级法院先后建立行政审判庭 1093 个。截至 1990 年年底，全国法院共建立行政审判庭 3037 个，占应建庭数的 93%；全国各级法院共调配行政审判干部 9723 人。

---

〔1〕 王名扬：《法国行政法》，中国政法大学出版社 1988 年版，第 533 页。

〔2〕 曾妍、李宇先：《湖南行政诉讼：从第一个审判庭到集中管辖》，载《人民法院报》2018 年 12 月 3 日，第 5 版。

以《行政诉讼法》为核心的行政司法制度在建立之初，就特别强调行政实体法与行政程序法的配套制定。在1989年《行政诉讼法》制定之前，我国先后已有50余部单行的法律和行政法规设定了当事人提起行政诉讼的权利。1989年《行政诉讼法》制定后，人民法院行政审判庭对被诉具体行政行为的司法审查，需要根据行政实体法和行政程序法来判定行政主体的行政职权与程序要求，进而才能在行政司法过程中进行裁判。此后中国兴起行政立法的一波高潮。以1996年《行政处罚法》为代表，其后，《行政许可法》《行政强制法》等行政单行立法制定，为行政司法提供了更为扎实丰富的实体依据和程序准则，为更好地开展司法审查工作奠定了坚实基础。

四、行政司法的完善发展

（一）追求裁量正义

中国行政司法的建立与发展，始终遵循着一个较为清晰的路径，或者是行政司法的发展规律。早期的行政司法理论与制度建设，面对着“有没有”的问题，要创建一套能够对违法行政行为进行司法审查的理论依据和操作规则。建章立制、遵规蹈矩的发展思路自然占据上风。很多学者曾将这样一个发展阶段作为形式法治的发展阶段。具体表现在行政司法制度的发展上，体现为全面建立违法行政行为的形式合法性审查模式。

1978年，党的十一届三中全会提出“有法可依，有法必依，执法必严，违法必究”。这十六字就被确定为其后40余年的社会主义法制建设的基本方针。“重建行政法制的重点和难点是制定出一系列适应新形势和情况的调整行政关系的新法律、法规，建立各种有关的行政管理制度，使行政管理逐渐走向法制化道路。”[1]十六字方针是形式法治建设的行动指南，对于其后《行政诉讼法》等一系列行政法律规范的制定有着强有力的指导力。

1989年《行政诉讼法》第5条规定：“人民法院审理行政案件，对具体行政行为是否合法进行审查。”该条明确了行政司法最为核心的行动原则——合法性审查原则。《行政诉讼法》通篇的法条设计都是在构建违法与合法的形式边

〔1〕 莫于川：《民主行政法要论——中国行政法的民主化发展趋势及其制度创新研究》，法律出版社2015年版，第76页。

界，比如明确而有限的受案范围设计、原告资格的狭义界定、被告资格的形式标准、行政诉讼的确定类型、行政裁判的有限类型以及司法救济方式与程度的有限性等。形式合法性与形式违法性区别的建立，使中国行政司法体制有了一个可以依据的范式，在刚刚建立制度的起初，这样的发展路径是最优也是必然。

但随着行政司法实践经验的积累，行政纠纷解决过程中不断发现和提炼新问题。同时，对于违法行政行为矫正的效果反馈，尤其是社会公众对于行政司法救济有限性的不满，促进了行政司法从机械司法开始自发地向实质正义尝试。1989 年《行政诉讼法》制定时，法院能否审查行政行为的合理性问题，当时就有争论。争论的结果，就是法院原则上不对行政行为的合理性进行审查，但行政机关滥用职权法院可以撤销，行政处罚显失公正法院可以变更。[1] 在 1989 年《行政诉讼法》有限的司法审查空间内，行政合理性审查成为实质法治的发力点。无论是学界的研究，还是各地司法实务的探索，针对行政裁量行为的司法审查，尤其是在滥用职权与行政处罚显失公正的明确条款支持下，以裁量正义为核心理念，综合借鉴和运用了比例原则、裁量空间、裁量限缩、行政习惯、正当期待等一系列的理论工具来给予合理性审查以更为明确具体可判断的标准。“形式法治是实质法治的必要前提，倡导实质法治也要补上形式法治这一课，否则会导致擅断主义。”[2]

2014 年 11 月 1 日第十二届全国人民代表大会常务委员会第十一次会议以及 2017 年 6 月 27 日第十二届全国人民代表大会常务委员会第二十八次会议，连续两次对《行政诉讼法》进行修改。2012 年党的十八大报告提出“科学立法、严格执法、公正司法、全民守法”的新十六字方针；党的十八届三中全会通过的《中共中央关于全面深化改革若干重大问题的决定》指出：“建设法治中国，必须坚持依法治国、依法执政、依法行政共同推进，坚持法治国家、法治政府、法治社会一体建设”。不难发现，中国行政司法制度的变革有着明确的政治指引和行动指南。对比修改后的《行政诉讼法》，从“显失公正”到“明显不当”是一个飞跃。新法赋予人民法院对行政行为监督纠正更为全面深入的标准。尽管，行政司法仍在合法性审查的基石上没有改变，但行政自由裁量权的审查力度和深

〔1〕 参见何海波：《论行政行为“明显不当”》，载《法学研究》2016 年第 3 期。
〔2〕 江必新：《论实质法治主义背景下的司法审查》，载《法律科学》2011 年第 6 期。

度，以及对合法性原则内涵的解释范围和可接受性等都有了巨大的进步。[1]

(二)管辖体制再造

中国三大诉讼法建立起大致统一的司法模式。各级法院大一统、全口径受理各类案件。基层人民法院除了严重刑事犯罪案件、标的额大的民商事案件以及涉外案件之外，民事、刑事和行政案件都是全面受理。从 1989 年《行政诉讼法》制定以来，对于行政司法所面临的被告压力从未停止过。尽管在制度设计之初就已经考虑到"民告官"的地位和实力不平等问题，但在实际的办案过程中仍旧感受到制度设计还是远远低估了现实的复杂情况。

30 余年的行政司法实践中，最高人民法院不断通过司法解释和司法规范来对不同行政级别的被告进行一审管辖调整。以县级及以上行政级别的被告为区分标准，基层人民法院受理这之下的行政案件，涉及被诉的是县级及以上级别的被告案件，提升至中级人民法院进行一审管辖。名义上，司法解释只是对《行政诉讼法》的法律适用解释，但涉及诉讼管辖问题时都在实际上具有行政司法体制改革的效果。在行政司法组织层面的层级改革，实际取得的效果非常有限。中级人民法院一审受理的以县级及以上行政主体为被告的案件，往往被告的影响力与中级人民法院管辖范围大致相仿。只要在地市级的行政区划范围内，无论是基层人民法院还是中级人民法院都与被告有着千丝万缕的关系。行政审判活动的独立性和中立性受到各方面的影响，甚至是干预。提级管辖能够改革的施展范围有限，一审在中级人民法院，二审就要到高级人民法院，这直接改变了各级法院审级分工职能，甚至是对宪法秩序的改动。司法学理论上，这样的提级管辖改革是不可取的，也无助于问题的有效解决。[2]

党的十八届三中、四中全会分别提出"探索建立与行政区划适当分离的司法管辖制度""完善行政诉讼体制机制，合理调整行政诉讼案件管辖制度，切实解决行政诉讼立案难、审理难、执行难等突出问题"的要求。以北京为例，2014 年 12 月 30 日挂牌成立北京市第四中级人民法院，跨行政区划法院改革落地。

---

〔1〕 参见袁杰主编：《中华人民共和国行政诉讼法解读》，中国法制出版社 2014 年版，第 20 - 21 页。

〔2〕 行政机关往往在行政诉讼中形成一种组织性和常态化的干预，"不能阻止政府的干预，就成为政府干预的一条通道"。参见浙江省高级人民法院课题组：《行政案件管辖问题研究——以浙江省行政案件异地管辖为典型展开》，载《法治研究》2007 年第 2 期。

北京市第四中级人民法院受理的行政案件主要是以北京市 16 个区政府为单独被告的一审行政案件，以及北京市政府复议维持区政府行政行为后以两级政府为共同被告的一审行政案件。行政司法组织体制上的改革，将原有的司法管辖区域与行政管理区域高度重合、“原告就被告”的管辖模式，且法院“人财物”受制于同级人大和政府的法院体制模式，在一定程度上予以改变。

经典的诉讼管辖原理传递一个似乎永不改变的道理，即管辖只是贴近案件发生地，贴近原被告所在地的制度安排。只要是在地理空间上与案件接近，那么就是好的管辖制度。这样的教条长期束缚着中国法院组织设计的观念，以至于将其奉若经典，亦步亦趋。在行政司法案件不断鞭打现实管辖制度之下，这种思维观念上的惯性才开始有所减弱。司法制度所包括的一切可操作可执行的具体制度都是司法的核心使命的表达，而司法的核心使命就是在个案中体现公平正义。我们不能因为微观上的“两便原则”就忘记公平正义的核心诉求。要知道，行政司法的难处不在于当事人诉讼不便，不在于法院所在地与案件发生地的远近，而在于裁判者是否具有公正裁判的条件。“地方保护和行政干预，是行政诉讼制度运行不畅、行政审判困难重重的重要原因。”[1]行政司法的实践中，很多当事人为了案件能够公正审理不知道跑了多少路程，不少案件在裁判后上诉和申诉，甚至到北京信访，等等。当事人为了公平正义是不会介意花在路上的时间和成本的。既然当事人都不介意，为什么我们的行政司法组织体制还坚守“两便原则”呢？表 1、表 2、表 3 为北京法院在行政司法体制改革之后的案件数据。

表 1　2014 年北京市各中级人民法院审理的以区县政府为被告的案件统计

法院	一审/件	二审/件	上诉率/%	备注
第一中级人民法院	118	42	35.59	统计数据实际结案数量
第二中级人民法院	79	66	83.54	
第三中级人民法院	19	8	42.11	
合计	216	116	53.70	

〔1〕 袁杰主编：《中华人民共和国行政诉讼法解读》，中国法制出版社 2014 年版，第 58 页。

表 2　2014—2017 年北京市第四中级人民法院审理的以区县政府为被告的案件统计

年份	结案/件		上诉/件	上诉率/%	发改/件
	全市中级人民法院行政庭	市第四中级人民法院行政庭			
2014	216	0	116	0.00	2
2015	0	975	400	41.03	3
2016	0	1420	716	50.42	9
2017	0	1535	748	48.73	14

表 3　2014—2017 年北京市高级人民法院二审行政案件结案统计

单位:件

年份	2014	2015	2016	2017
结案	512	692	1436	2127

跨行政区划管辖最为显著的变化是一审收案量大幅上升,截至 2017 年年底,北京市第四中级人民法院审理的以区政府为被告的一审行政案件较改革前上升了 7.1 倍。其中,2015 年结案 975 件、2016 年结案 1420 件、2017 年结案 1535 件(见表 2)。北京市高级人民法院二审案件数量也出现了大幅上升的现象(见表 3)。尽管在数字背后还仍存在案件审理的公正程度,以及当事人对案件审理结果满意度仍未明显改善等问题,但毫无疑问行政司法组织体制的变革,带来了行政救济渠道的通畅,当事人对人民法院解决行政纠纷的能力更有信心,对行政司法体制的公正性更为满意。而这所有有关行政司法组织体制再造的一切努力,都还处于发展阶段。值得庆幸的是,我们已经摆脱了各种理论教条,开始学会以实践眼光为制度进行度量。随着理论的成熟和实践能力的改进,今后行政司法组织的完善将是值得期待的事情。

(三)纠纷解决能力提升

受制于各种因素,包括上文提到的管辖因素、被告影响力因素,以及受案范围狭窄等,行政司法纠纷解决能力一直伴随这个制度的始终。早期由于行政诉讼案件总量不大,当事人能忍则忍,其他渠道和办法实在不行才迫不得已去法院提起行政诉讼。避诉心理始终是中国纠纷解决文化中的主流价值观。即使是这样,那些为数不多的行政案件不得不到法院去化解纠纷时,司法裁判并没有很好地回应当事人的诉求。行政纠纷解决的效果长期是行政司法制度的一个问题。以上文北京跨行政区划法院设立后的行政案件数据看,行政纠纷的矛盾激烈程度很明显比之前有所上升(见图 1)。

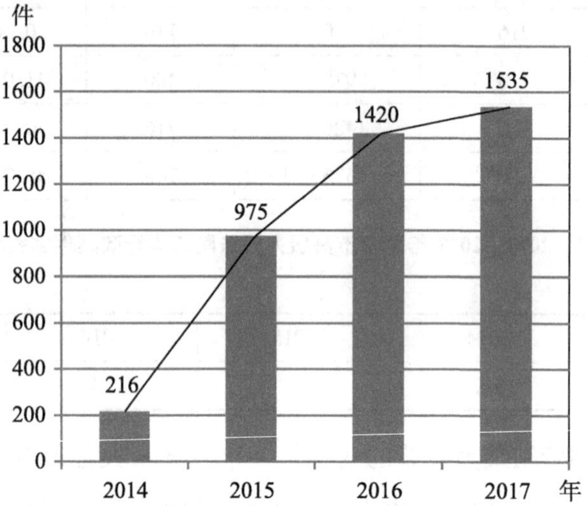

图 1　2014—2017 年结案数

行政案件“一人多案、多人一案”的情形比较明显。以 2016 年为例,涉信息公开、行政复议类诉讼非常集中共有 570 件,占比 40% 以上,有的形成了跟政府“死磕”的“职业原告”(见图 2、图 3)。同样的情况在上海,乃至全国各地的法院都有相似的规律。很明显,除了社会自身产生的行政纠纷可能更为突出集中之外,行政司法体制的纠纷解决能力不足是一个主要因素。各地案件具有很强的相似性。当事人通过提起信息公开诉讼的方式来一环一环为真正的行政纠纷症结寻找证据和出路。由于行政裁判的机械司法,对于诉讼所包含的争议问题没有很好化解,使当事人穷尽各种司法程序和手段,甚至是通过滥用诉讼的方式来发泄心中不满。这些情况不能简单归因于当事人自身的心理问题,而要从政府、社会乃至行政司法制度本身来寻找解答。

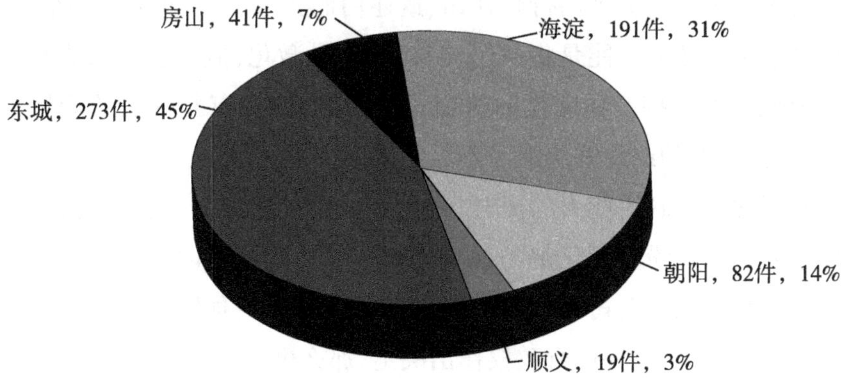

图2　2016年反复诉群体诉统计

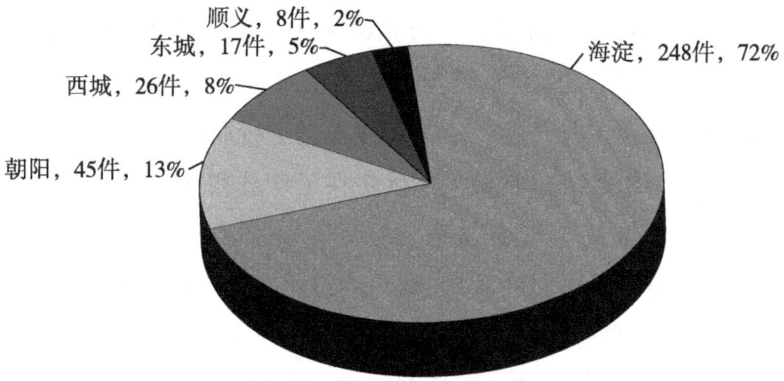

图3　2015年反复诉讼原告统计

行政法学界和司法实务界大致都认为，现有的合法性审查模式存在条款设计上的先天缺失。由于合法性判断大多是表面上的，对于行政纠纷的实际症结是否予以解决，并不在法条明显的旨意之中。于是，这里就自然产生一个非常大的司法裁量空间。员额制改革后法院“案多人少”的情况更加突出，法官即使有心愿去探究行政纠纷的症结点，也碍于审判负担与压力而选择作罢。[1]如此就会出现一种行政司法中的普遍形式主义裁判实践。如撤销(重作)、履行判决，对于行政机关需要作出的行为内容指引性不强，行政机关重作之后可能再次发生诉讼，从而使当事人尽受后续行政程序和诉讼的折磨。如原告某公

〔1〕 参见杨伟东：《权力结构中的行政诉讼》，北京大学出版社2008年版，第29页。

司诉被告某酒类专卖管理局行政处罚、返还白酒案。[1] 行政法官心里很清楚，这样的司法审查效果只能是将纠纷转移，甚至是激化，但大多会认为自己恪守职业本分也无可挑剔。制度化的机械司法问题，以及审判资源的配置有限性等，是更为深层次的纠纷解决能力不足之内因。

行政司法纠纷解决能力的提升，一方面需要继续向诉讼程序之内发力，另一方面也要提升纠纷多元化解的战略地位。诉讼程序之内仍有很大的改进空间，对于行政司法而言，司法裁判的方式和种类可以更加贴近问题面。以改判为例，既然司法权已经替代行政权作出决定，那么也应当一竿子到底，在判决中明确行政机关具体的责任或义务，从而使胜诉的原告方最有效率地实现行政裁判所给予的权利救济。诉讼之外而言，纠纷的替代性解决也一直是最高人民法院坚持发展的一条路径。例如上海市高级人民法院于 2018 年 5 月 24 日成立行政争议多元调处中心，其工作职能主要包括对行政纠纷解决的引导及释明，组织、委派、委托及邀请符合条件的组织或人员进行调解，对行政调解协议的审查确认等。多元纠纷解决机制最大的优势在于动员和整合社会资源，尤其是有专业经验的复议工作人员、退休法官、律师、专家学者，以及具体各行业领域的专门问题专家。由于是志愿性质的，参与纠纷化解的工作者不会受到法院体制的考核与约束，本着自身的热情和专业精神为当事人提供纠纷解决的意见。也正是这样的初衷和立场，当事人更愿意听取他们的意见，预测行政纠纷的可能结果，并及早作出决定。

（四）行政公益诉讼强化

从 1989 年《行政诉讼法》制定以来，有关行政公益诉讼的理论研究从未间断，对于域外地区的制度实践，以及各自的法律文化与背景都有较为全面的引介和了解。但长期以来，受到司法权谦抑原则的约束，通过司法审查方式来对行政机关履职进行督促和纠正始终不能得到认可。同很多法律制度

---

〔1〕 参阅案例文号：(2013)长行初字第 33 号、(2013)沪一中行终字第 275 号、(2014)长行初字第 164 号、(2015)沪三中行终字第 37 号、(2015)长行初字第 28 号、(2015)沪三中行终字第 168 号、(2016)沪 0105 行初 34 号、(2016)沪 03 行终 558 号。案情简介：2006 年，被告接到举报，反映原告涉嫌销售假冒茅台酒，被告先行登记保存 895 瓶白酒。后被告将该案移送某公安分局，2012 年该公安分局撤销立案，并将涉案白酒退回被告。被告于 2013 年作出没收白酒行政处罚。原告从 2013 年第一起行政案件起，历经 4 次一审、4 次二审，法院针对程序违法问题作出了 3 次撤销判决，然而争议至 2018 年仍未解决。

创设相似,来自社会和民间的现实需求要远远大于理论上的支撑论证。

美国是现代公益诉讼制度较为成熟发达的国家。1863 年美国国会颁布《反欺骗政府法》,正式启动公益诉讼,赋予公民公益诉权,并给予胜诉者以罚金分享。1890 年,美国创立了全球著名的《谢尔曼反托拉斯法案》,在国家经济秩序与环境领域创立公益诉讼制度。1914 年的《克莱顿法》也是如此。20 世纪美国在环境法领域开创和形成一套完整的公益诉讼制度,如 1970 年《清洁空气法》,及其后的《清洁水法》《噪声控制法》等。美国联邦最高法院在"塞拉俱乐部诉内政部长莫顿案"中旗帜鲜明地指出:滑冰场的建立会对俱乐部成员在该地区进行徒步山野旅行的环境造成破坏,使他们无法享受到在具有自然风光的荒野中进行徒步旅行的乐趣,这种损害足以构成事实损害,这种损害的主体可以归于俱乐部本身,因此俱乐部可以作为原告提起诉讼。[1]

21 世纪初期,中国也已经有了一批类似的具有广泛社会影响力的公益诉讼案例,如严某学诉椒江区文化局不履行职责案、乔某祥诉铁道部春运期间票价上浮案、葛某诉郑州铁路分局厕所收费案等。其中,乔某祥诉铁道部春运期间票价上浮一案影响最大。该案虽最终以全部诉讼请求被驳回而结束,但随后,原国家计委对原铁道部提出的"铁路部分旅客列车实行政府指导价"方案进行了历史上第一次全国性公开听证会。中央政府以实际行动肯定了乔某祥在行政诉讼中所提出的主张,在国家治理层面真正承认和落实了他的诉讼请求。

2015 年 7 月 1 日,全国人民代表大会常务委员会通过《关于授权最高人民检察院在部分地区开展公益诉讼试点工作的决定》,正式授权最高人民检察院在生态环境和资源保护、国有资产保护、国有土地使用权出让、食品药品安全等领域开展提起公益诉讼试点,试点期限为 2 年。2015—2016 年,最高人民检察院、最高人民法院先后颁布了《检察机关提起公益诉讼改革试点方案》《人民检察院提起公益诉讼试点工作实施办法》《人民法院审理人民检察院提起公益诉讼案件试点工作实施办法》,对试点期间行政公益诉讼的诉前程序、庭审程序等事项进行了规范。

---

〔1〕 参见王曦:《美国最高法院环境判例起诉资格考》,载《清华法学》2021 年第 2 期。

行政公益诉讼制度实施初期，最高人民检察院特别注重司法权的谦抑表现。《人民检察院提起公益诉讼试点工作实施办法》第 40 条规定："在提起行政公益诉讼之前，人民检察院应当先行向相关行政机关提出检察建议，督促其纠正违法行为或者依法履行职责。行政机关应当在收到检察建议书后一个月内依法办理，并将办理情况及时书面回复人民检察院。"第 41 条规定："经过诉前程序，行政机关拒不纠正违法行为或者不履行法定职责，国家和社会公共利益仍处于受侵害状态的，人民检察院可以提起行政公益诉讼。"初期大量的行政公益纠纷是通过诉前程序进行解决。最高人民检察院明确表态，"检察机关提起行政公益诉讼，必须严格履行诉前程序。提起公益诉讼前，人民检察院应当依法督促行政机关纠正违法行政行为、履行法定职责。诉前程序主要目的在于增强行政机关纠正违法行政行为的主动性，也是为了最大限度地节约诉讼成本和司法资源。通过诉前程序推动侵害公益问题的解决，不仅是检察机关提起公益诉讼工作的重要内容，也是公益诉讼制度价值的重要体现。只有当行政机关应当纠正而拒不纠正，坚持不履行法定职责，致使国家和社会公共利益持续处于受侵害状态的，检察机关才应当提起行政公益诉讼"〔1〕。

随着行政公益诉讼制度落地过了第一个 5 年期，有关行政公益诉讼制度扩展和完善的声音已经从理论界和实务界向外传递，如全国人民代表大会常务委员会《关于授权最高人民检察院在部分地区开展公益诉讼试点工作的决定》和《行政诉讼法》第 25 条第 4 款确定"生态环境与资源保护、食品药品安全、国有财产保护、国有土地使用权出让等领域"。由于社会治理的热点问题频发，法学界和社会媒体常会将这些问题与行政公益诉讼制度进行链接和遐想，进而产生出一种群体性期待。学者回到法律解释之中对"等内""等外"进行解释，并逐步形成学界和实务界的大体共识，即具有"法律监督机关"宪法地位的检察机关，提起行政公益诉讼的范围触及行政管理各领域。〔2〕

除了对行政公益诉讼受案范围的扩展有了广阔共识之外，有关行政公益诉讼的制度独立性，以及提起行政公益诉讼主体的多元性等都尚未有实质进展。

〔1〕 最高人民检察院指导性案例第 31 号：清流县环保局行政公益诉讼案。

〔2〕 参见李洪雷：《检察机关提起行政公益诉讼的法治化路径》，载《行政法学研究》2017 年第 5 期。

受制于检察机关等职能定位,以及学术探讨的保守观点,从目前来看,能够推动行政公益诉讼制度发展的力量主要还是社会关切和需要。行政司法理论对于制度建设和完善尚力不从心。

公益诉讼论

张　乾*

通常认为产生于古罗马时期为保护社会公共利益而设立的市民公益诉讼是公益诉讼制度的雏形。在我国,公益诉讼一直处于缺位状态,直到2012年《民事诉讼法》修正时才第一次在法律上正式确立了民事公益诉讼制度,但制度的实践效果不理想。为此,党的十八届四中全会提出探索建立检察机关提起公益诉讼制度,是直面公共利益保护不力现实的抉择。检察公益诉讼成为借力诉讼轨道整合国家和社会力量维护社会公共利益的重要途径,对推进国家和社会治理具有重要意义。尽管检察公益诉讼制度的确立具有重大意义,并成为引领公益诉讼发展的新方向,但仍有必要对制度的实行效果进行评估,对制度的困境进行分析,进而对制度的发展完善提供智力支持和理论依据。

一、检察公益诉讼制度的背景叙事

(一)从属于本轮司法改革

从时间来看,我国的司法改革从中华人民共和国成立之后就一直断续存在,崔永东教授认为当代中国司法改革的历程分为中华人民共和国成立初期的司法改革、"文革"后的司法重建及司法改革的展开与推进三个阶段,[1]这一划分对于我们从整体上认识与理解我国的司法改革具有重要作用。同时崔永东教

---

* 山东政法学院民商法学院讲师,法学博士。

〔1〕 崔永东:《司法改革与司法公正》,上海人民出版社2016年版,第165页。

授又在《改革开放四十年来的司法改革实践与司法理论探索》一文中对我国司法改革实践的演进进行了概括："司法重建—'司法技术性改革'—'司法体制性改革'"，这一总结不但是改革开放以来对司法改革实践历程的精辟描述，更对每一阶段司法改革实践的核心主题进行了精准归纳。[1] 陈卫东教授认为，我国的司法改革经历了从"法制建设"到"依法治国"再到"法治中国"的多个阶段，司法改革的脉络和重心也开始从一般层面的"司法改革"发展到"司法体制改革"。[2] 因此，党的十八大特别是十八届三中、四中全会确立的改革内容，往往称为本轮司法改革。[3] 本轮司法改革体现了改革道路的政治性、改革内容的全局性、改革方法的科学性、改革目标的宏观性的基本特征，其宏观目标就是推进国家治理体系和治理能力现代化和法治化。

综观检察改革的各项战略都是迎着本轮司法改革浪潮而展开的，如本次检察改革中的亮点——检察公益诉讼制度在立法上正式获得确认，检察机关成为社会公共利益的代表，并具有了公益诉讼起诉人身份。本轮司法改革之前，检察机关在实践中经不断进行公益诉讼探索，但由于立法不明确、与传统诉讼理论冲突等导致检察公益诉讼制度一直未能建立，这种困境终于在本轮司法改革中被打破。2014 年，党的十八届四中全会提出，探索建立检察机关提起公益诉讼制度。检察公益诉讼第一次在党的重要文件中出现，公益诉讼至此有了国家队。按照本轮司法改革顶层设计、试点先行、总结完善、全面推进的改革进路，最高人民检察院注重顶层设计与依法进行，制定了试点方案，经全国人民代表大会常务委员会授权后开始试点工作。检察机关通过试点取得了预期效果，凸显了检察公益诉讼制度的优越性，为全面推开检察公益诉讼工作提供了宝贵经验，也为制度的最终建立提供了实践支撑。2017 年 6 月，全国人民代表大会常务委员会修正《民事诉讼法》《行政诉讼法》，正式确立检察公益诉讼制度，检察机关提起公益诉讼全面实施。2018 年 7 月 6 日，中央全面深化改革委员会审议通过了《关于设立最高人民检察院公益诉讼检察厅的方案》，为推进公益诉讼专业化建设，更好地履行检察公益诉讼职责提供了组织保障。因此，检察公益

---

〔1〕 崔永东：《改革开放四十年来的司法改革实践与司法理论探索》，载《政法论丛》2018 年第 5 期。

〔2〕 陈卫东：《改革开放四十年中国司法改革的回顾与展望》，载《中外法学》2018 年第 6 期。

〔3〕 陈卫东：《当前司法改革的特点与难点》，载《湖南社会科学》2016 年第 2 期。

诉讼制度的建立遵循了本轮司法改革的路径和规律，是改革的重要内容和一项极具中国特色的司法制度，也探寻了一条推进国家治理体系和治理能力现代化和法治化的重要途径。所以检察公益诉讼是党中央顶层设计推行的一项检察司法改革工作，通过立法机关对检察机关在公共利益问题上的赋权增能，推动了检察机关提起公益诉讼在本轮司法改革中予以试点、推行和确立，并最终走向完善。

(二)转机于国家监察体制改革

监察体制改革是党中央作出的事关全局的重大政治变革，不仅是为了推动全面从严治党、推动反腐败斗争持续深入发展，更具有重要的制度、现实和创新意义。[1] 监察体制改革有利于完善公权力监督体系，由于监察体制改革关涉国家权力的重新配置，其影响之广可以预见，尤其是将检察机关的自侦职权转隶至监察委员会更对检察机关带来了切身之痛的冲击，但也为检察机关重塑性变革提供了时代背景和契机。客观分析，监察体制改革剥离了检察机关的职务犯罪职权后，对检察机关的职能、内设机构及相关业务都有一定的影响，[2] 表面看似冲击巨大，实则是检察机关过度依靠自侦职权的惯性思维被打破后的一种不适应表现。从我国检察制度的法律监督本质来看，监察体制改革未改变检察机关的宪法定位和检察权的属性，本次《宪法》修改也未对检察机关的定位进行修订，因此，辩证来看监察体制改革只是重新配置了职务犯罪侦查权力，对我国宪法体制和国家机构职权配置进行了完善发展，并未动摇检察机关的宪法地位和职权，反而为检察机关在新时代谋求转型发展提供了机会。

检察机关视转隶为转机，摆脱了侦查中心主义的痼疾，厘清了自身存在已久的同体监督这一体制性矛盾，能够更充分地践行国家法律监督机关的角色定位。[3] 为此，最高人民检察院张军检察长在 2019 年“两会”工作报告中首次提出推进刑事、民事、行政、公益诉讼四大检察业务均衡发展的要求，这是新时代

---

〔1〕 袁曙宏：《深化国家监察体制改革的四重意义》，载人民网，http://fanfu.people.com.cn/n1/2018/0320/。

〔2〕 比如，对刑事执行部门、控告申诉部门、技术部门、法警部门等都有一定的影响。详见胡勇：《监察体制改革背景下检察机关的再定位与职能调整》，载《法治研究》2017 年第 3 期。

〔3〕 何盼盼：《回归宪法本位：监察体制改革对检察工作的影响与应对》，载《太原理工大学学报(社会科学版)》2018 年第 2 期。

推动全国检察机关转型发展的战略规划，也是检察权重塑的基础，是检察机关回归法律监督定位，强化法律监督主业，推进内设机构改革的逻辑支撑。根据法权平衡理论，为了保持国家机构横向权力结构的平衡性，国家机关之前的权力分配要保持适当平衡状态。[1] 因此，既然检察机关的自侦职权被剥离了，就要通过赋权增能在法律上赋予检察机关新的职权。检察制度的巩固和发展既要走内涵式发展道路，充分发挥已有刑事、民事和行政检察职能，又要走外延式扩张道路，不断拓展新的法律监督路径和选择，如检察公益诉讼，以保持中国特色检察制度的生命力。所以作为本轮检察改革最重要的亮点检察公益诉讼，就是检察机关在国家监察体制改革、司法体制改革背景下为平抑自侦权被剥离后检察机关职权的功能性失衡而采取的法律监督业务改革战略，由法律赋予检察机关作为公共利益的代表行使保护国家利益和社会公共利益的起诉权，不但从属于本轮司法改革的潮流，更是转机于自侦职权转隶后检察机关业务增长的现实需要。

（三）承接于传统公益诉讼

2015 年之前是公益诉讼实践推动法律制度完善的关键时期，这一阶段体现了公益诉讼从起步到发展、从萌芽到深入的过程，公益诉讼法律制度在诉讼实践的推动下不断完善。具体来看，个人提起带有公益诉讼性质的诉讼范围逐步扩大，但仍然以消费者权益及平等权等宪法性权利受侵害的案件为主，同时还出现了少许环境权方面的诉讼。社会组织从 2005 年开始参与到公益诉讼的实践中，案件类型集中于环境资源领域，但社会组织提起的公益诉讼案件仍然较少，社会公共利益并未得到有效保护，有学者统计从 2005—2014 年的 10 年间，环境民事公益诉讼进入法院受理程序的共 47 件，每年不到 5 件。[2] 也有学者统计了 1995—2014 年的 20 年间全国法院共受理 72 件环境公益诉讼案件，其中社会组织提起的只有 17 件。特别是在 2012 年《民事诉讼法》修改后的 2013 年，大家普遍认为公益诉讼的“春天”来了，但公益诉讼特别是环境公益诉讼并未大规模爆发，甚至出现了“零受案率”的尴尬境遇，公益诉讼遭遇了立法后的第一次“低潮”。

---

〔1〕 袁博：《监察制度改革背景下检察机关的未来面向》，载《法学》2017 年第 8 期。

〔2〕 巩固：《2015 年中国环境民事公益诉讼的实证分析》，载《法学》2016 年第 9 期。

客观来说,社会组织提起的公益诉讼特别是环境公益诉讼对推动社会进步,通过个案改变行为规则,促进环境法治等方面具有重要意义,有利于畅通公众参与诉讼的渠道,扩大司法保护的范围,克服诉讼主客场影响,督促环境行政执法,实现环境正义,提升司法公信力,[1]但通过分析 1995—2014 年社会组织提起的公益诉讼案件数,同时 2013 年立法授权后公益诉讼也并未实现人们的预期,足以说明公益诉讼并未发挥制度效果,未达到立法目的,更未实现公益诉讼的价值,特别是环境公益诉讼制度的整体功效并未充分发挥。如何破解公益诉讼制度效果不甚理想的窘境,在司法改革的背景下,党的十八届四中全会提出探索检察机关提起公益诉讼制度,既是回应当下社会公共利益受侵害亟须维护的现实需要,也是破解传统公益诉讼制度效果不佳的路径选择,更是推进国家治理体系和治理能力法治化的重要途径,公益诉讼自此加入了检察机关这一"国家队",检察机关成为公益诉讼一支新生的法律力量。

(四)国家治理体系的现实需要

国家治理体系的现代化离不开法治的现代化。[2] 近年来,随着经济和社会的快速发展,生态环境资源保护、食品药品安全问题多发,严重损害了国家利益和社会公共利益,既反映了"公地悲剧"的治理难题,也反映了行政执法存在的困境,因此迫切需要在国家治理中寻求多元主体的共治,在行政执法不足时借助司法手段解决侵害公共利益的问题是国家治理法治化的路径选择。检察机关作为法律监督机关和司法机关,是社会公共利益的坚定维护者。检察公益诉讼制度的生成有特定的时代背景,是国家治理的现实需要,更是国家治理体系中不可缺少的一环。检察公益诉讼制度的主要目的是通过诉讼手段维护社会公共利益,发挥司法的社会功能,解决生态环境、消费者权利保护"法化"不足的现象,让扩散性利益(不特定多数人利益)纠纷进入司法正义的大门,让更多的社会权利性纠纷通过法治途径予以化解。可以说,检察公益诉讼制度体现了国家治理的司法化倾向,目的在于通过公共利益的司法保护实施国家相关政策,补齐国家治理"短板",有效发挥司法在解决社会纠纷方面的功能。

---

[1] 孙茜:《我国环境公益诉讼制度的司法实践与反思》,载《法律适用》2016 年第 7 期。

[2] 张文显:《法治与国家治理现代化》,载《中国法学》2014 年第 4 期。

二、检察公益诉讼制度的实践效果及困境

检察公益诉讼制度在我国是一项“年轻”的制度，“年轻”就意味着需要完善和规范，而完善的基础在于对制度实施效果进行准确评价，从中发现制度运行中的问题，并以此研究制度完善的路径。

(一)检察公益诉讼制度的实践观察及功能分析

2017年6月，全国人民代表大会常务委员会表决通过了关于修改《民事诉讼法》和《行政诉讼法》的决定，正式以立法形式确立了检察机关提起公益诉讼制度。可以说2018年是检察公益诉讼制度建立之后的元年，本文引用了最高人民检察院2018—2020年工作报告中关于检察公益诉讼的办案数据(见图1)，对检察公益诉讼制度的实践效果进行简要述评。

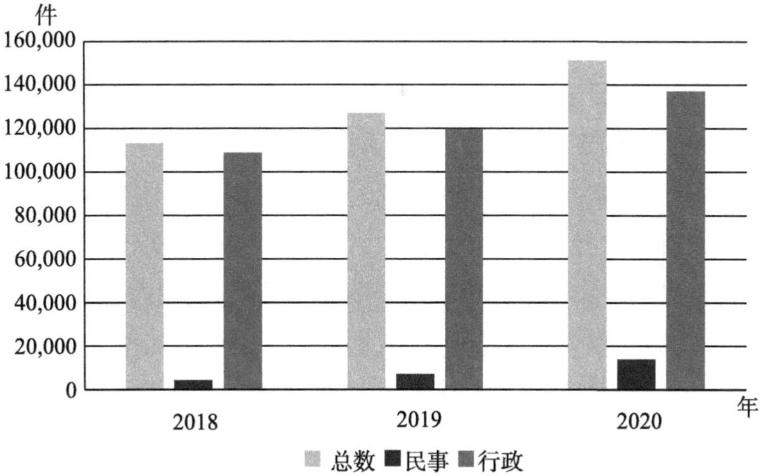

图1　2018—2020年检察公益诉讼主要办案数据

从检察公益诉讼试点以来的办案数据可以看出，检察公益诉讼制度的效能逐渐得到显现。一方面制度成效得到了检验，公共利益得到了有效保护，这在最高人民检察院的工作报告中得到了充分体现，如近年来都提及了检察公益诉讼的办案成效。[1] 另一方面公益保护的体系不断完善，检察公益诉讼制度弥补了传统公共利益保护诉权主体不足的缺陷，形成了一系列公益保护的规范，

〔1〕 2016年《最高人民检察院工作报告》;2018年《最高人民检察院工作报告》。

比如,最高人民法院、最高人民检察院联合出台了检察公益诉讼的司法解释,先后有上海、江苏、云南、贵州、河南、湖南、内蒙古等地出台了支持检察机关开展公益诉讼工作的意见,公共利益保护的合力逐渐形成,为推进国家治理和社会治理的法治化提供了基本路径。

通过实践观察,可以看出检察公益诉讼制度的功能是多元的。首先,核心功能在于保护公共利益,是履行法律监督职能的方式。这一制度以检察机关的法律监督职能为源泉,以检察机关的公共利益代表身份为基础,主要功能在于维护社会公共利益和客观法秩序,是典型的客观诉讼,补足了检察机关提起公益诉讼的缺位,建立了在部分社会公共利益案件领域诉前、提起诉讼及诉后的线性监督或者全方位监督模式,已成为检察机关履行法律监督职能的重要方式。其次,该制度还体现了形成公共政策、促进社会治理的次要功能。形成公共政策和促进社会治理属于检察公益诉讼的社会功能,社会功能强调对社会的实际影响,强调对社会的治理成效。公益诉讼对社会能够产生广泛和直接的影响,公共政策形成和促进社会治理就是公益诉讼功能扩大化的基本形式,从世界各国不同的公益诉讼形态来看,公益诉讼都致力于为那些在社会资源分配中承担损失的人们(弱势群体)代言,并通过诉讼为弱势群体法律上和现实中的权利保护寻求新的途径。[1] 因此,公益诉讼将公共政策转变为法律问题由司法机关通过正当程序作出符合公众需要的裁判结果,裁判内容通常能够成为公认的社会价值,据此作为制定该类政策的参考或依据,或促使发动立法权、行政权,以改变或形成公共政策。[2] 检察机关作为社会公共利益的代表和法律监督机关,在生态环境和资源保护、食品药品安全等领域针对侵害社会公共利益的行为提起公益诉讼,产生政治协同作用并形成了公共利益保护的合力,通过形成公共政策破解在生态环境和食品药品安全等公共领域的治理难题,提升国家治理的法治化和现代化水平。最后,检察公益诉讼制度的借鉴功能体现了制度本身在正确处理改革与法治辩证关系方面的实践价值,对类似或同类改革具有典型示范意义、具有指引或者借鉴价值。检察公益诉讼制度作为本轮司法体制改革的重要内容,其发展历程体现了改革与法治的良性互动,从党的十八届

〔1〕 徐卉:《通向社会正义之路:公益诉讼理论研究》,法律出版社 2008 年版,第 288 页。
〔2〕 江伟、苏文卿:《公益诉讼社会功能论》,载《政法学刊》2009 年第 1 期。

四中全会对检察机关提起公益诉讼制度进行顶层设计到全国人民代表大会常务委员会授权试点探索，再到 2017 年全国人民代表大会常务委员会修改《民事诉讼法》和《行政诉讼法》正式以法律形式固定改革成果，检察公益诉讼制度的改革历程是在立法赋权的前提下有序进行的，试点完成后通过立法正式确立了制度，并在检察公益诉讼案件类型及制度完善方面预留了立法空间。通过试点及试点以后检察公益诉讼制度的运行实践来看，制度效能非常显著，不但有力保护了公共利益，探索出解决"公地悲剧"这一世界性难题的路径，而且是通过法治方式推动国家治理和社会治理的重要制度创新。检察公益诉讼是近年来公益诉讼制度改革最重要的内容，提升了公共利益维护的"法化"水平，公共利益保护的法治体系在检察公益诉讼制度的改革中不断完善。因此，可以说检察公益诉讼制度的建立较好地诠释了改革与法治的辩证关系，实现了改革与法治的互相促进和"双赢"共赢，对以后的同类改革具有一定的借鉴意义。

(二)目前检察公益诉讼制度存在的困境

1. 检察机关的法律地位问题

在理论上出现了原告、法律监督机关，公共利益代表人，公诉人等不同的观点，由于不同的角色定位承载着不同的诉讼程序和权利义务，因此理论界和实务界关于检察机关在公益诉讼中的角色定位仍未达成一致。其实，在我国，检察机关通过行使法律监督职权维护法制统一实施，提起公益诉讼是法律监督的具体形式，救济受侵害的社会公共利益，纠正违法行为既体现了宪法的基本定位，又维护了客观法律秩序，因此检察公益诉讼的理论依据就是法律监督，诉讼主体资格来自法律授权，法律监督的最终目的是维护客观法秩序所承载的公共利益。在公益诉讼中，检察机关的公共利益代表人角色与法律监督者发生了融合，公共利益代表人以法律监督者的身份履行公益诉讼职责。有很多人就认为，法律监督的身份会打破三角结构的诉讼平衡构造关系，提起诉讼与诉讼监督职能应适度分离才符合正当程序的要求。实则不然，从目前的公益诉讼办案实践来看，并未出现检察机关法律监督身份造成了诉讼地位的实质不平等，并未产生诉讼结构的失衡现象，因此上述担心有多余之嫌。新时代检察机关的法律监督并不是高人一等，监督者与被监督者法律地位是平等的，诉讼是法律监督维护客观法秩序的重要形式，两者是手段与目的的关系，检察公益诉讼制度正是检察机关在法律授权前提下通过提起诉讼的形式履行法律监督职责,纠正违法行为实现维护法制统一的目的,公益诉讼使法律监督变得具体、可操作,已经成为法律监督的重要形式。

2. 与传统民事诉讼程序的冲突问题

程序是为实现实体权利义务或保证职责履行而设定的规则,传统的民事行政诉讼是私益诉讼、私权诉讼,检察机关提起公益诉讼是否运用传统民事行政诉讼的程序规则?从实践来看,检察公益诉讼与传统私益诉讼的原有框架体系在当事人适格、诉的利益、证据规则、裁判效力等方面有不少区别。传统诉讼程序主要是为解决非社会性纠纷而设置,而公益诉讼的目的是解决现代型的社会性纠纷,所以检察机关提起公益诉讼的相关程序规则必然会与传统诉讼制度规则产生矛盾与抵触。这种矛盾是否可以在现有的诉讼规则体系上被兼容,不同的程序规则承载着不同诉讼权利和诉的利益,解决不同的纠纷需要相称的诉讼程序,检察机关的法律地位、诉讼权利义务以及具体诉讼规则在公益诉讼中都发生了相应变化。虽然检察公益诉讼制度仍然规定在《民事诉讼法》《行政诉讼法》中,各项保障公共利益实现的程序安排也是参照适用《民事诉讼法》《行政诉讼法》的具体规定,但从总体上来看检察公益诉讼与传统诉讼的抵触难以在现有的诉讼规则体系内化解,最高人民法院、最高人民检察院为此也联合出台了检察公益诉讼的司法解释,但现有法律规定和司法解释仍然有制度供给不足的问题,并未对所有特殊程序规则进行详细规定,检察公益诉讼制度的完善也绝非简单的几个法律条文和司法解释就能完成,导致在实践中产生一系列问题。

3. 实践方面的难点

主要体现在案件范围、制度供给与制度保障等方面。在案件范围方面,目前,检察机关提起公益诉讼的案件限于生态环境和资源保护、食品药品安全等领域,受案范围是否可以继续拓展存在争论,从实践来看,一些涉及公共利益的重要领域,如互联网领域侵害公共利益的现象越来越突出,涉及面广、危害大,人民群众反映强烈,但目前一直未纳入检察公益诉讼范围,检察机关目前也正在积极进行"等外"案件领域的探索与办理,但仍然缺乏具体的拓展依据和思路。在制度的保障方面,举证责任与调查核实权是困扰检察机关办案的重要难题,目前检察公益诉讼存在取证、举证难问题,检察机关承担了较重的举证责任。尽管检察机关承担了较重的举证责任,但办案保障不足,特别是调查手段匮乏,调查权保障机制欠缺,未能享有一定范围内有限必要的强制性调查权,检察调查取证规则未建立,在一定程度上阻碍了公益诉讼的顺利进行。

(三)引起上述问题的原因简析

检察公益诉讼作为检察机关维护社会公共利益、参与国家治理的重要方式,自 2015 年试点到 2017 年立法确定,到目前也不过 7 年多时间。虽然检察机关在维护公共利益方面发挥了重要作用,但检察公益诉讼制度的完善仍然需要深入研究。制度只有通过实践才能充分暴露出问题,通过对问题的梳理和产生原因的剖析,可以为制度的完善提供些许思路。

根据前述对于检察公益诉讼制度困境的分析,本文认为产生问题的原因是多方面的,但主要包括制度的内部证成和外部环境两方面。

从内部证成来看,检察公益诉讼制度在试点乃至立法确立之前,尚未形成完整的理论体系予以支撑,即便立法确立之后,关于检察机关提起诉讼仍不乏质疑声,主要是因为制度确立的理论基础研究不足,特别是关于检察机关的起诉资格、检察机关在诉讼中的地位问题长期存在争议。同时,由于检察机关提起公益诉讼是借助传统民事和行政诉讼程序实现维护公共利益的目的,但是传统诉讼程序主要是为与争议有利害关系的两造当事人而设计,贯彻平等、处分和辩论等诉讼基本原则,公益诉讼与私益诉讼在程序规则上存在冲突,检察公益诉讼与传统诉讼程序规则存在不兼容性,这主要是因为立法未设置检察公益诉讼特别程序而导致的程序抵触。所以法理基础和特殊诉讼程序规则的缺乏致使检察公益诉讼制度在实践中产生了理论和程序方面一系列问题,这也是本文着重构建检察公益诉讼制度的理论体系和塑造特殊程序规则的主要原因。

从外部环境来看,主要涉及检察机关的执法司法环境问题。检察公益诉讼制度实行之初,部分行政机关和同级法院在工作方面配合不足。行政机关对检察机关提起公益诉讼存在偏见,认为检察权有干涉行政权之嫌。审判机关在身份地位、诉讼程序等方面与检察机关存在认识上的分歧,导致公共利益保护没有形成有效合力。从理论上来看,行政机关、检察机关和审判机关都是国家机关,其活动的根本出发点和落脚点是为了实现广大人民的根本利益,而根本利益的实现在很大程度上有赖于社会公共利益的维护,因此,贯彻双赢、多赢、共赢司法理念对于检察公益诉讼制度的实施至关重要。此外,检察公益诉讼制度的保障力度不够也是引起问题的基本原因。公益诉讼作为专业性较强的工作,大都案情复杂、疑难,案件事实往往处于动态发展过程中,而立法赋予的检察机关调查核实权刚性不足,严重制约了检察工作人员的线索发现能力、调查取证能力。同时,检察机关面临公益诉讼这一新型检察业务,专业能力、办案思维和知识储备还不能完全适应新型业务需要。

内外因素的结合共同造成了检察公益诉讼制度的理论困境、程序障碍和实践难题。通过厘清检察公益诉讼制度的困境并剖析产生的原因,可为制度的完善和发展奠定基础。

三、检察公益诉讼制度的立法完善及未来面向

实践始终走在理论和立法的前面,公益保护通过检察公益诉讼找到了最佳制度模式,检察公益诉讼制度的效能也得到进一步显现,但制度的完善需要研究可行性路径与方法,需要从理论体系构建、立法供给与程序设置几个方面考虑。检察公益诉讼制度虽然已经加入《民事诉讼法》和《行政诉讼法》,但法律规定过于简单,操作性不强,“两高”的司法解释是目前的主要办案依据,具体的程序设置不是很明确,需要进一步完善设计。

(一)检察公益诉讼制度完善的基本原则

作为救济社会公共利益的司法程序,除了诉讼法的基本原则、制度外,还应根据检察权运行规律和公益诉讼特点,确立反映检察公益诉讼自身需要的基本原则,主要包括公共利益最大化原则、注重效率原则、程序公正原则。

1. 公共利益最大化原则

以维护公共利益为目的的公益诉讼不同于传统的纠纷解决型司法,公益诉讼的案件范围往往与国家大政方针政策有关,因此公益诉讼可以说是一种政策实施型司法,公共利益最大化更像是公益司法的一种法治态度。[1] 检察公益诉讼制度的根本目的在于通过司法手段保护社会公共利益,公共利益最大化是

〔1〕 张旭东:《环境民事公益诉讼特别程序研究》,法律出版社 2018 年版,第 82 页。

公益诉讼的本来要义，是检察公益诉讼制度完善的第一原则。

2. 注重效率原则

检察公益诉讼作为保护社会公共利益的政策型司法模式，公共性是其本质属性，通过检察公益诉讼不仅可以救济社会公共利益，而且能够产生预防价值，通过较少的司法投入保护了较大的社会公共利益，实现了诉讼效益价值。[1]但是基于社会公共利益的公共属性，在实现检察公益诉讼效益价值的同时更应该注重效率价值，因为侵害公共利益的行为已经对不特定社会群体的利益造成了损害，如果不注重诉讼效率，拖延诉讼程序，特别是因鉴定时间周期较长、检法两院因协调程序分歧等导致诉讼周期的延长，事实上会给社会公共利益带来二次伤害。

3. 程序公正原则

检察公益诉讼制度作为现代型纠纷解决制度，属于特殊的诉讼程序，程序公正的实现首先应该坚持过程的公正，也即在检察公益诉讼程序中体现形式上的平等，审判过程给予双方当事人公正待遇。其次检察机关提起公益诉讼应坚持形式公正，体现实质公正，最终达到理想的公正目标。检察机关公益诉讼诉权来自法律赋权，其司法行为除了严格遵守法律规定解决社会公共利益纠纷之外，还要注重检察公益诉讼立法条款的本意和实际内涵。立法本旨一方面在于维护社会公共利益，因此公共性应该贯穿程序的始终，另一方面在于推进国家治理和社会治理的法治化，这是理想化公正的表现。

（二）检察公益诉讼制度立法完善的可能路径

检察公益诉讼制度的立法供给目前主要集中在《民事诉讼法》，《行政诉讼法》，最高人民法院、最高人民检察院出台的司法解释，《英雄烈士保护法》等。但随着检察机关办案数量增多，仅仅依靠上述法律规定不能满足检察公益诉讼制度的可持续发展。立法需要实践探索，实践也需要通过立法完善不断发展，检察公益诉讼制度中的诉讼地位、案件范围、诉讼规则、程序机制完善等都需要明确的立法规范方能更好地运行，为此，很多学者就检察公益诉讼制度的立法完善提出了不少建议。有学者认为，从节约立法资源的角度考虑，检察民事公

---

〔1〕 张旭东：《环境民事公益诉讼特别程序研究》，法律出版社 2018 年版，第 54 页。

益诉讼制度的供给通过司法解释对《民事诉讼法》中的相关条款进行细化即可。[1] 有学者从应然角度，提出了检察公益诉讼制度的三种立法模式，一是修改《民事诉讼法》对检察民事公益诉讼程序进行细化规定，二是全国人民代表大会常务委员会出台检察公益诉讼的立法解释，三是制定人民检察院提起公益诉讼法，并在分析三种模式的优劣后认为最为理想的模式是制定专门的“公益诉讼法”，将公益诉讼的实体和程序问题进行明确规定。[2] 有学者认为，应该综合考量我国立法传统、立法技术、立法内容的成熟度及立法时机等因素确立近期和远期的立法模式，近期是在《民事诉讼法》《行政诉讼法》中进行特别规定，远期则是制定公益诉讼单行法。[3] 还有学者认为，从公益诉讼调整对象、诉讼原则和诉讼主体的特殊性考虑，公益诉讼专门立法有必要性；现阶段可以通过完善检察公益诉讼司法解释的方式对检察公益诉讼的诉讼主体、案件管辖、证明责任、诉讼衔接、创建紧急程序等方面进行完善。[4] 上述学者从不同角度对检察公益诉讼的立法完善提出了建议和方法。目前确实存在立法供给不足问题，《民事诉讼法》《行政诉讼法》仅仅作出了原则性规定，最高人民法院、最高人民检察院出台的司法解释也未对检察公益诉讼所有程序问题进行明确，所以立法供给和完善也是检察公益诉讼制度可持续发展的重要条件。

根据前述学者的建议，本文认为，检察公益诉讼从总体上仍属于诉讼程序，基本程序规则的构建需要依赖于传统民事诉讼和行政诉讼程序，但基于检察公益诉讼程序的特殊性，在遵循诉讼制度和原则的同时，需要根据检察权的运行规律进行程序设计，程序规范的设计、成熟与完善最终需要通过立法方式进行固定。从检察公益诉讼制度的实践发展情况出发，其规范完善的立法供给可以分三步走：一是仅仅涉及检察机关自身的程序规范，由最高人民检察院根据司法实践中发现的问题及时制定有关的规则或者出台相应司法解释；二是对于涉及诉讼程序的各项规范，特别是检察公益诉讼实务中的特殊程序规则，需要最高人民法院和最高人民检察院通过协商后联合出台司法解释，以解决审判和检

[1] 巩固：《环境民事公益诉讼性质定位省思》，载《法学研究》2019 年第 3 期。

[2] 张峰、张嘉军：《人民检察院提起公益诉讼的立法模式》，载《人民论坛 · 学术前沿》2018 年第 4 期。

[3] 张旭东：《环境民事公益诉讼特别程序研究》，法律出版社 2018 年版，第 76 页。

[4] 汤维建、刘艺：《检察公益诉讼：立法完善与程序机制保障》，载《检察日报》2019 年 5 月 20 日，第 3 版。

察实践中存在的争议问题,进一步规范检察公益诉讼程序;三是从维护公共利益长远目标和任务来看,仅仅依靠单纯的司法解释或者最高人民法院、最高人民检察院联合出台的司法解释无法实现对国家公共利益的更好维护,私益纠纷和公共利益纠纷是两种不同性质的纠纷,分别具有不同的特点,诉讼制度的一个基本原理是程序相称,也就是根据不同类型的纠纷设置相应的诉讼程序,不同的纠纷解决模式才能满足公共利益与私人利益不同利益形态的司法救济需要,因此未来的立法供给还需要进行单独的公益诉讼立法,这是一部在《民事诉讼法》《行政诉讼法》之外制定的关于公益诉讼的单行法,是一个融合实体法和程序法的单行法,对实现公共利益的维护和国家治理的法治化都具有重要意义。因此,当前需要尽快制定检察公益诉讼的程序规则,类似于此前最高人民检察院制定的民事和行政诉讼监督规则。同时对于诉讼程序中的争议问题继续联合最高人民法院出台司法解释。除了最高司法机关的司法解释,地方权力机关也可以制定地方性法规推进检察公益诉讼工作,在此基础上,经过相当长的一段时期的实践和程序规范供给,在时机成熟时制定单独的公益诉讼法必将成为未来的发展趋势。

四、余论

检察公益诉讼制度作为一项“年轻”的制度,既需要解决未解决之问题,也需要规划创新发展之路。本文虽然对检察公益诉讼制度的完善进行了初步设计,但未对具体程序进行细化,仍需要从诉前、诉讼、执行和二审等方面对程序规则进行精细化构建,为检察公益诉讼制度的实践运行提供基本依据。检察机关在公益诉讼中的定位问题仍然是一个争辩不休的话题,自试点以来出现了公益诉讼人、公益诉讼起诉人等不同的身份称谓,检察机关与审判机关和理论界产生了观点分歧,检察机关更倾向于将自身定位为公诉人的身份,形成刑事公诉、民事公诉、行政公诉并列的公诉模式,但审判机关和理论界的部分观点却更倾向于将检察机关定位为诉讼程序的原告。检察机关作为法律监督机关,提起公益诉讼是履行法律监督职能的具体方式,作为公共利益的代表在法律赋权后通过诉讼方式维护公共利益,因此身份地位有特殊性。对于该问题的研究仍然需从检察权规律、检察公益诉讼程序的特殊性、公益诉讼起诉人与原告之区别,以及当事人理论等方面进行反思，进而作出理论上令人信服的回答，才能消弭检察机关与审判机关和理论界的分歧。在检察公益诉讼的未来发展方面，首先面临的是案件范围扩展问题，目前的案件范围确实不能满足新时代人民群众对公平正义、法治等方面的要求，公共利益覆盖社会的方方面面，检察机关在办好“等内”公益诉讼案件的同时，根据实际情况可以稳妥进行“等外”探索，如公共安全领域、互联网领域、公民个人信息安全领域等，理论研究的重点是围绕检察公益诉讼案件范围扩展的基本原则、扩展的领域、通过何种方式赋权等方面展开，才能更好地实现司法对社会的间接治理功能。在公益诉讼模式方面，也是一个可以讨论的话题。目前，我国的公益诉讼模式形成了检察机关为主、社会组织为辅的方式，检察机关成为维护社会公共利益的主要力量，社会组织的作用未能充分显现。未来检察机关应更多运用支持起诉方式，使诉权的底线不被突破，理论界需要从检察权的谦抑性出发，对检察机关如何更好地运用支持起诉进行详细论证，防止检察机关沦为第二个行政机关。特别是处理检察机关与行政机关在维护社会公共利益方面的关系及司法权不能僭越行政权方面进行深入的研究，同时对于如何更好地培育社会组织提升其行使诉权的积极性方面也需要有分量的学术成果，对于公民个人是否可以成为公益诉讼的诉讼主体仍然值得论证。本文仅仅进行了浅显的探讨，仍然需要从国内外的比较研究中进行理论上的深入思考，方能形成我国特色的“私人检察官”制度。在检察公益诉讼制度理论体系构建方面，是未来必须考虑的重点，特别是检察公益诉讼的基本原理需要进行系统研究，这是构建检察公益诉讼规则进行立法完善的依据。在构建检察公益保护体系方面，检察机关维护社会公共利益具有刑事公诉、民事和行政公益诉讼三种方式，三种程序如何进行体系性融合和协同发展是必须研究和梳理的问题，可以把程序之间的竞合作为研究的出发点，以此构建出完善的诉讼程序机制，实现检察公益保护体系的构建。

绿色司法论

崔永东*

"绿色司法"即环境司法,这是学界的一种通常的解读。"绿色司法"的理念源于绿色发展的理念,其本意在于强调利用环境司法的手段来为绿色发展保驾护航。环境司法是一种以保障绿色发展的价值理念为指导、以保护环境和节约资源为职志、以保障公众"环境权"为进路的司法活动和司法制度。

一、绿色发展的内涵和意义

根据"百度百科"的释义,绿色发展的理念以人与自然和谐为价值取向,以绿色、低碳、循环为主要原则,以生态文明建设为主要抓手。官方学习文件指出:"绿色发展,从根本上说,就是要实现人与自然和谐发展。"[1]又指出:"我们党一贯高度重视绿色发展,先后把保护环境、节约资源作为基本国策,提出建设资源节约型、环境友好型社会,强调要走一条生产发展、生活富裕、生态良好的文明发展道路,形成人与自然和谐发展的现代化建设新格局。"[2]

党的十九届五中全会公报指出:"推动绿色发展,促进人与自然和谐共生。坚持绿水青山就是金山银山理念,坚持尊重自

* 华东政法大学司法学研究院院长、教授、博士生导师。

〔1〕 中共中央宣传部理论局:《全面小康热点面对面》,学习出版社、人民出版社2016年版,第64页。

〔2〕 中共中央宣传部理论局:《全面小康热点面对面》,学习出版社、人民出版社2016年版,第65页。

然、顺应自然、保护自然，坚持节约优先、保护优先、自然恢复优先，守住自然生态安全边界。深入实施可持续发展战略，完善生态文明领域统筹协调机制，构建生态文明体系，促进经济社会发展全面绿色转型，建设人与自然和谐共生的现代化。要加快推动绿色低碳发展，持续改善环境质量，提升生态系统质量和稳定性，全面提高资源利用效率。”

这就高屋建瓴地阐释了绿色发展的内涵和意义，是指导我国环境保护与可持续发展的纲领性表述。它继承了中国古代追求人与自然和谐统一的“天人合一”思想，又不乏创新之处。例如，强调尊重自然、顺应自然实际上就是将人类置于与自然平等的地位上，这是一种很有新意的表述；又如，强调自然恢复优先、完善生态文明领域统筹协调机制、构建生态文明体系、建设人与自然和谐共生的现代化等，实际上是重新定位了人与自然的关系。将人与自然的和谐共生定义为现代化的本质，揭示了现代经济社会可持续发展的核心要义。

党的十九届五中全会公报还提出，到 2035 年，“广泛形成绿色生产生活方式，碳排放达峰后稳中有降，生态环境根本好转，美丽中国建设目标基本实现”〔1〕。看来，绿色发展不仅是环境友好型、资源节约型的经济发展，同时还是一种绿色的生活方式，是一种生态文明影响个人生活模式的体现。只有遵循此种生活方式，才能真正“改善人民生活品质，提高社会建设水平”〔2〕。应该看到，绿色发展也体现了以人民为中心的理念，体现了中国共产党一贯“坚持把实现好、维护好、发展好最广大人民根本利益作为发展的出发点和落脚点”〔3〕的主张。

习近平总书记指出：“推动形成绿色发展方式和生活方式是贯彻新发展理念的必然要求，必须把生态文明建设摆在全局工作的突出地位，坚持节约资源和保护环境的基本国策，坚持节约优先、保护优先、自然修复为主的方针，形成节约资源和保护环境的空间格局、产业结构、生产方式、生活方式，努力实现经济社会发展和生态环境保护协同共进，为人民群众创造良好生产生活环

---

〔1〕《中国共产党第十九届中央委员会第五次全体会议公报》，人民出版社 2020 年版，第 8 页。
〔2〕《中国共产党第十九届中央委员会第五次全体会议公报》，人民出版社 2020 年版，第 17 页。
〔3〕《中国共产党第十九届中央委员会第五次全体会议公报》，人民出版社 2020 年版，第 17 页。

境。”[1]上述话语是我国当前经济社会发展与生态文明建设的思想指针，也是“绿色发展”的本质所在。

一篇题为《促进人与自然和谐共生》的文章指出：“自然是人类生存之本、发展之基。发展必须处理好人与自然的关系，从无节制单向索取自然，转向有度有序利用自然，促进人与自然和谐共生。……坚持绿色富国、绿色惠民，为人民提供更多优质生态产品，推动形成绿色发展方式和生活方式，协同推进人民富裕、国家富强、中国美丽。这是生态文明建设的本质要求，体现了对中华民族永续发展的历史责任，对全球生态安全的中国担当，对人民热切期盼的积极回应。”[2]该文立意很好，阐释到位，将促进人与自然和谐共生与绿色富国、绿色惠民结合起来，同时还将建设“美丽中国”与大国担当结合起来，充分揭示了我国绿色发展的战略意义。

事实上，自党的十八届五中全会提出把绿色发展写入“十三五”规划建议以来，我国一直本着为人民福祉、为全球治理做贡献的责任担当，致力于建设资源节约型、环境友好型社会，坚持走一条人与自然和谐共生的现代化新路，并且取得了非凡的成就。党的十九届五中全会更是明确提出，“到 2035 年，广泛形成绿色生产生活方式，碳排放达峰后稳中有降，生态环境根本好转，美丽中国建设目标基本实现”[3]。相信这一目标届时一定能变为现实。这就意味着绿色发展的目标最终得以实现。

实现绿色发展的理念，既要靠制度、靠立法，也要靠司法和执法。有的官方宣传材料指出：“制度的生命力在于执行。要强化中央环境保护督察权威，加强力量配备，并推动向纵深发展，保证党中央关于生态文明建设决策部署落地生根见效。对破坏生态环境的行为不能手软，要下大力气抓住破坏生态环境的反面典型，释放出严加惩处的强烈信号。对任何地方、任何时候、任何人，凡是需要追责的，必须一追到底，绝不能让制度规定成为‘没有牙齿的老虎’。”[4]上述

---

[1] 《习近平谈治国理政》(第二卷)，外文出版社 2017 年版，第 394 页。

[2] 《〈中共中央关于制定国民经济和社会发展第十三个五年规划的建议〉辅导读本》，人民出版社 2015 年版，第 173 页。

[3] 《中国共产党第十九届中央委员会第五次全体会议公报》，人民出版社 2020 年版，第 8 页。

[4] 中共中央宣传部：《习近平新时代中国特色社会主义思想学习纲要》，学习出版社、人民出版社 2019 年版，第 175 页。

言论释放出要严加惩处破坏生态环境行为的强烈信号，恰恰说明了司法在保障和推动绿色发展方面能够发挥至关重要的作用。

在一篇题为《推动绿色发展方式和生活方式》的讲话中，习近平总书记阐明了生态文明制度体系构建的重要性："推动绿色发展，建设生态文明，重在建章立制，用最严格的制度、最严密的法治保护生态环境，健全自然资源资产管理体制，加强自然资源和生态环境监管，推进环境保护督察，落实生态环境损害赔偿制度，完善环境保护公众参与制度。"[1]确实，制度的刚性约束最能矫正人的行为，只有通过严格的制度、严密的法律才能有效抑制损害环境的行为，才能真正助推和保障生态文明建设。

习近平总书记指出："关于实行能源和水资源消耗、建设用地等总量和强度双控行动。推动生态文明建设，解决资源约束趋紧、环境污染严重、生态系统退化的问题，必须采取一些措施，真抓实干才能奏效。"[2]习近平总书记还分析了"以块为主"的地方环保管理体制中存在的问题，一是难以落实对地方政府及其相关部门的监督责任，二是难以解决地方保护主义对环境监测监察执法的干预，三是难以适应统筹解决跨区域、跨流域环境问题的新要求，四是难以规范和加强地方环保机构队伍建设。为此，中央在"十三五"规划中提出了实行省以下环保机构检测监察执法垂直管理的体制，习近平总书记认为"这是对我国环保管理体制的一项重大改革，有利于增强环境执法的统一性、权威性、有效性"[3]。

2013 年，国务院常务会议讨论确定了"大气污染防治十条措施"，一是减少污染物排放；二是严控高耗能、高污染行业新增产能；三是大力推行清洁生产；四是加快调整能源结构；五是强化节能环保指标约束；六是推行激励与约束并举的节能减排新机制；七是用法律、标准"倒逼"产业转型升级；八是建立区域联防联控机制，构建对各省的大气环境整治目标责任考核体系；九是将重污染天气纳入地方政府突发事件应急管理；十是树立全社会"同呼吸、共奋斗"的行为准则。

---

〔1〕《习近平谈治国理政》(第二卷)，外文出版社 2017 年版，第 396 页。
〔2〕《习近平谈治国理政》(第二卷)，外文出版社 2017 年版，第 389 页。
〔3〕《习近平谈治国理政》(第二卷)，外文出版社 2017 年版，第 391 页。

2015年,国务院又出台了《水污染防治行动计划》,提出了十条防治措施:一是全面控制污染物排放;二是推动经济结构转型升级;三是着力节约保护水资源;四是强化科技支撑;五是充分发挥市场机制作用;六是严格环境执法监管;七是切实加强水环境管理;八是全力保障水生态环境安全;九是明确和落实各方责任;十是强化公众参与和社会监督。可见,在防治环境污染方面,制度制约的力量在增强。

近几年来,在生态文明建设方面,进行了一场所谓健全"四权"初始分配制度的改革,这是一项用市场化机制来激励节能减排减碳的基础性制度。所谓"四权",是指用水权、用能权、排污权及碳排放权,上述四种权利是发展权在资源利用上的表现。该制度将为筑牢生态安全屏障发挥重要作用。

专家指出:"筑牢生态安全屏障是保障中华民族永续发展和国家可持续发展的迫切要求。要坚持保护优先、自然恢复为主,实施山水林田湖生态保护和修复工程,构建生态廊道和生物多样性保护网络,全面提升森林、湿地、草原、海洋等自然资源系统稳定性和生态服务功能。"[1]这是一种有益于生态文明建设、造福于子孙后代的"绿色"理念,该理念在我国后续的国家立法中得以逐步实现。

2020年12月,第十三届全国人民代表大会常务委员会第二十四次会议通过了《长江保护法》,并宣布该法自2021年3月1日起实施。这部号称中国"第一部流域法律"的流域保护法,体现了以"绿色司法"助推绿色发展的理念。该法共分总则、规划与管理、资源保护、水污染防治、生态环境修复、绿色发展、保障与监督、法律责任、附则等共计9章。其中值得注意的就有绿色发展一章。在总则部分,第1条规定:"为了加强长江流域生态环境保护和修复,促进资源合理高效利用,保障生态安全,实现人与自然和谐共生、中华民族永续发展,制定本法。"这就开宗明义地揭示了立法宗旨,即环境保护和修复、保障生态安全,促进资源合理高效利用,实际上就是揭示了绿色发展的内容。在第3条中就更是明确提出了绿色发展的概念:"长江流域经济社会发展,应当坚持生态优先、绿色发展,共抓大保护、不搞大开发……"

---

〔1〕《中共中央关于制定国民经济和社会发展第十三个五年计划的建议》,人民出版社2015年版,第179页。

该法还专设生态环境修复一章,凸显了环境保护的一个重要方面。如第52条规定:“国家对长江流域生态系统实行自然恢复为主、自然恢复与人工修复相结合的系统治理。……”在绿色发展一章中要求调整产业结构,优化产业布局,推进长江流域绿色发展;要求企业通过技术创新减少资源消耗和污染物排放;要求地方政府建立绿色发展评估机制;要求重点单位进行节水技术改造,提高水资源利用效率;要求采取有效措施,支持和引导居民绿色消费;等等。这是将绿色发展的理念落实到立法中,从而为绿色发展提供了刚性保障。绿色发展理念的法律化,将有助于经济社会的可持续发展,并造福于中华民族的千秋万代。

二、“绿色司法”的内涵和意义

绿色发展理念对司法领域的影响就是“绿色司法”价值理念的确立,该理念强调用司法或准司法的手段来助推绿色发展,为建设资源节约型、环境友好型社会提供有力保障。在上述理念主导下的中国当代环境司法,也可以用“绿色司法”来表述。如果对“绿色司法”下一个准确的定义,那么可以作如下表述:“绿色司法”是一种以保障绿色发展的价值理念为指导、以保护环境和节约资源为职志的环境司法活动和环境司法制度。

2016年,最高人民法院出台了《关于充分发挥审判职能作用为推进生态文明建设和绿色发展提供司法服务和保障的意见》,阐释了绿色发展与环境司法的密切关系,同时也为“绿色司法”指明了前进方向。该意见强调,要准确把握人民法院服务、保障生态文明建设与绿色发展的基本理念和总体要求;要充分认识新形势下服务和保障生态文明建设与绿色发展的重要意义;要充分发挥环境资源审判在救济环境权益、制约公共权力、终结矛盾纠纷和形成公共政策等方面的功能作用,推动生态环境质量不断改善,促进经济社会可持续发展,维护环境正义和代际公平;各级人民法院要深入贯彻落实新发展理念,将绿色发展理念作为环境资源审判的行动指南;依法保护人民群众环境权益,依法及时采取行为保全、先予执行措施,预防环境损害的发生和扩大;落实以生态环境修复为中心的损害救济制度;坚持专业审判与公众参与相结合,引导公众有序参与环境治理;推进环境资源审判专门化,不断提升服务和保障生态文明建设与绿色发展的能力水平;等等。

在《长江保护法》保障与监督一章中,提出了"司法保障"的要求。如该法第 77 条第 1 款规定:"国家加强长江流域司法保障建设,鼓励有关单位为长江流域生态环境保护提供法律服务。"这就是说,环境保护需要环境司法来保障,绿色发展需要"绿色司法"来护航。长江流域的环境保护和绿色发展,需要司法机关的助力和司法协同机制的有力保护。正如媒体评价的:《长江保护法》最大的特点就是将"生态优先、绿色发展"的国家战略写入了法律。该法将资源保护、污染防治、山水林田湖一体化管理等囊括于一部法律中,显然更加有利于对长江流域生态系统的全面保护。立法已经完成,接下来就是执法与司法跟进了。为了促进该法落地生根,就需要一套有效的司法机制介入,这种旨在促进环境保护的环境司法,正是"绿色司法"的题中应有之义。

2021 年 2 月 24 日,最高人民法院发布《关于贯彻〈中华人民共和国长江保护法〉的实施意见》,要求充分发挥人民法院审判职能作用,依法加强长江流域生态环境保护和修复,促进资源合理高效利用,推进长江流域绿色发展。实施意见指出,人民法院应为长江流域生态保护和绿色发展提供有力的司法服务和保障,依法加强水污染防治类、生态保护类、资源开发利用类、气候变化应对类、生态治理与服务类案件的审理工作,充分发挥环境公益诉讼和生态环境损害赔偿诉讼作用。实施意见还要求,健全环境资源审判组织体系,强化全流域系统保护;加大流域审判机制建设,提供优质高效司法服务;锻造过硬审判队伍,提升环境司法能力和国际影响力;深化司法公众参与,提升人民群众长江保护法治意识。实施意见还强调,保护和修复生态环境是当前和今后司法领域实施《长江保护法》的核心任务。这无疑体现了以"绿色司法"助推绿色发展的基本理念。

2019 年,上海市高级人民法院也出台了《加强环境资源司法保护的意见》,为推动"绿色司法"再加力。该意见旨在进一步优化上海环境资源审判体制机制,着力提升环境资源审判专业化水平,不断增强司法保障能力。该意见强调,加强环境资源司法保护,推进审判专业化建设,是贯彻落实中央生态文明总体建设目标的需要。加强环境资源司法保护,推进审判专业化建设,是服务保障长三角生态绿色一体化发展国家战略的需要。加强环境资源司法保护,是更好发挥生态环境妨害特殊责任救济功能的需要。该意见认为,环境司法应当坚持如下原则:一是生态绿色和最严保护原则;二是预防和惩治并重原则;三是损害担责和修复优先原则。在相关配套保障机制方面,该意见除了强调要完善司法与行政执法“两法”衔接、强化政法机关协同配合外,还提出要支持环境资源公益诉讼,要求建立法检两家常态化联系会议机制,研究解决公益诉讼的法律适用、程序衔接等问题,积极支持检察机关依法提起公益诉讼;建立公益诉讼诉前化解机制,促进诉前各方协商,节约时间成本,尽早修复生态环境;建立公益诉讼专家库共享机制,充分发挥专家在公益诉讼中的重要作用。另外,该意见还提出,要健全环境资源纠纷多元化解机制,要求加强环境资源案件诉源治理,推动完善仲裁、行政调解、人民调解、行业调解等非诉讼纠纷解决机制,发挥业务骨干、技术专家在化解环境资源纠纷中的作用。加强“府院联动”,促进环境资源行政争议实质性化解,实现快速化解、快速保护、快速修复的良好效果。鼓励发挥生态环境损害诉前磋商制度的积极作用,规范生态环境损害赔偿协议的司法确认程序。以上内容深刻揭示了“绿色司法”的内涵,并将保护、修复、节约和发展的理念具体化了,成为一种制度化安排。

据媒体报道,2019 年 1 月至 2020 年 5 月,上海法院共受理环境资源案件 2294 件,包括民事案件 1429 件,行政案件 633 件,刑事案件 216 件,公益诉讼案件 16 件。2019 年,上海市高级人民法院根据重要水系和生态功能区的分布特点,对环资管辖体制大幅度调整,规定自 2020 年 1 月起将环资民事、行政和刑事三类案件按照统一的集中管辖标准,交由金山、青浦、崇明、上铁四家法院负责审理。上海三中院统筹全域并进行审级监督。上海市高级人民法院负责指导全市法院环资审判工作,对外协调与长三角地区环境司法协作。这说明上海市法院系统的环境司法工作正在有序推进,为绿色发展不断添油助力。

三、环境公益诉讼:“绿色司法”的一个重要方面

所谓公益诉讼,是指以维护国家利益和社会公共利益为目的,由法定机关或有关组织提起的诉讼。换言之,即法定机关(如检察院)和相关社会组织依据法律授权,对违反法律规定,侵犯国家利益、社会利益的行为,向法院起诉,由法院依法追究被告(如行政机关)法律责任的活动。

检察公益诉讼是指检察机关针对危害国家利益和社会公共利益的行为而提起诉讼的制度。检察公益诉讼分为民事公益诉讼和行政公益诉讼两类,这是按照适用的诉讼法的性质或者被诉主体的不同进行划分的。按照提起诉讼的主体加以划分,可分为检察机关提起的公益诉讼、其他社会组织提起的公益诉讼两类。

《民事诉讼法》第58条第2款规定:"人民检察院在履行职责中发现破坏生态环境和资源保护、食品药品安全领域侵害众多消费者合法权益等损害社会公共利益的行为,在没有前款规定的机关和组织或者前款规定的机关和组织不提起诉讼的情况下,可以向人民法院提起诉讼。前款规定的机关或者组织提起诉讼的,人民检察院可以支持起诉。"这是有关民事公益诉讼的规定。根据《民事诉讼法》的相关规定,民事公益诉讼主要有环境公益诉讼、消费公益诉讼两种类型。

《行政诉讼法》第25条第4款规定:"人民检察院在履行职责中发现生态环境和资源保护、食品药品安全、国有资产保护、国有土地使用权出让等领域负有监督管理职责的行政机关违法行使职权或者不作为,致使国家利益或者社会公共利益受到侵害的,应当向行政机关提出检察建议,督促其依法履行职责。行政机关不依法履行职责的,人民检察院依法向人民法院提起诉讼。"这是有关行政公益诉讼的规定。

与普通民事诉讼相比较,公益诉讼存在如下几个特点:一是诉讼目的不同。公益诉讼的目的在于维护社会公共利益,而普通民事诉讼的目的在于维护当事人的民事权益。二是对起诉主体的要求不同。公益诉讼起诉主体与所要解决的民事纠纷不存在法律上的直接利害关系,而在普通民事诉讼中,起诉主体应当与本案有直接利害关系。三是维护利益的特点不同。公益诉讼所要维护的社会公共利益具有抽象性、不特定性的特点,而普通民事诉讼所维护的当事人个体利益具有具体性、特定性的特点。四是损害的范围不同。公益诉讼案件主要涉及环境污染、侵害众多消费者合法权益的行为,此类行为造成的社会危害往往具有严重性、广泛性和长期性,有些损害可能具有潜在性、不可弥补性;而普通民事诉讼案件对当事人造成的损害往往具有特定性、暂时性、现实性及可弥补性。五是起诉针对的行为的特点不同。公益诉讼具有事后救济和事前预防的双重功能,既可以针对已经发生的损害公共利益的行为,也可以针对那些对公共利益带来重大风险的行为;而普通民事诉讼仅仅具有事后救济功能,只是针对那些已经造成损害的行为。

公益诉讼的主体就是提起公益诉讼的原告,根据《民事诉讼法》第 58 条的规定,提起公益诉讼的主体是法律规定的国家机关和有关社会组织,明确把个人排除在可以提起公益诉讼的主体范围外。根据《民事诉讼法》第 58 条的规定,检察院"在没有前款规定的机关和组织或者前款规定的机关和组织不提起诉讼的情况下,可以向人民法院提起诉讼",可知检察院属于可以提起诉讼的第二序列的主体。那么第一序列的主体——法定机关和组织是谁？目前学界一般认为,行政主管部门作为公共事务的管理者和公共利益的主要维护者,是适格的提起公益诉讼的主体。例如,对污染海洋环境的行为提起公益诉讼的机关应当是环保机关、海洋主管机关等相关机关。此方面可以《海洋环境保护法》第 89 条第 2 款的规定为依据:"对破坏海洋生态、海洋水产资源、海洋保护区,给国家造成重大损失的,由依照本法规定行使海洋环境监督管理权的部门代表国家对责任者提出损害赔偿要求。"

关于"法定组织",《民事诉讼法》第 58 条只是原则性地表述为"法律规定的有关组织"可以提起公益诉讼,但并未作出具体的规定。但《消费者权益保护法》第47 条规定:"对侵害众多消费者合法权益的行为,中国消费者协会以及在省、自治区、直辖市设立的消费者协会,可以向人民法院提起诉讼。"这就是说,消费者协会是可以提起消费公益诉讼的合法主体,即"法定组织"。而可以提起环境公益诉讼的法定组织则是《环境保护法》第 58 条第 1 款规定的组织:"对污染环境、破坏生态、损害社会公共利益的行为,符合下列条件的社会组织可以向人民法院提起诉讼:(一)依法在设区的市级以上人民政府民政部门登记;(二)专门从事环境保护公益活动连续五年以上且无违法记录。"2020 年,最高人民法院修正的《关于审理环境民事公益诉讼案件适用法律若干问题的解释》第 2 条进一步规定:"依照法律、法规的规定,在设区的市级以上人民政府民政部门登记的社会团体、基金会以及社会服务机构等,可以认定为环境保护法第五十八条规定的社会组织。"这就是说,合法的社会团体、基金会、社会服务机构等可以是提起环境公益诉讼的适格主体。

环境公益诉讼是环境司法的一个重要方面,也是“绿色司法”的重要内容之一。环境公益诉讼是一种以保护公众环境权为基本价值追求的诉讼形态。环境公益诉讼是对受损的公共利益进行救济,这种受损的公共利益往往因环境污染或生态破坏而形成。因此,生态修复责任常常成为环境公益诉讼的制度安排。

根据“百度百科”的定义,“环境公益诉讼即有关环境保护方面的公益性诉讼,是指由于自然人、法人或其他组织的违法行为或不作为,使环境公共利益遭受侵害时,法律允许其他的法人、自然人或社会团体为维护公共利益而向人民法院提起的诉讼”。需要指出的是,目前我国法律还不允许公民个人提起环境公益诉讼。

环境公益诉讼又分为环境行政公益诉讼和环境民事公益诉讼。环境行政公益诉讼是指当环境行政机关的违法行为或不作为对公众环境权造成侵害或存在侵害可能性时,法院允许无直接利害关系人(检察机关或社会组织)为维护公众环境权而提起行政诉讼,要求行政机关履行法定职责或者纠正、停止其侵害行为。环境民事公益诉讼是指当该诉讼的对象是民事主体(企业或个人)时,因其行为对环境公共利益构成了损害,法院允许无直接利害关系人对侵权人提起民事诉讼。

环境公益诉讼有别于传统的私益诉讼,其特性主要表现在如下两个方面:一方面,环境公益诉讼仅仅就环境公共利益的受损情况进行救济,因而它不是传统私益诉讼的补充和延伸。所谓环境公共利益的受损,在实践中经常表现为环境污染者或生态破坏者所造成的公共性环境污染、生态的功能性减损。另一方面,在具体制度设计上,环境公益诉讼有别于传统私益诉讼,如诉讼费用减免、专家证人、生态修复责任等,就与传统私益诉讼制度存在明显的差异。

我国首例环境公益诉讼案是2005年围绕松花江污染事件而发生的环境公益诉讼。2014年,修正后的《环境保护法》第58条界定了环境公益诉讼救济的行为对象和提起诉讼的社会组织应当具备的资格条件。2015年,最高人民法院出台的《关于审理环境民事公益诉讼案件适用法律若干问题的解释》则对提起环境公益诉讼的原告主体资格、案件管辖、生态修复责任、专家证人及诉讼费用减免等加以规定。2015年,最高人民检察院出台的《人民检察院提起公益诉讼试点工作实施办法》首次引入了检察机关提起行政公益诉讼的具体程序，为我国环境行政公益诉讼制度的完善打下了重要基础。后来经过两年的试点工作，由检察机关提起环境公益诉讼得到了国家立法的确认。

近年来，学界在环境法治领域提出了“环境权”的概念。“环境权是现代环境法治运行的核心问题。一般而言，环境权是指公众享有的健康、舒适的环境中生活的权利。”“环境权”是法律领域的一种新型权利，与传统法律权利有所不同，它是与工业文明的发展而导致的环境污染及生态破坏问题相伴而生的。

1972 年《人类环境宣言》第 1 条规定：“人类有权在一种能够过尊严的和福利的生活环境中，享有自由、平等和充足的生活条件的基本权利，并且负有保证和改善这一代和世世代代的环境的庄严责任。”这是对“环境权”基本内容的界定。我国学者一般认为，“环境权”主要包括环境知情权、参与权、检举权和控告权等。

目前，区域经济社会一体化发展在我国的发展格局中占有越来越重要的地位，长三角一体化也已经成为一项极为重要的国家战略。从法治的角度看，在立法、司法、执法等方面构建一种协同机制，有助于为长三角一体化发展提供强有力的保障。而公益诉讼，特别是检察院提起的环境公益诉讼，是司法协同机制中的重要环节之一。为此，笔者就构建长三角地区检察院提起环境公益诉讼协同机制提出如下建议：

首先，长三角地区各省市政府相关部门、社会组织和检察机关形成联动机制，建立跨省市的环境公益诉讼大数据平台，形成各省市之间的信息资源共享、案件线索移送、配合调查取证等工作机制。特别要明确生态修复验收的统一标准，提高诉讼后环境修复的科学性和规范性。其次，通过地方立法的联动机制，联合出台相关规范性文件，进一步拓宽检察院提起环境公益诉讼的监督领域。最后，长三角地区各省市要形成一种统一机制，加强检察机关与行政机关、人民法院、社会组织之间的协同体系建设。进一步深化检察机关与人民法院、行政机关以及社会组织之间的交流与合作，尤其是在环境公益诉讼案件的法律适用、政务信息资源共享、专业知识和技术支撑等方面，达成多方共识。

四、“绿色司法”的改革与完善

如前所述，“绿色司法”即环境司法。在目前司法改革的大背景下，环境司法的体制机制也面临改革与完善的问题。《中国环境司法发展报告(2015—2017)》提出了环境司法专门化的建议。这种"专门化"在审判领域的进路是所谓环境审判机构、环境审判机制、环境审判程序、环境审判理论和环境审判团队的"五位一体"。该书指出:"……以提升质量与能力为核心,扎实推进环境司法专门化;以实现公平正义为宗旨,稳步发展环境资源审判普通化;以完善生态环境法治为目标,促进立法科学化和司法活动规范化。"[1]这也是对该书宗旨的一种阐释。

也有学者指出:"人民法院作为国家治理的重要力量,全面加强环境资源审判工作,对维护国家生态安全、生物安全和公共卫生安全具有重大现实意义。由于环境资源审判超越刑事、民事、行政三大诉讼门类,涉及实体法、程序法等领域,具有复合性、专业技术性等特点,决定了环境资源审判应该走专门化发展道路,才能准确把握案件特点和规律、统一案件审判标准和尺度,更好地服务保障生态环境保护。"[2]

从各地法院的实践看,环境司法的专门化是一套专门化的司法体系,包括审判机构、审判机制、审判理念、审判规则和审判团队的专门化。其中,设置专门的环境法庭和专门的程序规则乃是重中之重,而培养一支专门化从事环境审判的法官团队也是必需的。正如专家所说:"结合司法体制改革要求,完善基层司法改革过程中环境资源审判机构设置、专业化审判团队建设方案,探索建立跨行政区划法院建设路径,破解环境资源案件的生态属性与区域分割主客场的难题,优化环境资源立案规则、证据规则、裁判规则,建立相对统一的环境案件裁判标准。"[3]

时任最高人民法院环境资源审判庭庭长王旭光也指出:"环境公益诉讼易受干预的特征,促使我们改变按照行政区划管辖案件模式,探索按照流域、生态功能等跨行政区划管辖。目前来看,这项改革制度取得很大进展。"[4]在这一

---

〔1〕 吕忠梅等:《中国环境司法发展报告(2015—2017)》,人民法院出版社 2017 年版,第 4 页。

〔2〕 张乐喜、姚海军:《积极稳妥推进环境司法专门化》,载《人民法院报》2021 年 1 月 23 日,第 2 版。

〔3〕《司法审判助力生态环境保护新亮点解析》,载中国新闻网,https://www.chinanews.com.cn/gn/2019/03-21/8785828.shtml。

〔4〕《司法审判助力生态环境保护新亮点解析》,载中国新闻网,https://www.chinanews.com.cn/gn/2019/03-21/8785828.shtml。

方面,一些地方的司法机关进行了积极探索。如贵州省高级人民法院,就根据省内主要河流流域范围把全省划分为四个生态司法保护区,由四个中级人民法院和五个基层人民法院集中管辖环境诉讼案件,这是“流域司法”的一个典型例证。

另有学者就完善检察机关提起环境公益诉讼制度提出了如下建议:“首先,科学设计环境公益诉讼的案由,建议将诉讼标的、所关涉的环境要素、加害行为与损害后果等几大要素相结合,进行凸显环境公益诉讼鲜明特质的案由类型化。其次,建立和健全检察机关提起环境公益诉讼的程序设计,建议在既有的法律框架内,在法院已出台的环境公益诉讼程序规则中,进行符合检察机关定位的程序设计,尤其是要注意与其法律监督权等行使的关系。再次,规范设立和管理环境公益诉讼基金,建议制定统一规则,明确基金的来源、用途、使用程序和监督管理等一系列内容。最后,厘清环境公益诉讼与生态损害赔偿诉讼之间的关系,建议通过司法解释等方法,明确不同起诉主体间的协调以及不同程序间的衔接,与此同时,避免本可以由行政行为直接解决的事项而交由司法机关实施,从而浪费社会成本。”[1]

还有学者就完善检察机关公益诉讼制度提出如下建议:一是要明确检察机关的当事人地位;二是扩大受案范围;三是完善民事行政领域的制度衔接;四是加强环境公益诉讼和刑事诉讼的配合;五是强化与相关主体(如行政机关或社会组织等)的协调配合。[2]

本文认为,环境司法改革应以保障绿色发展的价值理念为指导,以保护环境和节约资源为职志,以保障公众“环境权”为进路,除了在相关司法体制上(如建立跨行政区划的专门法院)用力外,还应当在相关制度和机制上发力:第一,拓宽原告诉讼资格(如允许公民个人提起环境公益诉讼),扩大受案范围,推进环境审判专门化;第二,完善“三审合一”环境审判模式(涉及环境资源方面民事、行政、刑事三种性质的案件统一由环境资源审判庭审理的归口审理模式),加强公众参与司法保护力度;第三,法院在审理环境案件中应当从简单地

〔1〕 吕忠梅等:《中国环境司法发展报告(2015—2017)》,人民法院出版社 2017 年版,第 200 页。

〔2〕 参见吕忠梅等:《中国环境司法发展报告(2015—2017)》,人民法院出版社 2017 年版,第 287 - 290 页。

查明事实、引用法条提升到改进环保制度的层次;第四,注重发挥刑事司法的预防功能,对危害极大、性质严重的环境犯罪,应当在法定刑幅度内配置较重的刑罚;第五,在环境司法领域要提倡精细化、精准化、科学化的司法理念;第六,科学设计环境公益诉讼的案由,实现案由类型化;第七,在环境公益诉讼中设计诉前程序有效监督行政机关依法履职;第八,在环境侵权责任的承担方面,应当由雇佣者与受雇者承担连带责任,第三人造成环境污染也承担连带责任,在承担责任的方式上除了传统的民事责任,还应承担生态修复、环境治理等责任;第九,建立司法机关与行政机关的联动机制,形成多元共治格局。

少年司法论

牛传勇* 安鸿宇**

少年司法,按照文义理解是指有关少年的司法制度。其以少年刑事司法,尤其是关于罪错少年的司法制度为起点,历经发展逐步扩展为包含少年刑事案件与涉少年的家事案件的特殊司法制度。在少年刑事案件中,又包括罪错少年案件与少年受到侵犯的案件。1899 年,美国建立了世界上第一个少年法院,庞德赞誉其为自 1215 年英国大宪章以来,英美司法制度最重大之进展,[1] 自此以后少年司法在全世界进入了蓬勃发展的时期。就少年司法本身来讲,其作为保护未成年人的最后一个屏障和挽救犯罪未成年人的最后一个环节,是未成年人罪错司法预防中最后的底线。而纵观整个少年法学,我国著名的少年法学家徐建教授认为"其确立了未成年人特殊的独立主体地位,承认未成年人是特殊的权利主体,少年司法中建立一系列特殊的程序和制度,是法制史上的重大创新和突破,是对以成人为中心的法律制度的无可争辩性提出的挑战,对法学和司法制度的进步和发展起到重大促进和推动作用,少年法学是法学大家族中的新成员,更是构成法学领域的重要组成部分"[2]。而且由于少年的生理机能、心理发育程度及其行为特点与成年人相比具有特

---

* 青岛大学法学院副教授、硕士研究生导师,法学博士。

** 青岛大学法学院法律硕士研究生。

[1] 姚建龙:《美国少年法院运动的起源与展开》,载《法学评论》2008 年第 1 期。

[2] 徐建:《少年法学在中国的发展和定位——中国法学急需建立的一门新学科》,载《青少年犯罪问题》2009 年第 4 期。

殊性，所以少年司法的基本特点与普通刑事司法具有原则性区别，不是处罚，而是教育与挽救。[1] 由此在少年司法的发展历程中，诞生出许多具有代表性的理论，如少年罪错及其特殊性理论、恢复性司法理念以及国家亲权理论等，而少年司法也是在理论的基础上不断实践，最终发展成为各国独具特色的少年司法体系。

一、少年及其罪错的特殊性理论

少年司法之所以具有许多与成人司法不同的地方，本质上在于其适用主体的特殊性。即少年这一群体由于处在特殊的发育阶段，其身体强度、心理成熟状态、自我控制能力和社会经验不足，就导致这一群体存在自身的特殊性，并衍生出其越轨行为或罪错行为的特殊性，这种特殊性也是少年司法建立的现实依据和认识基础。

（一）少年观念的确立

其实，关于少年这一概念，对中国来说属于舶来品，而且就司法实践来说，“少年”一词在法律上的表达通常是未成年人，而纵观国内著名的少年法学家，如狄小华教授、皮艺军教授、姚建龙教授等知名学者在使用“未成年人”一词时，也并未放弃少年的概念。[2] 而综合世界各国对于未成年人的规定，我们大致上可以作出一个限定，即 7 周岁以上，未满 18 周岁的这部分未成年人，可以统称为少年，以便于理解，防止产生歧义。

受启蒙运动的影响，17 世纪开始人们逐渐形成“童年”的观念，直到 19 世纪末 20 世纪初全世界才对“少年”这一概念在法律上形成大致的通识。“少年”逐渐被视为一个独立且特殊的成长阶段。随着“少年”“青春期”概念的通用化，特别是对少年特殊性认识的加深，旨在体现对少年特殊保护，抑或特殊控制的少年司法制度由此诞生，[3] 并在此后的 100 多年在世界各国获得迅速发展。

---

〔1〕 康树华、刘金霞编著：《回顾与展望我国青少年犯罪研究》，人民日报出版社 2013 年版，第 203 页。

〔2〕 滕洪昌、姚建龙：《少年司法与心理学的整合：一个初步的探讨》，载《中国青年研究》2017 年第 7 期；狄小华、谭建宏：《少年刑事检察制度回顾与展望——兼谈以少年检察为中心的少年司法制度》，载《人民检察》2019 年 Z1 期；皮艺军：《“刑修”有助少年犯走出犯罪怪圈》，载《法制日报》2010 年 8 月 31 日，第 3 版。

〔3〕 姚建龙：《超越刑事司法：美国少年司法史纲》，法律出版社 2009 年版，第 78 页。

少年司法的确立虽然以“少年”观念的形成为基础，以“国家亲权”理论为指导，但从成人刑事司法中剥离出来，并走向独立的根本原因是少年的特殊性，以及由少年的特殊性而引发的少年罪错的特殊性。正是由于这二者，所以才需要建立不同于成人刑事司法的少年司法制度，从而更好体现对少年的保护，并加强对这一群体的教育和控制。少年和少年罪错既然是少年司法确立的两大认识基础，深入剖析这二者的理论内涵也是少年司法基础理论的开始。

（二）未成年人身心状况的特殊性理论

在成长过程中，未成年人的心理发展与身体生长并非保持同步。尤其是进入青春期以后，未成年人的身体发育加速，此时未成年人“意识到自己在两性中的地位和作用，‘自我’正是从这个时候起有了强烈的独立意识，并有一种渴求自立，渴望得到成人待遇的尊重，渴望开始自己独特的人生愿望和冲动”[1]。这种身心发展的不同步，导致处于青春期的未成年人更容易出现心理问题与行为偏差。

首先，由于未成年人身体快速发育而导致其精力充沛，对任何事物都充满新鲜感，但缺乏耐性容易产生精神空虚。随着身体各项机能的发达，未成年人生理发育趋于成熟，并表现出这一时期独有的活力。但青春期的未成年人尚处于学习知识、技能和基本规范的阶段，或刚刚完成基础阶段的学业就进入社会，他们本应继续学习适应社会所需的知识、技能和规范，但由于某些特殊原因和社会竞争对能力和知识的要求，抑或青春期本就是个“多梦”的年龄，[2]未成年人本就缺乏定力等原因，一旦失去学习这一“主业”，很容易成为无所事事的社会闲散人员。其次，由于身体快速发育导致处于青春期的未成年人好动、冒险且缺乏对事物的深层思考，容易上当受骗。这种生理上的快速发育，使好动成为他们释放精力的主要方式。并且随着公共交通和互联网的发展，活动空间进一步扩大，他们对新鲜事物仍会产生强烈的好奇心，并且处于青春期的未成年人还容易产生亲身体验的冒险心理。但是，由于其缺乏辨别是非和控制自己行为的能力，则容易滑向违法犯罪的“深渊”。最后，处于青春期的未成年人并不能很好地控制自己的情绪变化，很可能走进情绪死角，采取冲动行为或暴力手

[1] 张应杭：《人生哲学论》，浙江大学出版社 2000 年版，第 3 页。

[2] 狄小华：《少年司法理论基础之少年特殊性》，载《山东警察学院学报》2012 年第 4 期。

段来宣泄情绪。这个时期的未成年人情绪敏感度高,容易因琐碎的小事而激动或愤怒,一旦产生强烈情绪,很容易进入激情或应激状态。[1] 尽管激情和应激有一定的积极作用,但其消极作用也不容忽视。处于这种情绪状态中的青少年容易出现理智下降、思维狭窄、控制能力减弱等问题,并最终导致违法犯罪的严重不良后果。[2]

个体需要与现实可能存在矛盾。身心的急速发育刺激了青少年对物质与精神的欲求,但他们所处的现实又与理想或所追求的欲望不匹配,这就导致处于青春期的未成年人存在以下两个问题:

其一,未成年人在客观上离不开父母的帮持、教育和保护。他们希望自己早日独立,对父母的教育和管束不再"照单全收",并要求自己决定自己的事情。与这种日益强烈的主观独立意识不匹配的是,他们在客观上仍对父母存在强烈的依赖。这是由于他们缺乏社会阅历、各方面能力和社会资源不足等原因,造成他们在很多事情上仍不得不依赖父母的帮持。退一步讲,即使他们能够去应对所遇到的诸多问题,而他们的父母、祖父母等长辈仍会把他们当成"长不大的孩子",大小事情仍习惯于帮他们做主或应对,这与他们日益强烈的独立意识明显是存在矛盾的,这无疑也加剧了未成年人的逆反心理。

其二,由于社会的迅速发展,对于进入社会所需要的基本辨别是非的能力也提出了更高的要求。在这个信息爆炸、对同一问题常常存在无数种说法的时代,由于未成年人尚不具备成熟的辨别能力,所以会引发由信息选择困难、虚拟与现实冲突、教育与现实脱离等导致的同一性危机。[3] "在西方语言中,危机一词具有双重内涵,它一方面是指事物在其发展过程中面临危险和困境;另一方面也意味着事物发展的转折点和新的可能性。"[4] 这种高速发展的社会,虽然给未成年人的成长提供了更多的可能性,但由于他们辨别是非和抵制不良环境的能力不强、社会经验和阅历也存在诸多不足,所以在面对复杂环境时常常难以作出正确的选择,更有可能深受其害,走上一条不归路。

---

〔1〕 卢家楣主编:《青少年心理与辅导——理论和实践》,上海教育出版社 2011 年版,第 66 - 69 页。
〔2〕 罗大华主编:《犯罪心理学》,中国政法大学出版社 1997 年版,第 209 页。
〔3〕 狄小华:《社会转型期的未成年人犯罪与防控》,载《江苏社会科学》2005 年第 3 期。
〔4〕 刘放桐等:《马克思主义与西方哲学的现当代走向》,人民出版社 2002 年版,第 56 页。

(三)少年罪错理论特殊性

刑事古典主义认为犯罪是"基于理性的自由意志支配下产生的行为",即人在理性支配下实施的行为。既然是理性支配下实施的犯罪,那行为主体必然要为自己的理性付出代价。这种"报应"理念,是人们最初对犯罪的一种推测与判断。[1] 而考虑到未成年人的特殊性,他们对于犯罪以及结果并不完全是理性作用的结果,更多的是受到周遭环境的影响,是一种心智不成熟的表现。为了证明未成年人犯罪是一种特殊的"罪错",而非一般意义上的犯罪,所以有必要从刑事古典主义和刑事实证主义两大学派的理论出发,对少年罪错理论的特殊性进行论证。

首先,未成年人不属于刑事古典学派中的理性人。刑事古典学派以形而上的哲学分析为基础,如柏拉图认为人的灵魂是由理性、激情与欲望组成,其中理性被认为是人的本性。[2] "近代刑法学之父"费尔巴哈提出的心理强制学说亦是以理性人为基础,认为人不仅能区分善恶,辨别是非,且具有权衡利弊,进行选择的本能。然而,刑事古典学派也认为与其他自然人(一般为抽象、正常且社会化的理性人)不同的是,未成年人、聋哑人、精神病人是非理性人。[3] 如柏拉图提出,在个人 20 岁之前,应当对其施以教育,通过教育协调其激情与欲望,帮助其后发展成理性人。[4] 正是由于缺乏刑事古典学派所定义的理性,未成年人无法根据理性对自己的行为作出选择,也就当然不用承担与理性人相同的惩罚。所以对待缺乏理性的未成年人应当予以教育和矫正,而非刑事处罚。正是基于未成年人特殊性的原理,19 世纪末 20 世纪初,许多国家的少年司法制度开始从成人刑事司法中独立出来,并采取宽缓的刑事政策以及各种刑罚替代方法。

其次,未成年人亦不属于刑事实证学派所定义的经验人。按照刑事实证学派的理论,每个人都是生活在不同的社会环境当中,所以其实施某种行为并非

---

〔1〕 刘艳红、阮晨欣:《新法视角下罪错未成年人司法保护理念的确立与展开》,载《云南社会科学》2021 年第 1 期。

〔2〕 陈兴良:《刑法的人性基础》(第 4 版),中国人民大学出版社 2017 年版,第 583 页。

〔3〕 肖姗姗:《"罪错未成年人"概念选择与适用的理性证成》,载《预防青少年犯罪研究》2020 年第 4 期。

〔4〕 [古希腊]柏拉图:《理想国》,刘国伟译,中华书局 2018 年版,第 6 页。

自我理性的选择,而是受各种社会因素和自身社会经验的影响。不同于刑事古典学派所主张的理性人理论,刑事实证学派以经验人为基础,认为“经验是人类能够通过实践获得知识的能力”[1],同时提出行为人实施犯罪并非基于内心意志想犯罪,而是被社会环境和条件所决定而萌生犯罪的“种子”;认为社会性和个人性是人性的两大基本要素。[2] 而如前文所述,适应社会的能力、知识和技能与年龄的增长是正相关的,而未成年人显然不具备“完全经验人”的素质。就未成年人主体而言,其生活经验与社会阅历并非等同于阅历丰富的成年人,也就不能成为刑事实证主义上的犯罪主体,因此不能从传统的成人刑事法领域及一般犯罪的角度对其行为进行规制。

最后,根据践习许可[3]理论,处于身心发育阶段的未成年人,除了生理不成熟和自我控制能力不强之外,最显著的特点就是社会化程度的不足。从非经验人到经验人,从感性人到理性人是一个将社会规范内化、不断汲取经验走向成熟的过程。处于这一阶段的未成年人,就像等待领取驾照上路的新手,发生些许事故也在所难免。因而,处于成人践习期的未成年人犯一些“错误”也是被许可的,而不应被当作与成年人一样的错误受到惩罚。“绝大部分少年罪错行为是限于青春期的,也就是说,只要罪错少年能挺过这个阶段,他们未来的生活机会没有被终结,那么,他们就完全有望发展成为一个有益社会的公民(至少不是罪犯)。”[4]而面对这一段不可避免且发生或可能发生罪错的人生历程,要“非常注重对犯罪原因的理性关照,尤其是着眼于理智地看待少年社会化过程中不可避免的客观风险。……注重教育,注重帮助,注重化解,以及刑罚宽缓,尤其是强调法律适用的善良秉性,而对‘以恶报恶’的传统古典报应主义刑罚理念予以根本的摒弃”[5]。

结合以上论述,作为非理性人,未成年人不具备刑事古典学派对犯罪所要

---

〔1〕《马克思恩格斯全集》(第2卷),人民出版社1963年版,第282页。

〔2〕[英]伯特兰·罗素:《伦理学和政治学中的人类社会》,肖巍译,中国社会科学出版社1992年版,第30页。

〔3〕践习许可,或称见习驾车许可,即指对达到一定年龄、具备相应能力的人予以的驾驶机动车辆实践学习的许可,待其通过相应的考试后,方能正式领取驾驶执照。

〔4〕[美]玛格丽特·K.罗森海姆等:《少年司法的一个世纪》,高维俭译,商务印书馆2008年版,第78页。

〔5〕钟勇、高维俭主编:《少年司法制度新探》,中国人民公安大学出版社2011年版,第2页。

求的意志自由;作为非经验人,未成年人亦不具备刑事实证学派所要求的社会人品质;根据践习实践理论,未成年人的罪错行为属特定成长阶段被许可和可以容忍的“事故”。所以少年罪错理念也自然成为了解释未成年人犯罪的又一路径,将其当成一种“错”,并且这种“错”是由于家庭、学校、社会以及国家政策共同造成的,并非行为人一人之过。从这个角度出发,就需要树立正确的司法处遇理念,能够照顾未成年人的种种特殊性。

二、恢复性司法以及刑罚个别化理论

基于在少年司法领域对刑事古典主义的反思,恢复性司法的理念逐渐代替了传统报应主义的地位和作用。由于恢复性司法在应对未成年人案件时更加灵活和全面,逐渐发展成为世界各国少年司法制度的指导理念。而刑罚个别化理论正是由于和恢复性司法的目的相一致,迅速成为司法机关在对未成年人适用刑罚时的理论指导。

(一)恢复性司法的缘起

传统的刑事古典主义对于正义的理解是“制裁”,即为了满足被害人的情绪以及社会舆论的需要,通过国家对犯罪人施加刑罚来体现法律的正义。而根据薛静丽的论述,我们可以这样理解,恢复性司法对正义的追求要体现“恢复”,即修复被破坏的社会关系,通过要求犯罪人积极赔偿被害人所受到的损失并真诚地悔罪获得宽恕,从而帮助犯罪人更好地回归社区。[1] 恢复性司法注重修复后的法律和社会效果,解决犯罪中当事人之间的冲突是恢复性司法所关注的焦点,并且强调在司法程序中要根据不同的案情采取差异化的对待。建立在平等、理解和帮助上的“恢复”是恢复性司法在处理具体案件时的自我选择,而刑事古典主义中的惩罚与强制在改造犯罪人方面是低效的也是不恰当的,同时也不利于受损社会关系的恢复。

关于恢复性司法,对这一理念最早的描述可见于美国学者巴内特的文章中。1977 年,他发表了《赔偿:刑事司法的一种新范式》一文,阐述了当时美国开展的被害人和犯罪人的调解试验,巴内特在此文中详细描述了许多司法改革

---

〔1〕 参见薛静丽:《恢复性司法对刑罚权的合理调整》,载《行政与法》2021 年第 4 期。

的原则和制度。而人们对恢复性司法这个理念开始熟知,是从英国学者马歇尔对其解释开始。马歇尔在其文章中,将恢复性司法描述成一个特殊的过程,在这个过程中,将涉及案件的当事人召集到一起,秉持平等协商的原则,讨论应当如何更加完善地处理犯罪导致的结果,并且在最大限度上降低犯罪对未来的影响。[1] 德国学者施奈德也认为,社会自身的变革使解决冲突更倾向于温和的方式,而这种方式在预防和控制犯罪方面具有决定性的意义。国家必须与社会一道,共同努力来恢复和平与秩序,而不得从犯罪人与被害人的冲突中"溜之大吉"[2]。

由上述内容可知,恢复性司法正是诞生于对刑事古典主义进行深刻反思,试图用一种平和的、协商式的方法来处理犯罪,缓和各方当事人的紧张关系,减少刑事诉讼程序中的对抗性,从而最大限度挽回犯罪造成的损害。而将这种独特的司法模式运用到少年司法中,又是一项极具创造性的法律实践。

(二)少年司法与恢复性司法的融合

在二者融合方面,美国由于其特殊的司法实践和社会控制需要,较早地将恢复性司法运用于少年司法的实践。由于严罚主义在20世纪90年代的美国大行其道,不仅在少年司法领域,还在整个社会对待"越轨"人士的态度上产生了巨大的影响。由此导致监狱的饱和、刑事司法系统的高负荷运转,在这种高压趋势的发展过程中,人们渐渐意识到以报应主义为指导的少年司法严罚模式模糊了未成年人与成年人之间的界限,以报应刑和追责为主的普通刑事司法在预防和"劝归"未成年犯这方面的效果微乎其微。并且随着20世纪末社会发展趋于稳定,犯罪率逐年下降,人们越来越需要一种能够修复受损的社会关系和促进罪错少年回归学校和社会的少年司法制度。

为了克服严罚主义的诸多弊端,美国学者 Braithwait 率先提出了修复型少年司法,主张刑事司法的真正目的在于修复个人对社会造成的损害,同时强调

[1] Marshall, T., *The Evolution of Restorative justice in Britain*, European Journal on Criminal Policy and Research, Vol. 4: p. 21 – 23 (1996).

[2] [德]汉斯·约阿希姆·施奈德:《国际范围内的被害人》,许章润等译,中国人民公安大学出版社1992年版,第2页。

犯罪人复归社会的需求,兼顾被害人、犯罪人与社区的角色地位。[1] 修复型少年司法的理念提供了少年司法的第三种选择,实现了惩罚与保护的动态平衡。一方面,为罪错少年提供了带有惩罚性质的自我净化模式,同时改变了受害人的诉讼地位,尊重受害人作为程序主体的权利;另一方面,强调罪错少年对其造成的社会关系损害的修复义务,并吸纳社区广泛参与,又体现了司法恢复和调和社会关系的根本任务。[2] 可以说,修复型少年司法吸收了福利型少年司法模式和严罚主义的积极因素,又具有自身独特的价值。

总的来说,20 世纪 60 年代起在美国盛行的严罚主义强调公共权力在解决刑事纠纷中的垄断作用,注重通过当事人之间的对抗等发现真实,并以对犯罪人的惩罚为目标。与此不同,恢复性司法强调个人权利在解决刑事纠纷中的作用,注重通过各方在相互尊重的基础上进行沟通,满足各方由犯罪引起的需要,以修复被犯罪所破坏的社会关系。[3] 更重要的是还可以避免刑事司法所引发的"标签"影响。因此,恢复性少年司法在美国的运用,使其少年司法制度重新回归到个别化处遇和宽缓的正途上来,也成为世界各国少年司法制度效仿的蓝本。但恢复性少年司法的发展并非一帆风顺,其中首先也是最需要去克服的就是刑事古典主义中报应刑理念所带来的诸多弊端。而恢复性司法也在与报应主义的斗争中,慢慢与少年司法的诸多独特性相融合,最终诞生恢复性少年司法。由于恢复性司法更符合少年特点和少年刑事司法的目标,而被世界上许多国家与地区运用于对少年犯罪的处理。

(三)恢复性少年司法的探析

未成年人是国家的未来、民族的希望,而未成年人犯罪又具有"先受害,后害人"的特点,因此,保护未成年人、促进其健康成长,应当成为少年司法的目的所在。[4] 但由于这部分未成年人或多或少已经有了"劣迹",因此,对他们的教育和保护也应当区别于一般未成年人。所以就促进罪错少年回归社会这方面

---

[1] Braithwaite, J., *Restorative Justice: Assessing Optimistic and Pessimistic Accounts*, Crime and Justice (1999).

[2] 童飞霜、刘园芝:《修复型少年司法的本土化改造——基于枫桥经验的路径探索》,载《预防青少年犯罪研究》2018 年第 5 期。

[3] 狄小华:《恢复性少年刑事司法的正义性探析》,载《青少年犯罪问题》2008 年第 2 期。

[4] 狄小华:《恢复性少年刑事司法的正义性探析》,载《青少年犯罪问题》2008 年第 2 期。

而言,应当将帮助其回归健康成长的道路作为少年司法所追求的最终目的。[1]虽然惩罚也是实现少年刑事司法目的的一种必要手段,但它是一种底线式、迫不得已的选择。如果对于少年犯罪的处理,仍是按成人刑事司法,即报应主义的理念进行处理,不仅难以促进犯罪未成年人重新回归健康成长的道路,而且还会产生"标签"的负面作用。因此,恢复性少年司法不仅是对犯罪未成年人的教育和矫治,还是一种更有效实现正义的方式。

恢复性少年司法的正义性可以从两方面进行界定:从实体来看,恢复被犯罪所破坏的社会关系;而从程序看,注重各方当事人自愿参与和平等协商。因此,恢复性少年刑事司法的正义性也可以从这两方面进行解读:

在实体正义方面,由于未成年人犯罪对受害者、社区和国家的利益产生了损害,因而涉及多方利益的冲突与解决。而从刑事司法发展的脉络来看,自国家权力介入对犯罪处理以来,从奴隶社会的弹劾式、封建社会的纠问式到现代社会的职权主义或当事人主义模式,经历了由浅度介入到深度介入,又转向适度介入的变化。[2] 从这种演变过程中,我们可以清晰地看到,原本属于个人之间的刑事纠纷,自从被视为是对统治秩序或公共利益的侵害之后,报应主义便逐渐成为刑事司法的主导理念,但其始终存在打击犯罪与保障人权的矛盾。正如日本法学家土本武司博士所说,"为实现国家刑罚权,强制力的行使是不可避免的,这就会多少影响犯人及第三者的正常权利。所以,实体真实的发现同个人基本人权的保障成为时常对立着的要素。正因为如此,如何调整两者的对立,便成了问题。夸张地说,刑事诉讼中所有问题的根本点就在于此"[3]。也正因为如此,现代法治国家的刑事司法改革,无一不是围绕发现真实和保障人权的关系而展开。

"刑事诉讼的总目标应当是使国家、社会与当事人的利益得到大体上的平衡,并为此而确保诉讼过程的公正性、人道性和合理性。"[4]在报应性司法模式

---

〔1〕 狄小华、刘志伟:《恢复性少年司法理论与实践》,群众出版社2007年版,第27-40页。

〔2〕 狄小华:《从"私力救济"到"公力救济"——刑事诉讼中的权力和权利关系分析》,载《江苏社会科学》2004年第2期。

〔3〕 [日]土本武司:《刑事诉讼法要义》,董璠舆、宋英辉译,台北,五南图书出版有限公司1996年版,第6-17页。

〔4〕 陈瑞华:《刑事诉讼的前沿问题》,中国人民大学出版社2000年版,第85页。

下,如何兼顾三者有时相互冲突的利益依然是司法难题。而以恢复被犯罪所损害的社会关系为最终目的的恢复性少年司法,改变了国家权力对犯罪的垄断地位,赋予涉及案件的各方当事人平等参与权,并通过自愿协商寻求利益的平衡、社会关系的修复与案件的解决。在未成年人犯罪案件中,各方当事人的利益表现为由犯罪引起的需要。对于被害人来说,这种需要主要包括:报复对方、抚慰心灵、索要赔偿或补偿等,以此来恢复自信与适应社会;对于加害人而言,由其犯罪行为引起的需要主要包括:消除犯罪引发的羞耻感、在司法程序中受到公正待遇、减少"标签"效应,消除社会歧视、重新融入学校和社会等;对于社区来说,包括恢复社区的正常秩序、重建人们对社区安全的信心等;对于国家来说,包括维护公平正义、强化民众对法律和道德的遵从意识、告诫他人不要仿效犯罪行为、预防犯罪人重新实施犯罪、促进犯罪人回归社会、维护社会和谐稳定等。而所有这些由犯罪引发的需要,都需要各方通过自愿、公开、平等、协商的程序予以满足,而恢复性少年司法恰好是能够满足以上所有需求的最优选择。

恢复性少年司法提出的平等协商与注重修复的模式,不仅可以满足需要以平衡各方当事人的利益,而且可以修复受损害的社会关系,加强人们对规则自觉遵从,形成和谐的社会关系,而这些恰恰是国家利益所在,[1]进一步说,也是在未成年人犯罪案件中实现实体正义的必由之路。

在程序正义方面,恢复性少年司法的特殊性在于其多方参与的程序,这里的程序不仅能够保障实体法意义上结果的实现,而且具有独立的内在价值,即符合程序的正当性。而这种程序正是因其具有主体性、中立性、协商性以及公开性,才能够充分照顾到未成年犯罪案件的特殊性,在个案中实现程序上的正义。

恢复性少年司法之所以不同于普通成人刑事司法,源于其特殊的运行程序与处遇理念:首先,在司法程序启动前,要秉持平等的理念,将各方当事人当作程序中的主体,而非客体。日本学者团藤重光在其文章中说道,"承认人格的主体性,就是承认人的尊严,即使是犯人,当然也应该承认其作为人的尊严"[2]。伟大的无产阶级领袖马克思也说过,"不是把罪犯看成是单纯的客体,即司法的

〔1〕 罗大华等主编:《刑事司法心理研究》,群众出版社 2006 年版,第 12 – 21 页。
〔2〕 [日]团藤重光:《刑事诉讼中的主体性理论》,载《法学译丛》1998 年 4 月版。

奴隶,而是把罪犯提高到一个自由的、自我决定的人的地位"[1]。将各方当事人当作主体,是指各方当事人享有自我表达和自我决定的权利,从而体现对参与各方的尊重。其次,在司法程序中,要设立中立的协调员,并在司法实践中保持其中立性。恢复性少年司法中的恢复性程序是指存在纠纷的各方通过平等的协商来解决纠纷,为了保证协商程序的顺利进行,恢复性少年司法中需存在居中协调的专业人员。协调员不同于处于中立地位的裁判者,也不同于我国传统的民事调解中的调解员,但协调员作为恢复性少年司法程序中的重要角色,他们的举动极容易影响当事人是否愿意进行协商,以及最终的协商结果,因此,恢复程序中的协调员在处理案件时保持独立、客观与理性,对于修复关系极为重要,这也是恢复性少年司法能够更好地修复社会关系的根源所在。再次,恢复性少年司法的协商性机制,也是对恢复理念的贯彻。在恢复性少年司法的程序中,由于充分尊重各方当事人的主体性,当事人就成为纠纷的解决者。唯有通过自愿与平等的对话与协商,才有可能达成各方都能接受的解决方案。退一步讲,即使协商程序最后不了了之,并未达成一致的解决方案,那在协商中各方的对话,以及表现出来的诚意和态度等,也是评估加害人人身危险性的重要依据。最后,注重处理结果的有限公示。既包括对恢复性少年司法程序作出明确的法律规定,并向全社会公开;也包括接纳各方当事人参与案件的处理,接受对案件有兴趣、有了解且有保密意识的第三人的合理监督。公示机制是恢复性少年司法程序中重要的权力制约机制,也是通过程序的公开,从而更大范围地恢复被犯罪所破坏的社会关系。"黑暗与隐秘是滋生邪恶或非正义的温床,而公开性则是法律获得正义的阳光。"[2]

(四)刑罚个别化原则

个别化原则是由德国学者瓦尔伯格于 1869 年提出的,大意为:"在适用刑罚时,既要考虑犯罪的情况,也要考虑犯罪人的情况。"[3]对此有学者认为,"个别化原则,是指刑罚的规定和适用要根据并针对犯罪人的个别情况,以有效地

---

〔1〕《马克思恩格斯全集》(第 8 卷),人民出版社 2006 年版,第 578 – 579 页。

〔2〕狄小华:《中国传统调解制度的现代转型》,载《东南大学学报(哲学社会科学版)》2008 年第 6 期。

〔3〕瞿中东:《刑罚个别化的蕴涵:从发展角度所做的考察》,载《中国法学》2001 年第 2 期。

惩罚和预防犯罪”[1]。因此,刑罚个别化原则是要求在实施刑罚的时候考虑行为人的具体状况,而不是一概强调惩罚的平均化。而刑事实证学派的刑罚个别化思想,正是基于对古典刑事学派过于僵化的刑罚一般化思想的反思,发展起来的刑事实证学派的刑罚个别化理论逐渐将其取代。刑罚个别化思想的实质在于刑罚的轻重不仅取决于所犯罪行大小,而且要综合考量犯罪原因、犯罪动机、主观恶性及犯罪人个体等情况。[2] 刑事实证学派中另一具有代表性的理论即犯罪矫治理论,其作为一种以个别化矫正为导向的犯罪学理论,与刑罚个别化理论存在诸多观点暗合。与作为实证主义犯罪学擎始的意大利学派不同,[3]基于犯罪心理学的犯罪矫治学说逐渐掌握了犯罪处遇实践领域的话语权,矫治成为刑罚执行的焦点。究其根源,在于犯罪矫治理论的构建基础是大量心理学、脑神经学的测试数据,正是基于这种严谨而积极的科学态度,所以犯罪学以及犯罪矫治理论研究能够不断取得实质性进展,并在当代犯罪学理论的领域中占据一席之地。总的来说,犯罪矫治理论的蓬勃发展为改造罪犯、保护社会免遭二次犯罪侵害开辟了一条充满希望的崭新道路。所以在少年司法领域贯彻刑罚个别化原则时,需要考虑未成年人的不同状况,其中既包括未成年人造成的客观危害结果,也包含对其主观心理的考察。并严格贯彻犯罪矫治理论的精神,将未成年人的教育与矫正作为少年司法的重要目标,以此来预防其再次实施犯罪,对社会造成二次伤害。但需要明确的是,个别化原则的适用是为了衡量对未成年人判处刑罚的轻重,其最终是为了实现对未成年人判处刑罚可做到“宽严相济”。

综上所述,恢复性少年司法和刑罚个别化原则正是在少年及其罪错的特殊性的基础上,对传统刑事古典报应主义进行反思而产生的,是对传统刑法基本理论的扬弃与发展,代表刑法理论线段发展的方向。在少年基础理论发展的同

---

〔1〕 赵赤:《论刑罚个别化原则的根基和属性——一种多视角的分析与考察》,载《武汉科技大学学报(社会科学版)》2005 年第 2 期。

〔2〕 张贺:《从应然到实然的追求:少年司法视野下的社会调查制度——以审查起诉阶段为视角》,载《社科纵横》2014 年第 3 期。

〔3〕 其代表人物龙勃罗梭和费里认为犯罪的根本原因在于人的生物学或遗传学属性,而对这类“天生犯罪人”来说,惩罚、威慑与矫治均毫无意义,唯一的合理处遇手段就是隔离与消灭。但这一过于绝对化的观念在之后的犯罪学理论发展中迅速得到了纠正。

时,国家对于少年的关系定位、国家司法机构的设立与应对,也都产生了异于成人司法的理论。

三、国家亲权理论与恤幼思想

发端于古罗马时期的国家亲权理论,将国家作为父母角色的替代,以公权力的强势姿态介入"失控"儿童的管理中。这一手段在最初虽然是为了维护皇权统治和控制社会稳定,但随着历史的发展,时代赋予了该理论全新内涵。

(一)国家亲权理论的起源

英国学者 John Seymour 认为,英国衡平法院的"国家亲权"法则的来源是无法追溯的,甚至说这种理论是在 17 世纪末从空气中抓来的,其实他这样说是为了避免伤害英国法的原创性。[1] 而中国少年法学者康树华等人则有不同的见解,他们认为:"英国的国家亲权制度起源于古罗马时期。"[2]意大利学者阿尔诺尔多·马克罗内(Arnaldo Marcone)同样持此种观念,他认为国家亲权的基本概念最早在戴克里先的《价格敕令》的序言中就有了说明,其序言说:"朕作为全人类的父母(Parentesge-nerishumani)……"而"全人类的父母"是一个神学术语,指的是万国与万民的神。一个赞誉亚历山大大帝的古籍残篇就这样说:"神是所有人的共同的父亲。"[3]戴克里先此番言语的目的在于,用"全人类的父母"这一表达来放弃自己的人格,而达到某种意义上的神格,此语表明皇帝的言行是像父母保护自己孩子一样的作为。

昆图斯·奥雷流斯·馨马库斯(Quintus Aurelius Symma-chu)似乎意识到戴克里先的"全人类的父母"的这种说法过于神性且超越了国界,所以在之后自己的表达中对其进行了限制。在他称赞狄奥多西皇帝的一封信中说:"对我的公亲(Parens Publicus)式的审判是善良的,因为保留了我既有的财产。"[4]我们知道,publicus 是 populus(人民)的形容词,这样一来,公亲就不再是神,也不

[1] 徐国栋:《普通法中的国家亲权制度及其罗马法根源》,载《甘肃社会科学》2011 年第 1 期。

[2] 康树华、郭翔主编:《青少年法学概论》,中国政法大学出版社 1987 年版,第 270 页。

[3] [美]沃格林:《希腊化、罗马和早期基督教》,谢华育译,华东师范大学出版社 2007 年版,第 117 页。

[4] 徐国栋:《国家亲权与自然亲权的斗争与合作》,载陈小君主编:《私法研究》第 10 卷,法律出版社 2011 年版。

是“全人类的父母”,而只是罗马人民之亲。而在之后狄奥多西皇帝临死托孤给将军史提利柯(Stilicone)时,他也使用了“公亲”的概念。由于史提利柯并非皇帝,所以无法使用皇帝的名头“国父”(Pater Patriae),只好使用“公亲”的概念强调对于臣民的恩主的角色。[1] 而此时,“公亲”的概念已经去除了“国父”概念中的男性主义色彩,它不仅包括父亲,而且也包括母亲,在这里,对传统家长制的国家干预制度呼之欲出。而且,国家与公民之间也发展成为一种双向的关系:不仅公民对国家负有效忠的义务,国家对公民也负有保护义务,尤其对那些不能自我保护的公民。

综上所述,尽管罗马帝国的政治实践提供了类似于国家亲权概念的“全人类的父母”和“公亲”这类术语,但在其原始文献中始终未找到“国家亲权”这一描述。而与国家亲权在语义上最接近的是“国父”,它被用来指称祖国的建立者或拯救者。[2] 而基于上述事实,我们不妨大胆推测道:某个后世学者把“公亲”和“国父”两个词的语义内涵结合起来,创造了“国家亲权”这一概念,用来指称国家对于其人民应当承担的责任。

(二)国家亲权理论的发展与理论内涵

国家亲权理论是从“社会福利”的角度来看待家庭功能不彰的问题,将未成年人看作国家的未来资产而非父母的私有财产,在父母监管不能时国家自然要保护其不受侵犯。所以该理念是从父母亲权中脱胎而来的,其发展过程大体经历了三个阶段:第一个阶段是绝对亲权时期。在这一时期,家庭事务完全由家长且主要是父亲负责,家长对子女具有生杀予夺的大权,国家并不予以干预。[3] 第二个阶段是国家亲权辅助父母亲权时期。在这一时期,父母对子女仍然享有管教的权力,但这种绝对的父母亲权开始受到限制。在父母与国家的关系上,父母亲权居于主导地位,国家亲权只是起到一定的辅助作用,虽然已经开始在一定程度上强调对子女的保护,但大体上仍是以父母亲权为主的,其重心仍在于维护父母对子女的权威和控制。第三个阶段是国家亲权超越父母亲

[1] 徐国栋:《普通法中的国家亲权制度及其罗马法根源》,载《甘肃社会科学》2011 年第 1 期。

[2] 徐国栋:《普通法中的国家亲权制度及其罗马法根源》,载《甘肃社会科学》2011 年第 1 期。

[3] 姚建龙:《国家亲权理论与少年司法——以美国少年司法为中心的研究》,载《法学杂志》2008 年第 3 期。

权时期。这一时期,国家亲权摆脱了其辅助性的地位,超越了父母亲权,被认为是未成年人的最终监护人,负有保护和教养未成年人的重要职责,并且在特定情况下可以限制和剥夺父母亲权。这一时期父母亲权与国家亲权关系的重心已经转移到子女本位,在父母无法或者不宜行使其监护职责时,国家应当承担这种原本属于父母的职责。19 世纪以后一直到今天,英美法系国家的国家亲权理论已经逐步发展到第三阶段。

而根据第三阶段的国家亲权理论,我们可以归纳出以下含义:首先,国家作为未成年人的最后一道保护屏障,应当做到“防患于未然”而非“亡羊补牢”,这样才是对国家亲权理论最好的体现。其次,国家对未成年人的干预和保护不以父母存在与否为标准,而是以父母对未成年子女的监管能力和监管的实际效果为依据。当未成年人的父母或监护人监管不周时,未成年人的权益便被置于各种不利因素下,此时如果国家不出面进行保护,那对未成年人的伤害将不言而喻。从这一角度来讲,国家亲权也可以看作对父母亲权的一种救济,旨在通过公权力弥补家庭监护的缺憾。最后,国家在担当未成年人的监护人时,应当为了未成年人的切实利益行事,始终以未成年人的福利为本位。国家亲权理论之所以存在并得以发展,从根本上来讲就是为了保护未成年人的利益,如果只是单纯地代替父母行使监管权而不能很好地保护未成年人的利益,那国家亲权就像难以发挥作用的父母亲权一样没有存在的意义了。因此,国家亲权理论的核心就在于未成年人的利益保护,这也是各国将国家亲权理论作为建立少年司法制度指导原则的核心所在。

(三)国家亲权理论在少年司法中的应用与发展

英美法系国家大都将国家亲权理论作为少年司法的理论依据,其中以现代少年司法制度的起源国——美国为代表。美国少年司法以国家亲权理论作为其制度基础,是对英国法的继承和发展。[1] 自中世纪时期开始,英国衡平法院首先开始运用国家亲权理论作为干预未成年人的合理化依据。当时的大法官法庭主要关心的是对财产权的保护,但其管辖权已经涉及未成年人的福利型权利。当时的大法官法庭认为未成年人和其他无行为能力人都处于君主的保护

〔1〕 何勤华主编:《美国法律发达史》,上海人民出版社 1998 年版,第 280 页。

下,这样的一种理论被称为国家亲权理论。为了干涉封臣子女(他们的地位和财产直接与君主利益相关)的生活,英国国王首先承认并且运用了国家亲权理论,并使其成为大法官法庭维护君主利益时的理论基础。

由此可见,中世纪时期大法官法庭运用国家亲权理论的最初目的在于维护君主的统治权,而非未成年人的权利。因此,我国台湾地区学者朱胜群认为其仅有消极的意义。但是,这种仅有消极意义的国家亲权理论逐步发展并具有保护未成年人的积极意义:"至17世纪,英国法院就国王此项权力之性质,谓国王经由衡平法院对于未成年人行使监护权,尤于身心发生障碍孤苦无依之儿童有保护之权责,迭于判例中说明。至此,监护权乃脱为国王行使此项权力,对于身心发育失常、孤苦无依、被虐待及其他失所教养之未成年人,有保护及教养之责任,而具积极作用。"[1]

作为受英国影响最为深远的殖民地的美国,其少年司法的制度设计也深深"刻"上了前者的烙印。1839年宾夕法尼亚州最高法院通过"克劳斯案"判定:"《权利法案》并不援用至未成年人案件,国家亲权法则提供了'国家干预未成年人生活而无须其父母同意'的理论基石。"其认为州有权采取适当形式保护未成年人免受自身与周边不利环境之害。通过克劳斯案,国家司法机关得以介入未成年人的家庭,把未成年人从他们所处的问题家庭和社区迁移出来,这在当时是一种克服消极影响并引导少年为社会多作贡献的有益尝试。在19世纪中期,美国的部分州法院也把国家亲权法则作为将不受管束的问题少年送进庇护所及教养院的正当理由依据。[2]

在国家亲权理论的影响下,一场轰轰烈烈的"拯救儿童"运动也即将重塑美国的少年司法体系。在工业化以前,犯罪率总体而言是相对较低的,但随着工业化社会的展开,社会分工、经济结构和人际交往模式日渐复杂,再加上工业化发展带来的城市化浪潮,大量农村人口涌向城市,在农村生活向城市生活转型的过程中,各种矛盾和冲突激增,导致犯罪率也日益高涨。而少年这个特殊群体,在社会化、多元化和复杂化等因素的影响下,站在了犯罪高峰的顶端。此

---

〔1〕 朱胜群:《少年事件处理法新论》,台北,三民书局1976年版,第33页。

〔2〕 Lawrence, Richard & Mario Hesse, *Juvenile Justice: The Essentials*, *Thousand Oaks*, *CA*, SAGE Publication, 2010, p. 15.

时的少年问题显然已不再是家庭内部的事务,而是成为一种社会现象和法律问题,与此相对应,在社会观念上人们坚定地认为要对付社会病态必须加强对各个阶层的控制。[1] 同时,随着国家权力的扩张,在对待少年犯罪方面,与之前相比,国家在此间的角色日益凸显。少年犯罪的严峻态势、传统刑事司法的缺位和对少年的"戕害"现象触目惊心。于是,本着"挽救孩子"的初衷,一批有识之士倡导了针对传统刑事司法中的相关弊病的少年司法改革。他们是一批以改善儿童境遇为目标的慈善家和社会活动家,并以拯救孩子为己任,由他们所推动的这场社会改革运动被称为"拯救儿童运动"(The Child-Saving Movement)[2],这场运动的确对于将少年司法从刑事司法中分离出来,建立一种正式的、专门的少年控制机制起到了重大的推动作用。

在"拯救儿童运动"的推动下,1899 年 4 月 21 日伊利诺伊州议会通过了《少年法院法》(同年 7 月 1 日生效),这部法律的全称是《规范无人抚养、被忽视和罪错儿童的处遇与控制法案》。[3] 根据这部法律的规定,同年 7 月 1 日在芝加哥市的库克郡建立了美国也是世界上第一个少年法院——伊利诺伊州少年法院。《少年法院法》将 19 世纪以来美国在少年司法方面探索所取得的成就基本上实现了法典化,创制了独立于成人刑事司法体系之外的少年司法制度。[4] 由这部法律所创设的司法制度被称为少年司法"伊州模式"或"福利模式"。这一模式影响深远,成为"全美国以至整个资本主义世界少年司法制度的蓝本"[5]。这一事件也被广泛地赞誉为对待罪错少年和被忽视少年(neglected children)的革命性进步,开创了法律、科学和社会工作在儿童福利领域合作的新时代。[6]

---

[1] John C. Watkins, *The Juvenile Justice Century: A Sociolegal Commentary on American Juvenile Courts*, Carolina Academic Press, 1998, p. 31.

[2] 牛传勇:《中国少年司法的传统土壤与近代萌生》,中国政法大学 2015 年博士学位论文,第 12 页。

[3] 康树华、郭翔主编:《青少年法学参考资料》,中国政法大学出版社 1987 年版,第 703 – 709 页。

[4] Arnold Binder, Gibert Geis & Dickson Bruce, *Juvenile Delinquency: Historical, Cultural, Legal Perspectives*, Macmillan Publishing Company, 1988, p. 233.

[5] 储槐植:《美国刑法》,北京大学出版社 1996 年版,第 93 页。

[6] Robert G. Caldwell, *The Juvenile Court: Its Development and Some Major Problems*, Journal of Criminal Law, Criminology, and Police Science, Vol. 51, No. 5, p. 493 (1961).

(四)国家亲权理论对少年司法的改造

国家亲权理论的加入,使少年司法具有明显的福利化取向。由于少年司法以“儿童最大利益原则”的实现为最高目标,并且对罪错少年的干预措施主要是福利性的保护而不是惩罚。同时,根据“儿童必须生活于家庭中”的理念,此时的少年司法更强调专门机构应当给予其所管辖的未成年人以家庭式的处遇,即便这些孩子实施了危害社会的行为。基于国家亲权理论,少年法院更像儿童福利机构和某种意义上的“家庭”,而并非传统意义上的“法院”。

国家亲权理论使少年司法在本质上排斥传统报应刑主义,并使其发展成为一种新型的修复模式。在传统的报应刑语境中,刑事司法追求罪刑相适应,实质上在于实现对犯罪的等价报应。但是,在国家亲权理论指导下的少年司法则认为报应主义与未成年人福利是相悖的,也是与作为国家监护人的角色相矛盾的——有哪一个家长惩罚孩子的目的会是报应呢?因此,在国家亲权理论指导下的少年司法超越了传统的罪与刑的关系,从根本上排斥报应主义观念,追求的是对罪错少年的矫正与教育。

少年司法通过与国家亲权理论的融合,转向追求司法处遇的个别化。为了达到矫正罪错少年的法律效果,引入了专业的社会工作方法,如设置社会调查制度、观护制度、未成年人心理鉴别方法等司法个别化的特殊制度。并且强调少年司法程序的弹性,给予罪错少年恰当的个别化处遇。而正是这种个别化处遇使少年司法具有明显的福利倾向,与传统刑事司法为了追求惩罚的平等而强调司法人员的中立性、排斥个别化的追求明显不同。当今以国家亲权理论为基础的少年司法所具备的上述特点,与刑事实证学派的某些主张不谋而合。19世纪后半期逐步兴起的刑事实证学派,提出了诸多试图克服刑事古典学派缺陷的理论,其中一个重要的主张就是认为少年犯罪应当与成人犯罪区别对待。如刑事立法应当将少年刑法与普通刑法分离、强调少年犯罪的早期预防、主张建立独立的少年矫正机构、反对监禁少年等。[1] 刑事实证学派的这些观点,与国家亲权理论中应当给予少年犯罪特别处遇的观念存在高度契合。而在国家亲权理论指导下的少年司法,对于未成年人的诸多保护性措施和个别化处遇,对

〔1〕 姚建龙:《少年刑法与刑法变革》,中国人民公安大学出版社2005年版,第38-48页。

于纠正传统刑事司法在处理少年罪错行为上的弊端发挥了重要的作用。

(五)我国传统恤幼思想

在我国传统法治思想中,同样有关于“少年司法”类似理念的传承。《周礼》《礼记》中关于“幼小”犯罪赦宥制度的构建,是根据“礼”的规定确定年龄的划分,再给予“幼小”和“老耄”群体一定的定罪量刑上的优待。早期的“礼”以抽象的原则和具体的形式指导人们的生活,具有法的作用。中华民族“礼”文化的传统,体现在法律领域是“出礼则入刑、礼之所去、刑之所取”。早期《周礼》中对幼小的宽宥,表现为“矜老恤幼”的赦宥制度,并以完整的理论形态体现在当时的司法领域。[1]

《礼记》中描述的“老有所终,壮有所用,幼有所养”,是自古以来中国人追求的人生理想,也是古代政治家努力达到的“天下大同”。汉朝法律规定幼小犯罪“得减死”以及“幼小者免带刑具”,立意“近古而便民”,赦宥老幼是因袭传统而已。在我国古代,从百姓生活到国家法律,矜老恤幼不仅内化为传统文化的组成部分,而且外化为特定的表现形式,反映于人情、天理、国法中。古代各朝以“矜老恤幼”为指导思想的赦宥制度,自西周始,历经汉唐至明清,不断被注入新的理论内涵与实践经验。而这些植根于中华民族的传统,已经成为特定的民族基因,并随着时代的变迁而不断发展。

通过对国家亲权理论的具体描述,我们对于在其指导下的少年司法也有了更加深入的了解。结合我国传统法治中的“矜老恤幼”思想,其实不难看出,这二者在对待未成年人这一群体时,存在很多相似之处,最主要的就是二者都认为未成年人需要被特殊照顾,且在司法程序中不可与成年人作一并处理。正是这种理论上的暗合,提供了国家亲权在我国探索适用的可能性。综上所述,正是基于国家对未成年人所担负的教育和矫正责任,才会催生出各种特殊的司法制度和个别化处遇措施。而这些针对未成年人设计的司法理念和处遇措施,则需要具体机构才能使其落地,真正运用到每一个案件中。

四、世界各国少年法院发展现状

综观世界各国对于少年司法机构的设置,大致上可以分为三种:独立的

[1] 王菲:《传承与发展:传统“少年司法”再辨析》,载《检察日报》2015年11月19日,第3版。

少年法院、专门少年法庭和其他涉及少年案件的普通司法机构。这些机构的设立,很大程度说明了少年问题需要专门机构,运用专业手段和特殊司法程序进行处理。在这里,大致列举世界上比较有代表性的少年司法机构进行阐述。

（一）美国少年法院及少年法庭

1899 年 7 月 1 日,美国伊利诺伊州芝加哥市的库克郡建立了世界上第一个少年法院,这也被视为美国少年司法的开端。到 1920 年年底,大部分州都建立了专门处理少年案件的少年法庭,同时,还制定了与之相配套的较为完善的少年司法制度。在半个世纪以后,美国最高法院通过 1967 年高特案(In re Gault)判决、1970 年温施普案(In re Winship)判决、1971 麦凯沃诉宾夕法尼亚州(McKeiver v. Pennsylvania)裁定等,将"正当程序原则""不泯灭独立个性的责任原则"和"排除合理疑惑的证据原则"等引入少年审判,扩大了少年犯在少年司法程序中的正当程序权利,对完善少年司法制度起了极为重要的作用。[1]美国是全世界少年司法制度最为成熟的国家,其 50 个州和哥伦比亚特区都颁布了少年法院组织法,并相应地设立了少年法庭或少年法院。截至 2017 年,美国全境大约有 4000 个少年法院或法庭,管辖少年的犯罪行为、身份违规行为、被家庭遗弃和虐待少年儿童的案件、家庭无力抚养孩子的案件、家庭无法管教的孩子的案件等。

并且美国各州对少年法庭的管辖权均设有年龄限制,大致在 14 周岁至 18 周岁,只要未成年人在犯罪时的年龄未超过少年法庭年龄管辖权的上限,少年法庭即有管辖权。当然,少年法庭也可以放弃对未成年人的管辖权,但是只要其转到普通成人法庭的那一刻,即被视为成年被告人,有可能会受到和成年犯一样的惩罚,因此,在对于少年法庭的弃权程序上,美国司法部门是相当慎重的。因此,美国最高法院裁定,少年法庭必须要在举行公开听证后才能够决定是否放弃管辖权,而且听证会必须由控辩双方律师和检察官参加。美国全国的少年法庭每年要处理 200 万起至 230 万起少年违法犯罪案件,放弃管辖权的少年犯罪案件在 11,000 起至 15,000 起。"即使是少年法庭转到成年法庭审理

〔1〕 马跃:《美国刑事司法制度》,中国政法大学出版社 2004 年版,第 440 - 443 页。

后，法官也普遍倾向于对少年犯从轻处理，体现法律对少年犯教育改造为主、处罚为辅的原则”。[1]

（二）日本家庭裁判所

1948年，日本仿照美国制定了少年法，设置“家庭裁判所”审理少年案件。根据《日本国裁判所法》第31条之三的规定，家庭裁判所主要有下列权限：家事审判法规定的关于家庭案件的审判及调解；少年法规定的少年保护案件的审判；涉及少年法第37条第1款所列诉讼的第一审裁判。

目前，日本共设立有50个家庭裁判所、242个分支机构和96个派出机构。[2] 家庭裁判所审理少年案件原则上采独任制，但法律有特别规定的采取合议制，由法官三人组成合议庭审判。家庭裁判所在审理少年案件时，必须对少年进行分类（包括智力、性格、态度等素质的评价），了解有关的社会环境（家庭、学校、工作场所等）以及个人历史和前科等方面的信息。进行分类的责任由少年鉴别所承担，进行社会环境调查的责任主要由家庭裁判所的审前调查员（pre-hearing investigator）承担。

（三）德国少年特别法庭

德国是典型的大陆法系国家，并且由于其采用“法院多元制”的体制，所以各类法院专业化及分工很精细，其种类也是繁多而复杂。如果以法院裁判权的性质为标准，可以把德国法院分为宪法法院、普通法院和特别法院。

从形式上而言，德国并没有设置专门的少年法院或少年法庭。通常所说的德国少年法院（Jugendgericht），以及《德国少年法院法》所称为少年法院，是以下三种组织的统称：（1）在区法院设少年法官一人，独任审理较轻微的少年犯罪案件；（2）在参审法院设少年参审员二人，会同少年法官审理少年犯罪案件；（3）在地方法院设少年法庭（少年刑事庭），审理少年第一审案件和受理对区法院和参审法院的少年案件不服的控诉。“在形式上，德国少年法院属于普通刑事法院的特别法庭。”[3]

---

[1] 马跃：《美国刑事司法制度》，中国政法大学出版社2004年版，第447页。

[2] 马恒夫：《世界少年司法制度对建立中国特色少年法院的借鉴意义》，载《新生代》2020年第5期。

[3] 周道鸾主编：《外国法院组织与法官制度》，人民法院出版社2000年版，第597页。

(四)中国少年法庭及其发展

我国现代意义上的少年司法发轫于清末民初,后在我国台湾地区继续发展,在高雄市成立了独立建制的少年法院。[1] 而大陆这一支少年司法队伍逐渐走上了另一条发展道路。一般来说,1984 年上海市长宁区少年法庭(少年犯合议庭)的建立,被视为中国少年司法正式迈入现代化的标志。之后少年法庭便如雨后春笋般在全国各地建立起来,一时形成了某种意义上的"少年法庭"运动。截至 2021 年,我国少年司法制度已经走过了 37 年的历程,全国少年法庭的数量基本稳定在 2400 个左右。[2]

1991 年,最高人民法院制定了《关于办理少年刑事案件的若干规定(试行)》(已失效),对未成年人刑事案件的审理程序作了统一规定,这是我国少年法庭工作规范化的重要标志。目前,部分地区的法院在审理未成年人刑事案件的基础上,成立了涉及未成年人民事、经济、行政等各类案件的专门审判组织,以实现对未成年人全面的司法保护。从 20 世纪 90 年代中期以来,我国少年司法的发展开始面临诸多困难,如案源不足、机构人员不稳定等,其中以案源不足的问题最为严重。为此,20 世纪 90 年代以来,少年司法制度中的几次重大改革,如建立综合案件审判庭、试行指定管辖等,都有很强的针对性,取得了不俗的效果。2006 年,第五次全国法院少年法庭工作会议在广州召开,本次会议是我国少年法庭发展史上的标志性事件。该会议的主题就是加快推进少年司法制度改革,会后,最高人民法院启动部分中级人民法院设立未成年人案件综合审判庭试点,确立了 15 个省(自治区、直辖市)的 17 个中级人民法院作为试点单位。之后又扩大了试点,在全国范围内增设了诸多综合性少年法庭。开展独立建制少年综合审判庭试点工作是人民法院推进少年法庭改革创新的重要举措,是为成立中国特色少年法院所做的实践的探索与准备。2012 年 9 月,最高人民法院召开全国法院综合少年法庭工作会议,决定继续深入推进少年法院工作。这次会议制定的一系列少年司法的改革措施也一直沿用至今。整体来讲,自 2006 年至今,都属于我国少年法庭的全新发展阶段。

---

〔1〕 张鸿巍:《少年司法通论》,人民出版社 2008 年版,第 76 页。

〔2〕 姚建龙:《中国少年司法的历史、现状与未来》,载《法律适用》2017 年第 19 期。

五、余论

预防和治理未成年人犯罪是关系国家和民族未来的事业，如果对未成年人的关心不够，那么不仅会使这些罪错未成年人本身受到伤害，而且还会对国家、民族的未来产生不良影响，影响国家和民族的发展。〔1〕 而少年司法肩负着保护未成年人免受侵害、罪错少年得到有效帮教的社会职责和历史使命，这也是必须要将少年司法和成人司法做二元化处理的根本原因。“创法难，变法更难”，如今我国少年司法又一次处在了改革的风口浪尖上，少年司法改革的目标向保护和教育的方向迈进已是既定的事实，少年司法的非刑事化、非污名化，特殊矫治与恢复理念也为我国的少年司法实践所吸收。“徒法不足以自行，徒善不足以为政”，少年司法的建设与运作并不是开设某个专门法庭或者落实某项制度就能够一劳永逸的，而是需要系统的制度构建和机构设置。

我国少年司法的建设起步虽晚，但有世界各国的少年司法模式可资借鉴。与其说借鉴各国相对成熟的模式，不如说我们认同并依据的是诸如国家亲权理论、恢复性司法和未成年人特殊性等公认的理念和原则。而且纵观中国少年司法的发展历史，自古至今出现过许多极具创造性的制度设计。例如，始于西周时期的“三宥之法”、秦律中依身高定罪的律法、汉代则全面继承西周的“三宥之法”、《唐律疏议》中正式确定的古代刑事责任年龄制度等规定，无不体现出我国传统文化中“矜老恤幼”的思想。同时，我国还有丰厚的历史文化底蕴作为支撑。以我国的传统法治思想为基础、以世界通行的少年司法理论为借鉴，我们就不必亦步亦趋、东施效颦地复制别国的模式，就完全有能力创立符合中国国情的少年司法制度。〔2〕

---

〔1〕 王牧：《少年司法制度是国家预防和减少犯罪的重大战略措施》，载《青少年犯罪问题》2007 年第 1 期。

〔2〕 皮艺军、姜甜甜：《中国少年司法制度建构的本土特征》，载《青少年犯罪问题》2007 年第 4 期。

体育司法论

高佳运*

随着社会的进步与发展,体育活动成为人类生活中不可或缺的一部分。体育事业是经济、社会、文化事业整体发展进程中的重要组成部分,体育事业的蓬勃发展会促进国家整体事业的繁荣昌盛。习近平总书记曾在多个场合强调:"体育承载着国家强盛、民族振兴的梦想。体育强则中国强,国运兴则体育兴。"[1]法治是治国理政的基本方式,是国家治理体系和治理能力现代化的重要依托。推进国家治理体系和治理能力现代化,就是要各方面制度更加科学、更加完善,国家、社会各项事务治理制度化、规范化、程序化,体育事业也不例外。体育事业的发展离不开法治的引领和保障,体育事业的发展也必须遵循法治原则、纳入法治的轨道。法治是体育事业蓬勃发展的重要依托和基石,司法是法治的重要组成部分。体育司法保障,既关乎法治原则与体育自治原则在体育领域的关系,也关乎体育领域纠纷的公正、高效解决,以及体育组织权益的保障和体育权利的救济。

一、体育法治与体育司法

在中央全面依法治国工作会议上,习近平总书记对当前和

* 上海市高级人民法院四级高级法官、华东政法大学博士后研究员。

〔1〕《开创我国体育事业发展新局面 加快把我国建设成为体育强国》,载《人民日报》2017年8月18日,第1版。

今后一个时期推进全面依法治国要重点抓好的工作提出了 11 个方面的要求，其中，坚持全面推进“科学立法、严格执法、公正司法、全民守法”的“新法治十六字方针”，对于中国体育法治建设具有重要的指导意义。可以说，体育法治主要包括体育立法、体育行政执法、体育司法和体育社会团体自治。

(一)体育立法

我国体育立法的发展历程整体上与我国的法治进程是同步的。中华人民共和国成立初期，党和国家在致力加强国防、发展生产、改善人民生活的同时，高度关注亿万人民的身心健康问题，将领导和发展体育作为一项重要的工作，制定出台了多个体育方面的文件，指明了我国体育的发展方向。在中华人民共和国启动新型法治建设中，体育也成为有关立法的重要内容。在 1949 年《中国人民政治协商会议共同纲领》第 48 条中提出提倡国民体育，在 1954 年首部《宪法》第 94 条中强调国家特别关怀青年的体力和智力发展，在全国实施了以推行劳卫制等为重点的群众体育法规，后体育竞赛和运动队伍与人员的有关法规也相继出台，为体育奠定了初步的法治基础，促进了体育事业发展。但之后社会发展出现曲折，初建的体育法治基础被破坏。

1978 年，党的十一届三中全会在确定施行改革开放政策的同时，确立了发展社会主义民主、健全社会主义法制的基本方针，明确将立法工作摆到全国人民代表大会及其常务委员会的重要议程上来，从此开启了大规模的立法活动。当然，基于经济建设和对外开放的迫切需要，在经济、对外贸易、吸引外商投资等领域的立法是重点，法治进程较快，而体育工作对法治的需求并不迫切，体育管理主要依靠行政权力，[1]因此体育法治工作相对滞后。[2] 1982 年《宪法》第 21 条首次明确规定“国家发展体育事业，开展群众性的体育活动，增强人民体质”，为体育确立了国家发展的重要地位，专门体育立法的进程逐步加快。国务院出台的主要行政法规有《体育教练员技术职称暂行规定》(1981 年)、《国家体育锻炼标准施行办法》(1990 年)、《学校体育工作条例》(1990 年)、《外国人来华登山管理办法》(1991 年)等，此外，还有对于体育发展发挥重要指导作用

[1] 孙月霞、袁旦:《中国传统体育管理体制解析》，载《北京体育大学学报》2010 年第 9 期。

[2] 姜世波:《改革开放 40 年我国体育法治建设的回顾与展望》，载《北京体育大学学报》2019 年第 1 期。

的规范性文件，包括国务院批转国家体委《关于进一步开创体育新局面的请示的通知》(1983 年)、国务院批转国家体委、文化部、共青团中央《关于全国农村体育工作会议纪要的通知》(1983 年)、国务院办公厅《关于印发国家体育运动委员会职能配置、内设机构和人员编制方案的通知》(1994 年)等。但纵观这一阶段的立法情况，立法层级普遍不高，缺乏一部专门的体育法律，主要依靠体育行政主管部门发布的部门规章来规范，内容主要涉及体育赛事，涉及群众体育、体育产业发展的文件较少。但这一时期，体育领域的法律纠纷大量出现，如 1992 年，有“中国第一宗体育新闻侵权案”之称的羽毛球教练王某教的名誉侵权案等，亟须加强体育法治建设。尤其是 1984 年，我国体育健儿在第 23 届奥运会上实现了“零”突破，体育工作得到了国家和社会的更大关注，时任全国人民代表大会常务委员会委员长彭真同志专门指示原国家体育运动委员会(现为国家体育总局)，抓紧起草《体育法》。1988 年 6 月，原国家体育运动委员会成立了《体育法》起草领导小组和工作小组，开始了《体育法》的研究制定工作，并于 1992 年 3 月将草案呈报国务院。经多次修改和审议，终于 1995 年 8 月 29 日，历经 8 年反复酝酿起草的《体育法》在第八届全国人民代表大会常务委员会第十五次全体会议上获得全票通过。《体育法》的颁布，不仅填补了国家立法的一项空白，而且标志着中国体育工作开始进入全面依法行政、依法治体的新阶段，是我国体育发展史上的一座里程碑。20 多年来，《体育法》发挥了重要作用，体育法治建设成果丰硕。全民健身法治体系建设不断完善，竞技体育法治保障逐步健全，体育产业政策红利进一步凸显，体育事业各项改革稳步推进。体育领域形成了以《体育法》为核心，以 7 部行政法规、33 件部门规章、179 件规范性文件和 269 件地方性法规为支撑的较为完备的体育法律法规政策体系。

(二)体育纠纷与解决方式

1. 体育纠纷的类型

体育纠纷主要是指在体育活动中以及解决与体育有关的各种事务中，各类体育活动主体之间产生的争议纠纷的统称。体育纠纷有狭义和广义之分，狭义的体育纠纷单指体育竞技过程中涉及的参赛资格、兴奋剂测试、比赛结果与裁判判罚等比赛过程中的特定争议纠纷。广义的体育纠纷还包括与体育运动相关的活动中涉及的各类纠纷，如在赛事运作中，涉及的赛事承办、运动员用工、赛事门票委托销售、赛事特许经营和赛事电视转播权等合同纠纷；为了保障赛事的正常进行，涉及的赛事保险、赛事定作、赛事场地租赁、赛事人力资源等民事纠纷。

对于一般的民事体育纠纷，通常由纠纷发生地国司法机关进行管辖。对于体育竞技中的特定争议纠纷，与一般体育民事纠纷不同，主要有三种纠纷解决途径：一是体育组织（行业协会）内部提供救济；二是体育组织外部仲裁、调解解决纠纷，其中最为重要的是国际体育仲裁院仲裁；三是以司法手段解决纠纷。

2. 体育组织（行业协会）内部纠纷解决

体育是一个有较强专业技术性和相对行业封闭性的特殊领域，体育组织的权威地位和自律作用十分突出，体育竞技中的特定争议纠纷，多是先在体育组织的行业内部解决。体育社会团体组织或称体育行业协会，是组织和开展体育活动，推动体育事业发展的重要组织，它的产生主要源于以下需求：一是基于行业协会会员的需要，执行为成员谋取体育利益的服务职能；二是基于政府的需要，履行服从国家利益的体育管理职能；三是基于体育活动本身，为了更好地开展体育运动。体育社团组织（行业协会）在对体育行业事务进行管理时，普遍采取制定行业自治规章等规范性文件的方式来规范和约束行会成员的行为，维持良好的体育行业秩序，其制定自治规章的权力本质上源于体育组织的自主性权力，不需要国家政府的特别授权。因此，体育社团组织（行业协会）是体育自治管理的一个重要内容，具有对内部争端解决的优先权。

如 1993 年成立的中国足球协会（中国足协）是足球行业的自律性社团组织，是根据《体育法》的授权，通过自己的机构和成员，履行足球行业自我约束、自我服务的社会公益性职能的社会团体法人。中国足协先后制定了一系列行规来加强组织内部管理，如《中国足球协会违规违纪处罚办法》《中国足球协会纪律委员会工作条例》《中国足球协会诉讼委员会工作条例》《全国足球甲级联赛章程》《中国足球协会注册工作管理暂行规定》《中国足球协会运动员管理条例（试行）》《中国足球协会运动员身份及转会规定》《中国足球协会足球经纪人管理办法》《中国足球协会业余俱乐部暂行管理办法》等。在足球行业纠纷解决上，《中国足球协会章程》第 61 条规定：“本会会员协会、注册俱乐部必须保证遵守《国际足联章程》《亚足联章程》的规定，不将自己与国际足联、亚足联及其会员协会和俱乐部的任何争议提交法院,而同意将争议提交各方认可的仲裁委员会,并接受仲裁委员会的裁决。"第 62 条规定:"会员协会、注册俱乐部及其成员,应保证不得将他们与本会、其他会员协会、会员俱乐部及其成员的业内争议提交法院,而只能向本会的仲裁委员会提出申诉。仲裁委员会在《仲裁委员会工作条例》规定的范围内,作出的最终决定,对各方均具有约束力。仲裁委员会作出的上述范围外的裁决,可以向执行委员会申诉,执行委员会的裁决是最终裁决。会员协会和联赛组织应采取必要措施保证其管辖范围内的足球组织和个人严格遵守上述规定。违反上述规定将根据中国足协的有关规定予以处罚。"章程还在第五章规定了罚则内容、在第十一章规定了争议处理方式。同时,中国足协作为国际足联和亚洲足联的成员,要严格遵循《国际足联章程》《亚洲足球联合会章程》,而两个章程均规定:"国家协会、俱乐部或俱乐部会员不得将与国际足联或其他协会、俱乐部或俱乐部会员间的争议诉诸法庭,应将争议提交经各方同意指定的仲裁机构。"[1]可见,《中国足球协会章程》通过第 61 条和第 62 条的规定,排除了法院对足协会员与国际足联、亚洲足球联合会(亚足联)及其会员协会和俱乐部之间任何争议的司法管辖权,将内部纠纷处理机构中国足球协会仲裁委员会作出的裁决作为最终裁决,体现了其准司法的属性。

3. 体育组织外部纠纷解决

体育组织外部纠纷解决,主要是通过仲裁、调解解决方式,其中最为重要的是国际体育仲裁院仲裁。国际体育仲裁院(Court of Arbitration for Sport,CAS)是于 1983 年由国际奥委会设立的,并于 1984 年开始正式运作。但由于国际体育仲裁院是由国际奥委会设立的,其与国际奥委会的密切联系影响了其公正性和权威性,因此,国际体育仲裁院仲裁解决机制在最初并没有得到广泛的适用。1994 年,国际单项体育联合会以及国际奥委会共同成立了国际体育仲裁委员会(the International Council of Arbitration for Sport,ICAS),使国际体育仲裁院由管理机构和仲裁机构两个实体组成。国际体育仲裁委员会是国际体育仲裁院的最高机构,负责国际体育仲裁院的运作,其建立极大促进了国际体育仲裁

---

〔1〕《国际足联章程》第 59 条规定和《亚洲足球联合会章程》第 5 条规定。

院的独立性及公正性,使其拥有更大的自主权。国际体育仲裁委员会接替了国际奥委会管理体育仲裁院的工作,负责国际体育仲裁院的行政管理和财政,负责对国际体育仲裁院的章程和规则进行修改,任命并决定国际体育仲裁院仲裁员,决定在合适的地方设置国际体育仲裁院的临时仲裁机构和地方办事处。国际奥委会不再对国际体育仲裁院进行直接控制,保证了国际体育仲裁院的独立性和公正性。国际体育仲裁院不再依附于国际奥委会,从而获得了国际单项体育联合会及相关体育主体的信赖,为其取得国际体育纠纷排他性管辖权和强制仲裁权创造了条件。[1]

国际体育仲裁院内部主要分为两个仲裁领域:一是普通仲裁处,主要解决体育领域中首次仲裁的案件,如俱乐部之间的纠纷、俱乐部与运动员之间的纠纷、体育合同中的纠纷等,类似于我国的商事仲裁,国际体育仲裁院行使管辖权的前提条件是存在仲裁条款或仲裁协议,即需要"约定管辖"。运动员为了参加国际单项体育联合会的比赛以及奥运会,必须同国内的体育协会签订许可合同,这些合同的强制性条款履行了国际单项体育联合会对国际体育仲裁院的承诺,使国际体育仲裁院的裁决对单个运动员具有拘束力。[2] 同时,国际体育仲裁院又通过这些合同,获得对体育争议的普遍仲裁权。[3] 相对于普通商事仲裁,国际体育仲裁管辖权具有强制性、排他性。二是上诉仲裁处,即当事人不服某一体育组织(协会)就某一事项的裁决,可以向其提起上诉,该类上诉案件除了"约定管辖"外,还可以基于上诉人所在体育组织(协会)的章程或条例的规定,例如,《国际足联章程》第67条规定,对国际足联决定不服的申诉案件须在21天内上诉至国际体育仲裁院。《世界反兴奋剂条例》第13条规定,对国际赛事比赛中所发生案例的裁定或涉及国际级运动员案例的裁定,可以按照国际体育仲裁院的适用规定提起上诉。随着体育行业的发展,越来越多的联合会如国际田联等,在其章程中加入了接受国际体育仲裁院管辖的相关条款。

(三)特定体育争议纠纷的司法审查

对于体育竞技中的特定争议纠纷,如前文所述,其纠纷解决方式具有自治

---

〔1〕 参见李智主编:《体育争端解决法律与仲裁实务》,对外经济贸易大学出版社2012年版,第17-19页。

〔2〕 汤卫东、沈建华:《论体育仲裁协议的强制性特征》,载《法学》2004年第11期。

〔3〕 李智:《国际体育仲裁中的第三方问题》,载《山东科技大学学报(社会科学版)》2007年第1期。

性、国际性的特点，各国司法机关一般都采取不介入的态度，对于体育组织依靠内部处理机制解决体育争端的优先权，均予以认可。但如果确实存在特别不公平的情形时，也会审慎介入，主要是对体育仲裁结果的司法审查。如对于国际体育仲裁院仲裁裁决的司法审查主要有两类：一类是瑞士联邦法庭对国际体育仲裁院仲裁裁决的司法审查；另一类是《纽约公约》缔约国对国际体育仲裁院仲裁裁决的司法审查。

对国际体育仲裁院仲裁裁决的司法审查，按瑞士相关法律规定，如果出现以下几种情况之一，即仲裁庭组成有问题、仲裁庭无管辖权、仲裁侵犯当事人的平等和听证权，或违反瑞士公共政策的，瑞士联邦法庭可以撤销国际体育仲裁院的仲裁裁决。对国际体育仲裁院仲裁裁决有异议，提请瑞士法院进行司法审查的案件不少。例如，瑞士联邦最高法院于 2021 年 1 月 15 日发布新闻公报称，由于国际体育仲裁院仲裁小组中的一名仲裁员存在偏见和歧视，撤销国际体育仲裁院对孙杨的 8 年禁赛处罚，国际体育仲裁院需要组建一个新的仲裁小组重新作出裁决。又如，在 2012 年巴西足球运动员 Matuzalem 诉国际足联案中，该球员为了与另一家俱乐部建立雇佣关系，终止了他与一家足球俱乐部顿涅茨克矿工队的合同。国际足联禁止这名违反合同的运动员参加所有比赛，直至他向前俱乐部支付总计超过 1180 万欧元的赔偿金，这一决定随后得到了国际体育仲裁院的确认。但是，瑞士联邦法庭撤销了该裁决。瑞士联邦法庭认为，如果 Matuzalem 无法支付全部奖金，他将无法踢足球、赚取收入和偿还债务。这个"无限职业禁令"严重限制了 Matuzalem 的基本人身自由权利，其中包括经济自由，这与确保球员遵守其雇用合同的目标不相称。因此认为，支持国际足联对 Matuzalem 的"无限制职业禁令"的国际体育仲裁院裁决"违反了公共政策"，从而撤销该裁决。[1]

《纽约公约》缔约国的法院没有权力撤销国际体育仲裁院仲裁裁决，但是可以拒绝承认和执行其裁决。根据《纽约公约》第 5 条的约定，属于《纽约公约》缔约方的，如果：(1)提交仲裁的原始协议无效或当事人根据裁决地的法律无法订立仲裁协议的行为；(2)当事人没有适当机会提出抗辩；(3)仲裁员在审

---

〔1〕 参见单宇、邓春林：《国际体育仲裁院仲裁裁决的司法审查》，载《武汉体育学院学报》2019 年第 12 期。

理案件和作出裁决时超出其管辖权;(4)仲裁庭的组成或仲裁程序不符合当事各方的协议;(5)裁决对当事人没有约束力,或者在作出裁决的国家被撤销或者中止;(6)争议事项不能按照寻求承认和执行的国家的法律予以解决;(7)执行裁决将违反寻求承认和执行的国家的公共政策,一国法院可拒绝承认和执行。国际体育仲裁院的裁决如果没有上述7项所列的情况,几乎在主要国家都可强制执行。根据检索文献的结果,虽然不乏《纽约公约》缔约国法院对国际体育仲裁院裁决进行司法审查的案例,但只有极少数的裁决被法院拒绝承认和执行。如2009年,德国速滑运动员佩希施泰因因血液指标不合格被国际滑冰联合会禁赛2年。国际滑冰联合会发现样本的红血球异常增多,这可能表明有血液兴奋剂。她向国际体育仲裁院提出上诉被驳回,理由是"非法操纵自己的血液"。后其向瑞士联邦最高法院起诉申请撤销国际体育仲裁院仲裁裁决,又被驳回。之后,佩希施泰因执着地向德国的慕尼黑地方法院、慕尼黑地方高等法院提起诉讼。2015年,慕尼黑地方高等法院重新审查案件后,对国际体育仲裁院仲裁员的任用过程,发表了贬损性言论。法院判决认定案涉仲裁条款无效,并宣告裁决违反公共秩序,不予执行。但是,2018年10月,欧洲人权法院最终驳回佩希施泰因的上诉。

二、我国对特定体育纠纷中的体育仲裁裁决等的司法审查

如前所述,对体育仲裁裁决的司法审查主要包括两类:一类是对国际体育仲裁院仲裁裁决的司法审查;另一类是对体育社团组织处罚和仲裁裁决的司法审查。

(一)对国际体育仲裁院仲裁裁决的司法审查

1986年12月2日,第六届全国人民代表大会常务委员会第十八次会议决定中国加入《承认及执行外国仲裁裁决公约》即《纽约公约》,同时作了二项保留:只在互惠的基础上对在另一缔约国领土内作出的仲裁裁决的承认和执行适用该公约(互惠保留),只对根据中华人民共和国法律认定为属于契约性和非契约性商事法律关系所引起的争议适用该公约(商事保留),即我国只承认和执行针对商事关系的仲裁裁决。自此,中国作为《纽约公约》的缔约国享有公约规定的权利,履行公约规定的义务。但是,国际体育仲裁院具有专属管辖权,

其受理的多为运动员参赛资格、裁判判罚与申诉、兴奋剂惩戒等方面的纠纷，从外观上看不属于“商事关系”，无法得到我国司法机关的承认。这就需要我国立法机关通过法律解释程序扩大“商事关系”的解释，将国际体育仲裁纳入“商事仲裁”的范畴。2010 年，我国制定出台了《涉外民事关系法律适用法》，明确了涉外民事关系的法律适用，合理解决涉外民事争议，维护当事人的合法权益。其中，第 18 条规定：“当事人可以协议选择仲裁协议适用的法律。当事人没有选择的，适用仲裁机构所在地法律或者仲裁地法律。”司法实践中，人民法院可以依据《涉外民事关系法律适用法》对国际体育仲裁院的裁决进行司法审查。如 2018 年 8 月，辽宁省大连市中级人民法院依法裁定，承认国际体育仲裁院于 2015 年 9 月 17 日所作的仲裁裁决，并对仲裁裁决的第二、三、五项予以执行，即：申请执行人有权收取 441, 276 美元和 50, 000 欧元的本金；申请执行人有权以 5% 的年利率（或 60. 45 美元的日息）对 441, 276 美元的本金计收利息，并以 5% 的年利率（或 6. 85 欧元的日息）对 50, 000 欧元的本金计收利息。前述利息按天数计算（从 2014 年 10 月 24 日算起），直至一方足球俱乐部有效完成支付；责令一方足球俱乐部向申请执行人支付 3000 瑞士法郎，作为对申请执行人发生的与仲裁程序有关的费用和成本的补偿。[1]

同时，根据《纽约公约》，外国仲裁裁决只有在违反一国家公共政策（be contrary to the public policy of that country）的情况下，才能被拒绝承认和执行。由于“公共政策”没有公认的定义，其作为拒绝承认理由的解释可能因各国而异，即在某一国家被法院承认和执行外国仲裁裁决，仍可能被《纽约公约》其他缔约国的法院拒绝生效。也就是说，国际体育仲裁院的裁决即便是得到了瑞士联邦法院的维护，仍旧可能被其他国家拒绝承认和执行。但是在我国法律条文中，没有使用“公共政策”的表述，而是使用“公共利益”的表述，如《民法典》第 117 条、第 243 条等均有“公共利益”的表述。另外，《民事诉讼法》《仲裁法》等法律规定了“社会公共利益”的保留条款。如《民事诉讼法》第 281 条规定，人民法院认定执行涉外仲裁机构的裁决违背社会公共利益的，裁定不予执行。但是其中并没有对何为“社会公共利益”进行定义。而实际上，“公共政策”与“公

[1] 本案详见辽宁省大连市中级人民法院（2017）辽 02 民初 583 号民事裁定书。

共利益”二者又是有区别的。1999 年 6 月，最高人民法院通过《关于内地与香港特别行政区相互执行仲裁裁决的安排》，与香港特别行政区政府律政司联合签署了《关于内地与香港特别行政区相互执行仲裁裁决的补充安排》，但在《关于内地与香港特别行政区相互执行仲裁裁决的安排》中规定：“内地法院认定在内地执行该仲裁裁决违反内地社会公共利益，或者香港特区法院认定在香港特区执行该仲裁裁决违反香港特区的公共政策，则可不予执行该裁决。”从文本的表述来看，实际上认为“公共利益”与“公共政策”并不相同。由于我国法律没有对“公共政策”进行明确定义，也会使我国对包括国际司法仲裁院裁决在内的外国仲裁裁决进行司法审查时有预期结果的不确定性。

（二）对体育社团组织处罚和仲裁裁决的司法审查

如前所述，以中国足协的实践为例，目前中国足协的内部纠纷处理机制（包括纪律处罚制度）主要规定在《中国足球协会章程》第五章罚则、第十一章争议处理，以及《中国足球协会违规违纪处罚办法》《中国足球协会纪律委员会工作条例》《中国足球协会诉讼委员会工作条例》等行业规章中。根据这些行业规则，中国足协目前可以行使纪律处罚权与纠纷处理权的内部机构有：中国足协常务委员会，可以行使暂停会员资格的处罚权；中国足协联赛委员会，有执行罚款的权力，可以处理异议或抗议；中国足协纪律委员会，可以行使纪律处罚权；中国足协诉讼委员会，有权受理不服足协纪律委员会的处罚决定的申诉，可以直接受理足协成员之间以及他们与足协之间的有关争议；中国足协裁判委员会，可以监督管理处罚裁判员。[1] 由于众多足协内部机构都拥有纪律处罚权与纠纷处理权，在实践中发生争议时，往往容易产生职权交叉，含混不清的情形，而当事人不服处理决定的，往往投诉无门。同时，在审级设置上也比较混乱，有一个审级的，有两个审级的，也有三个审级的。[2] 虽然《中国足球协会章程》第 61 条和第 62 条排除了法院的司法审查权，将内部纠纷处理机构作出的裁决作为最终裁决，但是在实践中，世界各国足协章程以及《国际足联章程》也

〔1〕 参见郭树理：《体育纠纷的多元化救济机制探讨——比较法与国际法的视野》，法律出版社 2004 年版，第 482 页。

〔2〕 郭树理：《体育组织内部纪律处罚与纠纷处理机制的完善——以中国足球协会为例》，载《法治论丛》2003 年第 3 期。

只是规定了当事人在向法院起诉前,体育行会内部救济措施前置的程序,并没有完全排除司法介入解决体育纠纷的可能性。在一般情况下,只有合法有效的仲裁条款可以排除法院的司法管辖权,而中国足协内部的纪律处罚与纠纷处理程序并不是仲裁机制,是否需要司法介入值得商榷。

例如,武汉光谷足球俱乐部退出中超联赛案。2008 年 9 月 28 日,武汉光谷足球队对阵北京国安足球队,光谷队球员李某锋与国安队球员路某发生肢体碰撞,路某被裁判员出示红牌罚出场。赛后,北京国安俱乐部向中国足协提出申诉,要求处罚武汉光谷俱乐部相关犯规球员。后中国足协公布了处罚决定,停止李某锋和路某中超联赛比赛,武汉光谷俱乐部提出申诉,但处罚决定没有更改,中国足协认为针对李某锋的处罚事实清楚,依据充分,处罚得当。为此武汉光谷俱乐部宣布退出中超。对此,原浙江省体育局局长陈培德认为:"司法没有介入是乱象的根源。"而法学教授乔新生则认为:"中国足协属于官办的民间自治组织,根据体育法,中国足协应当行使民间组织自治权,而实际上,中国足协在管理时缺乏民间自治,在作出处罚时,越权行使了行政处罚的权力。"但是《体育法》第 31 条第 3 款规定"全国单项体育竞赛由该项运动的全国性协会负责管理",中国足协通过法律授权而取得了社会团体行业自治的处罚权,然而这并不是行政法上的行政权,也不可能逾越行政处罚权。为了维持社团组织的纪律及秩序,社团组织可以对其社员采取一些制裁方式。如体育社团组织可以对加入体育组织和参与体育活动的会员、俱乐部、运动员、教练员、裁判员、管理人员、经纪人等,采取警告、罚款、禁赛、降级、开除等处罚手段,这些处罚只对会员和参与体育活动的人有约束力,对外没有强制的调查权,没有强制执行权。如果会员不接受处罚,体育组织的最终手段就是除名,而一旦除名,相对人就不需要再履行任何体育组织规则规定的义务。即便社会团体的成员被开除,但是并不影响其选择其他职业的自由。[1] 由此可见,这种行业自治权的社团处罚权力来源不是国家权力,而是一种组织内部成员达成的契约共识,因而源于国家权力的司法审查制度就不能直接对其进行审查介入。尤其是体育运动本身及其规则的专业要求,其裁决具有一定的专业性和权威性,如果司法介入体育竞

〔1〕 参见陈承堂:《社团罚的合法性审思——武汉光谷足球俱乐部退赛事件的法理解读》,载《武汉体育学院学报》2009 年第 7 期。

赛纠纷,会打破体育竞赛规则的统一性和公正性。当然,这并不意味着社团组织处罚就可以为所欲为,要让社团组织健康持续发展,就必须有完备的处罚机制和刚性规则,从而获得成员的认可和信任,推动社团组织长足发展。

又如,足球运动员李某索要劳动报酬案。2013 年 2 月 5 日,职业足球运动员李某,因其所在的沈阳东进俱乐部拖欠其工作合同中约定的工资奖金,向中国足球协会仲裁委员会(以下简称足协仲裁委)提出仲裁。足协仲裁委经审理后裁决解除双方的工作合同,球员恢复自由身。同年 8 月李某再次向足协仲裁委提请仲裁,要求沈阳东进俱乐部支付工作合同中应得的工资及奖金,足协仲裁委认为已对该申请作出了最终裁决,所以对本次申请不予受理。随后,李某向沈阳东进俱乐部所在地的沈阳市劳动仲裁委员会提起劳动仲裁,继续索要其劳动报酬。经审查后,沈阳市劳动仲裁委员会作出不予受理的裁定。李某不服沈阳市劳动仲裁委员会作出的裁定,随后向人民法院起诉。沈阳市铁西区人民法院经审理后作出裁定,原告所诉纠纷不属于人民法院受理民事诉讼的范围,驳回原告起诉。李某不服一审法院的裁定,而后向沈阳市中级人民法院提出上诉。沈阳市中级人民法院认为,球员与俱乐部之间具有劳动关系,所以本案属于劳动纠纷,因适用法律错误,沈阳市中级人民法院裁定撤销一审裁定,指令其对本案进行审理。一审沈阳市铁西区人民法院作出判决,要求沈阳东进俱乐部向球员李某支付其应得的比赛奖金 7 万余元。沈阳东进俱乐部不服并提起上诉,随即被驳回。于是向辽宁省高级人民法院申请再审。辽宁省高级人民法院认为本案再审申请符合要求,指令二审法院再审此案。2018 年 4 月,沈阳市中级人民法院再审认为双方的工作合同中有约定仲裁协议,因此本案应向足协仲裁委申请仲裁,法院无管辖权。由此裁定:撤销原一审、二审判决,驳回原告李某的起诉。此案堪称是中国足坛里程碑式的案件,从最初的不予受理到指令审理,再从法院支持请求到驳回原告起诉,本案审理过程跌宕起伏,在整个国内司法界实属罕见。

由此案可以看出,司法实践中,体育纠纷的当事人可以在纠纷发生前后通过仲裁条款,将纠纷提交仲裁机构仲裁解决,从而排除法院的管辖。根据我国《仲裁法》的规定,当事人达成仲裁协议,一方向人民法院起诉的,人民法院不予受理,但仲裁协议无效的除外。但目前我国真正独立与中立的体育仲裁机构尚未建立,《体育法》在体育纠纷解决方面,仅在第32条规定了"在竞技体育活动中发生纠纷,由体育仲裁机构负责调解、仲裁。体育仲裁机构的设立办法和仲裁范围由国务院另行规定",缺乏更为具体的有关体育仲裁事项的规定。类似于足协仲裁委的行业内部仲裁委员会并非《体育法》上所规定体育仲裁机构,[1]其是依据《中国足球协会章程》的规定设立的,并非依据行政法规规定设立的,也不符合《仲裁法》中关于仲裁委员会的设立标准,[2]并非一个独立的、第三方的仲裁机构,不具有正式法律意义上的地位,并不具有真正仲裁机制所要求的中立原则。应该说,我国体育仲裁机构至今尚未设立,国务院也从来没有针对此机构出台任何规定,所以法律意义上的体育仲裁机构并未成立,缺少专业的体育仲裁机构来处理体育行业内的相关纠纷,容易就纠纷解决主体的确定产生争议。在司法实践中,一方面法院根据双方的仲裁协议排除了管辖权,不受理此类体育纠纷;另一方面依据《仲裁法》又不能对这类非正式仲裁机构的裁决进行司法审查,致使当前体育领域的纠纷主体可能面临缺乏解决纠纷的途径。因此,在依法治国的背景下,体育法治的重要内容之一就是尽快出台体育仲裁机构设立办法和仲裁范围,建立体育纠纷调解机制和体育纠纷仲裁机制,形成一套完整的体育纠纷解决体系。只有建立独立、中立的体育仲裁机构之后,人民法院才能依据《仲裁法》的相关规定对仲裁裁决进行实质性司法审查,[3]建立完善的体育仲裁司法审查制度。

三、一般体育纠纷的司法救济问题

我国一般体育纠纷包括刑事、民商事、行政三大类,通常由人民法院进行管辖。

(一)体育犯罪行为的司法介入

体育类刑事犯罪是指在体育运动过程中发生的违反法律明文规定的犯罪

---

〔1〕 董金鑫:《我国足球劳动合同争议的司法处理》,载《西安体育学院学报》2016年第6期。

〔2〕 《仲裁法》第10条规定:"仲裁委员会可以在直辖市和省、自治区人民政府所在地的市设立,也可以根据需要在其他设区的市设立,不按行政区划层层设立。仲裁委员会由前款规定的市人民政府组织有关部门和商会统一组建。设立仲裁委员会,应当经省、自治区、直辖市的司法行政部门登记。"

〔3〕 如当事人有无仲裁协议;仲裁事项是否属于仲裁协议的范围或者仲裁委员会仲裁的范围;仲裁庭的组成或者仲裁程序是否违反法定程序;仲裁所根据的证据是否合法;当事人是否隐瞒了足以影响公正裁决的证据;仲裁员在仲裁案件中是否有徇私舞弊、枉法裁判的行为;仲裁裁决是否违背社会公共利益。

行为，主要包括涉足球腐败、“黑哨”案以及兴奋剂违法行为等。例如，我国司法介入足球腐败的第一案——首都体育学院教师、国家级足球裁判员龚某平“黑哨”案。2001 年，龚某平在浙江杭州市黄龙体育场执行全国足球甲 B 联赛裁判任务时，在浙江绿城队与天津立飞队比赛中，收受绿城俱乐部贿赂款 2 万元，在浙江绿城队与厦门红狮队比赛中，又收受绿城俱乐部贿赂款 8 万元。后又查明，龚某平在受中国足协指派担任全国足球甲级队 A 组、B 组联赛主裁判员职务期间，先后 9 次收受他人给予的财物 37 万元。最终，法院依据《刑法》第 93 条第 2 款的规定以受贿罪判处龚某平有期徒刑 10 年。在该案中，龚某平作为中国足协聘请或聘任的裁判员担任足球职业联赛裁判工作是依法从事公共管理事务，可认定为准国家工作人员，属于《刑法》中的“其他依照法律从事公务的人员”，符合受贿罪中的“为他人谋取利益”客观要件，故构成受贿罪。

又如，从 2009 年起历时 3 年多的涉足球系列犯罪案，王某、尤某为、申某、祁某等 10 多名圈内人被捕，涉嫌利用商业贿赂操纵足球比赛，被判犯非国家工作人员受贿罪、行贿罪等。该系列案涉及人员不仅限于裁判以及球员，还包括主管官员；涉案内容从赌球、操纵比赛到贪污、受贿；不仅涉案人数多，而且犯案行为还呈现经常性、日常化特征。与“黑哨”裁判员不同，涉案球员分属不同足球俱乐部，显然具有公司、企业工作人员的身份，球员在商业比赛中收受贿赂、踢“假球”的行为，构成非国家工作人员受贿罪。当然，通过司法手段介入，对防范体育领域的腐败犯罪具有很强的震撼和威慑作用，但刑事手段是最后一道防线，对于制度性缺陷引起的持续性腐败，更多的是要建立长效监管机制，从体制机制的根源上预防腐败犯罪，建立良好的体育自治生态。

再如，2019 年 11 月 18 日，最高人民法院发布《关于审理走私、非法经营、非法使用兴奋剂刑事案件适用法律若干问题的解释》，根据第 3 条的规定，教练、医务人员等相关责任人员在负责监护和照顾未成年人运动员、残疾人运动员时，安排其在竞技体育赛事中非法、违规使用兴奋剂，若达到“情节恶劣”的程度，将以虐待被监护、看护人罪追究其刑事责任。2020 年 12 月 26 日，第十三届全国人民代表大会常务委员会第二十四次会议通过《刑法修正案（十一）》，正式增设与兴奋剂有关的罪名，规定：“引诱、教唆、欺骗运动员使用兴奋剂参加国内、国际重大体育竞赛，或者明知运动员参加上述竞赛而向其提供兴奋剂，情节严重的,处三年以下有期徒刑或者拘役,并处罚金。组织、强迫运动员使用兴奋剂参加国内、国际重大体育竞赛的,依照前款的规定从重处罚。"自此,兴奋剂违法行为正式入刑,反兴奋剂工作的法治化水平不断提升,中国在反兴奋剂斗争中迈出意义深远的重要一步。

(二)体育民商事纠纷的司法救济

体育民商事纠纷主要是在体育运动过程中,在平等主体之间发生的,以民事权利义务为内容的人身和财产关系纠纷,主要包括体育合同类、体育侵权类和体育知识产权类纠纷。

1. 体育合同类纠纷

当体育赛事活动吸引运动员、观众、商家、媒体、政府等不同角色参与到运动场上的时候,体育赛事活动所蕴含的就不仅仅是公民从事体育运动的宪法权利,而是错综复杂的法律关系,并且这些法律关系如同其他社会活动领域一样,都是通过一个个合同契约紧紧地联系在一起的。在赛事运作中需要签订赛事承办合同、运动员参赛合同、赛事门票委托销售合同、赛事特许经营合同和赛事电视转播权合同等。同时,为了保障赛事的正常进行,赛事组织者需要考虑赛事风险保障、人力资源保障、后勤保障、场地设施保障等一系列环节,需要与相关主体签订赛事保险合同、赛事定作合同、赛事场地租赁合同、赛事人力资源合同等。具体体育合同可见表 1。

表 1　体育合同主要类型及性质

合同类型	合同性质
体育赛事承办合同	是指赛事的主办方与承办方之间为了承办体育赛事项目,确定赛事主办方和承办方之间权利义务所签订的协议。包括赛事主办方与赛事承办方之间的赛事承办合同、赛事主办方与中介机构签订的赛事承办经纪合同、中介机构与赛事承办方之间的转委托承办合同
体育赛事赞助合同	是指企业对体育赛事给予人力、物力、财力的支持,与体育赛事组织者之间就体育赛事资源的使用与回报而设立、变更、终止权利义务关系的协议。根据不同的分类标准,包括冠名权赞助合同、广告赞助合同、赛事标志赞助合同、公关礼仪赞助合同等

续表

合同类型	合同性质
体育赛事门票委托销售合同	是指赛事组织机构与票务管理公司就赛事门票的销售事项,明确双方的权利义务所签订的合同。在门票的委托销售合同中,票务管理公司作为受托人,根据委托合同的约定,利用自身票务管理的技术与经验,在规定的时间内完成一定的门票销售数量,从中提取相应的报酬;赛事组织机构作为委托合同的委托人,承担支付费用、支付报酬的义务
体育赛事特许经营合同	是指赛事组委会授权具备资格的企业生产、销售带有组委会标志、吉祥物等赛事知识产权的产品,为明确相互之间权利义务所签订的协议。包括体育赛事邮票特许经营合同、纪念币特许经营合同等
体育赛事社会捐赠合同	是指为保障体育赛事的成功举办,筹集赛事运作资金,赛事组织者与有意捐赠赛事的企业法人签订的明确双方之间权利义务的合同
体育赛事人力资源合同	是指赛事组织者通过支付一定的劳务报酬获得裁判员、仲裁员以及其他工作人员的劳动力商品,而工作人员则通过付出劳动获得相应的报酬,为此双方达成的协议。包括体育赛事工作人员聘用合同、体育赛事志愿者服务合同等
体育赛事保险合同	是指赛事组织者通过购买与赛事风险相关的保险,转移赛事风险,而保险公司通过承担可能存在的赛事风险,获得与此相对价的保险金,为此双方达成的协议。包括公众责任保险合同,体育赛事延迟、取消险合同,体育赛事组委会的财产保险合同以及运动员、观众的人身意外保险合同等
体育赛事场地租赁合同	是指出租人将体育场馆交付赛事运作机构使用、收益,赛事组织者支付租金的合同。合同内容主要涉及场馆使用比赛需要的条件与场馆广告资源的开发等
体育赛事接待合同	是指赛事组织者与体育赛事运作管理机构签订的合同,为运动员、教练员、赞助商、技术官员、政府官员、媒体记者、各界名人提供住宿、餐饮、交通等一系列服务
体育赛事定作合同	是指赛事组织者支付相应的货币获得定作企业的工作成果,定作企业完成工作成果,收取报酬,双方根据定作物品的需要订立的合同
体育赛事运动员合同	是指运动员参加比赛过程中,为明确赛事组织方、参赛方、赞助方等与参赛运动员之间权利义务所签订的协议。包括运动员与俱乐部或运动队签订的运动员工作合同;运动员与赛事组织者签订的运动员参赛合同;运动员为赛事赞助商家进行广告宣传获得利益回报而签订的运动员商业开发合同
体育经纪合同	是指体育经纪人为运动员、教练员等进行经纪代理服务,为体育竞赛、表演进行经纪代理服务,为体育组织提供委托代理服务以及其他体育经纪活动而签订的合同。包括经纪人资格合同、运动员经纪合同等

体育合同的特征主要表现在:(1)体育合同一般属于无名合同。除与体育赛事举办有关的(场地)租赁合同、中介合同、赠与合同、委托合同属于有名(典型)合同,其他均属于《民法典》合同编都没有列出的无名合同,适用合同通则的一般规定,同时也可参考相关有名合同或其他法律的类似规定,如赛事保险合同可参照《保险法》的有关规定,特殊涉体育合同条款还可以适用《体育法》和国家体育总局颁布的部门规章等。(2)体育合同是双务、有偿合同。合同双方互相承担对等给付义务并偿付相应的对价。如在赛事承办合同中,主办方拥有赛事的所有权,转让赛事的相关权益获得相应的利益,而承办方需要支付一定费用获得举办赛事的权利。在赛事运作的实践中,虽然体育赛事捐赠合同属于单务合同,但是赛事组织方仍然会给予合同捐赠方一系列的荣誉,实际上也是等价有偿的双务合同。(3)主体特殊性。体育赛事合同涵盖与赛事运作相关的一系列合同,不同类型的合同涉及的主体不同,呈现出多样性的特点。体育赛事合同的一方主体是赛事组织方,另一方主体根据合同标的差异而不同,比如赛事主办方、参赛运动员、赛事赞助商、赛事转播商、经纪公司、保险公司等,根据主体类型不同体现不同赛事合同的特点。可见,这些合同的主体虽然因合同标的的不同而不同,但是它们有共同的特点,主体资格适格是体育赛事合同成立的先决条件。(4)内容的丰富性。体育赛事合同所涵盖的内容一般都与赛事有直接关联,贯穿整个赛事运作的全过程,涉及赛事运作的方方面面,内容类型十分丰富,合同的主体按照约定所有的权利与承担的义务,以及主体之间通过合同所表现的利益获取与付出也各具特色。如比赛场地租赁、品牌赞助、运动员参赛、工作人员聘用、比赛保险等事项,约定平等主体之间在赛事运作过程中的各种权利义务关系,形成不同的赛事合同。这些不同的给付关系所表现的不同的权利义务关系,都体现了体育赛事合同内容的丰富特点。[1]

从法律适用来看,体育合同有以下适用规则:(1)一般法律适用规则。体育赛事合同属于民事合同,合同约定的内容主要是平等主体之间在赛事运作过程中的财产关系问题,首先,以《民法典》总则编的原则性规定以及对民事法律行为的一系列法律准则作为其订立和履行合同的基本依据;其次,以《民法典》

---

〔1〕 参见杨黎明、余宇:《体育赛事合同》,法律出版社 2007 年版,第 1-13 页。

合同编以及《劳动合同法》《保险法》等专门法的各项相关规定作为其合同行为的具体根据。(2)特别法、行政法规适用规则。主要有国务院颁布的一系列相关的行政法规，如《公共文化体育设施条例》《奥林匹克标志保护条例》等。(3)部门规章、地方性法律规定适用规则。关于部门规章，主要有《全国体育竞赛管理办法(试行)》《全国体育运动单项竞赛制度(试行)》《全国综合性运动会工作人员纪律规定》《全国运动员交流管理办法(试行)》《体育竞赛裁判员管理办法》《运动员参加全国比赛代表资格注册管理办法》《关于申办国际体育活动报批程序的规定》等，这些也都是体育赛事合同各方当事人在具体合同签订和实施过程中，需要遵循适用的。另外，地方政府为了适应体育产业发展的需要，也颁布了大量的地方政府规章，对体育赛事的举办、商业开发、体育场馆的使用和租赁等进行了规定，如《北京体育竞赛管理规定》《天津市体育竞赛管理办法》《浙江省经营性体育场所管理办法》等。

2. 体育侵权类纠纷

部分竞技体育具有对抗性的特点，体育活动参与者也往往面临较大的受害风险，以至于各类体育侵权案件屡见不鲜。实践中，对于体育活动中的侵权案件主要表现为竞技体育中的自甘风险案件。在我国法律没有明确规定自甘风险原则的情况下，在此类纠纷的处理中，法院往往会采用自甘风险的原则，但并没有统一的适用规则。在一部分司法裁判中，法院独立适用自甘风险原则，认为在体育活动中造成人身损害的风险为其客观性质所决定，受害者应自行承担损害后果。如在2000年南京某酒店诉刘某等人身损害赔偿上诉案中，[1]该酒店组织的足球队与某美食城职工组成的球队进行比赛，比赛中酒店足球队队员郑某与对方球队队员刘某发生了冲撞，致刘某严重骨伤，刘某诉至法院要求酒店承担赔偿责任。二审法院审理后认为，足球比赛本身作为一种竞技性运动，刘某自愿参加比赛的行为属于自甘冒险行为，不支持其赔偿请求。还有一部分司法裁判是混合适用自甘风险与公平责任。如在2018年姜某与北京师范大学某附属中学等生命权、健康权、身体权纠纷一案中，[2]姜某与刘某自发到学校操场踢足球，在拼抢过程中，姜某左手受伤骨折，诉至法院要求刘某等承担责

---

〔1〕 本案详见江苏省南京市中级人民法院(2000)宁民终字第445号民事判决书。

〔2〕 本案详见北京市房山区人民法院(2018)京0111民初211号民事判决书。

任。法院审理后认为,足球运动因其具有对抗性存在一定风险,双方在进行足球活动中并未犯规,根据自甘风险原则被告不应承担侵权责任,但根据公平原则,酌情确定被告承担20%的补偿责任。[1] 可见,对自甘风险原则的适用并没有统一的标准,常出现多规则混合适用。

2021年1月1日《民法典》实施后,自甘风险原则有了明确的法律规定。《民法典》在侵权责任编中将自甘风险列为侵权免责事由之一,第1176条第1款规定:"自愿参加具有一定风险的文体活动,因其他参加者的行为受到伤害的,受害人不得请求其他参加者承担侵权责任;但是,其他参加者对损害的发生有故意或者重大过失的除外。"与之前草案中的"具有危险性的活动"相比,《民法典》进一步明确修改限定为"具有一定风险的文体活动"。但在司法实践中,对"一定风险""文体活动""故意或者重大过失"如何界定,以及是否可以同时适用公平责任原则分担损失等问题,仍需要根据自甘风险原则的构成要求进行更为明确的解释。

对于活动组织者的责任,根据《民法典》第1176条第2款的规定,"活动组织者的责任适用本法第一千一百九十八条至一千二百零一条的规定",如果未尽到安全保障义务,造成活动参加者损害的,应当承担侵权责任。因其他参加者造成损害需要承担责任,但组织者未尽到安全保障义务的,应承担相应的补充责任,承担责任后,可以向其他参加者追偿。无民事行为能力人在文体活动中受到人身损害的,活动组织者应承担侵权责任;限制民事行为能力人在文体活动中受到人身损害,组织者未尽到管理职责的,应承担侵权责任。

3.体育知识产权类纠纷

现代科技在体育领域的使用非常广泛,从体育赛事的宏观管理、赛事的转播、运动训练过程的监控、健身的技术指导、健康教育的实施、体育用品业的自主创新到运动技战术的开放等诸多环节,都离不开科技知识,体育产业中对知识产权等相关权利的保护越来越重视。体育知识产权的客体主要有体育著作权、体育专利权、体育商标权、体育广播电视转播权、民族传统体育项目、奥林匹克运动标志、体育非专利专有技术、体育未公开信息、与体育知识产权有关的反

[1] 参见薛贤琼:《侵权视阈下体育活动中的自甘风险适用问题》,载《吕梁学院学报》2021年第1期。

不正当竞争等。[1] 体育知识产权纠纷主要涉及以下几类：

一是奥林匹克知识产权侵权纠纷。未经授权将奥林匹克品牌用于商品包装、服务项目、广告宣传、商业展览或销售含有奥林匹克品牌的商品，赚取商业利益，即是侵犯奥林匹克标志专有权，应承担相应的侵权责任。企业通过与国际奥委会或中国奥委会签订使用许可协议后，只能按照合同约定在一定范围内以合理的方式使用，超出合同约定的使用范围的，也要承担相应的违约责任。如在中国奥委会诉汕头金味食品有限公司侵犯奥林匹克五环标志专用权案中，汕头金味公司未经许可，在其生产销售的麦片产品包装上使用奥林匹克五环标志，中国奥委会根据国际奥委会授权，以自己的名义对其提起诉讼要求承担相应的侵权责任。法院认定了中国奥委会的原告资格，并认为金味公司客观上实施了侵犯奥林匹克标志专用权的行为，造成了严重的损害后果，且该公司不能证明自己的许可是中国奥委会同意颁布的，故判决金味公司立即停止侵害、公开赔礼道歉，并赔偿损失 500 万元及其他为诉讼程序支付的合理费用。目前，我国保护奥林匹克知识产权的法律法规主要包括《奥林匹克标志保护条例》《北京市奥林匹克知识产权保护规定》《特殊标志管理条例》《奥林匹克标志备案及管理办法》等。其中，《奥林匹克标志保护条例》对奥林匹克标志的范围、使用方式、使用范围等作了详细规定，在签订与奥林匹克赛事相关的合同时，都要遵守相应的规定。

二是体育赛事转播权纠纷。体育赛事转播权是一项重要的体育无形资产，这类纠纷主要表现为：获得体育赛事转播权的权利人，因第三方转播了比赛，要求第三方承担侵权责任；互联网平台擅自转播权利人电视节目，权利人依据《反不正当竞争法》的规定要求其承担赔偿责任。如北京新浪互联信息服务有限公司因中超赛事转播权诉凤凰网版权侵权和不正当竞争案。中超公司与新浪互联信息服务有限公司签订协议，约定新浪互联信息服务有限公司享有在门户网站领域独家播放中超联赛视频的权利。与新浪网有竞争关系的门户网站，不得以任何形式，包括但不限于直接盗用电视信号直播或录播中超赛事以及制作点播信号，以跳转链接的方式公然虚假宣传其拥有或者通过合作获得直播、点播

[1] 参见张厚福等：《体育知识产权的产生与我国体育知识创新》，载《武汉体育学院学报》2003 年第 3 期。

中超赛事的权利。后其发现凤凰网在中超频道首页显著位置标注并提供鲁能vs富力、申鑫vs舜天比赛的直播,故诉至法院要求凤凰网赔偿经济损失。北京市朝阳区人民法院作出判决,认定凤凰网与乐视网以合作方式转播中超赛事的行为,侵犯了新浪互联信息服务有限公司对体育赛事画面作品所享有的版权。后北京知识产权法院作出二审判决,认为北京新浪互联信息服务有限公司所主张的赛事公用信号所承载连续画面未达到作品独创性高度,不能受到版权保护。可见,在司法实践中,关于体育赛事节目应当作为作品受到版权保护,还是作为录像制品受到相关权的保护,目前尚未有定论。上述案件中北京知识产权法院作出的体育赛事直播节目未达到作品独创性高度的结论,源于新浪互联信息服务有限公司上诉时将要求版权保护的客体限制在排除解说后的赛事公用信号所承载的连续画面上,而且就中超赛事直播而言,中国足球协会为保证直播质量,制定有标准化的电视转播公有信号制作手册,因此法院认定中超赛事直播团队对于拍摄素材的选择和拍摄画面的编排都受到限制,难以达到版权保护作品所要求的独创性高度。但笔者认为,纵观各类型的体育赛事,并非所有体育赛事转播都需严格遵守公有信号制作手册,无自由选择画面、远景、近景、慢镜头和特写镜头的空间,如果将解说、评论以及赛事直播中的专家访谈与赛事直播结合为整体看待,体育赛事直播节目是能达到独创性高度的。从最新修正的《著作权法》第四章有关权利部分中看,删除了“录音录像制作者使用改编、翻译、注释、整理已有作品而产生的作品,应当取得改编、翻译、注释、整理作品的著作权人和原作品著作权人许可,并支付报酬”的规定,这样的修正消除了作品和录像制品之间独创性高低的区分,根据《民法典》第123条的规定,只要体育赛事节目不和之前电视节目相同或近似,就能满足独创性要求,能够作为作品受到版权保护。关于擅自转播体育赛事节目是否构成反不正当竞争行为问题。如前所述,由于现行法律未对转播权和体育赛事节目性质予以明确,因此权利人在未能获得版权保护的情况下,还会通过《反不正当竞争法》的相关规定要求侵权人承担相应的责任。如果他人未经体育赛事节目权利人授权,擅自在互联网平台等环境下转播,其行为明显有违公平竞争的市场原则,扰乱正常的市场竞争秩序,违反诚实信用原则和公认的商业道德,具有不正当性,属于《反不正当竞争法》第2条第1款规定的不正当竞争行为,可根据行为人的主观过错、行为后果、持续时间等因素酌定数额赔偿权利人损失。同时,如果行为人主观故意并且情节严重的,如反复多次侵权,权利人可以根据《民法典》第 1185 条的规定,请求相应的惩罚性赔偿。关于网络服务商的侵权责任问题,《民法典》侵权责任编细化了网络侵权责任,根据第 1197 条的规定,平台在接到具有赛事转播权的权利人通知其采取删除、屏蔽、断开连接等必要措施后,未及时采取必要措施,对损失扩大的部分也要与网络用户承担连带责任。

三是体育商标侵权纠纷。随着体育商业市场的不断繁荣发展,体育明星姓名中蕴含的商业价值越来越大,体育明星的姓名被抢注为商标的现象屡见不鲜。姓名权是一项重要的人格权,商标权是一项独占、排他的财产权,将体育明星的姓名抢注为商标使对在先姓名权的保护与姓名商标权的行使之间发生冲突,亦是一种不正当竞争行为,不仅对体育明星和消费者的合法权益造成损害,还对国家体育产业的发展进步产生不良影响。现行法律没有对关于体育明星的姓名被抢注为商标的法律问题的专门性规定。2019 年 4 月 23 日修正的《商标法》在第 4 条增加规定“不以使用为目的的恶意商标注册申请,应当予以驳回”,这个规定在一定程度上能减少抢注体育明星姓名商标的现象。同时,对于体育明星的姓名被抢注为商标的情况,可以通过《商标法》第 9 条、第 10 条、第 32 条、第 45 条和第 49 条等的规定进行调整。如在乔丹商标案中,乔丹体育股份公司是成立于 2000 年的体育服饰企业。经过近 20 年的发展,乔丹体育股份公司已经处于中国运动服饰行业的领先位置,并拟申请上市。2012 年,美国职业篮球明星迈克尔·乔丹向法院起诉乔丹体育股份公司未经授权使用其中文名字,侵犯其姓名权,要求停止侵权行为,并赔偿相应损失。最高人民法院经审理后认为,如果某特定名称满足以下条件,自然人可以以《商标法》为依据就该特定名称主张姓名权保护:该特定名称应当具有一定的知名度、被相关公众所知悉;相关公众以该特定名称来指代该自然人;该特定名称与该自然人之间建立了稳定的对应关系。如果外国人姓名的部分中文译名满足上述条件的,也可以就其中文译名主张姓名权保护。“乔丹”符合上述 3 项条件,因此乔丹对其译名“乔丹”享有姓名权,可以根据《商标法》的规定主张姓名权保护。故撤销了涉及中文“乔丹”的 3 个商标,但针对乔丹主张乔丹体育股份公司的商标侵犯其肖像权的问题,判决认为,争议商标没有体现乔丹的个人特征,不具有可识别性,并未损害乔丹的肖像权。可见,在实践中,大多数抢注名人姓名商标的案件都可以通过《商标法》第 32 条“在先权利”条款来解决。[1]

(三)体育行政类纠纷的司法救济

体育行政纠纷是指体育行政管理部门及法律授权体育组织在体育行政管理的过程中,与公民、法人、相关组织等之间产生的争议纠纷。主要包括不满体育行政管理部门的处罚决定产生的纠纷、对体育行政许可不满而产生的纠纷、体育行政奖励引发的纠纷、体育行政不作为引起的纠纷等。如体育行政主体在管理的过程中与运动员、体育俱乐部、体育协会等之间的纠纷。体育行政纠纷的主要特征在于,体育行政纠纷是体育行政管理部门在实施管理行为的过程中与体育行政行为客体之间产生的争议,产生在体育行政管理部门行使法律赋予的公共职权的过程中,其主体必须是体育行政管理部门或法律法规赋予行政管理权的体育组织。体育行政纠纷产生的根本原因在于体育行政主客体之间的权益纠纷,即公共利益和私人利益之间的争议,当事人可以通过体育行政复议、体育行政诉讼、体育行政裁决等予以解决。

关于行政主体资格,根据《宪法》第 89 条和《体育法》第 4 条的规定,国务院领导和管理全国体育工作,国务院体育行政部门主管全国体育工作,其他相关部门在各自职权范围内管理体育工作。县级以上各级政府体育行政部门或本级政府授权的机构主管本行政区域内的体育工作。单项体育协会是否具有行政主体资格,值得商榷。我国的单项体育协会是计划经济体制下的产物,它代表体育行政部门对其所属的协会成员进行管理,行使的是体育行政部门赋予的公权力。如国家体育总局《关于严格禁止在体育运动中使用兴奋剂行为的规定(暂行)》第 2 条就规定“全国性单项体育协会……对使用兴奋剂行为的处罚,适用本规定”,赋予了体育协会行政处罚的权利。一方面,通过国家法律的授权,体育行政部门的行政管理权转移到体育协会,所以体育协会理论上可以具有行政主体资格。另一方面,单项体育协会的办事机构是运动项目管理中心,而运动项目管理中心则是体育局的直属单位,体育行政部门通过运动项目管理中心实现对单项体育协会的行政管理。从我国现有的体育行政管理的实

---

[1] 参见张惠彬、郑丹:《商标法视野下体育明星姓名权保护之困与纾解之道——以“乔丹商标案”为切入点》,载《天津体育学院学报》2020 年第 5 期。

践来看,体育协会更多的则是以行政管理主体的身份呈现。[1] 但在司法实践中,足球协会等单项体育协会却并不必然具有行政主体资格。如在长春亚泰足球俱乐部等与中国足球协会体育行政处罚纠纷案中,法院以"不符合法律规定的受理条件"为由,裁定不予受理。因为中国足协行使的管理性行政权力直接源于《中国足球协会章程》以及其他规范性文件,如《中国足球协会诉讼委员会工作条例》和《中国足球协会纪律委员会工作条例》等,是其独立于国家行政组织、作为公共行政组织所享有的权力。如前所述,依据《中国足球协会章程》和《体育法》相关条款的规定,中国足协其实是一个自治性的社团法人。《体育法》第 31 条第 3 款关于"全国单项体育竞赛由该项运动的全国性协会负责管理"的规定概括、模糊,不能仅凭此条款就将中国足协行使的管理性权力都视为是由国家法律授权在行使国家行政权力,[2] 因而在司法实践中往往不认可体育协会的行政主体资格。

体育行政类纠纷主要包括:一是管理型体育行政纠纷,是体育行政管理部门或法律授权体育组织,在实施行政管理权的过程中,与被管理主体之间产生的争议。如体育管理者和被管理者之间由于行政处罚、行政许可、行政征收、行政审批行为引发的体育行政纠纷等。二是服务型体育行政纠纷,是体育行政管理部门或法律授权体育组织,在向被服务对象提供体育服务的过程中产生的纠纷。如体育行政奖励、体育行政许可、体育行政确认所引发的体育行政纠纷等。三是内部型体育行政纠纷,是国家体育行政部门与地方各级体育行政部门的上下级之间以及体育行政部门授权成立的单项体育协会或运动项目管理中心、各级体育行政部门与体育协会及体育项目管理中心与其所属工作人员之间的纠纷。如上级体育行政部门对下级体育行政部门作出的处分行为等。

根据《行政诉讼法》的精神,可以将体育行政管理中产生的以下争议纳入体育行政诉讼的受案范围,从事体育活动的公民、法人或者其他组织对下列情形不服的可以依法提起体育行政诉讼,法院应当受理:对体育行政管理部门或授权体育组织暂扣或吊销体育经营许可不服的;对体育行政管理部门或授权体

---

〔1〕 参见关保英:《论行政主体的职权处分权》,载《东方法学》2008 年第 1 期。

〔2〕 参见戚建刚:《长春亚泰足球俱乐部诉中国足协案再评析——以公共职能为视角》,载《行政法学研究》2004 年第 3 期。

育组织警告等行政处罚不服的;对体育行政管理部门或授权体育组织限制人身自由等体育行政强制措施不服的;申请体育行政许可,体育行政管理部门或授权体育组织在法定期限内不予答复的,或对体育行政部门作出的其他体育行政许可决定不服的;对体育行政管理部门或授权体育组织作出的关于确认体育场馆等所有权和使用权的决定不服的;认为体育行政管理部门或授权体育组织妨碍其经营自主权的;认为体育行政管理部门或授权体育组织滥用权力影响正常竞争的;认为体育行政管理部门或授权体育组织没有依法支付抚恤金、最低生活保障待遇或者社会保险待遇的;认为体育行政管理部门或授权体育组织侵犯其他人身权、财产权等合法权益的行为。

司法管理论

李振勇*

一、司法管理的缘起和运用

司法管理的适用范围主要是司法机关,管理的对象是司法机关中的组织和人员,管理的内容包括司法机关的职能配置、司法人员的事务分工以及遴选、奖惩、考核机制,即司法机关中的“人”和“事”,而其目标则是通过建立现代管理模式,通过精细化和科学化的管理,优化司法资源配置,进一步服务于司法机关的核心业务。随着我国司法体制改革的不断深化,司法管理机制也在不断创新。司法管理亦是世界各国司法机关的主要关注点,也成为它们在近代以来的历次司法改革中的重点内容之一。各国司法机关在其司法改革中面临各式挑战,其中“案多人少”的局面往往是各国司法机关长期面临的难题,各国的司法改革往往也是在探索解决方案的过程中推进。“案多人少”意味着需要对有限的司法资源进行高效配置,对此各国司法机关采取了不同的应对方式。

尽管应对的路径不一,但其核心节点在于优化有限的司法资源的调配方式以应对现实中的各种挑战。司法管理的任务也是通过有效地调配包括人财物在内的各种资源,来改善司法机关可能面临的资源的错配问题,以保障高效、公正的司法审判活

---

* 华东政法大学司法学研究院助理研究员,法学博士。

动。尽管司法管理在域外各国有各种不同的称谓，如“Administration of Justice”、“Judicial Administration”或是“Court Administration”等，但“管理”(administration)二字的特点彰显无遗。在我国，狭义的司法管理包括法院、检察院的审判及检察管理工作，而广义的司法管理还包括司法行政机关的管理工作。无论司法管理业务的归属为法院、检察院还是司法行政机关，司法管理的核心命题都是相似的，即如何有效调配包括人财物在内的资源，以保障司法机关的核心业务，从而促进司法公正与审判效率的提升。

随着近代以来世界范围内的社会经济的快速发展，各国的司法案件的数量随之快速增长，各国司法机关都面临存量的司法资源难以匹配迅速增加的案件的困境。此类困境对各国的司法当局而言，既是机遇，也是挑战。这些困境不仅推动了部分国家和地区的司法改革，也改变了这些国家和地区的司法管理模式。一般而言，各国的司法系统在面临“案多人少”的局面时，一般会从两方面着手应对措施以解决案件压力。

一方面，着眼于“案多”的层面，通过加强案件的流程管理，简化部分司法程序，扩大简易裁判案件的适用范围，并运用替代性纠纷解决机制(Alternative Dispute Resolution, ADR)等非诉方式进行案件的“实质分流”，以缓和部分压力。

比如，在第一次工业革命发生地的英国，随着案件数量的迅速增加，如何提升审判效率，缓解“案多人少”的压力成为法院和议会的重点关注领域。随着城市化的进程加快，法院审理案件的数量大幅提升。到 19 世纪初，基层法院受理的案件是此前的 7 倍之多，案件数量的暴增使法院和法官不堪重负，改革由此应运而生。英国为此进行了简化司法程序等改革措施，使法院更好地应对日益繁重的办案压力。英国议会为减轻司法部门的案件负担，先后于 1846 年和 1848 年颁布了《即决裁判法》(Summary Jurisdiction Act)和《小额债务法》(Small Debts Act)，前者赋予裁判法院(Magistrate's Court)更广阔的刑事案件管辖权，并允许涉及轻罪的审判不采用陪审团的形式，后者则以遍布英格兰和威尔士的 500 多个县法院替代了原来负责审理民事审判的小额债务索赔法院，受理的诉讼标的金额上限从小额债务索赔法院的 5 英镑提升到 50 英镑，增加简易程序的适用范围以减轻普通程序的积案压力。许多国家的司法部门除降低办案压力的考量之外,还肩负减低诉讼成本、同时降低民众的诉诸司法门槛(Access to Justices)等多元的任务。

另一方面,在"案多人少"的压力下,一些国家着眼于"人少"的现状,加强和优化司法职业教育,适当地增加司法人员的供给,以改善司法人力资源的不足。以日本在2000年以后的司法改革为例,改革法学教育成为此次改革的重要内容,日本不仅效仿美国建立美式法学院,而且还增加了专业司法人员的员额供给,同时废止了司法考试合格人员的数额限制,将接受司法职业教育人员的数量扩大1倍有余,以此来改善司法人员不足的局面。

此外,根据新增的社会经济发展的需求,通过改革现有的法院内设机构也是许多国家应对"案多人少"的方式。比如,澳大利亚为适应自20世纪70年代以来在家庭架构上发生的变化,〔1〕应对社会发展出现的日益增多的离婚、领养、代孕以及儿童权利保护等事宜,〔2〕经过数十年的探索,其家事法领域的司法改革取得了显著的进展。2019年12月5日,澳大利亚通过立法将原有的家庭法院和联邦巡回法院合并为澳大利亚联邦巡回和家庭法院(Federal Circuit and Family Court of Australia),改组后的联邦巡回和家庭法院由两个部门组成,第一个部门仍然为原家庭法院的延续,而第二个部门被视为原联邦巡回法院的延续,改组后仍然保留了原有的法官队伍。该项改革通过制定共同的法院规则、程序和判例,提高家事司法任命的标准,简化家事纠纷的上诉途径,旨在提高家事纠纷的审判效率,减少积案,为家事纠纷提供更有效率、更经济的争端解决方式。〔3〕

最后,以互联网技术为代表的科学技术的发展,为解决"案多人少"的局面提供了又一良方。例如,Online Dispute Resolution(ODR)等在线纠纷解决机制随着电子商务的发展而兴起,各国的司法部门也开始考虑如何在这个前沿领域积极运用新技术进行改革布局。在联合国国际贸易法委员会(United Nations

---

〔1〕 See Weston, Ruth, Lixia Qu, *Trends in Family Transitions, Forms and Functioning: Essential Issues for Policy Development and Legislation*, Family Matters 95 (2014): 76.

〔2〕 See Hayes, Alan, Daryl Higgins, *Families, Policy and the Law: Selected Essays on Contemporary Issues for Australia*, Australian Institute of Family Studies, 2014.

〔3〕 来源网站: https://www.ag.gov.au/legal-system/publications/structural-reform-federal-courts-overview,最后访问日期:2021年6月5日。

Commission on International Trade Law, UNCITRAL)2017 年出台的《联合国国际贸易法委员会关于在线纠纷解决的技术注释》(以下简称《技术注释》)中,对于 ODR 的定义是"在线解决机制,或者说'ODR',是一种通过使用电子通信和其他的信息交流技术解决争议的机制"[1]。

相较于传统的调解方式,在线纠纷解决机制一直有便利性和低成本的优势,当事人之间的纠纷解决不再受到空间和距离上的制约,且由于在线纠纷解决系统所提供的便利性,可以实现纠纷解决的即时性,当事人不需要经过冗长的等待时间。[2] 曾经有学者指出,调解实践不能简单地在互联网世界中再现,因为网络空间并非仅为物理世界的"镜像",认为在线纠纷解决的一个重要矛盾在于虽然在线纠纷缩短了当事人选择调解时的物理距离,但其无形中又增加了当事人之间的"电子距离"(Electronic Distance),其依据在于调解需要当事人面对面的非正式讨论,这种讨论形式有助于增加当事人之间的信任。[3] 在我国,人民法院对于远程庭审以及 ODR 等新技术的运用较为广泛,经验也更为丰富。[4] 各国的实践经验表明,科学技术为司法管理的现代化提供了强大的助力。

二、司法管理的架构和对象

司法管理的架构既包括对内部组织机构的管理,也包括对司法人员的管理,具有较为丰富的内涵,还涉及司法组织机构的组成形式和人员分类。它不仅包括人民法院和检察院之间司法职权的划分,又涉及中央与地方、上级司法机关和下级司法机关之间的职权定位和设置,还关系人民法院、检察院内部机构、人员之间的职权设定和分类。司法管理的对象既包括对司法体系中的机构的管理,也包括对司法机关内司法人员的管理。

---

〔1〕《联合国国际贸易法委员会关于在线纠纷解决的技术注释》, http://www. uncitral. org/pdf/english/texts/odr/V1700382_English_Technical_Notes_on_ODR. pdf,最后访问日期:2021 年 6 月 5 日。

〔2〕 See Goodman, Joseph W. ,*The Pros and Cons of Online Dispute Resolution: An Assessment of Cyber-mediation Websites*, Duke Law & Technology Review 2. 1 (2003): 1 – 16.

〔3〕 See Eisen, Joel B,*Are We Ready for Mediation in Cyberspace*, Byu L. Rev. (1998): 1305.

〔4〕 笔者以"远程视频开庭"为检索词,在百度资讯频道检索结果为 32, 800 篇, https://www. baidu. com/s?rtt = 1&bsst = 1&cl = 2&tn = news&ie = utf-8&word = % E8% BF% 9C% E7% A8% 8B% E8% A7% 86% E9% A2% 91% E5% BC% 80% E5% BA% AD,最后访问日期:2021 年 6 月 5 日。

(一)司法管理中的组织机构

一般而言,司法管理的组织框架由相应的法律法规所确定,《宪法》第129条规定,国家设立最高人民法院、地方各级人民法院和军事法院等专门人民法院。以法院的审判管理为例,《人民法院组织法》规定,中华人民共和国的审判权由最高人民法院、各级地方人民法院、海事法院等专门法院行使。

1. 法院的组织机构

我国的法院组织机构的基本框架由《宪法》《人民法院组织法》《刑事诉讼法》《民事诉讼法》《行政诉讼法》所规定,包括人民法院的设置和职权、审判组织、人员组成和履职保障。以法院的组织机构和职能分配为例,《宪法》《人民法院组织法》规定我国的法院在层级上可垂直划分为最高人民法院、地方各级人民法院和专门人民法院。其中,地方各级人民法院按照级别可以分为高级人民法院、中级人民法院和基层人民法院。不同层级的法院之间有明确的职能分工。

(1)基层人民法院

基层人民法院主要负责处理法律所规定的一审案件,并负责指导人民调解委员会的工作。根据《人民法院组织法》的规定,基层人民法院可以根据情况设立若干人民法庭。人民法庭是基层人民法院的组成部分和派出机构。人民法庭的判决和裁定等同于基层人民法院的判决和裁定。

(2)中级人民法院

中级人民法院主要负责处理法律规定由其管辖的第一审案件,以及基层人民法院判决和裁定的上诉、抗诉案件。根据《人民法院组织法》第22条的规定,中级人民法院包括:省、自治区辖市的中级人民法院;在直辖市内设立的中级人民法院;自治州中级人民法院;在省、自治区内按地区设立的中级人民法院。

根据三大诉讼法的规定,中级人民法院受理的一审案件包括:①刑事案件。涉及危害国家安全、恐怖活动案件;可能判处无期徒刑、死刑的案件。②行政案件。对国务院部门或者县级以上地方人民政府所作的行政行为提起诉讼的案件;海关处理的案件;本辖区内重大、复杂的案件;其他法律规定由中级人民法院管辖的案件。③民事案件。重大涉外案件;在本辖区有重大影响的案件;最高人民法院确定由中级人民法院管辖的案件。

(3)高级人民法院

根据《人民法院组织法》的规定,高级人民法院审理以下案件:法律规定由其管辖的第一审案件;下级人民法院报请审理的第一审案件;最高人民法院指定管辖的第一审案件;对中级人民法院判决和裁定的上诉、抗诉案件;按照审判监督程序提起的再审案件;中级人民法院报请复核的死刑案件。其中,高级人民法院受理的一审案件主要是辖区内具有重大影响的各类案件,包括:①刑事案件。高级人民法院管辖的第一审刑事案件,是全省(自治区、直辖市)性的重大刑事案件。②行政案件。高级人民法院管辖本辖区内重大、复杂的第一审行政案件。③民事案件。高级人民法院管辖在本辖区有重大影响的第一审民事案件。

(4)最高人民法院

《人民法院组织法》规定,最高人民法院审理下列案件:法律规定由其管辖的和其认为应当由自己管辖的第一审案件;对高级人民法院判决和裁定的上诉、抗诉案件;按照全国人民代表大会常务委员会的规定提起的上诉、抗诉案件;按照审判监督程序提起的再审案件;高级人民法院报请核准的死刑案件。

除上述的基层人民法院、中级人民法院、高级人民法院和最高人民法院外,还有以军事法院、海事法院和铁路运输法院为代表的专门人民法院,这些法院受理与军事、海事、铁路领域相关的特定的案件。

2. 检察院的组织机构

与人民法院的组织机构相似,我国的检察机关也是自上而下的垂直体系。根据《人民检察院组织法》的规定,人民检察院分为最高人民检察院、地方各级人民检察院和军事检察院等专门人民检察院。最高人民检察院领导地方各级人民检察院和专门人民检察院的工作,上级人民检察院领导下级人民检察院的工作。

其中,地方各级人民检察院又包括省级人民检察院,包括省、自治区、直辖市人民检察院;设区的市级人民检察院,包括省、自治区辖市人民检察院,自治州人民检察院,省、自治区、直辖市人民检察院分院;基层人民检察院,包括县、自治县、不设区的市、市辖区人民检察院。专门人民检察院分为军事检察院、铁路运输检察院和其他专门检察院。

3. 法院和检察院的内设机构

《人民法院组织法》除对各级法院的职权进行规定外，还对各级法院的内设机构进行规定。除各级法院的刑事审判庭、民事审判庭和行政审判庭外，“人民法院根据审判工作需要，可以设必要的专业审判庭。法官员额较少的中级人民法院和基层人民法院，可以设综合审判庭或者不设审判庭”。《人民检察院组织法》也有类似的规定，“人民检察院根据检察工作需要，设必要的业务机构。检察官员额较少的设区的市级人民检察院和基层人民检察院，可以设综合业务机构。人民检察院根据工作需要，可以设必要的检察辅助机构和行政管理机构”。

除专业业务部门外，我国司法机关还设有非业务部门，以人民法院为例，相较于立案庭、民事审判庭、刑事审判庭、行政审判庭、审判监督庭、派出法庭、执行局和其他专业审判庭这些业务部门，非业务部门是指包括政治部、研究室、办公室、监察室、法警队等在内的从事审判辅助工作和行政管理工作的部门。同样在检察机关中，以最高人民检察院为例，除普通犯罪检察厅、重大犯罪检察厅、职务犯罪检察厅、经济犯罪检察厅、刑事执行检察厅、民事检察厅、行政检察厅、公益诉讼检察厅、未成年人检察厅、控告申诉检察厅这些业务部门以外，还有政治部、办公厅、法律政策研究室、案件管理办公室等非业务部门。

除上述的专业业务部门和非业务部门外，我国司法机关中有两个机构值得注意，即“检察委员会”和“审判委员会”。检察委员会制度和审判委员会制度是具有我国特色的制度。检察委员会制度和审判委员会制度不仅是司法活动中民主集中制的体现，其职能也由《人民检察院组织法》和《人民法院组织法》确定。其中，《人民检察院组织法》规定，各级人民检察院设检察委员会，检察委员会由检察长、副检察长和若干资深检察官组成。检察委员会履行的职能包括：总结检察工作经验；讨论决定重大、疑难、复杂案件；讨论决定其他有关检察工作的重大问题。与之相似的是，审判委员会由院长、副院长和若干资深法官组成，在《人民法院组织法》中规定审判委员会所履行的职能包括：总结审判工作经验；讨论决定重大、疑难、复杂案件的法律适用；讨论决定本院已经发生法律效力的判决、裁定、调解书是否应当再审；讨论决定其他有关审判工作的重大问题。审判委员会讨论案件的决定及其理由应当在裁判文书中公开，法律规定不公开的除外。

(二)司法管理中的人员管理

司法管理需要科学地对司法人员进行合理分工,正确处理“人”和“事”之间的关系。为此,根据事务类型区分专业人员和辅助人员就显得尤为必要,于是司法员额制应运而生。在2013年至2018年的司法改革中,我国正式确立了法官员额制和检察官员额制,法官员额制和检察官员额制是此轮司法责任制改革的关键环节,是实现法官和检察官职业化、专业化的长效性改革措施。两种员额制均以法律的形式确定了下来,《人民检察院组织法》第41条规定:“检察官实行员额制。检察官员额根据案件数量、经济社会发展情况、人口数量和人民检察院层级等因素确定。最高人民检察院检察官员额由最高人民检察院商有关部门确定。地方各级人民检察院检察官员额,在省、自治区、直辖市内实行总量控制、动态管理。”《人民法院组织法》第46条规定:“法官实行员额制。法官员额根据案件数量、经济社会发展情况、人口数量和人民法院审级等因素确定。最高人民法院法官员额由最高人民法院商有关部门确定。地方各级人民法院法官员额,在省、自治区、直辖市内实行总量控制、动态管理。”司法员额制度的确立,其目标在于减少人力资源的浪费,最大化地发挥专业人员和辅助人员的效能,提升司法机关的整体效益。

虽然员额制下的法官和检察官处于司法活动的中心,但这不意味着司法辅助人员的“边缘化”。在科学化的人员管理下,辅助人员也发挥重要的作用。在我国,根据《人民法院工作人员分类管理制度改革意见》的规定,法院人员可分为审判、审判辅助、司法行政三类人员。其中,审判辅助人员包括执行员、法官助理、书记员、司法警察和司法技术人员五类人员。《人民法院组织法》和《人民检察院组织法》对这些辅助人员的职能定位有明确的规定。其中,《人民检察院组织法》第45条规定:“人民检察院的司法警察负责办案场所警戒、人员押解和看管等警务事项。司法警察依照《中华人民共和国人民警察法》管理。”《人民检察院组织法》第46条规定:“人民检察院根据检察工作需要,可以设检察技术人员,负责与检察工作有关的事项。”在当前以司法专业人员为核心的人员分工体制下,员额制的司法人员处于司法活动的中心,并负责监督和指导法官助理、书记员等各类司法辅助人员完成辅助工作。

以法院的人员分类管理为例,其在审判事务的分工模式上受到法官职业化水平、案件数量、审判事务本身的性质等多重因素的影响。法院面临的“案多人少”现象乃是常态,参考各国的司法实践可知,司法辅助人员在应对“案多人少”的情形时发挥了重要的作用。我国法官承担的辅助事务较为繁重,随着审判工作的专业化趋势加深,法官面临的“案多人少”局面逐渐加剧。因此,有必要将审判业务区分为审判事务和审判辅助事务,将审判辅助事务的职能扩大化。对此,《人民法院组织法》也有相应的规定,即“人民法院的法官、审判辅助人员和司法行政人员实行分类管理”。司法的专业化意味着司法业务的分工更加精细化,将审判辅助业务根据其性质的不同进行分工分类,完善审判人员的分类管理。事实上以法官助理制度为例,我国法官助理制度早在1999年的人民法院改革纲要的“一五纲要”中就首次提出,随后在司法解释中对法官助理人员的工作职能进行了扩充。而在随后几轮的司法改革中,辅助人员的职能精细化程度在不断加深,五类审判辅助工作人员的职能分工正是在这样的背景下逐渐形成。

根据辅助工作的性质,这五类人员的审判辅助工作可以分为实体性的辅助工作、程序性的辅助工作以及保障性的辅助工作。实体性的辅助工作,顾名思义即直接服务于案件实体的辅助工作,对于案件的实际审判工作具有直接的影响。程序性的辅助工作,即那些案件程序性的工作,这些工作大多具有事务性质,又可以根据工作性质进一步划分为集约性的工作和非集约性的工作。保障性的辅助工作,即在案件的审判和执行过程中起支援性质的工作,如后勤保障类的事务性工作。其中,实体性的辅助工作主要由法官助理来完成,程序性的辅助工作主要是那些事务性的工作,如说庭前准备、通知、送达以及文档归类的工作,主要由书记员来完成。保障性的辅助工作则主要是指内勤管理、信息化技术支持等工作,主要由司法警察和司法技术人员来完成。

对于司法管理者而言,人员分类管理首先就要面对如何配置司法人员和司法辅助人员之间的比例关系,即审判团队或检察团队如何达成最优的人员配置。对此,各地有“1+1+1”,亦有“1+1+2”“1+N+1”等多种配置,目前并不存在一个绝对的“黄金标准”,需要各地和各部门根据自身的办案需求和特点在实践中总结经验,因地制宜且因时制宜地形成自身团队人员配置上的“帕累托最优”。值得注意的是，在员额制改革取得丰硕成果的当下，比起追求“绝对化”的人员配置，更要积极探索审判辅助人员的定位和发展前景，以确保司法人员团队的稳定性和审判辅助人员的工作积极性。从各地在司法辅助事务的人员改革方面进行了诸多尝试的经验来看，更加集约化、社会化和智能化的司法辅助管理，可能是未来司法管理发展的方向。

集约化，指的是司法辅助事务的集中化，包括文书送达、诉中保全、网络公告、扫描归档等辅助事务的集中化。社会化，指的是辅助事务服务的社会化，根据各地法院的实际需求，向社会和市场购买相应的事务性服务，如尝试将部分的辅助性事务以社会化的方式进行外包，并通过结合采用集约化的方式来提高审判服务的管理水平。

智能化是指借助当前的人工智能、大数据等先进科学技术，实现司法辅助事务的智能化和平台化，以缓解司法实务各个环节的人力资源压力。尽管审判团队内部的人员配置存在“1 +1 +1”“1 + N + 1”或是其他形式的差别，但随着信息传输手段的多样化，不仅内部人员之间的物理距离被拉近了，法院的不同内设机构、审判组织的间距也被新信息技术拉近。这意味着审判团队的工作效率被司法智能化所推进。

近年来，随着智慧法院等智能化改革的推进，司法机关可以借助电子化的平台数据，较为清晰地掌握每位司法人员的工作强度、工作量以及案件进度等数据信息，并对这些数据进行可视化分析。在掌握这些个性化的工作信息的基础上，各个司法机关可以对司法团队的配置进行相应的调整，优化每个工作团队的人力资源的匹配，以期获得理想的扁平化管理效果。人工智能在这些工作中有非常高的准确率，这极大地提高了审判辅助业务的效率，但随着重复性工作被人工智能所取代，这意味着书记员等审判辅助人员在智慧法院时代有了更高的职业技能要求。随着人工智能技术在司法领域的不断完善，在可见的未来，审判辅助业务的格局还将面临进一步的调整。

三、司法管理模式和管理原则

（一）扁平化的管理

最高人民法院于 2015 年发布的《关于全面深化人民法院改革的意见——

人民法院第四个五年改革纲要(2014—2018)》明确提出了扁平化的理念。司法管理的扁平化发展趋势仍然在不断深化中,以满足当前司法实践的迫切需求。学界自2013年以来对“司法管理模式”有较多的讨论,对“扁平化的司法管理”有较为广泛的共识。相较于传统科层制的管理模式,扁平化的司法管理的特点在于压缩中间层次的冗余机构。世界各国都存在司法资源分配不均匀的现象,特别是发达地区和欠发达地区面临迥然不同的“案多人少”压力。然而,以往过于精细的层级管理有可能使本来就较为紧张的司法资源愈加捉襟见肘,往往可能存在即便在同一法院内部,司法资源配置也存在不均的现象,如不同业务庭之间的法官相对的闲忙程度不一,部门负责的案件和司法人员之间存在不匹配的情况。

以人民法院的扁平化改革为例,扁平化的管理模式事实上是指法院内设机构的扁平化,即精简内设机构,以“员额制法官——审判辅助人员”为核心的审判机制替代以往的“金字塔式”的行政科层审判机制,最大限度地压缩中间层次,降低管理跨度和管理成本。比如,让中层的庭长摆脱日常行政事务,专心投入审判工作中,这种做法实质上将更多的审判资源投入了一线工作,减少审判人员将有限的时间投入行政、审判辅助等事务中,提升工作效率,以应对“案多人少”的局面。这种以一线办案法官为核心的模式,与“让审理者裁判、让裁判者负责”的司法责任制改革相呼应,确保了法官能够依法独立公正行使司法权。从职能分配的结构来看,管理的扁平化实际上是明确审判业务和行政业务、司法辅助业务之间的边界,最大限度确保审判人员对业务的专注,不仅减少行政事务的干预,同时排除司法辅助事务的纷扰。在扁平化的管理模式下,司法机关内部实质上形成以业务为核心的团队。以法院为例,各地各级法院根据自身的业务特点以员额制法官为核心,通过配置不同的审判辅助人员形成不同的审判团队。

扁平化管理应该更加注重地方实际,我国幅员辽阔,各地之间存在一定的社会经济文化发展差异。各地司法机关面临不同的地区经济发展水平、案件数量和人员队伍配备情况。为此,扁平化管理可具备适当的灵活性,以及时对各地在人力资源、经济发展水平、案件种类和数量上的差异作调整,根据受案的规模和实际情况组建团队,促成法院内“人”与“事”的匹配和平衡。

(二)"以人为本"的管理

司法管理需要秉持"以人为本"的理念,这里的"人"既包括直接从事审判或检察工作的法官、检察官,也包括服务司法行政管理工作的各类司法辅助人员,还包括广泛的诉讼参与人员,即广大的社会公众。"司法为民,努力满足人民群众司法需求"成为近年来最高人民法院工作报告的重要内容。其中,人民司法需求的多元化具有鲜明的民生性特征,包括婚姻家事、劳动、食品药品等多个领域的司法需求。司法管理一方面要善于发掘各类司法人员的智慧才干,充分发挥其主观能动性,致使"人尽其才,物尽其用",促成良好的司法管理生态,另一方面要为参与诉讼的当事人提供必要的便利性措施,尽可能地降低潜在的当事人诉诸司法的门槛(Access to Justices)。经济合作与发展组织(Organization for Economic Co-operation and Development,OECD)在其 2019 年发布的名为《所有人的正义:司法特别工作组》(Justice For All: The Task Force On Justice)的报告中提出了"司法缺口"(Justice Gap)的概念,其指出在全球有数以亿计的人口处于实质上的司法不平等的状态中,这种司法不平等的状态正在伤害这些社会中最为脆弱的群体,特别是处于弱势的边缘人士以及妇女儿童,通过加大对司法的经济以及社会公共资源的投入,以打造"以人为本的司法服务"(people-centered justice services),通过深化国际合作,设立共同的政策日程,汇集各国政府、法律从业人员以及其他专业人士乃至全体社会成员的共同努力以应对这种全球的"司法缺口"。[1]

以 ADR 为代表的非诉纠纷解决机制就是在这样的诉求背景下产生的,西方国家在进入 20 世纪下半叶后,随着大量新型诉讼纠纷的出现和日益紧张的司法资源,相较于花费大量的时间和金钱在传统的诉讼上,在婚姻纠纷、社会保障纠纷、移民和难民纠纷、土地和歧视纠纷、知识产权纠纷以及跨国商事纠纷等领域,更多的当事人愿意选择那些可以更加定制化、相对廉价的非诉机制来解决争议。[2] 日本现代的司法改革正是在这样的背景下拉开帷幕,在 1999 年成立司法体制改革审议会(Justice System Reform Council,日语为"司法制度改革

---

[1] OECD, *Justice For All: The Task Force On Justice*, Final Report (2019).

[2] See Harman, Joe, *From Alternate to Primary Dispute Resolution: The Pivotal Role of Mediation in (and in Avoiding) Litigation*, National Mediation Conference Melbourne, 2014.

審議会"),旨在打造更低门槛的"诉诸司法"环境和"对当事人更为友好"的司法体系,并提出改革刑事和民事的审判制度的构想。审议会强调,前者是对《日本宪法》第32条"不得剥夺任何人在法院接受裁判的权利"[1]的回应,即更低门槛的"诉诸司法"的权利,为此有必要加强法律援助的作用。后者则是援用ADR等多元化的非诉纠纷解决机制。

在20世纪90年代初期,由于大量积案累案的压力,新加坡不得不开始民事司法改革的探索。新加坡采取引入预审会议实现在案件早期阶段的案件管理,设立自动中止机制来迫使原告迅速提出诉讼请求,强调案件结案率、审判时长和等待时长的统计数据,对于程序不合规采取果断坚决的态度等方式,最终在第一次改革时取得可观的效果。2015年随着民事司法委员会(Civil Justice Commission)的成立,新加坡开始了第二轮大规模的民事司法改革探索,其主要着眼于强调简化诉讼程序和降低原告诉诸司法的门槛,前者包括诉讼用语的通俗化和程序规则的简化,后者则是通过降低原告的证据开示责任范围、固定诉讼费以减少当事人的诉讼费用。此外,新加坡还成立了新加坡国际商事法院(Singapore International Commercial Court)。该法院在冲突法和证据规则方面有足够的灵活性,例如,当事各方除新加坡法律的证据规则外,可以协商适用第三方证据规则,又如,在当事各方的同意下,可以排除各方的上诉权。这些前瞻而大胆的改革举措赋予了新加坡国际商事法院充分的灵活性,使新加坡国际商事法院在全球化的法律竞争格局中具有相对一般法院或者仲裁庭的竞争优势。

(三)"因时制宜"和"因地制宜"的管理

20世纪下半叶的人类社会发展进入了一个新时期,司法系统面临更丰富的机遇和更复杂的挑战。司法管理也要相应地"与时俱进"。以加拿大为例,20世纪以来随着加拿大社会的快速发展,加拿大的司法系统面临相应的挑战,加拿大最高法院法官埃米特·霍尔(Emmett Hall)在20世纪70年代就曾指出,若要应对社会发生大规模变化,则有必要有意识地系统评估和检视法律的改进。[2] 虽然加拿大的司法体系直接源自有较为完备司法体系的英国,但直到

---

[1] 来源网站:https://www.cn.emb-japan.go.jp/itpr_zh/kenpo_zh.html,最后访问日期:2021年6月5日。

[2] See Hall, Emmett M, *Law Reform and the Judiciary's Role*, Osgoode Hall LJ 10 (1972): 399.

20 世纪 60 年代前中期对安大略省高级法院法官朗德勒维尔(Leo Landreville)的行为失当的调查时,加拿大仍未建立法官行为失当的责任追究和调查程序。埃米特发表演讲的时间正值 1971 年《法官法》(Judges Act)修改后不久,加拿大根据该案的处理经验和 1971 年《法官法》修正案成立了加拿大司法委员会(Canadian Judicial Council),该委员会的主要职权为调查不当行为指控是否成立以及其严重性质。委员会若认为性质严重应发起全面调查的行为,要向加拿大司法部长提交报告,并对是否免职法官提出建议。

司法委员会不仅成为追究法官失职行为的专门追责和监督机构,更是为法官的司法伦理设立审查标准,该委员会在 1998 年发布《法官伦理守则》(Ethical Principles for Judges)〔1〕,该守则提出了司法公正、平等、尽职等多方面的行为准则,更是辅以相关案例和学说作为评注,以更好地阐述这些司法伦理规范。该委员会在其 2014 年的讨论卷中提到,委员会以保障司法公信力为目标,并认为司法系统和体制应当坚持以司法公开、司法责任和效率等原则为导向。〔2〕

不同国家和地区之间除经济发展程度差异较大,社会文化之间也有各自的特点。为此,司法管理不仅要讲究"因时制宜"也要讲究"因地制宜"。英属印度殖民政府在 19 世纪为当地引入民事法庭(Civil Courts)以填补印度在债务执行方面的制度空白,然而这种做法却为当时的印度带来了灾难。原来,在民事法庭制度引入之前,印度本地的放债人主要靠自身的实力进行债务收集活动,其活动范围和利息则由此而遭受了限制。同时,在先前缺乏有力债务执行保障机制的情况下,放债人为了保证自身利益,会选择让那些遭遇自然灾害的债务人延期偿还债务。而当民事法庭制度引入之后,由于放债人的收债行为有了此前所未有的法律背书,债权人此时可以选择通过法律的执行程序出售债务人的土地或财产,而不再像以前一样耐心等待债务人的经济状况好转。当遭遇因自然灾害导致的大规模农作物欠收或是农产品价格的剧烈波动时,债务人无法及时履行债务的情况大规模出现,同时大量债务人的土地被民事法庭强制执行,于是大量失去土地的农民的聚集引发了骚乱,这无疑为当时的印度带来严重的

---

〔1〕 Canadian Judicial Council, *Ethical Principles for Judges*(1998).

〔2〕 Canadian Judicial Council, *Review of the Judicial Conduct Process of the Canadian Judicial Council* (2014).

社会动荡。[1] 这个例子告诉我们，司法管理要注重“因地制宜”，管理理念要与各地的社会发展水平、文化习俗相适应。

四、司法管理与现代科技

自20世纪下半叶以来，社会生活瞬息万变，科学技术的快速发展改变了社会生活的各个方面。科学技术不仅重塑了人与人之间的沟通交流方式，还拉近了人与人之间的物理距离，并产生了电子商务等新兴产业，极大地改变了人类的生活和生产方式。在这样的大背景下，各国都需要及时调整法律制度和公共政策以适应这些新变化和发展，司法管理自然也无法置身事外。我国历来注重现代科技在司法领域的运用，甚至将科学技术的运用明确写入《人民法院组织法》，其中第58条规定：“人民法院应当加强信息化建设，运用现代信息技术，促进司法公开，提高工作效率。”人工智能成为时代发展的潮流和趋势，对于各行各业乃至国家的影响甚巨，人工智能的不断发展和创新，对新时代的司法管理模式带来了重要的发展机遇，也推进了司法管理的制度创新。

我国司法机关顺势推动了以人工智能为代表的信息技术和司法体制改革的融合，“智慧法院”的建设应运而生。在2013年至2018年的司法改革中，伴随我国在信息技术领域取得的长足进步，我国的司法机关充分地利用了新技术发展带来的便利性，实施了“智慧法院建设”“人民法院信息化3.0”等改革目标的建设。通过加强信息化建设顶层规划和标准制定、加强信息化基础设施和保障体系建设、推进电子诉讼、开发应用刑事审判智能辅助系统、加强案件审理和司法管理的智能化辅助、建设人民法院大数据管理和服务平台等举措，推进了我国司法体系的现代化。中国社会科学院法学研究所、社会科学文献出版社联合主办的法治蓝皮书《中国法院信息化发展报告No.4(2020)》指出，“2019年中国智慧法院建设已经跻身世界前列，中国法院围绕智慧审判、智慧执行、智慧服务、智慧管理的智慧法院体系基本建成，走出了一条法院信息化的中国道路”。

---

〔1〕 See Stephenson, Matthew C., *Judicial Reform in Developing Economies: Constraints and Opportunities*, Annual World Bank Conference on Development Economics-Regional 2007: Beyond Transition (2007).

(一)科技与司法效率

司法领域的科技运用无疑是一项探索,而在探索的过程中难免涉及制度创新、新技术的运用和对学理的大胆实践。比如说,经济合作与发展组织在通过民事诉讼的司法改革的跨国实证研究后发现,冗长的民事诉讼不利于经济发展。在经济合作与发展组织国家,普通民事诉讼一审的平均时长为 240 天,这个时长在其以外的地区则可能翻倍。通过提高法院的信息化和电子化的投入、法院对案件的主动管理、专门法院的设立以及赋予首席法官更大的行政管理权限,可以显著地缩短时效,提升审判效率。同时,对法院信息基础设施的投资,也可以提高法官的审判效率(提升法官平均的案件量)。

此外,通过提高立法质量和公共政策决策的质量,也能进一步地减少民事诉讼案件的数量,降低新增案件量,使司法资源的投入更为集中和高效。[1] 这些存在于制度和技术领域的创新,往往需要较长的时间才会为司法体制所吸纳,比如 20 世纪 80 年代提出的 ODR 的理念,直至 21 世纪后才得以在世界范围内大规模实践。根据 ODR 平台服务商 Square Trade 公司的报告称,该公司在从成立后至 2003 年所经手分布在 120 个国家的 80 万起纠纷中,约有 80% 的争议案件得到成功解决,其中的 98% 在达成协议后顺利执行。[2] 可见,即便缺乏对双方当事人的约束机制,但当事人对 ODR 的解决模式仍具信心。

相较于传统的纠纷解决机制,ODR 规避了可能涉及的复杂的管辖权问题,并使当事人双方不再受限于物理距离,降低了双方的通勤成本,这使 ODR 具有经济性和便利性的特征。[3] 鉴于此,有学者建议法院以"网络法院"的形式与现有的小额纠纷的第三方 ODR 平台进行对接,以实现一定程度的"互补":一是以 ODR 的高效性补足司法效率不足和司法程序冗长的缺陷;二是以法院的权威来保障双方当事人对于第三方 ODR 平台的信任。[4]

---

[1] OECD, *What Makes Civil Justice Effective*?, OECD Economics Department Policy Note No. 18, Paris, France: Author (2013).

[2] See Abernethy, Steve, *Building Large-scale Online Dispute Resolution & Trustmark Systems*, UNECE Forum on ODR, 2003.

[3] See Lavi & Dafna, *No More Click-Click in Here: E-Mediation in Divorce Disputes-The Reality and the Desirable*, Cardozo J. Conflict Resol, 16 (2014): 479.

[4] See Pappas, Brian A., *Online Court: Online Dispute Resolution and the Future of Small Claims*, UCLA JL & TECH., Fall (2008): 6–8.

在世界各国对于电子司法的探索浪潮中,我国在这个领域所取得的成就令人瞩目。得益于我国在互联网、人工智能等技术领域上取得的前期技术优势,我国法院在信息化建设进程中取得了理想的成绩,在世界范围内业已取得领先地位,电子司法的水平已经由"信息化"迈向"智慧化"。最高人民法院在2018年发布的《关于人民法院通过互联网公开审判流程信息的规定》对互联网公开审判进行了规定。其中规定"人民法院审判具有重大社会影响案件的流程信息,可以通过互联网或者其他方式向公众公开",并对电子送达的形式和日期进行了具体规定。上诉电子送达无疑减轻了法院的事务性工作,对于减轻司法人员的办案压力,缓解"案多人少"的局面具有积极的意义。如前文所述,当地方法院在面临审判辅助人员不足的问题时,"智慧法院"通过大数据、人工智能的帮助,提升办案人员的工作效率,可以起到弥补当前部分地区法院审判辅助人员不足的作用。

(二)科技促进司法公正

在2013年以来的司法改革过程中,各式各样的司法基础设施建设也在如火如荼地进行,中国裁判文书网、中国执行信息网、中国庭审公开网、中国司法大数据服务网等一大批司法公开网站陆续上线运营。在这样的背景下,"智慧法院"及相关的基础设施建设得以迅速推进,法院的智慧化对司法公开、司法公信有一定的促进作用。另外,得益于我国的网络信息化建设,互联网基础设施不仅深入全国各地法院和检察院,而且也在包括工商部门、税务部门在内的广大行政机关及企事业单位,以及银行等各金融机构中深度普及。这使包括司法数据、税务数据、金融信息在内的海量多领域信息数据得以留存,随着大数据技术的飞速发展,各部门多项公共数据之间的互联和互通,有利于司法效率的提升。

司法领域的信息化仍处于进行时,我国在审判监督管理的信息化方面又取得了新的进展。人民法院的统一案件监管平台陆续上线,使审判监督管理具有可溯性。牢固掌握办案进度,并可使审判工作避免受到不当干预,有利于审判管理,特别是审判监督管理工作的规范化,进一步提高了司法管理工作的信息化水平。由于随着信息技术在司法实务领域运用的日趋成熟,社会公众与司法机关之间的物理距离也随着信息技术的进步逐渐缩小,新技术的运用也将利于提升司法公信力。

（三）智能司法的未来展望

诚然，智能司法技术在近年来的发展中取得了长足的进步。值得注意的是，人工智能技术较以往的司法辅助技术更为智能和先进，但现阶段的人工智能技术归根结底仍只是一种较为高级的算法工具，其在本质上并不能替代人类的理性和思考，或是基于理性和辩证而进行逻辑推理。人类的理性思维和推理活动，特别是司法裁判这种经常需要洞悉“情理法”的高级思维活动，仍然远远地超出了现阶段人工智能的能力范围。在运用人工智能相关技术的同时，要辩证地看待人工智能技术本身，切勿“反客为主”，而使广大的司法工作者受到这种先进工具的支配。

“智慧法院”等现代科学技术的运用在一定程度上缓解了“案多人少”的局面，但这也对包括法官助理在内的审判辅助人员提出了新的要求。例如，在无纸化电子办公的背景下，审判辅助人员需要熟练掌握“智慧法院”的系统和设备，还意味着法院需要在新招募的审判辅助人员的身上投入更多的培训成本。需要注意的是，随着“智慧法院”等智能化措施的继续推进和建设，未来司法机关对这些智能化的科技浸润程度也会加深，对于司法技术人员的需求亦会增加。司法辅助人员随着司法智能化的加深将发挥更加重要的作用。从这个视角来看，司法机关未来对于人力资源的需求也将更加多元化。